世紀中國革命

中華人民共和國史

The Centennial Revolution of China：
History of the People's Republic of China

李福鐘——著

三民書局

國家圖書館出版品預行編目資料

世紀中國革命：中華人民共和國史 / 李福鐘著.－－初
版一刷.－－臺北市：三民，2018
　　面；　公分

　ISBN 978–957–14–6360–5　（平裝）

　1.中國史 2.現代史

628.7　　　　　　　　　　　　　　　106022522

　Ⓒ　世紀中國革命
　　　　　　——中華人民共和國史

著 作 人	李福鐘
責任編輯	黃毓芳
美術設計	陳智嫣
發 行 人	劉振強
著作財產權人	三民書局股份有限公司
發 行 所	三民書局股份有限公司
	地址　臺北市復興北路386號
	電話　(02)25006600
	郵撥帳號　0009998–5
門 市 部	（復北店）臺北市復興北路386號
	（重南店）臺北市重慶南路一段61號
出版日期	初版一刷　2018年1月
編　　號	S 730260

行政院新聞局登記證局版臺業字第○二○○號

有著作權·不准侵害

ISBN　978–957–14–6360–5　　（平裝）

http://www.sanmin.com.tw　三民網路書店
※本書如有缺頁、破損或裝訂錯誤，請寄回本公司更換。

推薦序 I

俗話說：「一部二十四史，不知從何說起？」其實，不但歷時千百年的歷史，不知從何說起，即使二十世紀中國的百年歷史也難以簡單說清楚。何況，這種晚近的歷史總是被現實的政治所選擇性地記述和詮釋，而顯得「理未易明」了。

1911 年辛亥革命之後，中國在名義上建立了共和政府，歷史雖然不再可能像皇朝時代由皇帝頒行天下的「正史」所壟斷。但是，因為一直沒有落實民主政治由人民授權的制度性原則，各方政治勢力為了論證其掌權的合法性，還是如皇朝時代那樣將歷史作為憑藉，以歷史來建立其正統性。尤其是 1913 年以後，中華民國政府由袁世凱、馮國璋、曹錕、段祺瑞等北洋系統之人士相繼掌權後，孫文等人在南方另外建立「軍政府」、「國民政府」，但是這樣明白地在國家之中另立政府，當然要有一套「論述」以合理化這種叛逆（「內亂」）行動。這就像中國皇朝時代，民間起事時候總要有一套論證其「揭竿起義」、「弔民伐罪」的說詞。於是，「國民革命」成為孫文及其後繼者詮釋其軍事、政治行動的一套論述，而且將它上溯到十九世紀的太平天國（強調其為反滿興漢之「洪楊革命」），以下則要延伸到 1947 年的制憲，甚至 1949 年以後的「反攻復國」。這樣的中國近代史之論述脈絡，一直到目前為止都還是臺灣歷史教育的主要內容，大家不但絕不陌生，甚至毫無懷疑地視為是歷史的當然。

相對於這種中國國民黨之「國民革命」歷史論述，1949 年成立的中華人民共和國，則另外發展出來了一套「社會主義革命」歷史論述。「社會主義革命」歷史論述雖然也上溯太平天國（強調其社會改革的「平均主義」），但卻也同時將 1912～1949 年之間沒有皇帝的「共和」時期，視為布爾喬亞的「舊民主主義革命」，而終將迎來 1949 年之社會主義的「新民主主義革命」。即使 1949 年之後，也經常要以「重要文件」等方式為歷史「定調」。這樣的一套中國近代史之歷史論述，即使目前中國人熟悉

的可以倒背如流，但在臺灣來說應該還是非常陌生的。

中國近代的歷史，就如上所述，在海峽兩岸之間被為政者「各取所需」的「各行其是」，甚至相互視彼此為「寇讎」，而且將之灌輸給國民。即使歷史學者，也經常在這樣的對立架構下，自覺、不自覺地於歷史知識的生產、建構、詮釋上，參與了政權黨的「建國大業」。自覺的參與，我們或許就可以稱之為「御用學者」或「確信犯」；如果是「不自覺」的參與，我們或許可以說他「缺乏批判精神」或「太過天真」。

李福鐘教授的這部著作《世紀中國革命——中華人民共和國史》，就是在向我們介紹我們相對陌生的，中國共產黨近一百年來之「建國大業」如何一路走過來。但是，李福鐘教授這部書卻不是中國共產黨的「傳聲筒」。也就是說，他並不是完全照著中國共產黨的「公式見解」說事，而是自覺性地以學術研究的精神，重新梳理中國共產黨，尤其是 1949 年以後的歷史。

國內關於中國共產黨歷史的研究，在很長一段期間裡是被歸類為「匪情研究」範疇的。它與其說是一種學術研究，毋寧說是一種政治論述。真正的情勢改變，一方面要等到政治、社會、言論的自由化條件已經建立起來，一方面也必須要史料、教育、學術的充實條件已經成熟。李福鐘教授的中國近代史之學術養成階段，開始於臺灣之民主化、自由化已經啟動的 1990 年代，他在臺灣大學歷史系博士班階段受到國內中國共產黨研究專家陳永發教授的學術訓練，本來就有堅實的學術研究基礎，再加上晚近中國也大幅度出版黨史資料，讓他得以有相較豐富的史料可以使用，更重要的是，他身處海峽此岸可以不受中共官版歷史的侷限，而且寫作時又自覺性地發揮歷史學術研究實事求是的「批判精神」，所以他的這一本書一定是現階段國內可以用來理解中華人民共和國史的一部優良的入門書。

吳密察

國史館館長

推薦序 II

　　本書是以中國近一世紀共產革命作為主軸的專書，雖以中華人民共和國史作為副題，凸顯作者將 1949 年以後中華人民共和國的歷史作為本書的核心內容。不過，作者意識到中華人民共和國史是共產革命的產物，從中國共產黨建黨以後的歷史脈絡來理解其發展至關重要。因此，這也是一本中國共產黨的「通史」性著作。

　　作者李福鐘，是我臺大歷史研究所的學弟。他先後畢業於臺灣大學歷史系研究所碩士班及博士班，從碩士班開始就以中華人民共和國史作為他研究的主題，當時主要是研究改革開放，而在他博士論文期間則將重點放在中華人民共和國「建國之初」到 1956 年，如何處理與共產主義不相容的私營工商企業制度，而在終結新民主主義時期的過渡政策，進行共和國統治體制的鞏固。由於從碩士論文開始，即以中華人民共和國作為研究主題，進入博士班前後，也曾經長期定時到中國蹲點，因此除了掌握豐富的史料外，也對中國 1990 年代以後的發展，有第一手的觀察。

　　由於福鐘長期以中華人民共和國作為研究的主題，在他取得博士學位之初，由他來撰寫此一題目，可以說是在國內新銳學者中相當適合的。而他曾長期從事新聞及專論寫作，我過去撰寫中國現代史教科書時，也承蒙他的協助，深知其文筆洗鍊、流暢，是潛在教科書作者的人才。因此，在 2003 年、2004 年之間，福鐘表達有意撰寫有關中華人民共和國史的教科書之後，我向三民書局大力推薦，也是考量福鐘在此一研究領域的專長。不意這本書在簽約之後，比十年磨一劍的時間更長，花了十多年終於完稿。福鐘在這本書的內容安排上，做了與目前一般歷史學的論述更為完整的貫時性處理，從 1921 年中國共產黨建黨一直寫到當代，基本上以二十世紀中國共產黨的發展作為全書的主軸。

　　也許讀者會想：既然作為中華人民共和國史，則中華人民共和國作為新國家的建立，自然是相當重要的里程碑，也是這本書的序幕。如前所述，福鐘在本書中，先將整個歷史的縱深延伸到 1921 年到國共內戰勝

利，這自然是和一般國別史的寫法不同。換言之，可以說是從中國共產黨成立以來的歷史脈絡中，來論述「新中國」如何建立。此外，在第一章還有一個很重要的特色，或許與從他博士論文以來，長期著重 1949 年以後中國經濟如何發展有關。這本書特別著墨了 1949 年前後中國經濟的問題，如何在中華人民共和國統制下被解決。特別是以上海為主的經濟嚴重崩潰之際，新成立的中共政權如何可以穩定經濟的局勢，是相當重要的一件事情。

第一章之後，這本書的章節安排，大致是依中華人民共和國的歷史發展時序，先討論中國共產黨鬥爭右派，終結新民主主義的脈絡，再進而處理 1958 年以後大躍進、大饑荒一路直到中蘇發生衝突，其後則是談及 1966 年到 1976 年文化大革命。在處理前述歷史脈絡的發展時，這本書相當強調三反五反及韓戰，這種內部肅清「敵人」，外部參與國際戰爭的重要歷史背景，並以此一背景論述其後續中華人民共和國的歷史。而在文化大革命之後，本書則敘述如何從鄧小平改革開放，一路往江澤民時代發展的過程。其中改革開放與六四天安門事件，是福鐘關心的重要議題，也是以他過去研究成果為基礎的普及化。最後，本書在結論中則針對中共政權必須面對的歷史問題及其角色，以提問式的開放性的論述，做為全書的結束。

整體而言，作為一本教科書，本書仍然是注意學術規範的著作。而作者透過流暢的文筆，在史料及學術研究的基礎上，透過本書釐清了中華人民共和國歷史發展及其間重要的歷史問題，讀者閱讀本書應可以有相當的掌握。但是原本在漫長的寫作過程中，我有時甚至比福鐘還要焦慮，擔心難以向出版社交代。不過，閱讀這次福鐘「比慢」的成果後，可以很高興地說：這是一本坊間難得的中華人民共和國史，十分樂於向關心此一歷史課題的讀者們推薦。

薛化元

政治大學歷史系、臺灣史研究所教授

自　序

　　這是一本試圖釐清中華人民共和國歷史脈絡的作品。

　　如果從 1910 年代新文化運動前後，共產主義思想傳入中國起算，這本書所論述的時間軸，其實也就是上個世紀至今的一百年。在這一百年的時間裡，中國從大清帝國崩潰後的廢墟裡試圖重建權力秩序，各個武力集團角逐，社會與政治制度發生翻天覆地的劇變，最後由中國共產黨成功建立較穩固的政權，卻也隨即展開另一波同樣疾風驟雨的社會革命。就一個佔世界人口五分之一的國家來說，中國過去一整個世紀的暴風雨，既光怪陸離卻也影響深遠，時至今日依舊緊扣亞洲甚至全世界的政治情勢或者歷史記憶。包括朝鮮半島軍事對峙、美俄中三角關係、六四天安門事件、毛澤東與文化大革命，以致近期中國的經濟崛起，莫不需要回到二十世紀中葉以前的歷史脈絡，去掌握發生的源頭。中華人民共和國的建國歷程，至今依然餘波盪漾，在當代人類命運的因果輪迴裡，拉扯著千絲萬縷的牽連。

　　與本書同樣主題的著作，坊間或許時有所見，然而與同類出版品相比，本書較為特殊的地方，首先並不採取中共官方對一些重大關鍵事件的制式觀點，因此在史料的選擇和解釋上，有更多的彈性。這是目前以中文出版的各類中華人民共和國史著作，尤其是在中國大陸以簡體字發行的作品，難以企及的優勢。

　　其次，坊間各種篇幅大小不一的中華人民共和國史著作，有的專注在某一特定歷史事件，有些則專研某位政治人物，以致於通史性的著作並不多見，學術品質亦參差不齊。又或者，若干由多位學者聯合撰寫的套書，往往連篇累牘，內容繁雜瑣碎，只適合給專門的研究者參考，欠缺與一般讀者的親近性。本書撰寫的出發點，即是以有限的篇幅、可辨識的人物和事件脈絡，想辦法投射出一個可以理解的、前因後果貫串一致的中華人民共和國歷史圖像。這樣的寫作策略，自然不可能事無大小、

巨細靡遺。不過相信與同類出版品相比較，本書一方面堅持史事的真實性以及內容的可讀性，另一方面又試著兼顧通史的全方位視野與均衡性，希望在不到三十萬字的篇幅內，能夠提出比其他同類作品更清晰而統整的對於 1949 年之後中國史的理解方式。

本書從提筆寫作到完成，斷斷續續進行了整整十四年時間。一部分原因是撰寫通史型史書並不容易，整個過程對於作者來說也是一個全新的學習；另一方面，近年來中國官方及民間陸續出版了不少關鍵史料，對於歷史真相的釐清，大有助益。本書從江澤民主政末期開始動筆，直到習近平登上核心地位才完成，這無疑意味著近年來關於中華人民共和國史的研究環境，也愈來愈成熟。

本書的完成，首先要感謝三民書局劉振強董事長的支持，劉董事長十餘年前鼓勵作者撰寫本書，可惜未能在他生前完成書稿，筆者深感內疚。其次要感謝國立政治大學薛化元教授多年來的鞭策鼓勵，若非他的幫忙，恐怕筆者當年竟無動手撰寫本書之勇氣。此外，中央研究院陳永發院士在中共史研究上多年來的教誨，是作者跨入這一領域最重要的師承。沒有師門多年的潛濡，筆者不可能具備撰寫本書的資材。最後，還要感謝兩位匿名審查人的費心指正，使本書免除了不少錯謬的風險。

當然，筆者斗膽挑戰此一撰述任務，全書或有許多未臻妥善之處，文責自應由筆者概括承受。中華人民共和國的七十年歷史，並不是容易可以逕自論說的題目，說史者一不小心，只會落得貽笑大方的下場。筆者不揣駑鈍，撰此書稿，自然希望不論在教學或研究上，都能夠對讀者有所助益。同時，對於若干疑點重重、諱莫如深的關鍵歷史環節，也多少貢獻自己多年研究的心得。一家之言容或不少主觀成分，但公諸大眾，希望可以起到拋磚引玉的效果，或許還有幸可以增添臺灣學界在這一領域的研究成績。至所期盼。

李福鐘

2017 年 12 月於臺北木柵

世紀中國革命 目次

中華人民共和國史

The Centennial Revolution of China：
History of the People's Republic of China

1949年10月毛澤東宣布
中華人民共和國建立

第一章

新國家的建立

第一節　中國共產黨的初期發展

在 1949 年 10 月 1 日中華人民共和國於北京正式宣告成立之前，中國共產黨近三十年的武裝革命歷程，基本上可以劃分為兩個階段：一、南方時期 (1921～1934)；二、北方時期 (1935～1949)。如果再進一步細分，南方時期還可劃分為兩個階段：一、上海時期 (1921～1932)；二、中央蘇區時期 (1933～1934)。北方時期亦可分為兩個階段：一、陝北時期 (1935～1947)；二、西柏坡時期 (1948～1949)。至於南方、北方兩個主要階段，係以 1934～1935 年間著名的「長征」作為分水嶺。長征不僅扭轉了中國共產黨的命運，為中共最終奪取全中國政權埋下伏筆，而且徹底改變了中共內部的權力結構。日後中華人民共和國最聲名顯赫的領導人毛澤東 (1893～1976)，就是在長征過程中逐步奪得黨內的決策主導權。

在此之前，中共高層人事隨著不同階段革命行動的失敗，持續不斷地更迭，並未出現長期穩定的領導層。隨著毛澤東的崛起，劉少奇 (1898～1969)、鄧小平 (1904～1997) 等人亦以「毛派人馬」的姿態逐漸躋身權力核心，構成中共最高領導層。周恩來 (1898～1976) 是唯一的例外，他以其柔軟的身段與善於妥協的性格，自 1920 年代以降至 1976 年病逝為止，始終都能在中共高層的權力鬥爭中倖免於難，穩坐黨中央，成為中共黨史上著名的「不倒翁」。

建　黨

中國共產黨的成立，自然是拜 1917 年俄羅斯革命之賜。這年 3 月，俄國聖彼得堡工人武裝暴動，推翻了由沙皇所統治的政府。雖然革命群

眾成立了臨時政府，不過情勢仍一團混亂，以列寧 (Vladimir Lenin, 1870～1924) 為首的俄國共產黨，俟機在 11 月 7 日發動奪權，❶推翻了臨時政府，之後經過多年內戰，才於 1922 年成立蘇維埃社會主義共和國聯邦 (Union of Soviet Socialist Republics)，簡稱「蘇聯」(USSR)。

依照馬克思的理論構想，在共產革命取得第一場勝利，建立了第一個社會主義政權之後，接下來必須向外擴展革命成果，號召全世界所有無產階級一起完成全人類的共產革命。列寧為了將俄國十月革命的經驗向各地推廣，於 1919 年在首都莫斯科成立了「共產國際」(Comintern，又稱「第三國際」)，作為聯合全世界共產黨員、推展策動其他地區共產革命的專責機構。中國共產黨就是第三國際派員到中國，糾集中國各地原有的共產主義信徒，於 1921 年成立的祕密組織。

稱共產黨為祕密組織，是因為從十九世紀以來，西方資本主義國家便一直視共產主義為洪水猛獸。共產黨員主張以暴力革命推翻封建階級、資產階級，各國封建君主、資產階級政權自然視之如寇讎，必欲剷除而後快。1921 年，包括當時北京的中國政府，以及上海租界的各國殖民統治當局，都將共產黨列為非法組織。然而，這仍抵擋不住某些不滿現狀的人士對於共產主義所描繪理想世界的嚮往，而其中大多數又是受過中高等教育的知識分子。這些人士中最著名的，一是陳獨秀 (1879～1942)，一是李大釗 (1889～1927)，他們都是當時中國最高學府北京大學的教授。陳獨秀是安徽人，李大釗是河北人，因此又有「南陳北李」之稱。共產國際代表魏金斯基（Gregory Voitinsky，中文名吳廷康、伍廷康或胡定康）1920 年來到中國籌組中國共產黨時，最先接觸的便是這兩個人。

經過一年多的籌備工作，1921 年 7 月下旬中國共產黨第一次全國代表大會（簡稱「一大」）在上海法國租界地的一幢民宅召開，一共十三名黨代表參加，代表著全國五十多名黨員。另有兩名共產國際代表與會——

---

❶　1917 年 11 月 7 日依照俄羅斯的舊曆法，是 10 月 25 日，因此俄國大革命又有「十月革命」的稱號。

馬林 (Maring) 與尼科爾斯基 (Nikolsky)。馬林在會議結束後不久即轉赴廣西桂林，與當時蟄居兩廣一帶組織護法政府欲與北方軍閥抗衡的孫中山 (1866～1925) 舉行會談，洽談孫中山所領導的革命黨與莫斯科方面合作的可能性。❷ 從這樣的行程安排，可以看出共產國際一方面積極在中國建立共產黨組織，另方面亦設法於既有的地方勢力中尋找可能的合作對象。兩件工作雖然分頭進行，日後卻逐漸合流，成為 1920 年代影響中國政治局勢最關鍵的轉捩點——國共合作。

　　中共一大在上海法國租界開了數日，通過由陳獨秀、張國燾、李達三人組成中央局，作為黨的領導機構。陳獨秀雖然因事留在廣東，並未出席會議，仍被選為黨的最高領導人——中央局書記。此外，中共一大尚有一段小插曲，即會議進行中可能消息走漏，7 月 30 日突有法國巡捕前來搜查，與會代表趕緊轉移會址，眾人乘車至浙江省北部的嘉興縣，租了一艘畫舫在南湖上完成最後一天會議。

　　參加中共一大的十三名代表，日後命運各不相同，其中有幾位的際遇甚至頗具戲劇性。除了毛澤東、董必武日後成為中華人民共和國開國元勳外，李漢俊、陳潭秋、鄧恩銘三人先後被國民政府逮捕處死；何叔

圖 1-1：中共在上海法租界召開第一次全國代表大會

---

❷　馬林與孫中山見面時間是 1921 年 12 月 23 日，參考陳錫祺主編，《孫中山年譜長編》（北京：中華書局，2003 年 11 月），下冊，頁 1408-1413。

衡死於政府軍圍剿；王盡美病死；李達、包惠僧、劉仁靜因故脫黨；張
國燾則是在黨內鬥爭中落敗，最後叛逃至國民政府，1979 年死於加拿
大。陳公博與周佛海堪稱最具傳奇性，兩人追隨汪精衛，在中日戰爭期
間投降日本當局，成為南京傀儡政權要角。直到二次大戰結束，兩人被
以叛國罪名起訴，周佛海病死獄中，陳公博則遭槍決。

　　中國共產黨雖然在 1921 年正式成立，卻並不意謂能夠立即在當時中
國的現實環境中，建立起武裝奪權所需要的群眾隊伍。按照馬克思的教
義，革命應該是由代表無產階級的勞動工人發動。然而中共建黨初期，
最主要的黨員都是知識分子，建黨之後要吸收工人參加，上海是當時中
國產業工人最集中的地區，自然成為共產黨最主要的活動區域。只不過
當時中國的工人普遍欠缺階級意識，沒有發展武裝鬥爭的自覺與迫切感，
共產黨企圖在工人群眾間發揮影響力，便必須先組織、教育工人，這都
需要經驗的累積，不是一朝一夕能夠成功。為了推動工運，中共在一大
之後成立了「中國勞動組合書記部」，作為專責機構。包括 1922 年 9 月
江西省萍鄉縣的安源路礦工人罷工，同年 10 月河北省開灤煤礦工人罷
工，都是這個階段中共黨人進行工人運動的成果。

　　然而 1923 年 2 月的京漢鐵路工人罷工，則遭到了強力鎮壓。由於連
接北京與漢口的京漢鐵路，其營運收入是直系軍閥吳佩孚發放軍餉的主
要來源之一，吳佩孚豈能容忍共產黨在他的勢力範圍內搞工人罷工！因
而當 2 月 4 日京漢鐵路工人集體罷工，導致京漢線停駛，吳佩孚立即調
集軍隊，進行武力鎮壓，一共造成五十多人死亡，一千多名鐵路工人被
開除，另有多名工運領導人被捕，各地工會組織亦紛紛遭到查封。

　　工運的挫敗，加深了共產國際儘快與孫中山合作的決心。考慮到中
國共產黨缺乏既有的武裝部隊、現成的地盤、群眾間的聲望，光憑著莫
斯科方面的經濟與物資援助，革命的道路顯然仍舊遙遙無期。而軍隊、
土地與知名度，孫中山所領導的國民黨都有起碼的基礎，尤其是在孫的
故鄉廣東一帶。1922 年 1 月間，英國統治下的香港曾經爆發一場歷時五

圖 1-2：馬林與鮑羅廷　馬林是荷蘭共產黨人，曾參加中共第一次全國代表大會，主張國共合作。鮑羅廷則是蘇聯共產黨人，實際執行國共合作之事，受孫中山聘任為革命委員會顧問，協助改組國民黨。

十多天的海員大罷工，由國民黨人領導的海員工會組織為要求增加工資，成功地動員了全香港的工人團體，令香港的海上航運、市內交通，甚至生產行業都陷入癱瘓。罷工期間，廣州的國民黨提供了大筆的經濟援助，使得參加罷工的工人沒有後顧之憂。最後港英政府終於作出讓步，取消了封閉海員工會的命令，同時答應為海員增加薪金。當時剛與孫中山在廣西桂林舉行過會談、仍留在中國繼續考察的共產國際代表馬林，曾特地前往廣州觀察罷工情形，對國民黨的動員能力留下深刻印象。馬林返回莫斯科後，蘇共領導人顯然對於和國民黨合作產生更大興趣。直到1923 年初中共發動京漢鐵路罷工失敗，莫斯科終於下定決心強迫中共與國民黨進行合作。❸

　　1923 年 6 月，中共在廣州召開第三次全國代表大會，決定接受共產國際的指示，全體中國共產黨員以個人名義加入國民黨，但同時仍保留共產黨自身的黨組織，形成一個「黨內有黨」的局面。中共在三大決議中承認：「中國勞動階級還在極幼稚時代，多數勞動群眾之意識，還停頓

❸　于俊道，《中國革命中的共產國際人物》（重慶：四川人民出版社，1986 年 6月），頁 7-17。

在宗法社會」,「工人運動尚未能強大起來成功一個獨立的社會勢力」,因此讓全體黨員集體加入國民黨,是必要的選擇。❹

　　同年 9 月,蘇共當局任命一位資深的蘇共黨員鮑羅廷 (Mikhail Borodin) 為國民黨首席政治顧問,出發前往中國。10 月鮑羅廷抵達廣州,面見孫中山,孫氏在與鮑羅廷作過長時間面談之後,向黨內宣布聘請鮑羅廷為「吾黨的訓練師」,國民黨改組與國共合作的計畫正式啟動。

國共合作

　　國共合作其實是一場孫中山與蘇聯的政治交易。1912 年中華民國成立之後,政權先是落在袁世凱手裡,之後又輾轉為諸多北方實力派軍人把持,孫中山失意之餘回到故鄉廣東,希望藉著培植地方軍隊,以待有朝一日得以「北伐」奪回政權。然而 1922 年 6 月粵軍重要將領陳炯明由於反對孫中山的北伐主張而叛變,迫使孫中山逃離廣州,之後孫中山曾企圖反攻廣州失敗,只得暫居上海。

　　此時莫斯科當局尋求與孫中山合作的努力仍在進行中,1923 年 1 月,蘇聯代表越飛 (Adolf Joffe) 抵達上海與孫中山展開會談,剛經歷陳炯明叛變挫折的孫中山,此時顯然已增強了和蘇聯合作的決心,他曾經私下表示,英、美、日三國在他成立廣州軍政府之後不僅不給予幫助,還不時加以阻難,其中尤以英國為甚。只有俄國人,願意誠心幫助中國革命,而且還提供重要物資支援。❺

---

❹　〈中國共產黨第三次全國大會關於國民運動及國民黨問題的議決案(1923 年 6 月)〉,收入中共中央黨校黨史教研室選編,《中共黨史參考資料㈠》(北京:人民出版社,1979 年 10 月),頁 421–422。

❺　劉成禺,〈先總理舊德錄〉,收入尚明軒、王學莊、陳崧編,《孫中山生平事業追憶錄》(北京:人民出版社,1986 年 6 月),頁 687。劉成禺 (1876～1953) 曾是 1913 年選出的中華民國第一屆國會參議院議員,後加入中華革命黨,成為孫中山忠實的追隨者。正文所述係孫中山與劉成禺的對話,孫中山告訴劉成禺:「予自蒞粵設立政府以來,英美日三國無事不與我為難,英尤甚。……

　　1923 年 1 月中旬，雲南軍閥楊希閔與廣西軍閥劉震寰接受孫中山號召，率軍擊潰陳炯明的部隊，進佔廣州，孫中山又可以回廣州擔任他的大元帥。不過孫中山深深了解，楊希閔與劉震寰畢竟只是當時中國各省慣見的粗鄙無文的地方軍人，既欠缺遠見，又唯利是圖，可靠度比之陳炯明還更不如。為日後北伐大計著想，設法獲得蘇聯的援助，才是上上策。因此孫中山在回廣州之前，於 1 月 26 日與越飛發表了一份聯合宣言，史稱〈孫越宣言〉。二人在宣言中同意：「中國最重要最急迫之問題，乃在民國的統一之成功，與完全國家的獨立之獲得。關於此項大事業，越飛君並向孫博士保證，中國當得俄國國民最摯熱之同情，且可以俄國援助為依賴。」

　　〈孫越宣言〉的最重要意義，在於越飛代表蘇聯政府公開宣示將主動提供「援助」，幫助孫中山所領導的國民黨完成北伐統一。不過孫中山或許出於防範蘇聯在中國推動共產革命的野心，或者也擔心莫斯科將利用國民黨擴張其在中國的影響力，總之他特地在〈孫越宣言〉中加進但書：「孫逸仙博士以為共產組織甚至蘇維埃制度，事實上均不能引用於中國，因中國並無可使此項共產主義或蘇維埃制度實施成功之情形存在之故，此項見解，越飛君完全同感。」❻總之，在當時雙方合作意願都很高的情況下，這種理論上很關鍵、卻還不是眼前急於澄清的問題，莫斯科看來並不吝於作出暫時讓步。

　　倒是國民黨內部不少人對與蘇聯合作充滿疑慮，劉成禺就曾當面質疑孫中山，蘇聯向國民黨提供大筆金錢，又說盡甜言蜜語，「幣重而言甘，誘我也」。孫中山的回答是：「彼（蘇聯）非厚於我，欲借國民黨以實行其在華政策耳。……共產黨能守吾黨範圍，吾默化之；不能，吾自有處理之法。」❼當然，孫中山在說這番話時沒有預料到，1925 年 3 月

　　我可謂無與國矣。今幸蘇俄派人連絡，且幫助一切重要物資……。」

❻　關於〈孫越宣言〉之中譯版本，依據李雲漢，《從容共到清黨》（臺北：中國學術著作獎助委員會，1966 年 5 月），上冊，頁 145。

他就因肝癌去世了，以至於日後國共合作導致國民黨內部出現分裂時，他已拿不出「處理之法」了。

國共合作的條件除了中國共產黨員得以個人名義加入國民黨外，重頭戲還包括鮑羅廷以蘇聯共產黨的組織形態「改組」國民黨，也就是將國民黨改造為一個類似共產黨的革命政黨。同時，蘇聯藉由海運將大批軍火送到廣州，幫孫中山建立一所革命軍事搖籃，這就是日後在中國歷史上扮演舉足輕重角色的黃埔軍校。蘇聯不僅提供武器，而且派來大批軍事教官，教導這些未來即將成為中國最顯赫的軍事將領的軍校學生，如何運用西方的戰術準則，以及訓練操演的技巧。此外，蘇聯免不了還提供孫中山為數可觀的資金援助，作為孫中山和他的廣州政府起碼的經費開銷。❽

1924 年 1 月 20 日，中國國民黨第一次全國代表大會（簡稱「一全大會」）在廣州召開，改組後的國民黨自此開始正式運作。按照鮑羅廷為國民黨所草擬的黨章，國民黨設全國代表大會為全黨最高機關，每年固定舉行常會一次，休會期間則由中央執行委員會暫代其職權。黨章規定孫中山為國民黨總理，總理對於中央執行委員會的議決有最後裁決權。中央黨部之下分各省、各縣、各區黨部，區黨部下還有區分部，為黨之最基層組織。各級黨部都有其執行委員會，下級黨部執委會須接受上級黨部執委會之指揮，如有違反紀律者，須接受黨紀處分。這部國民黨有史以來的第一部黨章，所企圖建構的其實是一個層層節制、以貫徹中心

❼　劉成禺，〈先總理舊德錄〉，頁 687–688。

❽　有關蘇聯提供廣州國民黨政府軍事援助，見陳存恭，《列強對中國的軍火禁運（民國八年～十八年）》（臺北：中央研究院近代史研究所，1983 年 4 月），頁 129–132。至於資金供應，在〈孫越宣言〉發表過後，孫中山特別派了親信廖仲愷跟隨越飛前往日本東京，據信是為了洽談蘇聯準備提供的一筆三百萬日圓金援，日後在國共合作期間，孫中山亦曾向國民黨內反共派人物張繼透露，自 1924 年前後起，蘇聯每年給廣東提供二百萬元的援助，見陳錫祺主編，《孫中山年譜長編》，下冊，頁 1567。

意志為目的的黨機器；其所模仿的對象，正是蘇共列寧式政黨的集權體制。

　　如果說，國民黨改組象徵著國共合作已正式啟動，那麼，兼具共產黨黨員身分的所謂「跨黨黨員」，在新的國民黨組織內佔有一席之地，也是天經地義的事。尤其，經鮑羅廷改組後的國民黨，設置了諸如工人部、農民部、青年部、婦女部這些與群眾動員相關的部門，一方面固然增強了國民黨從事群眾運動的能量，但另方面實則是令共產黨員方便在國民黨的旗幟掩護下，公開在城鄉地區組織動員工人、農民、青年學生與婦女。過去中共在其他地方做這些都必須偷偷摸摸，現在至少可以在廣東一帶暢行無阻。這都拜國共合作之賜，因為在華南地區，國民黨的傳統招牌仍有一定的說服力。從國民黨一全大會開始，大部分黨務部門主管儘管表面上仍由正統的國民黨人擔任，但實際的辦事人員，尤其是各單位祕書一職，大多落入共產黨員或左派人士之手。未來成為中共最高權力主宰者的毛澤東，在國民黨一全大會上被選為候補中央執行委員，並被派往上海拓展黨務。隔年（1925 年）10 月並出任國民黨中央黨部代理宣傳部長一職。至於日後長期擔任中華人民共和國總理的周恩來，則於1924 年 11 月出任黃埔軍校政治部主任，負責軍校學生的政治教育。一般而言，此時的中共黨員不僅年輕、充滿理想，而且行動力十足，與孫中山領導下由一批老同盟會會員組成的國民黨，確實不可同日而語。

蔣中正崛起

　　國共合作既然由孫中山一手促成，則孫中山 1925 年 3 月 12 日的去世，無異宣告國民黨內反對國共合作的雜音必然再起。使問題更加複雜的是，原本國民黨內就存在的權力鬥爭，如今由於立場上支持或反對國共合作，而愈益形成激烈對立。在孫中山去世後不久，國民黨內已經明顯分裂為兩大陣營——支持繼續維持國共合作的「左派」，以汪精衛為首，財政部長廖仲愷為輔，同時網羅了黃埔軍校校長、年僅三十八歲的

少壯派將領蔣中正 (1887～1975)；另一方面，國民黨內仍舊存在著的反共右派勢力，這些人大多是過去的老同盟會會員，集結成所謂的「西山會議派」，❾他們力挺國民黨內另一位青年領袖胡漢民，以與汪精衛抗衡。這群「右派」勢力在軍中的支持者以廣東的地方軍系粵軍為主，尤其是粵軍第一軍軍長梁鴻楷。至於其他尚未明顯選邊站的人士，則一般會被貼上「中派」標籤。因此，孫中山死後的廣州政局，立即形成了這種微妙的左、中、右涇渭分明的局面。更何況，孫中山生前未曾明確指定權力繼承人，因此國民黨的左、右之爭，遂與汪、胡兩人的接班鬥爭，交織在一起。

國民黨左、右派的第一次交手，以左派汪精衛陣營大勝收場。孫中山死後不久，廣州政府籌備改組為國民政府。1925 年 7 月 1 日，國民政府成立，汪精衛如願當選為國民政府主席，而胡漢民僅獲任為外交部長。由於當時國民政府並非國際間承認代表中國的政權，因此胡漢民出任外交部長，頂多只能和英、美各國派駐廣州的領事館打交道，說穿了只是個閒差事。這自然也是汪精衛的刻意安排。

汪精衛之所以取得國民政府主席，成為孫中山的實際接班人，最主要支持者其實是鮑羅廷。鮑羅廷名義上雖只是國民黨的顧問，然而實際上卻是蘇聯駐廣州全權代表，莫斯科的經濟與軍事援助，一概由他經手，這使他從國共合作以來儼然成為國民黨內最令人敬畏的人物。孫中山猝逝之後，鮑羅廷自然屬意由左派人士繼承孫中山的地位，這是汪精衛得以順利出線的根本原因。

然而廣州政局的發展卻出乎所有人意料之外，國民政府成立僅一個

---

❾ 西山會議是 1925 年 11 月一群反共的國民黨中央執行委員在北京西山碧雲寺孫中山靈前所召集的中執委全體會議，宣布將所有加入國民黨的共產黨黨員開除黨籍，並取消鮑羅廷的顧問職務。因開會地點之故，這一群國民黨中執委遂被稱作「西山會議派」。關於西山會議，參考李雲漢，《從容共到清黨》，上冊，頁 413–454。

多月，8 月 20 日，廖仲愷就在國民黨中央黨部門口遇刺身亡，兇手當場被警衛擊成重傷，送醫不治。國民黨當局立即宣布廣州戒嚴，並組成由汪精衛、蔣中正，以及粵軍總司令許崇智三人構成的「特別委員會」，來處理這起事件。四天後，廖案幕後主謀胡毅生被捕。胡毅生何許人也？胡漢民的堂弟。於是事件造成胡漢民的下臺，汪精衛以胡漢民身體不適為藉口，將他送往蘇聯養病，事實上形同放逐。

　　廖案的發生，不僅造成以汪精衛為首的國民黨左派全面控制了國民黨高層，同時還促成了廣東地區最具實力的軍隊——粵軍領導層的重新洗牌。就在拘捕胡毅生的同時，特別委員會還進一步下令逮捕粵軍多名將領，其中自然包括右派死忠支持者梁鴻楷。然而對粵軍的整肅還不止於此，特別委員會三巨頭之一的許崇智不久後也在猝不及防的情況下被迫辭去所有職務，並於 9 月 20 日被送上開往上海的客輪，成為又一名被放逐者。粵軍則重新整編，分別被蔣中正的黃埔黨軍和另一名粵軍將領李濟深所併吞。李濟深原本是許崇智手下的一名師長，在「倒許」行動中，他與蔣中正聯手演出了迅雷不及掩耳的軍事政變，成功壓制了忠於許崇智部隊的反撲。在許崇智下臺後，李濟深順理成章成為粵軍新的代表人物。

　　綜觀國民政府從 8 月 20 日廖案發生到 9 月 20 日許崇智被放逐，一個月間所發生的種種事故，其實貫穿著國民黨左派的奪權計畫，廖案的發生使得以汪精衛為首的國民黨左派得以藉機發動對右派的全面進攻，以求在孫中山死後重新整合國民黨內部。事情發展至此，似乎國共合作的局面更形鞏固了，鮑羅廷與汪精衛的緊密結合讓雙方都達成了各自期盼的目標。

　　然而最後變數竟然發生在蔣中正身上。蔣中正雖然在孫中山逝世後被汪精衛的陣營吸收，並在整肅右派勢力過程中出了大力，然而蔣中正並不以統一廣東一省為滿足，他亟思完成孫中山生前的夢想，北伐統一全國。然而這一點，卻遠遠超出了鮑羅廷或者汪精衛之所以和他合作的

初衷。簡言之，鮑羅廷只期待蔣扮演左派和共產黨的捍衛者，而汪精衛甚至只是要蔣忠心追隨他。❿這種角色認知上的不同，使得國民黨左派在第一回合的勝利之後，隨即又一敗塗地。

1926 年 3 月 19 日深夜，蔣中正對一艘停靠在黃埔軍校附近卻未熄火的軍艦「中山艦」起疑，懷疑有心人士想藉機暗算他。他聯想起這一段時間以來由於他極力主張北伐而與軍校內的蘇聯軍事顧問產生摩擦，同時又從學生、下屬處聽到許多不利於他的謠言，隨之疑心生暗鬼，懷疑中山艦就是俄國人與汪精衛勾結起來要將他綁架到海參崴的交通工具，怒不可遏之餘，決定動員黃埔軍校官兵發動政變。3 月 20 日一大清早，在所有人都不明就裡的情況下，廣州市區已經實施了戒嚴，大小官員與蘇聯顧問都被限制行動。這起被稱作「中山艦事變」或「三二〇事變」的偶發意外，成為日後國共合作破局的關鍵轉捩點。

國共分道揚鑣

儘管「中山艦事變」事後被證明是誤會一場，尤其許多引起紛擾的謠言，其實是失勢的右派人士放話，然而在鮑羅廷與汪精衛心裡，蔣中正的可靠性已經大打折扣，愛面子的汪精衛甚至覺得受了嚴重污辱，憤而離開廣州遠赴上海。只不過蔣中正畢竟手上掌握著全廣東最精銳的部隊，同時他又是蘇聯和國民黨左派長期培養的實力派軍人，鮑羅廷一時間也奈何不了他。事變後，鮑羅廷採取了息事寧人的態度，同意蔣中正北伐的要求，同時還把與蔣不合的蘇聯軍事顧問遣送回國。一場突如其來的軍事政變，使蔣中正在廣州國民政府中的地位，不降反升。

1926 年 3 月底，湖南省軍閥唐生智為爭奪地盤，與盤踞湖北的吳佩孚系部隊開戰。4 月下旬，唐生智敗退至湘南衡陽，求援於廣州國民政

❿ 關於蔣中正、汪精衛、鮑羅廷三人之間在 1925 至 1926 年間的複雜關係，參考李福鐘，〈「中山艦事變」之後的蔣介石先生與「國共合作」〉，(臺北)《史原》第十八期，1991 年 6 月，頁 199–226。

府。國民黨內部評估認為此不失為發動北伐的好時機，6月4日國民黨召開中央執行委員會臨時全會，通過出師北伐案，並任命蔣中正為國民革命軍總司令，北伐戰爭於焉展開。

北伐開打雖然順了蔣中正一貫的主張，卻是另一場軍事與政治的豪賭。軍事上如果失敗，勢將危及廣州政權的存續。這是鮑羅廷與汪精衛等人早先不贊成貿促興兵的原因。然而事情的發展卻遠遠出乎人們意料之外，北伐開始之後廣東的國民革命軍勢如破竹，三個月不到已經攻抵武昌城下，9月上旬連下漢陽、漢口，10月10日唐生智的部隊攻克武昌，吳佩孚兵敗逃往四川。北伐發動才四個月便一舉奪下湘、鄂兩省，並且擊潰了當時中國最強大的軍閥之一。

不過出乎意料之外的是，打勝仗的軍隊竟然不是蔣中正的黃埔嫡系部隊，而是粵軍的李濟深與湘軍的唐生智。這給蔣中正帶來了另一場政治危機。國民黨左派與鮑羅廷自中山艦事變之後，所以對他百般容忍，就因為他手中掌握著依靠蘇聯援助好不容易建立起來的「黨軍」，然而北伐開始後蔣的部隊表現失常，反而被視為地方軍的李濟深與唐生智表現突出，這使蔣本身產生了嚴重的危機感，同時也讓鮑羅廷開始物色替換蔣中正的人選。鮑羅廷看上的是唐生智。

蔣中正很快感受到了環境對他不利，他決定另闢戰場，調動他的嫡系部隊攻打江西、福建，最終目標則指向上海。這些地方在當時是另一位軍閥孫傳芳的地盤。

所幸東部戰線進展尚稱順利，1926年11月上旬，江西省兩大城市九江、南昌相繼攻克，號稱東南五省聯軍總司令的孫傳芳退往江蘇。在短短三個多月的時間裡，蔣中正以自己的黃埔黨軍為主，配合上同為國民革命軍陣營的桂系軍人李宗仁、湖南軍人程潛，以及雲南軍人朱培德等部隊，倒也攻佔了江西、福建兩省，與佔有兩湖的唐生智、李濟深形成分庭抗禮之勢。另一方面，由於目睹北伐軍在短短幾個月內攻城掠地，勢不可擋，原本屬於孫傳芳集團的眾多地方軍閥，或是圈地割據的小股

部隊，紛紛「易幟」向國民政府投誠，於是國民革命軍的編制在很短的時間內迅速擴張，甚至連原本隸屬北京政府的中華民國海軍也在總司令楊樹莊的率領下投靠國民政府。這種招降納叛的手法，使蔣中正很快逼近江蘇省，1927 年 2 月 19 日，由桂系將領白崇禧所率領的第七軍攻入浙江杭州，距離上海僅僅不到兩百公里。

隨著麾下大軍逼近國際都會上海，蔣中正開始謀求與日本、英國等在中國擁有殖民地的外國勢力進行交涉，企圖取得這些國家的信任與支持。對於鮑羅廷，以及他背後的莫斯科當局來說，蔣中正的這個動作暗示了其與蘇聯的合作關係已行將結束，蔣開始尋求其他國際強權的支持，

圖 1–3：北伐時的勢力分布圖

以讓他能夠擺脫對蘇聯的依賴。

　　有鑑於國民革命軍即將攻入上海，總部設在上海的中國共產黨決定在內部進行策應，搶先奪取對這座大城市的控制權。就在白崇禧攻佔杭州當天，中共控制下的上海總工會發動大罷工，並演變成為工人武裝暴動。共產黨率先發難，當然可以視為是配合北伐軍的策略行動，畢竟就理論來說，此時國、共是屬於同一陣營的；但是認真推敲，共產黨一旦先馳得點，未嘗不是警告蔣中正不得三心二意的一種方法。也就是說，中共如果能夠先攻佔上海，則將大大提高蔣中正與英、日、美等國勾結的難度。就此而言，身處國、共合作即將破局前夕的中國共產黨，對於蔣中正的戒心不是不存在的。

　　然而共產黨的如意算盤並未得逞，孫傳芳的勢力儘管即將崩盤，還是有充分能力將中共的武裝暴動鎮壓下來，事件導致一百多人被處決。這場流產的工人暴動，證明了當時中國的舊軍閥，只能由另一股軍閥勢力出手，才有機會加以剷除。

　　1927 年 3 月 10 日，國民黨二屆三中全會在武漢召開，由於國民黨左派在會場上佔了主導力量，此次中全會成為挑戰蔣中正地位的一次會議。會上蔣中正雖也被選為中央執行委員，但卻被排除在主席團之外。至於軍事委員會投票結果，蔣雖然名列七位主席團成員之一，得票數卻是倒數第二（18 票），低於汪精衛（21 票）、唐生智（20 票），甚至是陳誠（20 票）、鄧演達（19 票）、譚延闓（19 票），只比徐謙多一票。而上述其他六人中，汪精衛、唐生智、鄧演達、徐謙，都是眾所周知的國民黨左派人物。同時，蔣原有的軍事委員會主席職務亦遭撤銷，軍委會不再設主席，改由主席團成員集體領導。

　　對於武漢方面的情勢發展，此時身在江西南昌督軍的蔣中正亦心知肚明，國民黨左派有意藉此職務調整來架空他的權力，因此他不僅不出席會議，甚至乾脆就不予理會。此時蔣中正忙著調兵遣將，準備進佔上海。事實上，就在國民黨左派忙著開會打擊蔣中正同時，蔣已積極和上

海的大資本家們打交道，以爭取他所迫切需要的資金援助。1927 年 2 月間，上海聯合商會會長虞洽卿便曾代表上海資本家，親赴南昌拜訪蔣中正，討論雙方未來的合作條件。

3 月 22 日，國民革命軍東路前敵總指揮白崇禧率兵攻入上海，23 日，南京亦為國民革命軍拿下。4 月 1 日，蔣中正得到由上海多位巨賈聯合籌措的一筆總額高達二百萬美元的貸款。同一天，去國已近一年的汪精衛從法國途經莫斯科返抵上海，4 月 3 日汪、蔣在上海會談，蔣勸汪不要前往武漢，汪不置可否。

4 月 5 日，汪精衛與中共總書記陳獨秀發表了一份聯合宣言，重申國共團結合作的必要。隔日，汪精衛悄悄離開上海前赴武漢。至此，國民黨左、右兩派分別以武漢、南京為據點的對抗之勢隱然成形，因此這一場國民黨的內鬨，遂被稱為「寧漢分裂」。蔣中正從原本國民黨左派與蘇聯當局所刻意栽培的「紅色將軍」，逐漸轉變為國民黨內最積極的反共主張者。

1927 年 3 月 21 日，國民革命軍先頭部隊逼近上海郊區，中共為搶先取得上海市區控制權，於當天中午以上海總工會之名再次組織武裝工人糾察隊，發動另一場總罷工，目的在奪取警察的武裝。罷工行動在隔日傍晚，也就是白崇禧部隊佔領上海當天，宣告結束。

蔣中正於 3 月 26 日抵達上海，隨即發表公開聲明，指出他無意使用武力改變上海國際租界的現狀，同時他的部隊還將負責恢復秩序，解除「非法分子」的武裝。蔣中正的聲明，一方面安撫了英、法、日、美等國的疑慮，另方面也暗示了他將對中共的武裝工人糾察隊動手。3 月 27 日，蔣中正下令禁止上海總工會集會，同時他還分別在上海與杭州籌組由右派勢力所控制的工會，以抵制中共的工會組織。3 月 30 日，蔣中正宣布上海市戒嚴。

1927 年 4 月 12 日凌晨四時，在白崇禧指揮下，由正規軍與上海幫派團體聯合組成的武裝部隊，襲擊了上海總工會與工人糾察隊。近三千

圖 1-4：清黨 左圖為國民政府人員在上海街頭逮捕共產黨人。右圖則是國民政府人員從工人糾察隊收繳的步槍。

名配備有一千七百枝長槍和幾十挺機槍的工人糾察隊，在幾個小時內就被解除了武裝，幾百名欲反抗的工人糾察隊員被殺。13 日，中共號召上海工人進行罷工，並企圖動員殘餘武裝力量向軍隊反撲，結果死傷百餘人，還有近百人被捕。14 日，蔣中正的軍隊與憲警聯合展開「清黨」（意為「清理國民黨內部」），拘捕了一千多名共黨分子，中共在上海地區的黨組織，數天之內幾乎全被瓦解。中共重要領導人周恩來一度亦在清黨行動中被捕，最後化名逃脫。除了上海之外，南京、蘇州、杭州、福州也都激烈地展開清黨行動，這幾個城市，是當時蔣中正與國民黨右派勢力較強大的地方。至於原本立場較中立的粵軍將領李濟深，此時也倒向蔣中正一方，於廣州宣布清黨，中共控制之工人糾察隊、鐵路工會、農團軍均被肅清，逮捕近兩千人。

國民黨右派一方面在東南各省進行清黨，一方則在南京召開中央政治會議，宣布自 1927 年 4 月 18 日起，國民政府正式遷都南京。如此一來便同時有兩個國民政府存在，一個在武漢，一個在南京。會議同時還選出了完全由右派人士組成的新政府成員，並由長期以來右派的精神領袖、廖仲愷遇刺後遠走蘇聯的胡漢民，出任國民政府主席。這一場中央

政治會議的與會者盡皆國民黨內重要的反共人士，包括蔣中正、吳稚暉、張靜江。會議同時還發出一份通緝名單，聲稱「共產黨竊據武漢，破壞國民革命之進行，數月以來，肆行殘暴，叛黨叛國，罪禍貫盈」。近兩百人的通緝名單上為首的是鮑羅廷，其次是陳獨秀。

事實上不僅南方國民黨右派展開反共行動，北方由奉系軍閥張作霖掌控、仍代表著中華民國政府的北京政權，甚至早數日就已開始清剿共產黨。在蔣中正還未發動「四一二清黨」之前，4月6日張作霖就已派兵包圍蘇聯大使館，在大使館中逮捕了入館躲避的中共創黨元老李大釗。結果從蘇聯駐北京大使館中搜出了大批有關蘇聯陰謀赤化中國的機密文件，蘇聯外交官當時曾試圖燒燬文件，但未得逞。這批蘇聯外交文件事後經摘譯三百則，編為《蘇聯陰謀文證彙編》一書對外出版，造成轟動。李大釗則於4月28日被槍決。

蔣中正在上海發動清黨之後，由鮑羅廷主導的武漢方面立即作出回應，4月18日國民黨左派在武漢召開中執委特別會議，宣布蔣中正為叛徒，不僅將之開除黨籍，還下令通緝。然而武漢當局的這些舉動，對於改善其處境並沒有太大幫助。此時武漢的國民政府僅握有湖北、湖南兩省，南京的右派國民政府卻擁有東南與西南各省地方軍閥的支持，同時控有陝西的馮玉祥與山西的閻錫山亦傾向支持南京，武漢政權陷入孤立無援之中。

事實上，武漢當局的真正危機還在於內部軍人的叛變。首先是駐兵宜昌的夏斗寅倒戈攻打武漢，而駐守長沙的一名團長許克祥亦在5月21日發動「馬日事變」，包圍由共產黨把持的國民黨湖南省黨部與總工會，搜捕了共黨分子三千多人。許克祥的兵變，事實上係出自湘軍將領、三十五軍軍長何鍵的授意。武漢政權內部軍人叛變，主因是中共在兩湖地區的農村進行太過激進的農民運動，鬥爭地主，使得許多軍人在家鄉的父老受到波及，影響軍心，終於造成部隊譁變。

在內外雙重壓力下，汪精衛7月15日終於提出「分共」要求，稍後

並擬定一份〈統一本黨政策決議案〉，要求凡國民黨黨員不得同時加入共產黨，否則停止職務。其實不僅國民黨左派失去了與共產黨合作的意願，中共同時也不耐於再寄居國民黨屋簷下。中共不但宣布退出國民政府，還責罵汪精衛「公開贊助反革命軍官」。

中共的轉變，與莫斯科當局的態度有很大關係，由於蘇共總書記史達林 (Joseph Stalin, 1878～1953) 對於武漢局勢的發展極不滿意，決定調鮑羅廷回國，同時改弦易轍，授意中共採取更激烈的暴力行為，直接以武裝暴動奪取政權。此時中共所能直接調動的軍隊只剩下粵軍將領張發奎轄下的一個軍和一個師，分別由賀龍和葉挺指揮，另外任南昌市警察局長的朱德亦控制有兩個連的兵力，全部人數加總起來大約有一萬六千人，集中在江西北部一帶。

7 月中旬，莫斯科共產國際向中共中央下令，要求動用這些殘存的武力，在南昌發動暴動，之後再向南方挺進，最終回到廣州建立根據地，奪取出海口，以便獲取共產國際的援助，重新舉行「北伐」。

8 月 1 日，賀龍、葉挺等部在南昌舉兵，收繳了駐南昌另外幾支部隊的武裝，數日後依計畫向廣東進軍。由於這是第一支打出中國共產黨招牌的武裝部隊，因此「八‧一」這一天遂在日後中華人民共和國建立後，被尊為「建軍節」。不過葉、賀的部隊尚未進抵廣東，便遭到親國民政府的粵軍部隊阻截，最後只能逃向廣東、江西、福建交界一帶的山區。

既然中共已公然發動武裝暴動，共產黨與國民黨左派的合作關係至此正式畫下句點。武漢的國民黨左派 8 月初下令清黨，緝捕仍留滯武漢地區的共黨人士。鮑羅廷 6 月間便接獲共產國際訓令，要調他回莫斯科，7 月中旬結束工作後，鮑羅廷返回蘇聯，由羅明納茲 (Vissarion Lominadze) 接替工作。鮑羅廷回國後主要任職於蘇聯文宣部門，1949 年在史達林的政治整肅中被捕，1951 年 5 月死於西伯利亞的勞改營中，享年六十七歲。至於中共第一任總書記陳獨秀，面對共產黨在國共合作中的慘敗，被莫斯科方面指責為「機會主義」，1927 年 7 月底自動請辭總

書記一職，隨後藏匿起來，以躲避國民黨的追捕。同年 9 月間中共黨中央遷回上海，陳獨秀也潛回上海，日後與中國共產黨漸行漸遠，另行與追隨者成立馬克思主義組織，成為中國托洛斯基派（「托派」）的精神領袖。1942 年 5 月 27 日病逝於四川，享年六十三歲。

八七會議之後的武裝暴動

蘇聯費了九牛二虎之力，出錢、派人，苦心經營國共合作，沒想到最終換來一敗塗地的後果，這對於剛在蘇共內部政爭中鬥垮托洛斯基 (Leon Trotsky, 1879～1940)⓫的史達林來說，確實是顏面掃地的事情，更何況，史達林向來素以東方民族問題專家自詡。當然，史達林並不打算自己承擔責任，他在武漢局勢已危如累卵的 1927 年 6 月中下旬，以共產國際的名義向中共下達訓令，要求追究失敗責任，批判「機會主義錯誤」，同時撤換原有中共中央領導層。⓬

羅明納茲 7 月底抵達武漢之後，第一件工作便是主持中共黨中央的改組，於是促成 8 月 7 日「八七會議」的召開。這次會議原本定位為中共中央委員會的緊急會議，目的在於罷黜陳獨秀，重新擬定中共的行動方針。然而由於身在武漢的中共中央委員不足法定人數，無法稱作中央委員會議，因此只能稱為「八七會議」。尷尬的是，陳獨秀此時仍是中共中央委員，人也在武漢，卻未獲邀與會。羅明納茲以共產國際全權代表的身分莅臨武漢，目的在整頓中國共產黨，他選擇的合作對象是俄文極佳、與莫斯科方面關係良好的瞿秋白。

⓫ 1917 年俄國共產革命中，托洛斯基是列寧所領導的布爾什維克黨重要領導人之一，同時也是蘇聯紅軍的創立者。然而在列寧死後，托洛斯基在蘇共的權力鬥爭中落敗，1927 年 10 月被開除出黨，流亡海外，1940 年被史達林所派刺客暗殺於墨西哥。

⓬ 唐寶林、林茂生，《陳獨秀年譜》（上海：上海人民出版社，1988 年 12 月），頁 327。

　為避人耳目，「八七會議」選在漢口市三教街（今名鄱陽街）一個美國傳教士的家中祕密召開。會上羅明納茲宣讀了一份由他所寫、瞿秋白翻譯的〈中共八七會議告全黨黨員書〉，嚴厲批評了過去中共領導層的右傾機會主義路線。會議同時改組中共領導層，由瞿秋白取代陳獨秀主持中共臨時中央政治局。

　「八七會議」之後，羅明納茲積極動員中共在湖南、湖北、江西、廣東四省農村地區的殘餘力量，準備發動全面性的武裝暴動，結果形成1927年9至11月間四個省的「秋收暴動」。然而各地的農民暴動最後統統遭到政府軍的反擊，以失敗收場，領導湖南農民暴動的毛澤東率領殘部退向江西省山區，與「八‧一」南昌暴動中殘存的朱德部隊會合於江西、湖南交界上的井岡山，合組成當時中共較具規模的一支武裝部隊，並自稱「工農紅軍」第四軍，一共有三千多人。

　除了農村秋收暴動，羅明納茲的計畫裡還包括了在城市地區發動工人暴動，建立「蘇維埃」(Soviet)。❸羅明納茲的理論是中國無產階級革命的高潮已經來到，所以當前的革命任務是在各個大城市搞工人武裝暴動。1927年12月11日在中共廣東區委書記張太雷領導下，發動了廣州暴動，數千名由中共組織的工人、農民隊伍，加上被中共黨員滲透控制的粵軍部隊，攻佔了廣州市公安局及各政府機關，並在公安局內成立蘇維埃革命政府。在這次的武裝暴動中，中共為了報復該年4月國民黨「清黨」行動中對共產黨人的屠殺，以牙還牙，大肆捕殺國民黨人士，並在廣州市區內大肆縱火焚燒屋舍。在三天的暴動期間（12月11日至13日），有一千五百餘棟民房被焚燬，二千三百多人被殺。粵軍將領張發奎在獲悉廣州生變之後，緊急調派軍隊回擊廣州，在平亂過程中，反攻的粵軍部隊以暴易暴，大規模鎮壓暴民，許多工人不經審判即行槍決斬首，至少造成近五千名工人遇害。暴動領導人張太雷亦在戰鬥中遭射殺。

　廣東軍隊不僅在街頭鎮壓暴動工人，同時還圍攻在暴動中參與指揮

❸　「蘇維埃」原係俄語，意為「會議」，蘇聯共產黨人將之引申為「工人政權」。

的蘇聯駐廣州領事館，結果蘇聯領事被捕，副領事被殺，其他蘇聯人士被捕者六十多人，死者有數十人之多。為此南京國民政府於 1927 年 12 月 14 日宣布與蘇聯斷絕外交關係，停止蘇聯在中國所經營之國營事業，並遣送蘇俄僑民回國，以及電令各省緝拿蘇聯共黨人士。❶❹

不過羅明納茲本人並未實際參與廣州暴動，他早在 1927 年 11 月便轉道日本返回莫斯科，參加蘇聯共產黨的第十五次黨代表大會。由於 12 月蘇共大會召開期間正值廣州暴動發生，羅明納茲還在會上信誓旦旦保證廣州暴動一定能夠成功。1928 年 2 月，共產國際執行委員會召開第九次全體會議，羅明納茲的暴動路線遭到蘇共領導人史達林的親自批判，會上還決定電召瞿秋白赴蘇聯報告。瞿秋白抵莫斯科後，遭共產國際領導人指責其暴動路線為「盲動主義」。

1928 年 6、7 月間，中國共產黨第六次全國代表大會在莫斯科舉行，選舉出了新的政治局成員，包括蘇兆徵、項英、周恩來、向忠發、瞿秋白、蔡和森、張國燾等七人，會後的政治局會議則推舉了船工出身的向忠發為新的政治局主席兼常委主席。向忠發之所以被選為新的中共領導人，其實只在於他出身工人階級；在陳獨秀、瞿秋白這些「小資產階級知識分子」領導下革命事業接連遭遇嚴重挫折的情況下，向忠發被共產國際選中，寄予振興無產階級革命的重責大任，或許也不是太奇怪的決定。不過向忠發能力畢竟有限，實際幫他主事張羅的，是政治局的候補常委李立三。李立三是「勤工儉學」運動中的留法學生，他在回國後一直從事工人運動，是組織工人運動的專家。

毛澤東自 1927 年 10 月率領農民軍隊上井岡山之後，盤據年餘，期間又加入了彭德懷 (1898～1974) 從湖南軍閥何鍵部隊中叛逃帶出的八百

---

❶❹ 有關發生在 1927 年 12 月的中共廣州暴動，綜合參考李雲漢，《從容共到清黨》，下冊，頁 794–798；傅啟學，《中國外交史》（臺北：作者自印，1966 年4 月），頁 356–358；郭廷以，《近代中國史綱》（臺北：曉園出版公司，1994 年 5 月），頁 664。

圖 1-5：井岡山會師地圖　毛澤東後來以井岡山為中心，
向四周發展，在湘贛閩區建立新的根據地。

多人，自成一個小局面。然而在國民政府軍隊不斷的圍剿下，1929 年初
毛澤東、朱德、彭德懷等人再率眾向贛南、閩西的山區撤退，尋找更大
的生存空間，最終在江西南部鄰近福建的瑞金一帶，建立了蘇維埃政府。

　　總計在 1927 年至 1930 年之間，中共從各地暴動中殘餘下來的武裝
部隊，分別在江西、福建、浙江、湖南、湖北、河南、安徽、廣西等省
分邊界的山區，建立起大小不一的蘇維埃政權，實行武裝割據。其中以
毛澤東、朱德等人領導的贛西南、閩西蘇維埃實力最強大，1931 年底兩

個蘇區合併，稱為「中央蘇區」，極盛時管轄有二十九個縣城，三百萬人口。⓯

⓯ 夏道漢、陳立明，《江西蘇區史》（南昌：江西人民出版社，1987 年 9 月），頁 234–235。

第二節　從上海走向北京

　　1927 年下半年短暫的盲動主義路線失敗，中國共產黨的後續發展形成兩個主軸：一是在華中、華南各省的偏遠山區建立蘇維埃政權，簡稱「蘇區」，實施武裝割據；二是繼續在大城市地區吸收工人、知識分子、學生入黨，在國民政府軍警的追捕下，黨組織徹底地下化、祕密化。

地下鬥爭

　　1927 年 8 月由於武漢原國民黨左派也開始捉捕共產黨人，中共高層衡量情勢發展，決定將黨中央核心機關逐漸撤回上海，另在武漢設立長江局，負責華中一帶的指揮工作。上海畢竟是中國第一大都會、工業中心，不僅適合工人運動的發展，而且對外交通便利，內部還有外國租界作為掩護，便於中共地下黨人藏身匿蹤。

　　根據 1930～1944 年間曾經長期主持國民黨中央執行委員會調查統計局 ❶❻特務工作的徐恩曾記述，中共地下黨組織往往偽裝成一般住家或商店行號，開會時人數儘量減少，至多四、五人，一旦遭臨檢便能假扮成親友聚賭。重要黨員住所不放置任何文件，出門先檢查衣袋，確定不帶任何紙片，所有文件只放在一個地方，且備有隨時可以迅速銷毀的設備。中央機關大都設在高級住宅區，外表為花園洋房，出入由汽車代步，中央領導人一般都打扮成富商巨賈，以社會上流人士作為身分掩護。每一機關均在不顯眼地方布置有特殊警示暗號，萬一發生狀況，憑暗號便

---

❶❻　國民黨中央執行委員會調查統計局，簡稱「中統局」或「中統」。1928 年創立時原稱國民黨中央組織部調查科，1938 年擴大為中統局，是 1947 年底行憲之前，國民黨政權最重要的情報特務機構之一。

能向前來的其他黨員示警。**❼**

此外，為保衛重要機關和高層領導人的安全，中共地下黨組織有所謂「紅隊」，組成分子一律為槍法準確的亡命之徒。「紅隊」隊員除負責中央領導人的安全保衛工作外，平常的任務包括暗殺國民黨特務人員，以及懲罰處決己方的背叛者。由於「紅隊」的任務特殊，其隊員在黨內享有特別待遇，有大筆金錢供其揮霍，亦不必擔負其他工作。「紅隊」的暗殺行動，曾在 1930 年代初的上海造成多起街頭槍擊命案。這支由三十餘名槍手所組成的「紅隊」，直到 1934 年 8 月才被中統局會同上海租界警方聯合殲滅。**❽**

中共黨組織既然要在上海維持如此龐大的人事與業務經費，金錢來源自然令人好奇。根據中共六大之後所選出的政治局主席向忠發在被國民黨調查科（中統局前身）逮捕之後的口供表示，中共地下黨的經費來源主要有三：一、蘇聯（共產國際）方面所提供的經費，每個月有四萬五千美元之多；二、蘇區的接濟，1930 年 6 月曾由閩西運到黃金七千兩，同年年底則由西南運到上海黃金二千零七兩；三、「紅隊」的搶劫勒索贓款，是在經費無著時的權宜辦法，數目不一。**❾**

國民黨調查科與中共地下黨鬥爭的勝負轉捩點，是 1931 年 4 月中共特務工作總負責人、政治局候補委員顧順章的被捕。**⓴** 顧順章在漢口因行蹤過於暴露而被指認，身為中共特務工作最高領導人卻未小心隱藏形跡，顯示顧順章可能早有向國民政府當局投降的打算。他在被捕後很快

---

❼ 徐恩曾等，《細說中統軍統》（臺北：傳記文學出版社，1992 年 6 月），頁 127–128。

❽ 徐恩曾等，《細說中統軍統》，頁 180–184。

❾ 徐恩曾等，《細說中統軍統》，頁 148–149。

⓴ 關於顧順章被捕時間，亦有其他文獻說是 5 月，此處依據柴夫編，《中統興亡錄》（北京：中國文化出版社，1989 年 5 月），頁 120 之說法，為 1931 年 4 月 24 日在漢口被捕。

向調查科幹員表示願意投誠，並透露徐恩曾的機要祕書錢壯飛是中共地下工作人員，因此他被捕的消息只能通知南京最高當局。然而當極機密的電報送到南京調查科主任辦公室，仍為錢壯飛掌握，錢在第一時間通知了上海中共黨中央，隨即遠走高飛。

　　因錢壯飛的示警，許多中共高層領導人得以脫險，包括當時中共政治局常委、中央軍委會書記周恩來，中共在上海的最高領導機關亦得以從容撤離。然而許多來不及通知撤退的下級機構仍被破獲，被捕的中共黨人又繼續供出更多組織情報，形成一連串組織機關的瓦解，中共黨組織在上海的活動一度陷於嚴重停頓。

　　不過中共對付叛徒、變節者，向來是絕不留情的。在顧順章確定叛變之後，中共隨即綁架了顧順章的家人，包括其妻、子、岳父母等一共八人，全部處死，並將屍體埋在法國租界區的一處民宅院子裡。數個月後國民黨調查科根據一名被捕「紅隊」幹部王世德的指認，在法國租界區挖掘出這起滅門血案的罹難者，在大約十平方公尺的草地裡起出了八具屍體，成為上海轟動一時的社會新聞。隨後依照王世德的供詞，又在上海租界地區繼續挖掘出其他被中共特務人員殺害掩埋的屍體，一共有三、四十具之多，都是被共產黨處決的所謂「叛徒」。**❹**

　　因為顧順章的叛變，導致 1931 年春夏間中共在上海地區地下黨組織土崩瓦解，然而大多數中共高層領導人都逃過此劫。比較蹊蹺的倒是中央政治局主席向忠發在 6 月間被捕。據徐恩曾追述，向的被捕係有人向調查科告密，然而告密者不久之後便告失蹤，徐恩曾判斷，向忠發事實上是被中共黨內人士出賣的，借國民黨之手將之處決。**❷**中共黨內政治鬥爭往往極為血腥殘酷，向忠發雖貴為中共中央政治局主席，然而被政敵出賣並非不可能，何況向忠發背後的實力派人物、中共黨內的工人運動專家李立三，在 1930 年 6～8 月間因錯估形勢，發動了一次全國性的

❹　徐恩曾等，《細說中統軍統》，頁 155–166。

❷　徐恩曾等，《細說中統軍統》，頁 171–174。

武裝暴動，最終以失敗收場，以至於在中共黨內被譏為「立三路線」、盲動主義而受到批判。

　　李立三之所以錯估形勢，主要是 1930 年 4 月間國民黨內幾股最大的軍事派系——桂系李宗仁、晉系閻錫山、西北軍馮玉祥——聯合起來與蔣中正所領導的南京政府對抗，爆發「中原大戰」。李立三據此研判「新的革命高潮」已經來到，遂命令各省蘇區紅軍起兵奪取大城市，同時號召大城市工人群起暴動。李立三顯然只是重蹈「八七會議」之後羅明納茲與瞿秋白曾犯過的錯誤。很快的，企圖在武漢掀起的工人暴動被鎮壓下來，而由彭德懷、朱德、毛澤東等人領導的紅軍雖曾一度佔領長沙，但很快便在湘軍回擊下退出，中共紅軍與城市工會組織折損了不少人員。當時中共地下工會組織流傳著一句怨語：「黨領導我們到黃浦江去」，㉓意指「跳河」，死路一條。很快的，李立三在 1930 年 10 月之後便被共產國際召回莫斯科接受反省，一直到 1945 年二次大戰結束後才從東北回到中國。李立三垮臺後，向忠發頓失靠山，想除掉向忠發或覬覦其政治局主席大位的黨內政敵，未嘗不可透過像告密這種手段，讓向被捕、處決。

　　無論如何，在 1931 年中共特務頭子顧順章被捕之後，中共在上海地區的地下活動形勢日蹇，國民黨情治機關對於破獲中共地下組織愈益得心應手，中共黨中央在上海愈來愈難立足，終於在 1933 年 1 月之後遷入盤據於贛、閩交界的中央蘇區。中國共產黨從以工人運動為宗旨的城市無產階級革命政黨，逐漸轉變為依靠農民武裝割據、「以農村包圍城市」的農民軍事政權。㉔

㉓　郭華倫，《中共史論》（臺北：國立政治大學國際關係研究中心，1982 年 10 月），第二冊，頁 91。

㉔　中國共產黨最後成功的革命路線並非依照馬克思所預言，由城市工人無產階級發動，而是前往偏遠農村建立武裝根據地。這一發展策略因而被稱作「以農村包圍城市」。

五次圍剿

　　1930 年 10 月，蔣中正領導的南京政府在「中原大戰」中擊潰了李、馮、閻聯軍，奠定了他在國民政府內不容挑戰的領導地位後，決定回頭對付盤踞多省山區、自立蘇維埃政權的中共紅軍，以徹底消除這個隨時會實行武裝暴動的肘腋之患。該年 12 月，蔣氏調集十萬兵力，針對贛南、閩西一帶的中共武裝根據地，發動圍剿。蔣氏或許認為以十萬大軍對付約莫三萬人的紅軍，已綽綽有餘，沒想到紅軍憑著地利之便與快速移動，竟讓圍剿大軍鎩羽而歸，也因此這次圍剿無法畢其功於一役，而

圖 1-6：1930 年中共主要蘇區分布圖

只是「第一次」。在這次圍剿與「反圍剿」的戰爭中，紅軍採取了山區游擊戰術，先誘敵深入，再各個擊破。在距離瑞金西北方一百公里遠的龍岡地區，圍剿部隊死傷被俘近萬人，一整個師遭到殲滅，師長甚至被活捉。戰事持續到 1931 年 1 月，第一次圍剿以失敗收場。

三個月後（1931 年 4 月）蔣中正又調集了二十萬軍隊，任命何應欽為南昌行營主任，再向中央蘇區進擊。期間蔣中正還通令各地，此後對中共一概以「赤匪」相稱，至於戰敗投降中共者，則斥之為「匪奴」，冀望以此激勵士氣。面對這次圍剿，中共仍然施展游擊戰術，在山林間繞圈子誘使政府軍入其圈套，再一一殲滅。從該年 5 月中旬至下旬，政府軍連續吃了幾場敗仗，損失達三萬人，紅軍並繳獲二萬多枝步槍，第二次圍剿再以失敗告終。

一個多月後，1931 年 7 月 1 日，蔣中正下達第三次圍剿令，調集了三十萬軍隊，親任總司令，兵分三路，對中央蘇區進攻。共軍依舊憑其快速移防的機動性，令只敢以大部隊行動的政府軍掌握不到行蹤。政府軍雖仰賴優勢兵力，一度克復興國、雩都、瑞金等蘇區重要城市，然而並無法真正消滅紅軍。8 月初至 9 月中旬，就在前兩次圍剿失利的同一片山區，國民政府軍隊再度遭受重創，損失三萬多人，丟掉近一萬五千枝槍。第三次圍剿宣告失敗。

儘管第三次圍剿受挫，然而為數眾多的政府軍仍有實力再戰，不過這一年 9 月 18 日「九一八事變」爆發，日軍佔領中國東北，蔣中正為處理與日方的衝突，遂將剿共事宜暫時擱置下來。1932 年 1 月 28 日，上海淞滬戰役開打，經歐美多國介入協調，5 月初中日雙方簽訂〈淞滬停戰協定〉，華東地區的中日戰事暫時告一段落，蔣中正又忙不迭著手進行他的剿共大計。這次他提出了「攘外必先安內」的口號，1932 年 7 月，國民政府動員了五十萬兵力，左右開弓，先進攻華中地區包括湖南、湖北、安徽、河南四省山區的蘇區（鄂豫皖與湘鄂西）。1933 年初，在對湘、鄂、豫、皖一帶中共根據地的軍事圍剿取得不錯戰果的鼓舞下，蔣

中正決定集結大軍對江西中央蘇區發動第四次圍剿。這一次蔣氏調動了三十多個師的兵力，重重包圍共軍所盤踞的山區，一度收復了幾個由中共長期佔領的縣城，最後交戰雙方形成僵持局面。

然而 1933 年 1 月 3 日已據有東北的日軍突然進攻山海關，隨後入侵河北、熱河，3 月初承德陷落，日軍再在長城沿線發動攻擊，華北局勢全面告急，北平、天津岌岌可危。這一情勢的發生，逼使南京方面不得不抽調軍隊北上，原本在江西督軍的蔣中正只好放棄進一步的剿共計畫，對中央蘇區的第四次圍剿半途而廢。

1933 年 5 月 31 日，中日雙方簽訂〈塘沽停戰協定〉，北方邊患壓力稍減。10 月初，蔣中正在南昌召開剿匪軍事會議，訂定對中央蘇區的第五次、也是規模最大一次的圍剿計畫。此時經過數年經營，中央蘇區的紅軍人數已達到八萬之眾。鑑於前幾次圍剿行動在戰術上的缺失，蔣中正決定第五次圍剿必須步步為營，以廣築碉堡、建構據點為基礎，開鑿公路將布置好的據點一一連接起來，以縮小、壓制紅軍所盤踞的山區。圍剿行動持續了大半年，到 1934 年 7 月間，中央蘇區的範圍縮小到只剩下以瑞金為中心的幾個縣城，糧食、鹽以及其他軍需品日漸短缺，兵員同時也明顯不足。

1934 年 10 月初，政府軍攻克瑞金北方的石城縣，距瑞金只剩下數十公里路程，至此紅軍頹勢已無挽回可能。中共中央實際負責人秦邦憲（別名「博古」）倉促決定放棄多年經營的中央蘇區，向西突圍。蔣中正所發動的第五次圍剿終於宣告勝利，中共紅軍開始了號稱「長征」的流亡逃竄。

長　征

所謂的「長征」，一開始無異於整個中央蘇區的大搬家。八萬紅軍帶著大小輜重，連印刷機、修理軍械的機器，以及與莫斯科聯繫所用的大型電臺也都扛著走，結果不僅行軍速度緩慢，而且在山林間的羊腸小徑

上擠成一團，成了政府軍尾隨追捕的活動靶標。1934 年 11 月下旬，紅軍穿過湖南省邊界進入廣西,準備向北渡過湘江,與湘西另一支紅軍——賀龍率領的第二軍團與蕭克領軍的第六軍團會合。

　　然而這一計畫早已在南京方面的掌握之中，國府調動粵、湘、桂各路軍隊，沿途設下重重封鎖，等著紅軍自投羅網。1934 年 11 月底，紅軍在廣西東北部的全州、興安之間，準備渡過湘江時，遭到湘、桂軍夾擊，紅軍主力連同中共中央機關人員花了五天時間才陸續完成渡江，然而在護衛防守過程中折損了一半以上的兵員，甚至有一部分紅軍還來不及渡江便被殲滅。紅軍人數從長征開始的八萬人銳減到只剩三萬。此時政府軍沿著湘西南的武岡、城步、綏寧、靖縣、會同等地組成一道防線，準備一旦紅軍北上便予以迎頭痛擊。中共領導層眼看情勢不妙，乃臨時改變主意，往西進入貴州，12 月中旬紅軍抵達貴州省黎平縣，經過黨內開會決定，放棄北上與湘西紅軍會合的計畫，轉而深入貴州境內，往政府軍力量較薄弱的黔北進軍。

　　1935 年 1 月 7 日，紅軍進佔黔北重要城市遵義，15 日起中共中央政治局在這裡舉行為期三天的政治局擴大會議，日後以「遵義會議」聞名。會上毛澤東、劉少奇、彭德懷等人聯合起來指責中共中央領導人秦邦憲與共產國際派駐中共的軍事顧問李德 (Otto Braun) 必須為長征以來在戰術、戰略上所犯的錯誤負責。會議促成了中共中央高層人事改組，在毛澤東等人支持下，張聞天（別名「洛甫」）接替秦邦憲出任中共中央總負責人，毛澤東則由原先的政治局委員更上一層樓，晉升為政治局常委，並與周恩來、王稼祥合組「三人軍事領導小組」，成為軍事行動的最高決策者之一。雖然「三人軍事領導小組」表面上的最高負責人是周恩來，不過毛澤東在取得王稼祥，尤其是張聞天支持的情況下，其軍事決策地位頗有凌駕周恩來之上的趨勢。由於遵義會議讓毛澤東順利躋身中共最高決策層,因此此會議日後被視作是毛澤東邁向個人權力高峰的起始點。

　　吸收了近三個月來的流竄經驗，遵義會議決定放棄原來搬家似的大

部隊行軍，將一切笨重裝備丟棄，改採輕裝靈便的方式，以閃避政府軍的追獵圍捕。從 1935 年 1 月至 4 月底，紅軍隊伍在貴州省境內與追兵形成捉迷藏局面，出其不意四渡赤水河，迷惑了圍堵的貴州地方軍隊，然後快速向西北方向突圍，跳出了包圍圈，前進到西康，之後再沿著縱谷地形北上進入川西，1935 年 6 月中旬在四川西北的懋功與張國燾率領的第四方面軍會合。

　　所謂的「第四方面軍」或「紅四方面軍」，是「中國工農紅軍第四方面軍」的簡稱，成立於 1931 年 11 月間，是原鄂豫皖蘇區的共軍隊伍。1932 年 10 月在國民政府的圍剿行動下撤離鄂豫皖根據地，前進到川北和陝南一帶建立據點。這一支中共紅軍的最高領導人是中共創黨元老張國燾，負責實際軍事工作的則是徐向前。至於原中央蘇區由朱德與毛澤東所創建領導的紅軍隊伍，則在 1930 年 8 月執行李立三攻打大城市的盲動路線期間，整編為「中國工農紅軍第一方面軍」，簡稱「第一方面軍」或「紅一方面軍」。大體而言，長征之前散處各地的中共軍隊，就以這兩

圖 1-7：遵義會議會址與毛澤東　會議上檢討了軍事策略上的錯誤，並對中央領導者進行改組。毛澤東被選為中央政治局常委，及參與指揮軍事行動。

大集團最為可觀。

　　紅一方面軍從離開貴州到抵達四川懋功為止，所行經地區沿途都是崇山峻嶺與少數民族居住地，在一個多月的急行軍裡，傷患、掉隊、自殺、攜械逃亡者甚多，因而當紅一方面軍抵達懋功時，整個隊伍只剩約一萬人，扣除中共中央機關人員，兵員才八千人，而且衣衫襤褸，彈藥缺乏。相形之下，好整以暇在川北等待的紅四方面軍不僅有八萬之眾，而且兵強馬壯，戰鬥力旺盛。但就黨組織的領導權而言，千里迢迢來到川北的紅一方面軍才是名正言順的黨中央，這使得紅四方面軍的領袖張國燾心理上難以平衡。張國燾顯然不服經過遵義會議後已隱然由毛澤東掌控的新的中共決策層，因而生出與紅一方面軍互別苗頭、另起爐灶的念頭。

　　1935年9月初，由於一、四方面軍嫌隙日深，終於導致分裂。毛澤東與大部分中共中央成員率原紅一方面軍主力向東北方向前進，穿過甘肅，於1935年10月抵達陝北，結束了紅一方面軍長達一年的長征歷程。至於與黨中央分道揚鑣的張國燾，則另成立黨中央，自任總書記，並率領原紅四方面軍的主力企圖攻打川西重鎮成都。不過攻打成都的行動由於遭到川軍的抵抗而失敗。1936年3月，紅四方面軍放棄經營已久的川西根據地，進入西康，經過近半年與政府軍的鏖戰，此時紅四方面軍只剩下四萬多人。

　　1936年6月，自湘西根據地撤出的賀龍第二軍團、蕭克第六軍團抵達西康省甘孜縣，與紅四方面軍會合。賀龍、蕭克部隊稍後合組為「工農紅軍第二方面軍」。這支部隊在1935年11月動身「長征」之前，原有兵力兩萬人，經過七個月的作戰行軍，與紅四方面軍會合時只剩下三千多人。二、四方面軍會合之後，張國燾挑選了其中的精銳二萬多人向甘肅河西走廊進發，自己則率餘眾北進寧夏，企圖在甘、寧兩省之間創造出一個根據地。然而西進河西走廊的軍隊遭到政府軍的堅強反擊，在古浪、武威、張掖、高臺諸縣爆發了一連串戰鬥，最後這支部隊逃入祁連

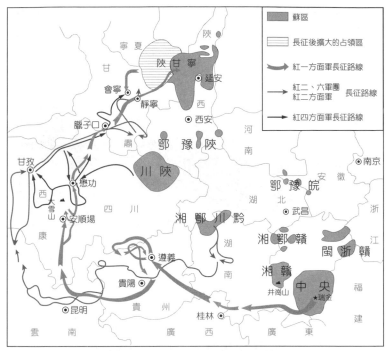

圖 1–8：「長征」路線圖

山區，再突圍而出，進入新疆，以尋求蘇聯保護。結果原本二萬多人的部隊，最後僅餘七百人存活下來。

至於由張國燾親率北上寧夏的部隊，則在 1936 年 11 月與早一年即已抵達陝北的紅一方面軍會合。至此三股紅軍（一、二、四方面軍）的「長征」之路終於走完，三個方面軍剩餘兵力加總起來，只不過兩萬多人，而追剿圍堵的政府軍已對以陝北保安縣為中心的中共紅軍形成三方夾擊之勢。面對隨時有遭殲滅的危險，中共高層商議將部隊分成兩路，準備再向山西和陝南山區發展。要不是 1936 年 12 月 12 日西安事變的爆發，紅軍的長征道路很可能還要繼續走下去。就此而言，所謂的「長征」當然是美其名，因為從 1934 年 10 月開始，到 1936 年 11 月完成會師，長征的根本目的不過在於躲避國民政府軍隊的圍剿。

至於在長征複雜的過程中，中共高層的權力關係顯然已出現戲劇性

圖 1-9：紅軍攀越雪山　長征過程中，紅軍行經窮山惡水、
無人地帶，號稱路程超過兩萬五千華里，最後抵達陝甘蘇
區。圖中為人們重走長征路的情景。

變化。原本依賴共產國際支持而掌握中共中央實權的秦邦憲垮臺，長期
擔任中共軍事指揮工作的周恩來逐步交出了軍權，創黨元老張國燾企圖
挑戰新的權力核心的計畫也告失敗，毛澤東終於在長期的黨內權力競逐
過程中一一擊敗對手，成為日後中國共產黨至高無上的領袖。不過在毛
澤東登上權力頂峰之前，他還有最後一位對手——王明。王明本名陳紹
禹，是共產國際支持以挑戰毛澤東本土革命路線的最後一位代表人物。
毛 1942 年在延安發動「整風」運動，才將王明及其勢力掃除。

　　至於張國燾，自知留在共產黨內已無所作為，甚至可能有殺身之禍，
遂於 1938 年 4 月藉著祭黃帝陵的機會，向國民政府投誠，中共則於隨後
將之開除黨籍。1948 年年底眼見中共在國共內戰中勝利在望，張國燾舉
家遷至臺灣，不久移居香港，多年後再赴北美依親。1979 年 12 月死於
加拿大。

國共勢力的消長

　　1936 年 12 月 12 日發生的「西安事變」，可說是國共力量消長的分

水嶺。事變之後，不僅蔣中正停止了大規模的剿共軍事行動，而且中共在抗日的旗幟下，得以名正言順前進華北農村發展組織，奠定了在 1945 年二次世界大戰結束後足以和國民政府抗衡的基礎。

　　1931 年「九一八」事變的發生，使得駐紮華北一帶由張學良統率的東北軍無法回鄉。對東北軍將士來說，抗日是凌駕一切的首務之急，然而 1935 年下半年中共紅軍陸續竄抵陝北之後，蔣中正卻指派東北軍入駐陝南西安，由張學良兼西北剿匪副司令一職，實際負責陝北的剿共任務。此舉不僅張學良本人不滿，東北軍內部更瀰漫著一股消極抵制的情緒。加上與共軍接戰的過程中，東北軍頻頻損兵折將，張學良日漸失去留在陝北打內戰的意願。

　　1936 年開始，張學良便嘗試與中共接觸，該年 4 月，張學良抵達仍在東北軍控制下的延安，與中共代表周恩來祕密會晤，雙方私下達成一些協議，包括停止內戰、聯合抗日。1936 年 10 月底，蔣中正飛抵西安部署剿共行動，張學良多次向蔣面陳停止剿共、一致抗日的主張，均為蔣斥回。蔣甚至向張學良下達最後通牒，如果東北軍不準備全力剿共，他將派遣中央軍前來陝西接防，並調東北軍到福建去。12 月 12 日凌晨五時許，張學良突然派兵包圍蔣中正位於西安市郊臨潼縣的行館，將之綁架，史稱「西安事變」。

　　事變發生後，歷經十餘天各方的折衝協調，最後張學良決定釋放蔣中正，並親自陪同蔣氏夫婦飛抵南京。張學良從此失去人身自由，蔣中正則是遵守承諾，停止了剿共的軍事行動，

圖 1-10: 張學良與蔣中正　圖攝於 1936 年 10 月蔣中正赴西安視察剿共情形。

中共紅軍終於獲得休養生息的機會。

　　不過在西安事變中，中共的反應倒是頗堪玩味。張學良發動西安事變的起因之一原本是中共的煽動，事變之初中共的反應也是興奮之極，恨不得一舉除去蔣中正這個心腹大患。然而莫斯科的電報卻讓中共改變了態度，史達林此時不僅不願除掉蔣中正，而且還希望藉由蔣來牽制日本在東亞地區的勢力擴張。史達林的電報輾轉傳到陝北保安，要求中共想辦法說服張學良釋放蔣，否則蘇共將與中共「斷絕關係」。中共迫於蘇聯的壓力，最後向張學良表達了不支持的態度。❷⑤中共的反覆無常，加上全中國輿論幾乎一面倒地指責張學良，使這位年僅三十五歲的東北軍「少帥」最後決定釋放蔣中正。

　　西安事變落幕之後，東北軍撤出了陝北重鎮延安，隨後被蔣中正的中央系統接收改編。中共紅軍則於 1937 年 1 月順理成章開進了延安縣城。這一年 7 月 7 日河北省盧溝橋事件發生；8 月 13 日日軍大舉進攻上海，中日戰爭全面爆發。蔣中正同意將陝北中共紅軍改編為國民革命軍第八路軍，至於仍散布在贛、閩一帶的紅軍殘餘部隊，則改編為新四軍。中共軍隊獲得了國民政府授予的合法地位。

　　1937 年 11 月，日軍攻佔山西首府太原，隔年 2 月，臨汾失陷，晉系軍閥閻錫山在山西的傳統地盤喪失殆盡。然而日軍儘管攻佔了大城市，卻無法有效深入控制鄉村地區；反之，中共則憑其在農村長期累積的生存經驗，名正言順以國民政府旗號進入山西農村，之後更進一步擴張至華北全境。舉例而言，1939 年河北全省一百二十個縣城之中，僅八十個駐有日軍部隊，❷⑥這一情況提供了中共極有利的發展空間。

---

❷⑤　關於西安事變中蘇聯領導人史達林的態度，以及中共受到莫斯科壓力而轉變立場，見司馬桑敦，《張學良評傳》（臺北：傳記文學社，1989 年 7 月），頁 260–261。

❷⑥　Chalmers A. Johnson, *Peasant Nationalism and Communist Power* (Stanford: Stanford University Press, 1962), p. 52.

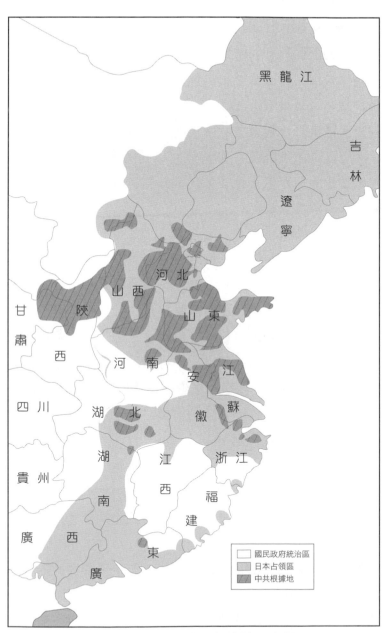

圖 1-11：中共抗日根據地分布圖

　　這種在日軍佔領區發展出來的中共農村根據地，日後被中共稱為「敵後解放區」，最先出現的是跨越晉北、察哈爾、熱河、河北的「晉察冀邊區」，以及晉西北到綏遠的「晉綏邊區」。同時以魯中山區為核心的「山東區」亦逐漸成形。隨後八路軍再滲透到河南、河北、山東、山西四省交界處的一大片平原地帶，成立了「晉冀魯豫邊區」，至此華北的四大「解放區」大體成形，加上中共中央所在地以延安為中心的「陝甘寧邊區」，中共控制區域整個涵蓋了隴海鐵路以北的廣大土地。除了大城市與鐵、公路沿線仍由日軍派兵把守外，華北農村幾乎已全在中共的掌握之中。

　　1956 年有一位日本企業家南鄉三郎前往北京訪問，在晉見毛澤東時當面向毛致歉：「日本侵略了中國，對不住你們。」沒想到毛澤東竟然回答：「我們不這樣看，是日本軍閥佔領了大半個中國，因此教育了中國人民，不然中國人民不會覺悟，不會團結，那末我們到現在也還在山上，不能到北京來看戲。就是因為日本『皇軍』佔領了大半個中國，中國人民別無出路，才覺悟起來，才武裝起來進行鬥爭，建立了許多抗日根據地，……如果要感謝的話，我寧願感謝日本軍閥。」❷❼毛的講話，露骨默認了中國共產黨利用日本侵略中國的機會，壯大了實力與地盤。

　　根據中共自己的統計，到 1940 年為止，八路軍已由 1937 年時的四萬五千人，擴充到四十萬人；華北解放區內中共所直接管轄的人口，則已達到四千萬之眾。如果根據日本華北方面軍的估計，連同各地游擊隊、民兵，以及留守延安的軍隊合計，八路軍的總體規模應該在八十萬人左右。

　　至於華中、華南地區的新四軍，在 1937 年接受國民政府整編時不過數千人，然而到了 1940 年，已發展到了十萬人，同時還在江蘇、安徽、湖北、浙東一帶建立了多處解放區，合計統轄人口已達一千三百萬。

---

❷❼　中共中央文獻研究室編，《毛澤東文集（第八卷）》（北京：人民出版社，1999年 6 月），頁 245–246。

　　面對日益壯大的共軍勢力，國府當局自然忐忑不安，國共之間為了共同抗日而出現的短暫合作關係，到了 1939 年事實上已壽終正寢。從 1938 年年底至 1939 年年中，河北、山東、湖南陸續發生多起國共部隊相互攻擊事件，為此蔣中正曾召見中共駐重慶代表周恩來，要求共軍服從命令，以便雙方能夠進一步討論解決糾紛的辦法。1939 年 9 月，毛澤東在延安接受中央社記者採訪時，對於國共「摩擦」問題發表評論，聲稱：「人不犯我，我不犯人；人若犯我，我必犯人」。❷❽ 充分表露了此時中共有恃無恐的姿態。

　　中日戰爭期間最著名的國共衝突事件，發生在 1940 至 1941 年之交。1940 年 10 月，新四軍在蘇北黃橋地區攻擊國軍，導致國軍部隊死傷一萬多人，史稱「黃橋事件」。隔年 1 月國軍立即以牙還牙，趁著新四軍移防時進行突襲，新四軍軍長葉挺被俘，副軍長項英被擊斃，共軍七千多人被消滅。這起事件被稱作「新四軍事件」或「皖南事變」。

　　無論如何，中共利用日本侵華期間壯大了共軍隊伍，是一個不爭的事實。日本投降前夕的 1945 年 4 月，中國共產黨召開第七次全國代表大會，毛澤東在會上宣稱，共軍此時已發展到了九十一萬人，鄉村中不脫離生產的民兵則超過二百二十萬之眾，而十九個解放區內的總人口則達到九千五百五十萬。根據這一數字，當時中國約有五分之一的人民，已在中共控制之下。

延安整風

　　1949 年中共建國之前的革命歷程，事實上貫穿著一個相當重要的主題，即莫斯科的指揮棒與中共自我意志間的矛盾衝突。共產國際無疑是中共建黨的催生者，然而 1923 年要求中共化整為零加入國民黨的也是共產國際，為此中共內部曾出現強烈抗拒，然而最終不得不接受「老大哥」

---

❷❽　毛澤東，〈和中央社、掃蕩報、新民報三記者的談話〉，收入《毛澤東選集（第二卷）》（北京：人民出版社，1991 年 6 月），頁 590。

的安排。

1927 年國共合作破裂，共產國際基本上把責任都推給了中共領導層，導致陳獨秀下臺和中共內部的分裂。1927 年和 1930 年瞿秋白、李立三採行盲動路線，背後其實也都有共產國際的指揮，❷然而失敗的惡果也都由中共自己承擔。1934 年蔣中正對中央蘇區發動第五次圍剿，共產國際派到瑞金來的軍事顧問李德，最終也只是給紅軍帶來慘痛經驗，中共黨內以毛澤東為首的「本土派」對於遠在莫斯科的共產國際時時以幕後老闆身分下達指令，愈來愈反感。1935 年 1 月的遵義會議只是忍無可忍之餘所爆發出的自力救濟，何況毛澤東在遵義會議上雖把共產國際支持的秦邦憲拉下「負總責」（即代理總書記）的寶座，然而為了不引起共產國際疑慮，新的「負總責」人選還是找了曾留學莫斯科、較為蘇共當局信賴的張聞天擔任，毛澤東寧可隱身幕後。

中國共產黨作為全世界共產革命運動的一個支部，在窮鄉僻壤中崛起的中共本土派即使心裡再不服共產國際領導，表面上卻不敢公然違逆。畢竟一方面共產黨人高度講究「組織原則」，脫離了組織名不正言不順；二方面中共羽翼未豐，仍必須尊奉蘇共為老大哥。

中共本土派對於莫斯科的諸多不滿，在 1936～1937 年間達到一個新的高峰。1935 年 10 月抵達陝北落腳的紅一方面軍可說已兵疲馬困，卻仍舊處在國民政府的軍事圍剿下，直到 1936 年 12 月西安事變爆發前，中共的處境實可以危如累卵來形容。然而共產國際在此關鍵時刻並未提供具體的物資援助，因此更加深了中共本土派的失望與尋求自力更生的決心。

然而莫斯科蘇共當局對於中共內部本土派勢力的崛起，卻也心生警惕，1937 年 11 月 29 日中共長期駐共產國際代表王明銜命飛抵延安，事

---

❷　瞿秋白在第三國際代表羅明納茲指示下，執行 1927 年夏秋之間的暴動路線，已於上一節敘明。至於「立三路線」所受第三國際影響，參考郭華倫，《中共史論》，第二冊，頁 83–95。

實上即是以莫斯科「欽差大人」的身分，前來監督中國共產黨以共同對日抗戰為前提貫徹和國民政府的合作計畫。此一合作計畫正式名稱為「與國民黨的統一戰線」或「抗日民族統一戰線」，非正式場合也被稱作「第二次國共合作」。然而毛澤東對與國民黨再次合作興趣缺缺，他比較想走的是獨立自主、壯大自身實力的路線。**❸⓪**

　　毛澤東對中共黨內「國際派」（意指有共產國際背景者）的清算，到了 1941 年下半年，終於時機成熟。這主要是「毛派」人馬羽翼已豐，在黨內紛紛位據要津，實力足以發動一次對政敵的總攻擊。這些毛派成員包括：劉少奇、任弼時、陳雲、康生、高崗、彭真、林彪與鄧小平。從這份名單不難了解，何以 1949 年中共建國之後，數十年間政治舞臺上皆是由這一群人扮演吃重的角色。

　　至於毛澤東首要的整肅對象國際派，其分子清一色具有留蘇背景，基本上就是在莫斯科中山大學受過正規馬列主義訓練的「二十八個半布爾什維克」成員，包括王明、秦邦憲、張聞天、王稼祥、何克全（別名「凱豐」）等人。**❸❶**其實，國際派人士在中共黨內從來就不曾真正形成過

---

❸⓪ 除了上引 1956 年毛澤東對南鄉三郎的談話之外，1959 年 7 月 31 日毛澤東在盧山會議上批評彭德懷時，更露骨地表示：「一些同志認為日本佔地越少越好，後來才統一認識，讓日本多佔地，才愛國。……國內有國，蔣、日、我，三國志。」見李銳，《盧山會議實錄》（鄭州：河南人民出版社，1995 年 1 月），頁 182。說明中國共產黨在中日戰爭（八年抗戰）期間，其策略是讓日本侵略者多多佔領國民政府的地盤，以便中共壯大自己實力。

❸❶ 所謂的「二十八個半布爾什維克」稱號，源頭來自於 1929 年暑假前夕於莫斯科中國共產主義勞動大學（前身為莫斯科中山大學，皆簡稱「中大」）所召開的一次黨員大會，會上出現兩派意見，反對中大黨支部意見的中國留學生，給支持黨支部的另一批中國留學生（以秦邦憲為首）取了一個封號，叫做「二十八個半布爾什維克」，原意帶有相當的嘲諷意味。日後隨著秦邦憲等人回國，並在中共中央掌握權勢，這個稱號竟不知不覺成為描述從莫斯科留學回來的「國際派」核心人物的代名詞，尤其用來指稱王明、秦邦憲、張聞天等

有系統、有組織的同盟，反而互有心結、交相攻訐。若說國際派有能力挑戰毛澤東在中共黨內的權勢，絕對言過其實，即便是國際派內最獲史達林信賴的王明，亦欠缺挑戰毛澤東的實力。毛澤東透過「延安整風」整肅國際派的目的，一在向全黨宣示，中國共產黨走的是自己的道路，蘇聯那一套馬列主義理論只不過是教條；二要樹立「毛澤東思想」的權威性，毛所走的實踐路線的正確性勢必將進一步鞏固毛在黨內已幾近至高無上的地位。**㉜**

不過毛澤東在黨內也存在政敵，但不像國際派是一盤散沙。他們是以周恩來為首的一批黨內資深幹部，另外還包括為數眾多的軍隊指揮官。這批人在中共黨內素孚眾望，都是自中共建黨初期就參加革命者，資歷與毛澤東不相上下，甚至還凌駕其上，共通點則是素來不能無條件屈從於毛澤東的指揮，而且多少都曾在黨內鬥爭中與毛有過恩怨。包括周恩來、彭德懷、陳毅，甚至是紅軍「老總」朱德等人。毛發動「整風運動」的政治目的與其說是針對國際派，還不如說是瞄準這批老幹部。毛澤東把這批人稱作「經驗宗派」，國際派則被稱作是「教條宗派」。

毛澤東發動整風運動先從號召全體黨員學習中央指定的文件開始，其中包括毛澤東的作品六篇，這是毛澤東發明的統制思想的新辦法。學習文件要開會，會中所有人要發表學習心得，要作自我批評，還得接受別人的批評，要俯首認錯。堅決不認錯的便繼續開會進行疲勞轟炸，直到認錯為止。毛澤東並且動員基層幹部揭發領導幹部的錯誤，以作為向

人。事實上 1929 年中大召開黨員大會當天，王明、張聞天、王稼祥等多人並不在場。關於此事的簡單介紹，可參考吳葆朴、李志英，《秦邦憲（博古）傳》（北京：中央黨史出版社，2007 年 6 月），頁 60-62。

㉜ 延安整風期間，毛澤東曾一度試著提出「毛澤東主義」的說法，後修正為「毛澤東思想」，從此成為中共所標榜的屬於中國特色的共產主義理論。見高華，《紅太陽是怎樣升起的——延安整風運動的來龍去脈》（香港：中文大學出版社，2000 年），頁 605-608。

政敵進攻的口實。雖然一度因此捅出了一樁小紕漏──王實味的《野百合花》。王實味在延安《解放日報》上發表小說批評高層領導人生活腐敗、作風官僚，王實味最後因此入獄，並遭殺害。❸

整風運動最後發展成為「審幹」（審查幹部）和「搶救運動」。雖美其名為「搶救」，其實是誣告構陷，憑屈打成招剷除異己。❸延安整風的結果就是毛澤東最終達成打擊對手的目的，成為中共全黨不容置疑的最高領袖。

事實上整風運動在延安造成了人人自危的氣氛，卻對毛澤東樹立自身權威幫助甚大，中國共產黨內再也無人敢於挑戰毛的權勢。所有曾經與毛澤東有過舊怨新仇的黨內同志，皆經受了一場刻骨銘心的震撼教育。中國共產黨結束了陳獨秀垮臺之後長達十餘年百家爭鳴的內部政治生態，自此唯毛澤東馬首是瞻，再無人敢在毛面前輕犯龍顏。當然，憑毛澤東一人之力畢竟無法造就這般一面倒的情勢，毛的權勢是毛派人馬眾志成城的結果。只不過，二十四年後的文化大革命中，輪到這批曾經為毛立下汗馬功勞的老臣鋃鐺下獄，為首的劉少奇甚至落得家破人亡的下場。

國共內戰

1945 年 8 月日本投降所帶給中國的遠非和平，而是激烈內戰的開始。因為中共軍隊已經在對日戰爭期間佔領了廣大地盤，中共無疑準備繼續控制這些地區，而蔣中正所領導的國民政府則企圖奪回。國共內戰，

---

❸　在毛澤東鼓勵公開批評黨內風氣的號召下，在延安中央研究院擔任研究員的王實味，陸續在《解放日報》等延安的報紙雜誌上發表作品，批評中共領導高層，並因此遭到整肅。有關王實味事件，參考高華，《紅太陽是怎樣升起的──延安整風運動的來龍去脈》，頁 320–337。

❸　關於整風運動過程中的「搶救運動」，可綜合參考郝在今，《「文革」前史──延安「搶救運動」紀實》（香港：利文出版社，2006 年）一書。

其實是不可避免的結局，只不過內戰的爆發點並非出現在任何中共的控制區，而是中國東北，原滿洲國。東北並非中共「解放區」，而是在二次大戰最後幾天才成為蘇聯軍隊的佔領區。❸國民政府要求蘇軍撤走後由國軍接收，這原本合法合理，問題是中共也想染指，於是東北成了二次大戰結束後國共較量的第一個競技場。

1945年8月開始，東北雖然仍處於蘇軍佔領下，但是共軍已大張旗鼓自關內招兵買馬開進東北。總計到這一年年底為止，有二十萬共軍陸續從熱河、山東進入東北。到隔年2月，亦即蘇軍撤軍前夕，東北共軍總數已接近五十萬人。這支部隊由林彪擔任總司令，號稱「東北民主聯軍」。

1946年3月中旬，蘇軍在搜括了大批日本留下來的物資、工業設備之後，開始撤離中國東北。同一時間國軍則在美國軍艦、飛機的運送下，將二十八萬部隊送入東北。國軍人數雖較少，但全係美式裝備，戰鬥力強。隨著蘇軍北撤，國軍立即進駐瀋陽，並朝北向共軍佔領地區進攻。

5月中旬，東北國軍向共軍盤踞的南滿鐵路樞紐四平街展開總攻擊，經數日激戰，大獲全勝，繼續往北挺進，佔領長春。不過至此國軍已無力再擴大戰局，原因是補給實在困難，國軍在東北所控有的僅是從秦皇島至長春的長條形地帶，由瀋陽、四平街、長春等大城市串連而成。此一長條狀以外的廣大東北地區，仍處在共產黨的控制之下。

眼看著第二次世界大戰剛結束，中國內戰隨之繼起，美國總統杜魯門 (Harry Truman) 在1945年12月派遣了二次大戰時的美軍參謀首長馬歇爾 (George C. Marshall) 前往中國調停。然而國共雙方事實上都缺乏停火的意願。1946年年底蔣中正向尚未放棄和平希望的馬歇爾誇口，指可

---

❸ 有關1945年2月美、英、蘇三國在烏克蘭克里米亞半島的雅爾達 (Yalta) 舉行高峰會，並簽署〈雅爾達協定〉(Yalta Agreement) 的詳細過程，將留待本書第二章第三節予以敘述。依據該協定，蘇聯在1945年8月8日對日本宣戰，並佔領滿洲國。

望在八至十個月內將共軍全部殲滅。中共方面同樣對蔣氏不抱希望，尤其毛澤東相信以中共手裡掌握的百萬大軍，足以與國民政府一較高下。在交戰雙方都對和平欠缺興趣的情況下，馬歇爾滯華一年多卻難有作為，遂於 1947 年 1 月 7 日啟程返美。馬歇爾在臨行前發表對華情勢聲明，認為中國和平的最大障礙在於國共兩黨相互猜忌。馬歇爾返國之後，隨即出任杜魯門總統的國務卿。

　　馬歇爾返美之後，國共內戰開始出現逆轉局勢。1947 年年初開始，共軍在山東、河北、山西等地猛攻國軍控制的區域，並奪取了平漢、津浦等重要鐵路線。2 月 1 日中共發出由毛澤東起草的指示，估計國軍動用來向解放區進攻的正規部隊共一百七十餘萬，佔國民政府總兵力的90%，因此南京方面可說已沒有剩餘的兵力可再動員。而從 1946 年 7 月到 1947 年 1 月的七個月中，共軍已殲滅國軍五十六個旅，毛澤東相信未來數個月內如果能再消滅國軍四十至五十個旅，則「軍事形勢必將發生重大的變化」，「這是決定一切的關鍵」。❸❻

　　1946 年 9 月以後，各解放區共軍開始逐漸以「人民解放軍」自稱。中共的新聞通訊社「新華社」則在 1947 年 3 月 24 日第一次在新聞稿中使用「中國人民解放軍」一詞。同時從 1947 年 1 月起，中共中央軍事委員會（簡稱「中央軍委」）亦開始調整併編共軍序號，首先將原有新四軍、山東軍區、華中軍區的軍事指揮權合併，組成華東野戰軍，陳毅任司令員；之後又陸續整編出西北野戰軍，彭德懷任司令員；東北野戰軍，林彪任司令員；中原野戰軍，劉伯承任司令員。這四大野戰軍，形成了日後人民解放軍作戰指揮系統的基本雛形。1949 年 1 月，中共中央軍委決定再對各野戰軍番號進行調整，改稱為第一野戰軍（原西北野戰軍）、第二野戰軍（原中原野戰軍）、第三野戰軍（原華東野戰軍）、第四野戰軍（原東北野戰軍）。此後所謂的「一野」、「二野」、「三野」、「四野」系

❸❻　毛澤東，〈迎接中國革命的新高潮〉，收入《毛澤東選集（第四卷）》（北京：人民出版社，1991 年 6 月），頁 1211–1215。

統，在中共建國後長達三十多年的時間裡，一直是分析中共軍事派系的一個相當有效的概念。

1947 年 3 月 19 日，就在中共華東、中原、東北三野戰軍蓄勢反撲之際，蔣中正長期以來所指派負責包圍進攻延安的胡宗南部隊，終於奪下這座中共中央盤踞長達十年的城市。這一勝利，確實給南京方面帶來短暫的安慰，以及用來大作宣傳的藉口。然而實際上，中共方面早就安排了戰略性撤退，負責保衛中共中央的西北野戰軍並未誓死抵抗，而是將中共領導核心安全地轉移到了陝西省更北邊地區。延安的得失，已無關宏旨。中共中央此後仍然在陝北停留了超過一年時間，1948 年 3 月下旬才在陝北吳堡縣東渡黃河，進入晉北，最終於 5 月底抵達河北省建屏縣（後改名平山縣）的西柏坡村。

1948 年伊始，各戰線上的國軍部隊敗象日現。東北野戰軍 2 月攻佔遼陽、鞍山，3 月佔領四平街。至於佔領延安的胡宗南部 3 月失利於陝西宜川，4 月底延安再被中共西北野戰軍奪回。7 月，閻錫山所轄晉軍潰敗，太原被圍。9 月底濟南失守，山東省政府主席王耀武出逃被俘。

眼看國軍節節失利，中共終於決定放手在幾個主要戰線上全面出擊，號稱「三大戰役」的遼瀋戰役、淮海戰役 ❸❼、平津戰役於焉展開。1948年 10 月，解放軍連下錦州、長春，東北國軍將領或降或俘，11 月 2 日，瀋陽終於失守，除極少數國軍得以從營口與葫蘆島由海軍緊急撤出外，其餘近五十萬國軍部隊都折損於東北戰場。

遼瀋戰役甫結束，中共立即動員華東與中原兩野戰軍共六十萬大軍，從河南至山東一線對部署在蘇北、皖北的國軍部隊進行攻擊。歷時兩個多月，至 1949 年 1 月，總數達五十五萬多人的國軍部隊一一被包圍殲滅，是為淮海戰役。至此，長江以北的國軍消耗殆盡，南京、上海、武漢等長江沿岸城市直接面對中共的軍事威脅。

就在淮海戰役開始後不久，剛取得東北戰場全勝的東北野戰軍在林

---

❸❼　臺灣一般文獻傳統上稱之為「徐蚌會戰」。

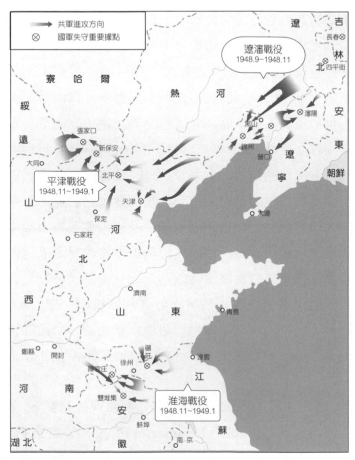

圖 1–12：國共內戰形勢圖（1948 年 9 月～1949 年 1 月）

彪率領下入關，對駐守在北平、天津的六十萬國軍展開重重包圍。1948
年底到 1949 年 1 月，在逐步縮小包圍圈之後，解放軍僅花了一天時間便
攻克天津，十萬守軍被俘。至此北平已成為一座孤城，華北剿匪總司令
傅作義決定棄城投降，1 月 31 日四野部隊不費一槍一彈開進北平市，平
津戰役結束。

　　總計在三大戰役期間，中共動員其解放區內農民支援前線部隊的後
勤補給工作，高達五百三十五萬多人，調集軍糧達九億五千多萬斤，其
中尤以淮海戰役為最，由此可以看出中共政權在農村動員方面的高度效

率。中共的這種高度動員能力，基本上仰賴於長期以來在農村所累積經營的實力。共產黨的基層黨組織從分土地、組織農民開始，一點一滴地建立起最草根的農村政權，最後連結成一整片的所謂「解放區」，對國民政府所依恃的大城市形成「農村包圍城市」態勢。當中華民國國軍部隊只能困守大城市及其周邊地區，其敗亡之勢已經很明顯了。

然而中國共產黨從 1921 年 7 月建黨開始，遵奉蘇共經驗努力推動工人運動、採行城市暴動路線，亦未嘗不是一種嘗試錯誤的過程，等於是在國民政府政權最穩固的地盤內造反，其失敗也是必然的。一直要到毛澤東等人闖入偏遠農村，建立農民軍隊，最後以無邊無際的中國農村為腹地，才擊潰南京國民政府。這種農民戰爭型態，實際上是以毛澤東為首的中國共產黨憑藉自力救濟試驗成功，獨立於蘇共經驗之外的共產革命典範，日後甚至被廣泛應用到東南亞（例如越南、高棉）、中南美洲（例如古巴）等國家的共產革命中。這種新型態的革命路線，遂被普遍稱為「毛澤東主義」(Maoism)，中共官方的標準稱法則是「毛澤東思想」。

1949 年 10 月 1 日，中國共產黨在莫斯科當局的建議下，宣布建國，國號中華人民共和國（People's Republic of China，簡寫為 PRC），北平被更名為北京，定為首都。

第三節　穩住經濟情勢

　　中共雖然在 1949 年 10 月 1 日宣布建國，並在接下來短短幾個月的時間內肅清了全中國大陸殘餘的中華民國政府軍隊，但是如何在舊有的社會、經濟基礎上鞏固新政權，建立新秩序，卻是另一項不亞於軍事行動的高難度任務。共產黨此時雖然擁有強大的武力，可是治理國家畢竟不同於帶兵打仗，尤其是如何恢復大城市地區的工商業活動，是考驗新國家的一大難題。許多懷念國民黨統治時代的私營工商企業家，正私下盼望共產黨會在接下來的經濟困局中束手無策，以致出現統治危機。而在所有經濟難題中，最讓中共覺得必須迫切解決的是曾經困擾南京國民政府多年的惡性通貨膨脹。中國共產黨以農村包圍城市，得到軍事勝利，卻未必能夠保證成功管理城市。

共產黨進城

　　中共東北局雖然早在 1946 年 4 月便從蘇聯軍隊手中接管了北滿最大的城市哈爾濱，並且從接收哈爾濱以及東北其他類似城市的過程中學到了一些關於維持城市正常工商業經濟活動的經驗，然而一直到 1948 年以前，東北的這些城市經驗並未引起中共中央足夠的重視，也未推廣到其他解放區去。因為這時中共的全付精力都放在戰爭上，毛澤東等中共最高領導人還未意識到經濟工作將會是一場嚴峻的考驗。直到 1949 年 1 月三大戰役陸續告捷之前，中共各解放區仍處於分隔狀態，各區在內部的財經決策上保持著高度的獨立自主權。基於這個原因，雖然中共東北局早已就接收大城市問題摸索出一定經驗，然而其他新的解放區仍沒有意識到這個問題的嚴重性。第一個讓中共中央發現接收大城市是一個非

同小可的大問題，是 1947 年 11 月攻佔的河北省石門市（今名「石家莊」）。

1947 年 3 月中共中央撤出延安，但仍滯留在陝北地區。此時由於華北戰場進展順利，山西、河北、山東、河南、察哈爾等省分的解放區基本上已連成一氣，以毛澤東為首的中共中央決策層決定派遣重量級人物前往督導，實際上是就近監視「晉冀魯豫」與「晉察冀」兩個中央局的工作狀況，同時也為中國共產黨即將在華北建立新政權預作準備。

由當時中共最高決策核心中央書記處所派出的人選，是黨內僅次於毛澤東的第二號領導人劉少奇。劉少奇以中共中央工作委員會（簡稱「中央工委」）名義抵達華北，很快就發現了地方當局過去一些習慣隱匿不報的做事方法，尤其是在接收城市過程中的惡行惡狀。1948 年 2 月 19 日，劉少奇特地針對接收石門（即下文所稱「石莊」或「石家莊」）所出現的問題向中共中央作了報告，歷數自 1945 年以來基層部隊在攻佔一些中小型城市時所出現的偏差行為：

> 收復井陘、陽泉等重要工業區，因部隊民兵民夫與後方機關亂抓物資、亂搬機器，因而使這些工業受到致命破壞……收復張家口，領導機關隨即遷至城市，因而引起許多幹部均往城市跑，在城市亂抓亂買東西，貪污腐化，嚴重地放鬆了鄉村工作，並引起士兵與鄉村幹部極大不滿……在這次進攻石家莊以前及攻入城市過程中，即訓令部隊及民兵的幹部，注意保護機器、物資及一切建築物，不准破壞，不准自由抓取物資。因此，部隊進城的秩序是比較好的。但這種訓令只有幹部知道，而未向部隊士兵進行教育，故在作戰中，仍有不少士兵照過去經驗拿取東西，並鼓動城市貧民去搬取物資。首先貧民是搬取公用物資，後來就搶劫私人財物，故有大批煤糧及其他公物被搶，許多公共建築的門窗雜物亦被破壞或取去，私人被搶者亦不少，很久還不能停止，後來實行戒嚴、斷絕交通，並槍決數人才停止下來。幸而機器未受破壞，

重要倉庫保存。此外，太行、五台、晉綏各機關派遣人員到石莊搜集
與購買物資者，共約萬餘人。四鄉農民也準備進城，幸而迅速阻止，
並通告四鄉地方黨政阻止，農民未進城。此時，最有破壞作用者，即
萬餘採辦與搜集物資人員，他們不顧一切，破壞各種財產，例如運輸
隊人員就拆走好汽車的輪子，工廠人員就搬走某些機器或零件，機關
商店人員就搶購大批貨物。為此特發出布告，禁止任何機關部隊搜集
搬走與購買物資，並分設卡子，❸️截留一切人員向外搬移的物資，同
時設立統一的物資委員會，有計畫地搜集購買與分配物資，乃將這種
現象停止。各處派來搜集物資人員也慢慢離開了石莊。後來並進行了
一次歸還公物運動，收回了一部分公物。……最初，以×××　××❸️
為首的石莊市政府及市委，對城市工作的方針和政策是模糊的，……
同時派到石莊工作的同志又非常性急，他們沒有在群眾中去清查國民
黨與逃亡地主，立即就組織工會與貧民會，登記會員，登記糾察隊員，
救濟失業，每人每天發米三升四升，登記之後即編組，開會選舉委員
會，並進行清算鬥爭。約一星期上下，工會登記會員上萬人，貧民會
數千人，糾察隊千餘人。他們並籠統提出了由工人、貧民當家，工人
武裝及翻身報仇等口號，在日報上每日登載這類煽動的文字和消息。
……在清算漢奸惡霸及被剋扣之工資等口號下，清算了一些商店及工
廠監工工頭與保長等，並在大會上使用肉刑，打死數人，沒收了數家
商店，扣留了不少要清算的對象，因而在全市引起恐慌。……❹️

從劉少奇的描述，不難看出中共建國前夕的 1947 年年底，號稱「人

---

❸️　「卡子」此處應即「關卡」或「檢查哨」之意。

❸️　當時石家莊市委書記為劉秀峰，市長則是柯慶施。

❹️　〈中央工委關於收復石家庄的城市工作經驗〉，收入中央檔案館編，《中共中
　　央文件選集（第十七冊）》（北京：中共中央黨校出版社，1992 年 10 月），頁
　　54–59。

民解放軍」的共產黨軍隊進城時，仍然保留著某些窮人翻身、打家劫舍的習性。然而畢竟中國共產黨並非歷史上的流寇，毛澤東等中共領導人亦非李自成，已經準備好建國的中共高層了解即使推翻了南京國民政府，新國家仍然需要大城市中的現代化工商業。因此中共中央除了在 1947 年年底開始三令五申要求基層部隊注意所謂「三大紀律」、「八項注意」❹的軍紀外，更重要的是認真總結大城市的接收經驗。

1948 年下半年，中共陸續佔領濟南與瀋陽，負責接管濟南的是曾山，接管瀋陽的則是陳雲。二人都是有備而來，在接收過程中學習到了如何保持城市原有的運作與設備，包括維持既有的治安、財政、交通、水電、文教、行政等系統。陳雲在報告裡還建議必須準備一批專門接收大城市的工作班子，其中骨幹成員甚至可以暫成專職，依次接收各大城市。中國共產黨從 1947 年以來在很短時間內很快地學會了如何有條不紊地接管大城市，為 1949 年初先後接收天津與北平作好了準備。

弭平惡性通貨膨脹

接收大城市除了維持原有的公共系統正常運作外，涉及經濟活動相當重要的一個環節，是如何穩定金融環境的問題。自從第二次世界大戰結束，國民政府接收整個中國東半部大城市開始，就一直受惡性通貨膨脹困擾。中國共產黨雖然在戰場上取得了勝利，卻也必須面對如何讓新解放區的人民接受並且信賴人民幣。中華民國政府過去發行過金圓券、銀圓券，最後盡皆形同廢紙，❹共產黨如果不能保證人民幣的信用，勢

---

❹　「三大紀律」指「一切行動聽指揮；不拿群眾一針一線；一切繳獲要歸公」。「八項注意」則是「說話和氣；買賣公平；借東西要還；損壞東西要賠償；不打人罵人；不損壞莊稼；不調戲婦女；不虐待俘虜」。1947 年 10 月，中國人民解放軍總部頒發〈關於重行頒布三大紀律八項注意的訓令〉，見中國人民解放軍軍事科學院編，《中國人民解放軍大事紀（1927～1982）》（北京：軍事科學出版社，1983 年 11 月），頁 267–268。

必也會遭遇同樣命運。

　　中共在 1948 年 12 月 11 日正式成立中國人民銀行，扮演解放區內中央銀行的角色，同時開始發行人民幣。人民幣起初面臨了城市居民拒用、通貨膨脹籠罩的陰影。根據當時中共財經最高主管機關「中央財政經濟委員會」（簡稱「中財委」）的統計，人民幣從開始發行到 1949 年 12 月為止，包括上海、北京、天津、漢口、青島等在內的全國十三個大城市批發物價指數平均漲幅達到 7,484.2%，也就是說，一年內物價上漲了將近七十五倍。

　　就經濟學供需原理來說，造成通貨膨脹的原因無非是：一、求過於供，市場上奇貨可居；二、貨幣浮濫，造成幣值下跌。然而這兩個原因都無法解釋 1949 年中共解放區、尤其是城市區域的惡性通貨膨脹。按照中財委主任陳雲的估算，1930 年代中期中日戰爭爆發前，全中國流通的貴金屬貨幣大約是二十多億銀元，這個額度足夠讓人民幣發行到五兆元都不成問題，而截至 1950 年 1 月，人民幣的總發行量才四兆一千億元，

圖 1-13：第一間中國人民銀行　中國人民銀行由原華北銀行、北海銀行、西北農民銀行合併而成，成立時總行設在石家莊，1949 年遷往北京。圖中右邊的招牌寫著「人民幣從這裡開始發行」。

㊷　關於國共內戰期間，國民政府統治區域內金融秩序崩壞的描述文獻極多，簡略之說明可參考郭廷以，《近代中國史綱》，下冊，頁 886–890。

一億餘斤糧食正運滬
第二批煤千噸已運抵上海

穩定市場交流城鄉物資
貿易處奉命成立代理部

圖 1-14: 米棉大戰　1949 年 5 月 30 日《解放日報》報導大批糧、煤運抵上海的消息，藉此平息人民的恐慌，緩和物價上漲的壓力。

貨幣不是發行過剩，嚴格來說是不足。至於民生必需品的米、麵、煤、布，共產黨事實上也有足夠存量，或者有能力徵集。問題在於，城市居民對於人民幣欠缺信心，拼命拋售人民幣，搶購硬通貨（如銀元、黃金、美元、港幣）以及囤積糧食、棉布。通貨膨脹的原因不在物資短缺，而是市場機制失調，共產黨如果不能讓人民對人民幣產生信心，就無法恢復正常的市場功能。

1949 年 5 月 27 日解放軍佔領上海，三野司令員、中共華東局書記陳毅出任上海市長。上海是中國經濟與金融中心，上海的物價指數具有全國性的指標意義。共產黨進城之後宣布十萬元金圓券兌換一元人民幣，一塊銀元兌換一百元人民幣。然而市面上一百元人民幣自然買不到一塊銀元，價錢一下子漲到一千四百元人民幣才換得到一塊銀元，甚至有行無市。為了穩住人民幣陣腳，上海市當局 6 月 5 日從金融儲備中拿出十萬銀元，向市場拋售，結果無濟於事。6 月 7 日黑市價格一塊銀元漲到兌換一千八百元人民幣。

既然金融手段失效，那就只能祭出公權力。6 月 10 日一大早，上海市政府派出兩營的兵力和四百名便衣警察，查封了金銀炒作的大本營上海證券大樓，扣押二千多人。經兩天一夜的盤查，最後逮捕了「投機主犯」二百五十人。武漢與廣州亦同時行動，前者逮捕二百餘人，查封兩家大錢莊，後者取締八十七家地下錢莊和三百七十七家街頭兌換店。隔天，上海銀元從二千元人民幣猛跌至一千二百元人民幣，大米下跌一成。第三天，米價再跌一成，食用油跌價一成半。中共對這次行動不無得意，

稱之為「銀元之戰」。

　　然而金、銀、外幣的非法買賣可以動用逮捕手段解決，糧食、紗布等民生必需品卻很難依樣畫葫蘆。當全體城市居民皆忙著搶購、囤積民生必需品時，軍警根本無從逮捕人犯。從 6 月 20 日到 7 月底，一個多月間上海米價猛漲四倍，一石米值六萬五千元人民幣；紗價則上漲一倍。同時通貨膨脹的壓力還向外擴散到華東、華北、中南、華南，全國除了東北地區未使用人民幣，❸而且經濟情況相對較穩定之外，其他地區可說全籠罩在以上海為震央的惡性通貨膨脹之中。

　　面對嚴重的通貨膨脹，1949 年 7 月 27 日至 8 月 15 日，中共華北、華東、華中、東北、西北五個地區的財經部門領導官員齊聚上海開會，由中財委主任陳雲主持。這場中共建國前夕相當重要的財經工作會議，被稱作「上海會議」。會議主要用意，同時也是剛成立不久的中財委的首要任務，就是穩定物價，整頓金融市場。會議達成的主要結論，就是規定了各大行政區之間的物資調撥計畫，各區要共同努力來維持上海的穩定，承擔分配的糧、棉調撥任務。會議並且承諾，未來一旦上海的工廠恢復生產，全國各地都會受益。因此為了長遠利益，各區必須捐棄本位主義、利己思想，以保證統一調撥任務的順利執行。新解放的農村地區要抓緊徵糧，新解放的城市則是抓緊徵稅，中共中央同時下達了各地秋糧徵收任務的命令。

　　面對市場失控，主持上海會議的陳雲籌畫以全國物力集中供應大城市之所需。陳雲分別在 8 月 8 日與 8 月 15 日發表了兩篇講話，提出準備

---

❸　中共在第二次世界大戰結束後，於蘇聯允許下揮兵進入東北，1945 年 11 月即在瀋陽成立東北銀行，發行地方流通券，即使 1948 年 12 月中國人民銀行開始在全國範圍發行人民幣，東北地區依然使用東北流通券，直到 1951 年 4 月中國人民銀行始限期以人民幣收回東北流通券。見《當代中國》叢書編輯部編，《當代中國的金融事業》（北京：中國社會科學出版社，1989 年 3 月），頁 28、49。

在9月、10月分別從東北、華中、華東調集一億二千萬斤的糧食，供應上海，同時勸告華東地區不要禁止糧食運到上海。對於皖北、常熟、無錫等地禁止糧食出境的作法，陳雲則提出批評，還點名要華中不對華東搞封鎖。陳雲說：「各地一定要開放糧運，讓它自由流通，以維持上海的供應。明年計畫在常州、嘉興一帶集中六至八億斤大米，隨時應付上海之需。如果明年水災嚴重，則以東北的糧食為後盾。」

上海會議的功效很快便顯現出來。1949年10月中旬，上海、天津物價大漲，而後波及華中、西北地區。上海市政府曾在一天之內向市場拋售大米九百九十一萬斤，仍然無濟於事。11月12日，中財委在一篇報告中提出解決方案，同時要求各地區有關單位執行，其主要內容包括：

一、東北自11月15日至30日，須每日運糧一千萬至一千二百萬斤入關，以應付京、津的需要。為求萬無一失，陳雲甚至命令中財委計劃局副局長曹菊如坐鎮瀋陽，保證東北每天發一個列車的糧食到北京；

二、調整上海與漢口的紗布存量，同時催促華中棉花東運；

三、西北財經委員會派員將隴海沿線積壓之紗布儘速運到西安；

四、11月16日至30日財政部須於德石路北及平原省❹撥交貿易部二億一千萬斤公糧，以應付棉花區糧銷；

五、人民銀行總行及各主要分行除特殊批准者外，一律暫停其他貸款，解禁日期聽候命令；

六、各大城市將幾種能起收縮銀根作用之稅收於11月25日左右開徵；

七、地方經費中凡可以遲發半月或二十天者，均遲緩發放；

八、各地貿易公司暫時不宜將主要物資大量拋售，應從各方調集主要

---

❹ 平原省是存在於1949年至1952年間的一個行政區劃，位於今日山東省的西南部和河南省北部。1952年12月平原省建制被取消，所轄土地分別歸建回到山東省和河南省。

物資於主要地點，並爭取於 11 月 25 日至 30 日間完成，預定 11
月底、12 月初於全國各主要城市一齊拋售，各地需將準備情況報
告中財委，以便大體上統一行動日期；

九、在準備布置期間，禁止在報紙上走漏消息。

經過積極部署，天津先後從東北調集糧食六千萬斤，準備布匹三十
五萬匹，棉紗五千件；上海準備了棉布一百一十萬匹，棉紗二萬八千件；
漢口準備棉布三十萬匹，棉紗八千件；西安準備棉布四十萬匹。1949 年
11 月 25 日，同時於全國各大城市統一行動，集中拋售。連續拋售十天
後，糧、棉等商品價格猛跌 30% 到 40%，不少囤積商原先是借高利貸搶
購的，如今不堪虧累，紛紛破產。而私營錢莊則因借款給囤積商，款項
收不回來，也宣告倒閉。

事實上，陳雲在擬定這套平抑物價方案之初，已作好打算要嚴厲教
訓一下投機商人，因此大批囤積商與私營錢莊的破產，原本在當局意料
之中。這麼做不僅治理了通貨膨脹，同時還大大替新政權立威，達到恫
嚇的效果。

中共徹底將困擾全國多年的通貨膨脹完全根治，是在 1950 年 2 月。
這個月 6 日退守臺灣的中華民國空軍對上海進行轟炸，尤其集中攻擊發
電廠，使得除一家法商電力仍能正常運轉外，其他電廠全遭破壞，頓時
減少了十四萬千瓦的發電量。空襲結果，影響到大批工廠幾乎全部停工，
工業品價格立即上漲。

中財委平息這一波物價上漲的辦法，仍然是集中民生必需品向市場
拋售，試圖證明共產黨確實掌握著不容置疑的物資供應能力。中共決策
層完全了然於胸，只要擁有足夠的糧食、棉布，城市居民對人民幣的不
信任感很快便會平息。

1950 年 2 月 17 日是該年的舊曆春節，21 日大年初五是開市的日子，
上海市長陳毅在年節前忙著制定方案，請求中央火速調撥大量物資，組

織水路運輸，一直忙到開市前夕。初五一開市，國營公司大量出貨，餵飽搶購的商販民眾，一直到初九（2月25日），上海市物價開始下跌。這一波物價上漲風潮最終以上海私營銀錢業倒閉一半、商行倒閉十分之一收場。

據統計，在政務院（國務院前身）貿易部的統一調配下，1950年上半年從東北、中南、西南共調運了四十五億斤以上的糧食供應上海、華北和皖北，使上海和北京能在近半個月的時間裡每天向市場拋售五百萬斤糧食。同一時間貿易部還從華北調運大批煤炭到上海、廣州，從華北調運大批食鹽到中南，從上海、天津、青島調運大批紗布到內地。

1950年3月以後，全國批發物價指數開始向下滑落並趨於穩定，自1930年代以來，因中日戰爭、國共內戰、政府信用破產等因素困擾中國長達十餘年的惡性通貨膨脹，至此完全落幕。

通貨緊縮

通貨膨脹的惡夢儘管結束，但由於共產黨穩定物價的手段過於激烈，導致矯枉過正，緊接而來的竟然是通貨緊縮、市場蕭條。根據政務院貿易部的報告，1950年3月之後的市場出現物價急遽回落、銀根緊縮、銀行存款激增、群眾重幣輕物、囤積大量拋出、貨物普遍滯銷、部分工廠停工、商店關門等現象。當時擔任財政部長的薄一波回憶得更具體：

> 緊縮銀根後，1950年春夏之交，全國經濟生活中出現了市場蕭條，私營工商業經營困難，部分私營工商業戶關門、歇業，造成新的失業現象。上海市統計，4月分大米和棉紗的批發市場交易量，分別比1月分下降了83%和47%；3月分同一月分相比，百貨營業額大商號減少了一半，中小商號減少90%。到4月下旬，全市倒閉的工廠有一千多家，停業的商店有二千多家，失業的工人在二十萬以上。另據統計，十四個較大城市在1950年1月到4月倒閉的工廠合計2,945家。16個

較大城市半停業的商店合計 9,347 家。全國失業的工人逾百萬。這種情況，激化了一些社會矛盾，失望和不滿的情緒在一部分工人和城市貧民中迅速蔓延。上海市長陳毅同志報告，1950 年 3、4 月分上海人心浮動，匪特乘機活動，市面上發生了吃白食、分廠、分店、搶糕餅、打警察、聚眾請願和搗亂會場等一類的事件。經濟問題已影響到了社會的安定。**㊺**

　　薄一波所謂全國失業工人逾百萬，精確數字是一百一十七萬，而且如果計入半失業狀態的工人，光是全國二十九個城市的失業、半失業人數，就達到一百六十六萬。由於失業工人集中在城市地區，造成的社會衝擊十分明顯，家長失業，連帶影響學生輟學，上海中小學校有八成因為學生來源不足而關閉停課。

　　之所以造成市場蕭條、工人失業，說穿了就是共產黨為了對付之前的惡性通貨膨脹，不擇手段的結果。由於政府以低於市場價格甚多的官定價格向消費群眾傾銷民生必需品，同時還緊縮銀根，暫停銀行放款，導致市面上貨幣供應不足，工商企業與一般城市居民缺乏現金可周轉，相對的貨品則過剩，乏人問津。雪上加霜的是，共產黨政府此時仍一味追亡逐北，層層加碼催討稅款，工商企業籌不出現款，逼得許多企業家或者出走逃亡，或者跳樓自殺。企業一旦結束營業，自然造成大量失業勞工，形成社會問題。

　　為避免事態擴大，中共必須緊急踩煞車，不僅暫緩了嚴厲的抽查稅、恢復向私營工商企業放款，同時要求國營貿易部門不要過分與民爭利，除了糧、鹽、布、食用油、煤等民生必需品可以由政府部門掌控一定數量，透過國營商店以平價向市民販售外，其他貨品應該讓給一般商店來經營，國營商店不要壟斷一切。

㊺　薄一波，《若干重大決策與事件的回顧（上卷）》（北京：中共中央黨校出版社，1991 年 5 月），頁 94–95。

　　這些對私營企業的暫時性安撫手段，中共最高當局自然不會自稱是「讓步」或「退讓」，毛澤東稱呼它為「調整工商業」。1950 年 4 月，毛澤東特地下達指示：

> 今天的鬥爭對象主要是帝國主義封建主義及其走狗國民黨反動派殘餘，而不是民族資產階級。對於民族資產階級是有鬥爭的，但必須團結它，是採用既團結又鬥爭的政策以達團結它共同發展國民經濟之目的。
>
> 應限制和排擠的是那些不利於國計民生的工商業，即投機商業，奢侈品和迷信品工商業，而不是正當的有利於國計民生的工商業，對這些工商業當它們困難時應給以扶助使之發展。
>
> （發展國營經濟）這是長遠的事，在目前階段不可能無限制地發展，必須同時利用私人資本。
>
> 除鹽外，應當劃定範圍，不要壟斷一切。
>
> 只能控制幾種主要商品（糧布油煤）的一定數量，例如糧食的三分之一等。
>
> 建立（國營）百貨公司，並不是代替全部商業。

　　既然毛澤東已經裁示必須留給私營企業生存空間，中共中央負責財經工作的中財委自然趕緊調整經濟政策。中財委主任陳雲在 1950 年 4 月 12 日對機構內的幹部進行政策宣達：

> 我們既在經濟上承認四個階級，❹ 有利於國計民生的私人工商業就要讓他發展，有困難就要幫助。

---

❹　1950 年代初期中共所謂「四個階級」，分別指工人階級、農民階級、小資產階級、民族資產階級，關於中共此一階段的「新民主主義」經濟政策，參見下一小節敘述。

對資產階級無非有兩種辦法：一是不給「油水」；二是給一點「油水」，將來實行社會主義再拿回來。二者必居其一。我主張從預算內劃出一部分，給資產階級一點「油水」，這對我們更有利。

今後要多照顧一下別的階級，可以定下一條，明年從預算裡讓出一部分，叫做「合作費」，用以解決與資本家的合作問題；國家訂計畫也要把私營部分包括進去。

至於如何給予資產階級「油水」，中財委的作法是先甄別企業屬性——究竟是「有利於國計民生」的，或者是「買辦性、封建性、投機倒把」。對於前者，政府給予各種優惠措施，讓企業得以繼續經營；但如果被共產黨認定是投機性質、封建買辦性質的工商企業（像是奢侈品、消費性進口商品、金融銀錢業等），則一律被視作應予消滅的對象遭受排擠。一旦被政府列入有條件給予支持的行業，則按照「調整工商業」的政策，可以獲得主要是貸款、委託加工、政府訂單、代銷國營商品的優待。這樣一來，私營工商業一方面受到了新政權的照顧，另方面則程度不一被納入了政府部門的控制之中。這就是毛澤東所稱的「既團結又鬥爭」的手法。

除此之外，人民幣成功地深入農村地區，也是最終緩解城市經濟蕭條的有利條件。在中共當局為了平抑城市地區物價上漲期間，大量地以人民幣向農民徵購民生物資，一旦城市出現經濟不景氣，中共當局又適時地開放農村農民進城消費採購，如此自然促成了經濟的活絡。1950 年下半年之後，市場蕭條、勞工失業的情況獲得了極大緩解。曾經被譏笑為只懂政治、軍事，而不懂經濟的共產黨，經過 1949 年到 1950 年上半年的努力，竟然把建國初期極端惡劣的經濟環境給穩定下來，化險為夷，不能不說是項奇蹟。而在這場經濟戰爭中主持大計的，是中共黨內首席財經官員陳雲。毛澤東為此曾經特別引用劉備稱讚諸葛亮的話，稱讚陳雲「能」。

新民主主義

中共在建國初期對私營工商企業所採取的「既團結又鬥爭」手段，在中共官方的術語中，稱之為「新民主主義」(New Democracy)。有「新民主主義」，自然就有所謂「舊民主主義」。按照毛澤東在 1940 年所寫的〈新民主主義論〉一文的定義：

> 中國革命的歷史特點是分為民主主義和社會主義兩個步驟，而其第一步現在已不是一般的民主主義，而是中國式的、特殊的、新式的民主主義，而是新民主主義。⋯⋯
>
> 中國資產階級民主主義革命，自從 1914 年爆發第一次帝國主義世界大戰和 1917 年俄國十月革命在地球六分之一的土地上建立了社會主義國家以來，起了一個變化。在這以前，中國資產階級民主主義革命，是屬於舊的世界資產階級民主主義革命的範疇之內的，是屬於舊的世界資產階級民主主義革命的一部分。在這以後，中國資產階級民主主義革命，卻改變為屬於新的資產階級民主主義革命的範疇，而在革命的陣線上說來，則屬於世界無產階級社會主義革命的一部分了。⋯⋯
>
> 這種革命，已經不是舊的、被資產階級領導的、以建立資本主義的社會和資產階級專政的國家為目的的革命，而是新的、被無產階級領導的、以在第一階段上建立新民主主義的社會和建立各個革命階級聯合專政的國家為目的的革命。⋯⋯
>
> 這種革命，是徹底打擊帝國主義的，因此它不為帝國主義所容許，而為帝國主義所反對。但是它卻為社會主義所容許，而為社會主義的國家和社會主義的國際無產階級所援助。
>
> 因此，這種革命，就不能不變成無產階級社會主義世界革命的一部分。

也就是說，毛澤東將 1912 年以前孫中山所領導的民主革命稱為「舊

的」民主主義革命，屬於十七、十八世紀以來全球資產階級民主革命的一部分；而中國共產黨所領導的革命是「新民主主義」革命，是 1917 年俄國十月革命以來世界社會主義革命的一環。

為什麼毛澤東不直接套用蘇聯模式，將中國共產黨所領導的革命界定為社會主義革命？而要繞個彎，說自己搞的是「新民主主義」，是社會主義的前一個階段，待完成了新民主主義，經過一段時間的醞釀，再跨入社會主義階段？原因在於毛澤東要爭取小資產階級和所謂「民族資產階級」的支持。如果一開始就打出社會主義旗號，則意味著共產黨立即要將所有城市資產階級，以及農村的富農、中農的私有財產都予以重新分配——事實上這也是俄國革命之後曾經走過的道路。如此一來，勢必引起社會上更多人的恐慌。1940 年代的中國共產黨顯然對於立即建立一個社會主義國家缺乏足夠的信心，毛澤東喊出「新民主主義」口號，有利於降低城市和農村資產階級的疑慮，減少敵人，爭取更多不滿意國民黨政權的盟友。當然，基於現實上共產黨此時正在新解放區農村進行土地改革，為了在打土豪、分土地的過程中不至於樹敵太多，打擊對象僅限於地主，讓富農與中農的產業仍受到保護；同時中共各解放區為了經濟上能夠自給自足，開放相當程度的民營商品買賣，凡此皆需要有一套理論來解釋何以中國共產黨尚不準備立即施行社會主義。

這套新民主主義理論到了 1949 年中華人民共和國建國前夕，又成了共產黨拉攏國民黨人士和願意同中共合作者的宣傳工具。1949 年 6 月，中共為了表現不分階級黨派、只要是反蔣氏政權者都願意與之合作的誠意，在北平召開了政治協商會議（簡稱「政協」），共同研究新國家的根本大計。為了與 1946 年由國民政府所召開的政治協商會議作區隔，這個新機構又稱為「新政治協商會議」。❹1949 年 9 月 29 日，就在中華人民共和國宣布成立的前兩天，政協通過了作為新國家臨時憲法的《共同綱領》，其序言中指出：

---

❹ 有關中國人民政治協商會議，請見本章第四節詳細介紹。

中國人民政治協商會議一致同意以新民主主義即人民民主主義為中華
人民共和國建國的政治基礎……

其中第一章第一條宣稱：

中華人民共和國為新民主主義即人民民主主義的國家……

可以說，在 1949 年建國之際，中國共產黨盡可能處處標榜這個新國
家是建立在各種階級合作的基礎上，是一個新民主主義國家，而非單一
由工人階級專政的國家。城市裡的小資產階級和資產階級，都在新國家
中保留有位置。毛澤東的這個策略，對於剛建國而根基未穩的中國共產
黨來說，確實有其現實考量。

最足以說明共產黨此時尚未主宰全局的事例，莫過於本節所敘述建
國初期的經濟危機，從居高不下的通貨膨脹到遽然間經濟蕭條，最終雖
然化險為夷，然而亦說明中共必須作出某些妥協以換取穩定的經濟局面。
毛澤東在 1950 年 6 月中國共產黨七屆三中全會上關於「調整工商業」政
策的講話，最能說明在新民主主義旗幟下中共以退為進的策略：

現在我們跟民族資產階級的關係搞得很緊張，他們惶惶不可終日，很
不滿。失業的知識分子和失業的工人不滿意我們，還有一批小手工業
者也不滿意我們。在大部分農村，由於還沒有實行土地改革，又要收
公糧，農民也有意見。
……為了孤立和打擊當前的敵人，就要把人民中間不滿意我們的人變
成擁護我們。這件事雖然現在有困難，但是我們總要想各種辦法來解
決。
我們要合理地調整工商業，使工廠開工，解決失業問題，並且拿出二
十億斤糧食解決失業工人的吃飯問題，使失業工人擁護我們。我們實

行減租減息、剿匪反霸、土地改革，廣大農民就會擁護我們。我們也要給小手工業者找出路，維持他們的生活。對民族資產階級，我們要通過合理調整工商業，調整稅收，改善同他們的關係，不要搞得太緊張了。……

全黨都要認真地、謹慎地做好統一戰線工作。……民族資產階級將來是要消滅的，但是現在要把他們團結在我們身邊，不要把他們推開。我們一方面要同他們作鬥爭，另一方面要團結他們。要向幹部講明這個道理，……

總之，我們不要四面出擊。四面出擊，全國緊張，很不好。我們絕不可樹敵太多，必須在一個方面有所讓步，有所緩和，集中力量向另一方面進攻。……這樣一來，國民黨殘餘、特務、土匪就孤立了，臺灣、西藏的反動派就孤立了，帝國主義在我國人民中間就孤立了。我們的政策就是這樣，我們的戰略策略方針就是這樣，三中全會的路線就是這樣。

可以說，從 1949 年的惡性通貨膨脹到 1950 年 4 月之後實施「調整工商業」，是中國共產黨和資產階級的第一次交手。中共為了顧全大局，仍然遵奉新民主主義路線而未趕盡殺絕。至於以私營工商業者為代表的資產階級，終於認識到了共產黨「以農村包圍城市」的厲害。中華民國政府多年來一籌莫展的經濟難題，中共不到一年就解決了。共產黨的動員能力與行政效率，確實讓新成立的中華人民共和國面貌一新。

第四節　政權組織架構

中共建國之後，經過數年的修改與調整，逐步建構出一套特殊的統治體系。這套體系以所謂「五套班子」作為主要結構。「五套班子」指的是：中國共產黨、國務院、人民代表大會、政治協商會議、解放軍。完整地涵蓋了黨、政、軍的所有層面。

黨的組織

「五套班子」或許功能互不相同，然而絕非各自獨立的體系，由中國共產黨負責整合指揮，扮演發號施令的角色。也就是說，除共產黨之外的其他四套班子，事實上是以中國共產黨馬首是瞻，既不相互監督，也無法獨立運作。所有的政府體系、人民代表機構、群眾團體以及軍隊，都必須依照共產黨的指示行事。這種「以黨領政」、「以黨領軍」的特色，是中共師承自蘇聯共產黨的極權主義 (totalitarianism) 統治模式。

政黨的基礎在於黨員，中共在建國之際的 1949 年 12 月，共有黨員數四百四十八萬八千多人。❹ 隨著中華人民共和國建立，中共黨員人數亦節節上升，1956 年突破一千萬人，❹ 1986 年達到四千六百萬人，❺ 到了 2015 年年底，則已達到八千八百多萬的規模，❺ 是建國初期的近二十

---

❹ 王健英編著，《中國共產黨組織史資料匯編：領導機構沿革和成員名錄》（北京：中共中央黨校出版社，1995 年 9 月），頁 905。

❹ 張明楚，《中國共產黨基礎組織建設史》（福州：福建人民出版社，2008 年 1 月），頁 240。

❺ 王健英編著，《中國共產黨組織史資料匯編：領導機構沿革和成員名錄》，頁 1235。

倍。以 2015 年全中國大約十三億人口來計算，則中國共產黨黨員人數在二十一世紀初，大約佔全國人口 6.8%。這無疑是全世界規模最大的政黨。

中共黨員依工作單位之不同，分別隸屬於不同的「黨組」。「黨組」事實上是中國共產黨對全國所有官方、民間部門實施指揮控制的最基層單位組織，從黨中央、國務院、各部、委員會、辦公室、解放軍各連隊、省市縣鄉鎮各級行政單位、各國營企業、各學校，甚至是所謂的各「民主黨派」（詳見「政協」部分討論）內部，都有中國共產黨的「黨組」存在。按照中共黨章規定，凡有三名正式黨員以上的單位，都有資格成立黨的基層組織。❷有些黨組是公開的，黨員身分也是公開的；但有些黨組為了特殊工作目的，活動則是祕密的，其黨員身分也是祕密的，像祕密安排在各民主黨派中的中共黨員，身分基本上都是隱密的，以便隨時刺探各民主黨派人士的言行舉止，並向「黨」的領導匯報。中共黨員以祕密方式工作，是自建黨以來就留下的傳統。

「黨組」的黨員人數如果夠多，或者因特殊任務需要，都可以經上級批准設立領導機構，稱為該黨組的「委員會」。委員會領導人稱為「書記」，在正常情況下，某一單位中的黨委書記，其權力高於該單位的行政首長職。例如某縣縣長，其職務雖是該縣的最高行政首長，但並不擁有最高決策權。當政務被提到縣政府的黨組委員會（正式名稱為「××縣中國共產黨委員會」，簡稱「××縣黨委」）討論時，理論上由該縣黨委書記作最後裁決。除非，縣長本身兼任該縣黨委書記。一般情況下，行政首長會兼任該單位的黨委副書記，例如，某某縣長兼任該縣黨委副書記，某某市長兼任該市黨委副書記，某某省長則是該省黨委副書記。

各層級的黨組都有召開黨員大會的義務，如黨員人數過多，則改以黨代表大會。因此鄉鎮有鄉鎮的黨代表大會，縣市有縣市的黨代表大會，

❺¹　新華社 2016 年 6 月 30 日北京電。
❺²　此一規定文革期間曾被廢除，1982 年之後又恢復。

以此類推，在全國範圍則是全國黨代表大會。1982 年以前，中共全國黨代表大會召開的間隔非常不固定，例如中共七大（第七次全國黨代表大會）在 1945 年召開，八大則在 1956 年召開，其間隔了十一年。中共九大則到 1969 年才召開，與八大又間隔了十三年。1982 年召開中共十二大，此後每五年固定召開全國黨代表大會，因此 1987 年召開十三大，1992 年召開十四大，依此類推。

至於參加全國黨代表大會的代表人數，依中共黨章規定，由中央委員會（詳後）決定。中共八大有黨代表 1,026 人，代表全黨 1,073 萬黨員。九大黨代表 1,512 人，代表全黨 2,200 萬黨員。十大黨代表 1,249 人，代表全黨 2,800 萬黨員。十一大黨代表 1,510 人，代表全黨 3,500 多萬黨員。十二大黨代表 1,545 人，代表全黨 3,965 萬 7 千多黨員。十三大黨代表 1,936 人，代表全黨 4,601 萬黨員。十四大黨代表 1,989 人，代表全黨 5,100 萬黨員。從這些數字可以看出，在毛澤東時代（1976 年以前），全國黨代表總額與全體黨員數並沒有固定比例；十一大（1977 年 8 月）之後，全國黨代表總數大約維持在全體黨員數的十萬分之四左右。也就是說，十萬個黨員之中只有四個能參加全國代表大會。

根據 1956 年中共八大所通過的黨章規定，黨的最高領導機關「在全國，是全國代表大會；在代表大會閉會期間，是它所選出的中央委員會」。文革結束後沿用超過二十年的十二大黨章（1982 年 9 月通過）則規定：「黨的最高領導機關，是黨的全國代表大會和它所產生的中央委員會」，但是再加上一句：「黨的各級委員會向同級的代表大會負責並報告工作」。也就是說，中央委員會的地位其實是和全國黨代表大會等量齊觀的，只不過文革結束後中共領導層開始注意到責任制的問題，因此也要求中央委員會向全國代表大會負責並報告工作。

按照慣例，在全國黨代表大會會期的最後一天，會由數以千計的全國黨代表中選出一定數額的「中央委員」，八大所選出的第八屆中央委員有 97 人，九屆中央委員有 170 人，十屆中央委員有 195 人，之後各屆的

中央委員人數大概都維持在 200 人上下。由於中華人民共和國境內大約有三十個省、市、自治區，加上國務院內為數起碼在數十個以上的部、委（委員會）、辦（辦公室），同時還有軍方將領名額、中央領導人的名額，可見在正常狀況下，由全國黨代表大會選舉產生的中央委員會，其成員起碼都必須是省、部級以上的領導官員，解放軍則是各總部、大軍區的高階將領，才有可能被選為中央委員。當然，不是沒有例外，不過很少見。而且，省長還未必進得了中央委員會，通常是各省的第一把手——省委書記，才是中央委員會的當然成員。

　　中央委員會全體會議簡稱為「中全會」，建國初期開會間隔甚不固定，有時候一整年都開不了一次會（例如 1960、1963、1964、1965、1967 等年都沒召開過中全會），但有時候卻一年開了四次會（例如 1958 年）。中共十一大之後中全會開會頻率比較固定，基本上是短則半年、長則一年召開一次會議。同一屆中央委員的第一次全體會議，通常在全國黨代表大會閉幕的隔天召開，稱作「第×屆第一次中央委員全體會議」，簡稱「×屆一中全會」。以此類推，就會有「×屆二中全會」、「×屆三中全會」等等。由於中共十一大之後都是每五年召開一次全國黨代表大會，同時改選新的中央委員，因此從 1977 年以來，每屆中央委員大概都開到「×屆七中全會」或「×屆八中全會」就結束任期，準備迎接下一屆的中央委員會召開新的「一中全會」。

　　中央委員會雖是黨章所規定的「黨的最高領導機關」，然而 200 人上下的組織規模，且成員分布全國，半年到一年召開一次全體會議已經難能可貴，然而黨務和國事千變萬化，不可能事事等待中全會召開再來解決，因此 1956 年由八大所通過的黨章規定：「中央政治局和它的常務委員會在中央委員會全體會議閉會期間，行使中央委員會的職權」。也就是說，中央政治局（簡稱「政治局」）和政治局常委會才是平時行使黨的最高決策權的真正機構。

　　在中共八大之前，從延安時代以來中共黨的最高領導層峰其實是「中

圖 1-15：1982 年至今中國共產黨的權力核心示意圖

央書記處」，當時雖然也有政治局，政治局常委會卻因黨內權位競爭而懸缺已久。可以說，從 1940 年代以下到 1956 年中共八大召開為止，中央書記處的功能其實就等於是日後的政治局常委會。而中央書記處長期有五位象徵中共最高領導人的「五大書記」，按排名依序是：毛澤東、朱德、劉少奇、周恩來、任弼時。朱德排名雖在劉少奇之前，實權卻可能是五大書記之末。朱德以紅軍創始人的身分，其實只擁有「解放軍總司令」的空銜。至於位居五大書記殿軍的任弼時，雖然也是中共黨內所謂的「留蘇派」（國際派），但在 1930 年後期已被毛澤東收編，成為長期以來中共中央的「內務總管」。1950 年任弼時病死，由陳雲接替補進中央書記處。

1956 年中共八大恢復政治局常委會的領導職權，毛澤東、劉少奇、周恩來、朱德、陳雲、鄧小平六人在八屆一中全會上被選為政治局常委，朱德的排名從第二降到第四，鄧小平補進最高領導層，中央書記處則功成身退，成為處理日常例行事務的純粹辦事機構。1958 年 5 月，在中共八屆五中全會上，林彪補選成為政治局常委，也因此 1950 年代後期到 1960 年代，中共內部長期有所謂「毛劉周朱陳林鄧」七大領導人的說法。

至於中共黨的最高領導人，在建黨初期大部分時間稱為「總書記」，1928 年中共六大之後改為「（中央政治局）主席」，1945 年七大之後毛澤東成為中央委員會主席，此後有三十多年之久毛澤東即以「毛主席」這個稱號成為中國共產黨獨一無二的領導人。1976 年毛澤東去世，華國鋒在十一屆一中全會上被選為中央委員會主席，於是中共進入「華主席」時代。然而不久華國鋒在黨內鬥爭中被鄧小平所代表的元老派擊敗，❸

---

❸ 關於華國鋒與以鄧小平為首的元老派在文革結束後的政治鬥爭，請參考本書第六章第一節詳述。

鄧小平不僅想辦法要摘掉附屬在「華主席」身上的光環，同時還釜底抽薪乾脆推動黨內「去毛澤東化」，於是故技重施以裁撤「中央委員會主席」這個職務來達成現實政治的目的。1982 年中共十二大決議廢掉中央委員會主席一職，改以「總書記」主持政治局。於是無形中不管是「毛主席」或是「華主席」，都成了絕響。此舉杜絕了將來任何人憑藉主席的頭銜，引發類似於毛澤東聯想的可能性。1982 年改制後的第一任總書記為胡耀邦，1987 年由於政局動盪，胡耀邦下臺，趙紫陽繼任。1989 年天安門事件爆發，趙紫陽遭罷黜，原上海市委書記江澤民接任。2002 年 11 月中共召開十六大，胡錦濤繼任總書記。2012 年 11 月中共十八大之後，新任總書記為習近平。

國務院

國務院是中華人民共和國最高行政機關，建國之初稱為政務院，1954 年制定共和國憲法之後，改稱為國務院。最高行政長官稱為「總理」。國務院除主管全國各級地方政府外，內部則分設各種職權不同的部、委員會。部與委員會的差別在於內部組織與決策程序的不同，部由部長直接領導，委員會則理論上採合議制，由多位委員組成委員會，並設主任或主任委員一人以主持會務。除部、委之外，國務院還設有若干「辦公室」，主要是處理院內特殊的、任務型的業務。例如幫總理打點國務院內日常工作、雜務的，稱為「國務院辦公室」；臺灣人相當熟悉的「國務院臺灣事務辦公室」（簡稱「國臺辦」）；中共當局自 1970 年代末以來為加強海外統戰工作，設立了「國務院僑務辦公室」；為處理香港、澳門問題，設立了「國務院港澳事務辦公室」（簡稱「港澳辦」），等等。

部、委員會、辦公室三者在國務院內屬於同級單位，因此常被合稱為「部、委、辦」。就中共行政系統的位階高低而言，部、委、辦與地方的省級政府是平行的，因此有「省部級」的稱法。部、委、辦之下設有專責各種業務的局（或廳、司），設局長（或廳長、司長），這一級的部

門一般被稱為「廳局級」或「司局級」，與地方政府的「地（市）級」（詳下文）平行。至於局（廳、司）之下，設有「處」，作更細的分工，各處主管稱處長。國務院的處級單位相當於地方的縣級政府，因此有「縣處級」的稱法。按照 1993 年國務院所發布《國家公務員暫行條例》，中華人民共和國的文官職務一共劃分為十五級，總理為第一級，副總理或國務委員為二至三級，省、部級正職為三至四級，省、部級副職為四至五級，廳、局級正職為五至七級，廳、局級副職為六至八級，縣、處級正職為七至十級，縣、處級副職為八至十一級，之下還有鄉、科級，以至於科員、辦事員等。這種官位高低的排序，在中共官方術語中稱為「級別」。

國務院的部、委、辦三種機關雖然屬於同級單位，不過在 1954 年政務院改制為國務院之前，各部、委員會（當時尚未有辦公室的設置）之上還設立了三個統籌性質的機構，也叫委員會，底下再分管各部、委。這三個委員會分別是政治法律委員會（下轄內務部、外交部、公安部、司法部、法制委員會、民族事務委員會），簡稱「政法委」；財政經濟委

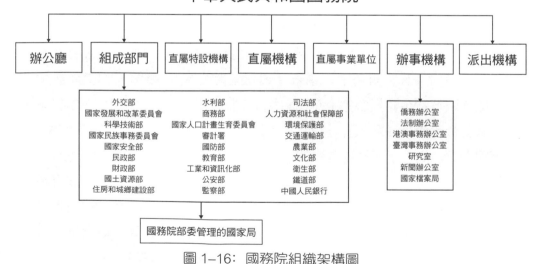

圖 1-16：國務院組織架構圖

員會（下轄財政部、鐵道部、郵電部、交通部、農業部、重工業部、輕工業部、紡織工業部、食品工業部、林墾部、水利部、勞動部，以及人民銀行、海關總署等），簡稱「中財委」；文化教育委員會（下轄文化部、教育部、衛生部等），簡稱「文教委」。這種在政務院與各部、委之間另設置三個大型委員會的作法，基本上是為了應付建國初期複雜的政、經情勢，需要在各部、委之上有更統籌性的領導機構。1954 年政務院改制為國務院，三個大型委員會也跟著撤銷。

　　不過為了全面籌畫計畫經濟體制的實施，1952 年 11 月在政務院之外增設了「國家計畫委員會」（簡稱「計委」）。計委設立之初，與國務院是平行單位，而且還兼併了一大半過去中財委所主管的全國財經工作。然而 1954 年初隨著計委主任高崗的下臺自殺，❺❹同時藉政務院改制為國務院之便，計委回到國務院的管轄之下，不過仍然是國務院內權勢極大的部級單位，掌握著全國經濟計畫的擬訂大權，在 1990 年代之前，有「天下第一部」之稱。1990 年代以後市場經濟大行其道，計畫經濟式微，計委的角色才大不如前。

　　附帶一提的是，在中華人民共和國的黨政體制中，不止國務院內設有部、委、辦，中共中央也設有部、委、辦，例如中央組織部，主管全黨人事業務，簡稱「中組部」；中央宣傳部，主管媒體文宣、意識形態，簡稱「中宣部」；中央統一戰線工作部，主管統戰工作，簡稱「統戰部」；中央軍事委員會，作為解放軍最高領導核心，簡稱「中央軍委」；中央辦公廳，主管黨中央日常事務性工作。為與國務院的部、委、辦有所區隔，中共中央的部、委、辦通常會在名稱前冠上「中央」字眼。例如上述中宣部、中組部，望文即知這是中共中央的部門。中共建國初期的中財委，事實上原本就是中共中央的財經主管部門，只不過後來為了形式上係受政務院領導，才在政務院中也設了一個「國家財政經濟委員會」，事實上與中財委是「一個機關、兩塊招牌」，一般還是稱之為「中財委」。中共

❺❹　關於發生在 1953～1954 年間的高崗事件，請參閱本書第三章第一節詳述。

圖 1-17：中華人民共和國行政區劃圖

中央處理臺灣事務的部門叫做「中共中央臺灣事務辦公室」，簡稱「中臺辦」，其實與國臺辦也是「一個機關、兩塊招牌」。

　　至於中華人民共和國的地方行政體系，分為省、地、縣、鄉四級，連同中央的國務院一共是五級制。省級單位包括省、直轄市、自治區。直轄市有四個——北京市、天津市、上海市，以及 1997 年 3 月升格的重慶市。自治區為少數民族居多的地區，共有五個——內蒙古自治區、廣西壯族自治區、西藏自治區、寧夏回族自治區、新疆維吾爾自治區。省自 1950 年代中期以來長期維持二十一個，1988 年因為海南島建省，增加為二十二個。

　　所謂「地級」單位的「地」字，指的是地區。這是中共在傳統中國

省與縣之間的新設計，一般地級單位稱為地級市，以與下一級的縣級市區隔。不過在少數民族地區則設立自治州，內蒙則有更特別的「盟」，都屬於地級單位。

每一個地級市之下再管轄若干縣或市，少數民族地區則稱為自治縣或「旗」（內蒙古的獨特建制）。縣級單位之下則為鄉鎮，這是政府公務員系統的末梢神經，再以下的村，就不屬於政府的正式行政部門了。

值得一提的是，在中華人民共和國行政體制內，有兩個特殊的系統分類概念，一個是「條」，一個叫「塊」。「條」與「塊」常常被合併起來成為一組套詞「條條塊塊」，指的是政府機關的方方面面，引申有部門繁多、層層疊疊之意。

所謂的「條」，是垂直的業務主管體系。例如公檢法（公安、檢察、司法）系統，從中共中央的政治法律委員會，指揮國務院公安部、最高檢察院、最高法院，再依序是省、地、縣各級公檢法部門，最後到鄉鎮派出所，像這樣垂直的從屬指揮體系，就叫做「條」。再比如計畫經濟的執行體系，從國務院計委，到基層廠、礦的計畫室，整個系統就是計畫部門的「條條」。

至於「塊」，指的是某一行政區內的政府體系，例如縣長（或縣委書記）指揮監督該縣政府內部各科、室的業務工作，這就是該地方政府的「塊」。普遍來說，地方政府的業務部門都會有自己「條條」的系統，除了必須接受上級的督導，同時還有指揮下一級行政單位同一業務部門的責任。但是，「塊」內的工作分配同樣也是重點，所有業務部門的工作人員畢竟都歸所屬政府首長指揮。如此就呈現了縱向與橫向各別的隸屬關係。

嚴格來說，這種「條條塊塊」的系統，在所有國家的行政體系中都存在，只不過在中華人民共和國內，體系規模特別龐大複雜，因此這一專有名詞也就更顯得傳神。

中華人民共和國由於長期施行社會主義，尤其是涉及經濟事務的全

國性計畫體制，造成了政府功能無所不包，行政部門重複繁多，五十餘年來屢治無效的一個老毛病，就是政府機構漫無節制的膨脹與職權嚴重重疊。舉例而言，1949 年建國伊始，有關工業的主管部門便設立了五個之多，分別是重工業部、輕工業部、燃料工業部、紡織工業部、食品工業部，這種安排多少令人覺得有疊床架屋之嫌。再比如既設了交通部，復有鐵道部來掌理全國鐵路運輸。同時已設了農業部，卻另外又有林墾部與水利部。

　　如果這種安排維持成為慣例，或許也不是太大問題，就當作是一種分工合作的型態。問題在於隔不了幾年，因應業務的擴張，各種重複類型的機關便如雨後春筍般冒了出來，譬如 1952 年政務院內除了原有的五個工業部外，又增加了第一機械工業部、第二機械工業部；除了與農林水利相關的三個部之外，又增加了一個糧食部。到了 1954 年，在既有的七個工業部之外，又新設一個地方工業部，使得各種工業主管部門達到八個之多。類似這種情形，在整個中華人民共和國歷史上不斷出現，每隔一段時間，當國務院發現機關設置過於浮濫時，便會大刀闊斧整頓一次，進行機構整併，例如 1956 年國務院內建制單位突破了八十個，於是接下來兩三年進行了某種程度的縮減，1959 年瘦身到剩六十個。然而好景不常，到 1965 年，國務院機構又恢復到八十個的水準。最高紀錄，1981 年曾經突破一百個；1992 年居次，有八十六個之多。最近一次的大規模機構瘦身，是 1998 年由國務院總理朱鎔基主導的機構改革，一口氣裁撤了十五個部、委，國務院直屬單位從八十六個減為五十九個。然而事實上，許多機關招牌雖然不見了，實際辦事人員並未消失，只是被併編到其他部門。從 1998 年機構改革的經驗看來，中共歷次政府瘦身計畫的主要目的，應該在於減少主管機關的功能重疊，以促進行政效率，而不在於裁汰冗員。

人民代表大會

中華人民共和國的各級人民代表大會，理論上扮演著一般民主憲政國家國會或議會的功能，簡稱「人大」或「人代會」。只不過中共不實行政黨政治，也反對資本主義國家的三權分立制度，因此人民代表大會雖然也號稱是民意代表機構，卻與民主國家的議會大異其趣。一般民主國家的民意代表（包括國會議員）扮演的是為民喉舌、監督政府的角色，因此往往在議事殿堂上出現針鋒相對、質詢爭辯的場面。然而中華人民共和國的各級人民代表大會，由於通常只是幫執政的中國共產黨政策背書，因此罕有激越忘情的演出，開會時總是一派和諧，眾人行禮如儀，故又有「橡皮圖章」、「舉手部隊」的謔稱。

中華人民共和國的各級人代會，依行政區劃層級的不同，還分為鄉（鎮、市轄區）人民代表大會、縣市人民代表大會、省（市、自治區）人民代表大會，以及全國人民代表大會。既然人代會的角色等同於一般國家的民意機構，因此其功能主要就是立法，以及通過政府的人事任命案。至於最高位階的全國人大，除了中央政府的人事任命，以及全國性法律的立法工作外，職權還包括制、修憲。

中華人民共和國的第一屆人民代表，是在 1953 年至 1954 年間完成選舉的，首先由中央人民政府通過各級人代會的選舉法，然後從 1953 年下半年起在全國範圍內展開普選工作，根據中共官方記載，參與投票的選民達到兩億七千八百萬人，選出了五百六十六萬九千名鄉、鎮、市轄區的人大代表，組成全國最基層的鄉、鎮、市轄區的人代會；然後再由此間接選舉產生各縣、市的人大代表，組成各縣、市的人代會；接著再由各縣、市人代會選出各省的人大代表，組成各省人代會；最終則由各省人代會選出全國人大代表，組成全國人大。也就是說，1953 至 1954年全國範圍的人代會選舉，除了最基層的鄉鎮人民代表是直選外，其他各級人代會都由下一級的人代會間接選舉產生。比起 1947 年《中華民國

《憲法》已規定由全國人民直選產生國民大會代表與立法委員，1953 年中華人民共和國的各級人代會選舉法顯得遠較欠缺普選精神。而且以政治常識來判斷，愈是一黨專政的國家，選民基數相對稀少的間接選舉方式，選舉結果愈容易受到執政者控制。相對的，真正的普選由於選民基數是以全國擁有投票權的公民來計數，控制難度遂增高許多。中共在 1953 年的選舉法中只願開放鄉鎮一級的人代會由人民直選，不無這一層考慮。

到了 1979 年，由於中共新的掌權者鄧小平欲推動政治改革，新的人民代表大會選舉法將普選的層級提高到縣，也就是除了原有的鄉鎮人大外，縣、縣級市，以及直轄市的區，人大代表都開放人民直選。雖然開放的幅度有限，不過亦激勵了某些政治異議人士參選，在很少數地區（例如上海），的確有反對共產黨的人士當選了區一級的人大代表，不過在選舉過程中卻遭到來自地方官員的百般阻撓，而且像這種不受中共歡迎的政治異議人士最多也只能僥倖獲選一次，因為其連任之路必須面對中共地方當局所施加的各種壓力，結果總是這些異議人士知難而退，否則只怕難逃牢獄之災。更何況欠缺經濟資源的政治異議人士，確實很難支付參選所需要的起碼開銷。而且，即使異議人士選得上人大代表，也只是縣一級而已，無法進入更高層級的地級市人大與省人大，更不用講全國人大了。透過議會選舉進行政治反對運動，在中華人民共和國內仍欠缺足夠的條件。

依照 1954 年第一部《中華人民共和國憲法》，全國人大代表一屆任期四年，然而由於政治的劇烈變動，1978 年以前的一到四屆任期非常不規則，有長達十年的，也有短到三年的。1978 年制定第三部《中華人民共和國憲法》，將全國人大任期確定為每屆五年，同年並選出第五屆全國人大代表。2013 年 3 月第十二屆全國人大在北京召開，代表總數有 2,987 位，任期預計至 2018 年 3 月截止。

依照《中華人民共和國憲法》，全國人大設有常務委員會（簡稱「全國人大常委會」），是全國人大的常設機構。常委會並設委員長一名。第

十二屆全國人大委員長為張德江。

政治協商會議

　　政治協商會議的全名是「中國人民政治協商會議」，簡稱「政協」。依行政區劃的不同，還分為全國政協、省（市、自治區）政協、市（地）政協、縣（或縣級市）政協。不過並沒有更低一層的鄉鎮政協。政協制度是中華人民共和國特有的政治組織，為的是展現該國確實保有「多黨政治」的門面。政協一方面是中國共產黨與其他各黨派進行「政治協商」的場合，同時也是包含共產黨在內所有黨派的聯合組織。

　　政治協商會議原本是 1945 年二次大戰結束後，國民政府與中共舉行政治談判的場合，然而由於 1946 年東北內戰的全面開打，國共雙方所簽訂的〈雙十協定〉成了廢紙。1949 年中共建國在即，為了營造共產黨順天應人、萬民擁戴的形象，這年 6 月在北平重新召開「新」政治協商會議，以與局勢日蹇的中華民國政府的國民大會互別苗頭。當然，參加新政治協商會議的人士基本上都是親中共的左派，或者原本反對國民黨政權的中間派，以及某些投靠中共的原國民黨高官。新政協主要由所謂「八大黨派」組成，它們分別是：

一、中國國民黨革命委員會（簡稱「民革」）：由原國民黨黨員參加，大多是國民黨內的反蔣人士與投降中共的國民黨官員與將領，例如李濟深、張治中、程潛、黃紹竑、龍雲等。

二、中國民主同盟（簡稱「民盟」）：著名的左派團體，領導者包括多位當時中國知名的知識分子，包括張東蓀、梁漱溟、沈鈞儒、章伯鈞、羅隆基等。

三、民主建國會（簡稱「民建」）：同樣是親中共的知識分子團體，主要領導人為黃炎培。

四、中國民主促進會（簡稱「民進」）：同樣是由左派知識分子組成，領導人有馬敍倫、王紹鰲、周建人（魯迅幼弟）等。

五、中國農工民主黨（簡稱「農工黨」）：主要由醫藥界左派人士組成的知識分子政黨，創立時間可以上溯至 1930 年，曾被稱為「第三黨」。創立者為原國民黨左派人士鄧演達，1931 年遭暗殺。領導人包括彭澤民、周谷城。

六、九三學社：號稱科技學術界人士所組成的政黨，初期領導人包括許德珩、潘菽、周培源等。

七、中國致公黨：以擁護中共的海外歸僑為主要成員，在僑界有其影響力。其前身是美國的地下幫會組織洪門（致公堂），1925 年改名為中國致公黨。領導人包括司徒美堂、陳其尤等。

八、臺灣民主自治同盟（簡稱「臺盟」）：1948 年由一批信仰共產主義的臺籍人士成立於香港，成員事實上係舊臺灣共產黨分子，包括謝雪紅、楊克煌、蘇新等人。臺共成立於 1928 年，組織系統上原屬於日共之一支。

除了這「八大黨派」，政協其實還包括有某些特殊階級或團體的人士，例如中共建國後不久，將當時還存在的私營工商業者組織起來，成立全國工商業聯合會（簡稱「工商聯」），也被安排在政協的組織之中。再比如 1970 年代後期為了加強政協對外國華僑的統戰功能，特意在政協中組成「中國僑聯」。以及為了加強對臺灣統戰工作，在臺盟之外還另成立了「臺灣同鄉聯誼會」，簡稱「臺聯」，成為政協中的另一個臺灣人團體。

政協在中共的政治生態中除了對外統戰，幾乎沒有太大的功能。每年召開一次的全國政協會議，也僅只是坐而議論，對共產黨既沒有任何約束力，甚至連人大名義上所擁有的人事表決權與立法權也沒有。如果說各層級的人大是橡皮圖章，那麼稱政協是「政治花瓶」亦不為過。事實上八大黨派從不自稱是「反對黨」或「在野黨」，只敢謙稱為「參政黨」。

若說政協在歷史上曾經發揮過比較重要的作用，那就是 1949 年 9 月

29 日中共宣布建國前兩天，由政協所通過的《共同綱領》。這份文件在 1954 年中華人民共和國第一部憲法由全國人大制定完成以前，扮演著國家「臨時憲法」的角色。而在那短短的五年時間裡，政協理所當然也就象徵著新中國的「臨時國會」。不過在全國人大選舉產生後，政協的角色只能每下愈況。1957 年中共發動反右鬥爭，政協各民主黨派人士大批被打成「右派」，某些人更因此自殺或送命。❺

政協在中央政府這個層級設有「中國人民政治協商會議全國委員會」，亦即「全國政協」的全稱。全國政協設主席一名，理所當然由中共高層領導人出任，2013 年 3 月新選出的第十二屆全國政協主席為俞正聲，他是中共中央政治局排名第四的常務委員。全國政協另設有副主席若干名，由八大黨派的各個主席擔任。此外，按慣例中共中央統戰部長也會是全國政協的副主席。

中國人民解放軍

中共向來強調「黨指揮槍」，意思是軍隊指揮官必須完全聽命於黨的領導，以防止武裝割據的出現。不過這個傳統的另一層次意義，在於中國人民解放軍其實是中國共產黨的「黨軍」。

為了貫徹「黨指揮槍」，中共在各軍種、各部隊中設有「政治委員」，簡稱「政委」，作為軍中的黨代表，其權力原則上高於所謂的「指戰員」或「司令員」，也就是部隊實際上的帶兵官或軍事指揮官，必須服從政委的命令。

解放軍最高領導機構是中共中央軍事委員會，簡稱「中央軍委會」或「中央軍委」。中央軍委的設置早在 1929 年中共六大召開之後不久，傳統上即是中共紅軍的最高領導機關。中央軍委會設主席一名，為解放軍最高統帥。毛澤東自從 1935 年年底抵達陝北保安之後，直至 1976 年 9 月病逝為止，超過四十年的時間，一直把持著中共中央軍委主席一職。

❺ 關於 1957 年的反右鬥爭，請參閱本書第三章第三節論述。

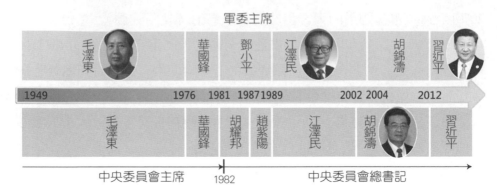

圖 1–18：中共建國後歷任黨主席、總書記及軍委主席

1976 年毛去世之後，華國鋒繼任中央軍委主席。1978 年年底，華國鋒在黨內鬥爭中落敗，鄧小平取代其在中共黨內的領導權，因而象徵軍權的中央軍委主席一職勢必也得做出調整。1981 年 6 月，中共十一屆六中全會召開，華國鋒被迫辭去黨和軍的最高領袖職務──中共中央委員會主席和中央軍委主席二職。中央委員會主席一職由胡耀邦接任，但隔年中共召開十二大，中央委員會主席職務被撤銷，改為總書記，仍由胡耀邦擔任。中央軍委主席則由鄧小平親任，直到 1989 年「六四天安門事件」爆發，中共黨內生態出現大變局，該年 9 月鄧小平主動提出擬辭去中央軍委主席一職，由剛接替趙紫陽出任中共總書記的江澤民出任。該年 11 月，中共十三屆五中全會通過了此一人事安排。

　　江澤民自 1989 年以來先後接任了黨的總書記和中央軍委主席二職，名義上成為黨和軍的最高領導人。2002 年 11 月中共十六大召開，在「世代交替」的原則下江澤民交出了總書記一職，由胡錦濤繼任，然而軍委主席一職江澤民並未立即釋出，也就是說江澤民援引了華國鋒下臺之後的「鄧小平模式」，以軍委主席身分凌駕總書記之上。直到 2004 年 9 月中共十六屆四中全會召開，江澤民才卸任中央軍委主席一職，由胡錦濤繼任。

　　2012 年 11 月中共十八大召開，隨後選出習近平為中共中央總書記兼中央軍委主席，媒體遂以「裸退」一詞來形容完全不保留任何職位的

胡錦濤。

　　從中央軍委主席一職自 1936 年以來的遞嬗——毛澤東、華國鋒、鄧小平、江澤民、胡錦濤、習近平，可以看出與其從中共中央主席或總書記一職來判斷誰才是中共黨內最高掌權者，還不如檢視中央軍委主席一職來得簡單明瞭。這其實也應驗了毛澤東常掛在嘴邊的一句老話：「槍桿子出政權」。

　　中央軍委之下原設有「三總部」——總參謀部、總政治部、總後勤部，分管解放軍包括作戰訓練、政治教育與後勤補給的各項工作。然而 1998 年總理朱鎔基推動機構改革，將原本屬於國務院的「國防科學技術工業委員會」予以改組，軍方人員全部歸建部隊，導致中央軍委在該年 4 月 3 日決定在原三總部外再增設「總裝備部」，負責武器裝備的採購研發，因而成為「四總部」。

　　中央軍委之下還設有三個軍種的司令部——海軍、空軍與第二炮兵。所謂「第二炮兵」（簡稱「二炮」），是導彈部隊的特別名稱。中央軍委並未設置陸軍司令部，而是將分布在全國的數百萬地面部隊（員額隨不同時期有大幅度增減）分屬於若干「大軍區」。中央軍委最早在 1955 年將全國劃分為十二大軍區，隔年又增設福州軍區以專責對臺作戰，成為十三大軍區。之後歷經數十年的併編，至 1985 年 8 月之後減少成為七大軍區，分別是北京軍區、南京軍區、成都軍區、蘭州軍區、廣州軍區、濟南軍區、瀋陽軍區。原本專責對臺作戰的福州軍區已於 1985 年併入南京軍區。及至 2016 年 2 月，習近平推動軍事改革，七大軍區又被改為五大戰區。

　　在各大軍區（或「戰區」）之下還轄有各省、自治區的「省軍區」。省軍區以省為名，諸如新疆軍區、甘肅軍區，不像大軍區以軍區司令部所在城市為名。省軍區之下的地（市）則設軍分部，軍分部之下則轄各縣與各鄉鎮的武裝部。

　　海軍、空軍、二炮部隊，雖然各有司令部負責統一管理，然而在作

戰訓練上，實際由所在基地所屬的大軍區來調度指揮，有點類似國務院行政系統內的「條條」與「塊塊」格局。例如海軍三大艦隊，一方面由海軍司令部指揮，但在作戰時卻配屬所在的大軍區（戰區）協同進行，例如南海艦隊與廣州軍區配合，東海艦隊與南京軍區配合，北海艦隊則分別與濟南軍區、瀋陽軍區配合。

　　三兵種司令部與七大軍區名義上直屬中央軍委，不過實際上由總參謀部調度指揮。就作戰而言，總參謀部仍是最高指揮機構。

　　除了作戰部隊，中央軍委轄下還設有「中國人民武裝警察部隊」，簡稱「武警部隊」。武警部隊成立於 1983 年，實際上擔負鎮暴部隊的任務，協助公安警察維持治安。這是鄧小平掌權後為了精簡解放軍員額，將裁汰下來的原解放軍改編為武警。武警部隊內部編制其實一如軍隊，裝備訓練也不折不扣類似軍隊，非警察所可比擬。

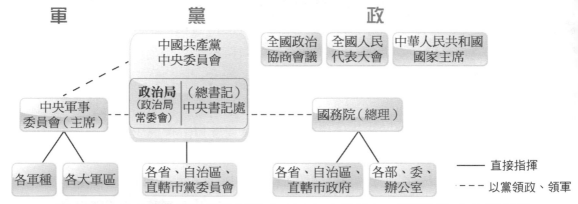

圖 1–19：中共黨政軍組織示意圖（1982 年 9 月後）　總書記為中共最高領導人，並通常身兼軍委會主席。國家政務則由國務院總理負責，為中共第二號政治人物。國家主席為國家象徵性元首。

土改重新分配土地，農
民焚毀舊地契

第二章

肅清內部與對外戰爭

第一節　消滅地主與鎮壓反革命

中國共產黨是從農村起家的,中共領導人十分清楚其政權的根本基礎,就在於取得為數眾多貧雇農的支持,而共產黨能夠給予貧雇農們最大的回報,就是土地。土地怎麼取得?由地主、富農手裡取得。所以只要共產黨準備在某地建立政權,第一件要做的事情,便是進行土地改革——分土地。

階級劃分

農村土地怎麼分,就實際執行面來說,其實是十分複雜的,其中包括如何劃定農民的階級、土地沒收的範圍與對象,以及如何動員農民等等問題。中共從 1927 年國共合作失敗之後,被迫必須在農村地區尋找生存空間,所涉及的不僅僅只是如何組織軍隊、如何建立政權而已,尚且包括在軍事上如何依靠農村的人力、物力,以供養一支不事生產的龐大作戰部隊。最後這一點的重要性往往超過其他,成為中共整個農村政策最根本的著眼點。

既然要分土地,第一步驟自然先要「打土豪」,將地主的土地、財產予以充公。在 1920、1930 年代中共於各省偏遠山區從事蘇維埃運動時,這種打土豪的舉動不僅有利於攏絡貧雇農,實現他們擁有自己土地的畢生夢想,即便從軍隊給養的角度來說,亦大大有利,遭充公的地主財產成為紅軍的部分經費來源。就此而言,中共紅軍當時多少帶有強烈的綠林好漢打家劫舍的本色,而且其打土豪的手段往往亦十分殘酷,動輒處決其所認定的地主富農,導致被劃為「中農」的自耕者亦驚恐萬分,紅軍在農村的支持群眾因此只侷限在最下階層、完全依靠紅軍打殺地主才獲得土地的貧雇農。這一時期中共的土地改革措施,只能當作是最初階

段的經驗嘗試，曾經一度走上極端的窮人翻身路線，導致紅軍佔領下的農村出現恐怖統治。毛澤東寫於 1933 年 6 月的〈怎樣分析階級〉一文，❶便是中央蘇區土改運動進行得最激進的時期——「查田運動」期間，由中共中央所通過的階級劃分依據。其中對於如何判別地主、富農、中農、貧雇農，以及政策上如何處置，作出了具代表性的說明：

(一)什麼叫做地主？

佔有土地（不論多少），自己不勞動，或只附帶勞動，專靠剝削為生。地主剝削的方式，主要是以地租（學租在內）方式剝削農民。此外或兼放債。或兼雇工。或兼營工商業。但對農民剝削地租，是地主剝削的主要方式，管公堂❷也是地租剝削的一種。地主中以小地主的剝削更為殘酷。有些地主雖已破產了，但破產之後仍不勞動，以欺騙掠奪與靠親友接濟等為生，仍然算是地主。軍閥官僚土豪劣紳是地主階級的政治代表，是地主中特別凶惡者。

地主階級是革命的主要敵人，蘇維埃對地主的政策，是沒收他們的一切財產，消滅地主階級。

幫助地主收租管家依靠地主剝削農民為生的一些人，應與地主一律看待。

專靠或大部靠高利貸剝削為生的人，稱為高利貸者，這些人雖不是地主，但高利貸是封建剝削，應該沒收其一切財產，消滅高利貸者。

---

❶ 此文收入《毛澤東選集（第一卷）》時，不僅將寫作時間改成 1933 年 10 月，以掩飾其原本發表於查田運動高潮時期的歷史事實，同時還將內容作了大幅更動，刪掉許多文字，同時添加一些比較務實精確的敘述，以掩飾其原本明顯的左傾激進色彩，並將文章的標題改成〈怎樣分析農村階級〉。

❷ 所謂「管公堂」，係指在中國傳統農村社會中管理公共土地（諸如祠堂土地、廟產、義倉、學田等）的職責或權力。通常這類農村中的公共土地係租佃給沒有土地的貧雇農來耕作，再收取地租，並委由地方上社會地位較高的地主和富農來管理。毛澤東認為這種形態的傳統制度，也是一種階級剝削。

㈡什麼叫做富農?

富農一般佔有土地。但也有只佔有一部分土地,另租入一部分土地的。也有自己全無土地,全部土地都是租入的(後二種少數)。富農一般都佔有比較優良的生產工具及活動資本,自己勞動。但經常依靠剝削為其生活來源之一部,有些還是大部。

富農的剝削方式,主要是剝削雇傭勞動(請長工)。此外或兼以一部分土地租人剝削地租。或兼放債。或兼做生意及小工業。富農多半還管公堂。但中國的富農也當有自己勞動之外,並不雇工,而另以地租債利等方式剝削農民。富農的剝削是經常的,許多並且是主要的。

蘇維埃對於富農的政策,是沒收他們的土地,他們的耕牛農具房屋則只沒收其多餘的一部分,而仍分給以較壞的勞動分地。

㈢什麼叫做中農?

中農許多佔有土地。有些佔有一部分土地,另租入一部分土地。有些並無土地,全部土地都是租入的。自己都有相當的工具。全靠自己勞動,或大部靠自己勞動。一般不剝削人。許多還要受別人一部分地租債利等剝削。但中農一般不出賣勞動力。另一部分中農(包括富裕中農在內),則對別人有一部分的剝削,但非經常的與主要的。這些都是

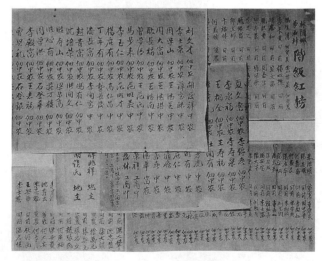

圖 2-1: 階級劃分榜　土地改革的首要之務為劃分階級,區分地主、富農、中農、貧農、工人(包括雇農),隨後則是組織、動員農民,然後鬥爭地主。

中農。

蘇維埃對中農的政策，是堅固的聯合他們。中農的土地，不得本人同意不應平分，土地不夠的中農，應該與貧農雇農分得同等的土地。

㈣什麼叫做貧農？

貧農有些佔有一部分土地與不完全的工具。有些全無土地，只有一些不完全的工具。一般都須租入土地來耕。受人地租債利與部分雇佣勞動（貧農一般須出賣一部分勞動力）的剝削。這些都是貧農。

貧農在土地分配中，應該與中農雇農得到同等的利益。其原有的一些土地工具不沒收。

㈤什麼叫做工人？

一般全無土地與工具，有些有極小部分的土地工具，完全的或主要的以出賣勞動力為生。這是工人（雇農在內）。

土地革命中，農村中的工人均應分得與貧農中農同等的土地。對於他們中間有些人原有的那一小部分土地工具不沒收。至於那一家人中有人在城市作工，他是工人，但他的家庭在鄉下有土地出租，或有錢放債，如果他的家庭不是靠著收租為主要生活來源。其土地不沒收，並照一般農民分田。如果他的家庭是靠著收租或放債為主要生活來源，其土地沒收；但應分田與他的妻及子女，他本人因在城市不分田。❸

從 1933 年 6 月開始的查田運動，表面上雖然是中共中央遷抵江西中央蘇區後，為糾正原蘇區領導幹部的右傾路線所進行的「反富農路線鬥爭」，然而就其實際功能而言，不如說是中央蘇區利用國民政府第四次與

❸ 這篇〈怎樣分析階級〉，係依照 1933 年 6 月 29 日中央蘇區所出版《紅色中華》89 期，保留其原始文字，與日後收在《毛澤東選集（第一卷）》的〈怎樣分析農村階級〉一文，有相當明顯差異。全篇文字引自竹內實監修，《毛澤東集・第 2 版・第 3 卷 (1931.9～1933.8)》（東京：蒼蒼社，1983 年 10 月），頁 265–268。

第五次圍剿之間的空檔，所積極從事的打土豪、斂財工作，目的在儲備紅軍第五次反圍剿的財政來源。

不過到了 1934 年下半年，江西、湖北的蘇維埃政權在國民政府連番的軍事圍剿下，依然紛紛瓦解，中共紅軍西向展開長征。直到 1935 年 10 月中共中央抵達陝北，或許是汲取了中央蘇區時期土改過於激進的教訓，導致農民普遍反彈，中共在陝北的農村政策開始轉向寬鬆，尤其是強調保障富農財產不予沒收。

1936 年 12 月西安事變爆發之後，中共與國民政府取得暫時的合作關係，中共得以合法發展，不必再靠著土地改革來爭取貧雇農的向心力，同時也免去了激怒地主、富農階級的風險，因此中共改弦易轍，凍結土改政策，讓既有的地主階級繼續存在，只用「減租減息」手段以減輕貧雇農的負擔。套句中共的術語來說，這是擴大「抗日統一戰線」的策略。

此後直到 1945 年第二次世界大戰結束，中共在華北解放區基本上不進行土地改革，而只是在農村徵糧徵稅以提供軍隊的給養。甚至還鼓勵地主、富農經營私人工商業，因為這可以增加稅收，繁榮解放區經濟，並且減少了對大城市地區的物資依賴。

上一章曾介紹過，毛澤東在 1940 年 1 月提出「新民主主義」理論，便是為了合理化共產黨的這種轉變。依照新民主主義的概念，中國共產黨當前所進行的革命，性質上還不是社會主義革命，所要建立的政權也非完全的社會主義政權，而是新民主主義，是聯合工農階級、小資產階級知識分子，以及民族資產階級，共同來打倒代表封建與帝國主義的國民黨政權的一場革命。毛澤東的新民主主義理論，是解釋中共在中日戰爭期間階級立場驟然趨於和緩的最重要理論論述，同時也是中共調整擴大統一戰線，聯合次要敵人、打擊主要敵人的策略彈性運用。這對於緩和當時中國人民普遍恐共、懼共的情緒，是有幫助的。

土地改革

　　隨著 1945 年第二次世界大戰結束，國共內戰全面開打，此時中共為了爭取農村貧雇農全心全意的支持，同時也為標榜與國民政府在階級立場上的差異，因此開始全面在解放區農村進行土地改革。但是這時期的土地改革政策並非走回蘇維埃時期的極端路線，而是強調保護富農、打擊面限於地主的新民主主義模式。1947 年 9 月由中共提出的《中國土地法大綱》，便是這樣的一份土地政策。依照文件的規定，「廢除一切地主的土地所有權」，由鄉村農民大會或貧農團大會作為土地改革的執行機關，除屬性特別的某些公有土地外，將村中一切土地按人口平均分配，務使全鄉村人民獲得均等的土地。至於某些特別貧苦且人口單薄的農戶，則可以經鄉村農民大會的同意，酌量給予稍多的土地配額。

　　像這種針對農村地主的強迫性土地重分配，勢必遭到一定的抗拒，因此《中國土地法大綱》中亦規定了：

> 為貫徹土地改革的實施，對於一切違抗或破壞本法的罪犯，應組織人民法庭予以審判及處分。人民法庭由農民大會或農民代表會所選舉及由政府所委派的人員組成之。

　　事實上這樣的人民法庭等於授權貧農以暴力鎮壓意欲反抗的地主，或是對過去高高在上的地主進行報復，結果往往導致普遍性的流血事件。而中共中央對此是鼓勵支持的，因為可以在農村地區產生恫嚇作用，樹立共產黨政權的統治威望。

　　在 1947 年所推動的老解放區土改運動中，毛澤東特別下達指示，不准接受地主的自願獻地，不准地方政府以行政命令分配土地，把運動搞成「和平土改」。對中共領導人來說，土地改革不僅要獲得下階層貧雇農的支持，而且要喚起農民的階級覺悟，因此就不能純粹只是分土地而已，

而是要動員群眾，組織農民大會，廣為宣傳階級鬥爭，讓農民依靠自己力量向地主爭得土地，甚至不惜動用私刑。土地改革事實上是在農村進行的一場血腥鎮壓。

　　根據曾經參與土改工作的中共基層幹部的回憶，由地方政府派出的土改工作隊會先進駐指定的農村，與村中最貧苦的農民同吃同住一段時間，以掌握農村的真實情況，然後就是動員組織農民大會，召開鬥爭地主惡霸的群眾大會，在鬥爭會上還要事先培養「積極分子」，讓他們帶頭站出來「訴苦」，控訴地主惡霸如何欺壓鄉民，地主如有抵賴抗拒，馬上遭到拳打腳踢。當全村村民逐漸了解過去高不可攀的地主如今已成為過街老鼠，便能夠很自然且心安理得地加入這群情緒激憤的鄉民之中，且在過程中培養出堅牢的階級覺悟。雖然中央政策白紙黑字不准動用肉刑，但實際上鬥爭大會往往一發不可收拾，憤怒的群眾甚至會掄起石頭將地主打死。而且如果「人民法庭」判處某個地主惡霸死刑，經由縣政府的同意，鄉民可以就地行刑。許多地主或舊村長因此遭到槍斃。

　　當然，中共當局不會容許這樣的土改運動演變成過於氾濫的恐怖統治，以至於重蹈 1930 年代在蘇區犯過的錯誤，因此很注重控制打擊面，務使不超過農村平均人口的 10%，這是 1947 年中共開始大張旗鼓推動土改時，將鬥爭對象限於地主，而對富農只徵收其多餘財產的主要考量。尤其是建國之後，中共開始在新解放區推動全面的土改運動，毛澤東要求各地在土改中務必不能太過於侵犯富農，也就是說，打擊對象只限於地主。如此一來，打擊面更小，只有不到 5%。毛澤東在 1950 年 3 月下達給各大行政區的一份通

圖 2-2：控訴地主　貧農被動員起來控訴曾剝削他們的地主。

知中聲明：

> 過去北方土改是在戰爭中進行的，戰爭空氣掩蓋了土改空氣，現在基
> 本上已無戰爭，土改就顯得特別突出，給予社會的震動特別顯得重大，
> 地主叫喚的聲音將特別顯得尖銳，如果我們暫時不動半封建富農，待
> 到幾年之後再去動他們，則將顯得我們更加有理由，即是說更加有政
> 治上的主動權。

　　1950 年 6 月由中央人民政府委員會通過了〈中華人民共和國土地改
革法〉（簡稱〈土改法〉），成為中共在全國施行土地改革的法律依據。這
一份〈土改法〉基本上是在 1947 年〈中國土地法大綱〉的基礎上，作出
某些更溫和的補充與調整。比如規定了：「地主兼營的工商業及其直接用
於經營工商業的土地和財產，不得沒收。不得因沒收封建的土地財產而
侵犯工商業」。這樣的條文，當然是為了確保此時仍在執行中的新民主主
義統一戰線，避免城市的資產階級、私營工商業者反彈。〈土改法〉同時
對富農作出了明確的讓步：

> 保護富農所有自耕和雇人耕種的土地及其他財產，不得侵犯。富農所
> 有之出租的小量土地，亦予保留不動；但在某些特殊地區，經省以上
> 人民政府的批准，得徵收其出租土地的一部或全部。半地主式的富農
> 出租大量土地，超過其自耕和雇人耕種的土地數量者，應徵收其出租
> 的土地。

　　至於地主、富農、中農、貧雇農的劃分標準，政務院將上述 1933 年
毛澤東所寫的〈怎樣分析階級〉一文重新加以修改補充，於 1950 年 8 月
頒布實施。
　　就這樣新解放區的土改工作從 1950 年下半年全面展開，到 1953 年

春，除了大約七百萬人口的若干少數民族地區（主要是西藏）暫時還不進行土地改革外，全中國人口總數大約三億的貧雇農、佃農，分走了七億多畝土地、近三百萬頭耕畜、近三千萬件農具，以及三千八百多萬間房屋。土改前原本佔農村總人口數 4.75% 的地主，卻佔有了 38.26% 的耕地；土改後地主人口比率降到 2.6%，佔有土地比率則只剩 2.2%。相對的，原本貧雇農佔有農村人口總數的 52.37%，佔有著 14.28% 的土地；土改後人口總數依舊維持在 52%，佔有土地卻大增為 47%。

　　比較蹊蹺的是地主階級所佔農村人口比率下降了 2.1%，成為 2.6%，只剩原來 4.75% 的一半強。邏輯上這只能有兩種解釋，一是農村總人口數增加了，而且新增人口基本上不在地主階級範圍內，因此地主所佔比率自然下降；二是地主人口確實大幅減少。我們可以排除掉 1950 至 1953 年間不同階級的出生率不相同的推論，因為很難假設中農、貧雇農、甚至富農的出生率大幅上揚，反而地主的出生率卻戲劇性降低。但是農村人口某種程度增加的可能性是存在的，這是因為 1952 年 1 月人民解放軍曾進行戰後復員，有超過一百萬軍人回鄉。不過相對於 1952 年全國將近五億的農村人口來說，2% 代表的是一千萬人，光是一百多萬解放軍回鄉，還不至於造成地主階級人口比率減少將近一半。所以最後的答案呼之欲出，就是農村地區地主人口確實大幅下降。

　　不過這麼一來又牽涉到兩種可能，一個是大批地主逃亡出國，另一個則是大批地主被殺。兩種情況確實都存在，但是人數多少一樣難以估計。依照曾參與土改工作的基層幹部回憶，每個村子或多或少都殺了幾個地主，而 1950 年代初期中國有超過一百萬個自然村，則一共有多少地主被處決，不難想像。事實上，如果一定要合理解釋地主人口比率減少的那 2.1% 所涉及的一千萬人口究竟流落何處，則在一百萬個自然村中喪命的數百萬名地主，是有一定說服力的。

鎮壓反革命

中華人民共和國是一個新國家，而中國共產黨是憑著血流成河的內戰才建立起這個新政權，正如毛澤東在 1927 年於〈湖南農民運動考察報告〉說過的：

> 革命不是請客吃飯，不是做文章，不是繪畫繡花，不能那樣雅緻，那樣從容不迫，文質彬彬，那樣溫良恭儉讓。革命是暴動，是一個階級推翻一個階級的暴烈的行動。

從流血革命中建立起來的中共新政權，注定了必須以不亞於戰爭的同樣殘酷手段，肅清被認為仍潛藏於內部的階級敵人。

這類敵人，有些確實具有立即的威脅性，例如仍殘留在雲南、貴州、廣西等西南省分負隅頑抗的少數中華民國政府軍；然而更多的，是社會上原本的統治階層和地方勢力，包括民間武裝力量、幫派團體、梟巢土匪；或者是在民間具有群眾號召力的某些世俗宗教，例如一貫道；有些甚至只是多年兵荒馬亂所形成的散兵游勇，或是避難回鄉的原國民黨軍人。對於此時擁有四百萬解放軍的共產黨來說，這些還來不及肅清的敵人雖然遠遠構不成威脅，然而一方面為了預防變生肘腋，另方面則與農村不得進行「和平土改」的道理一樣，傳統社會裡的封建因素務求徹底清除，共產黨必須藉此立威。

中共政權是從農村底層走出來的，深知在傳統社會裡佔據統治地位、被下階層民眾奉若神明的是那些人，不僅僅只是富甲四方的地主而已，還包括各式各樣的民間團體組織。農村土改與鎮壓反革命雙管齊下，就是要一一拔除這些封建勢力。所謂「封建」，其實可以看成是共產黨用來貶抑固有傳統社會體系的策略性語言。1951 年 10 月 23 日，毛澤東在政協一屆三次全國委員會議上發表〈三大運動的偉大勝利〉時，便將土地

改革、鎮壓反革命、抗美援朝三者合稱為「三大運動」，可見這三件事在中共建國初期所發揮的巨大作用。

1950 年 3 月，中共解放軍攻下了西康省西昌縣，基本上已殲滅了中國大陸全境的中華民國正規部隊，同時在經濟上，亦平息了惡性通貨膨脹。這個月 18 日，中共中央下發了一份〈關於鎮壓反革命活動的指示〉給各大行政區以及各省、市、地委，提醒各地幹部仍有為數可觀的股匪在新解放區流竄打劫，要求各地「必須給以嚴厲的及時的鎮壓，決不能過分寬容，讓其猖獗」。這份指示旨在穩定地方治安，要求各級部門繼續完成消滅殘餘武裝勢力的工作。此時中華人民共和國內外環境呈現穩定的趨勢，中共領導層顯然還未打算採取更激烈的清算行動。

然而 1950 年 6 月 25 日韓戰爆發，美國總統杜魯門 27 日以聯合國安理會的授權為由，宣布派遣美國軍隊介入戰事，更重要的是，杜魯門在聲明中還宣布美國太平洋第七艦隊將執行保護臺灣的任務，理由是：「共產黨部隊佔領臺灣，將直接威脅太平洋地區的安全，及在該地區執行合法而必要職務的美國部隊」。同時，杜魯門還表示已加強美國在菲律賓的部隊，加速對菲律賓政府的軍事援助，同時還指示加速以軍事援助供給在印度支那（中南半島）的法國及其聯邦成員國部隊，並派遣軍事顧問團前往支援。❹杜魯門的這一紙命令，明顯將中國周邊區域連結起來成為一個軍事包圍圈，從朝鮮半島、臺灣海峽、菲律賓，到中南半島，中華人民共和國被設定在這個「圍堵」的圈子以內。美國的行動，自然被北京當局視為充滿敵意的姿態。周恩來隨即在 6 月 28 日以中華人民共和國政務院總理兼外交部長的身分發表聲明，反對美國的決定，同時還揚言：「堅信全東方被壓迫民族和人民，必能把窮兇惡極的美國帝國主義的戰爭製造者，最後埋葬在偉大的民族獨立鬥爭的怒火中。」

然而朝鮮半島情勢，隨著美軍 9 月中旬在仁川的登陸而急轉直下，10

---

❹　Harry S. Truman, *Memoirs by Harry S. Truman (Volume Two): Years of Trial and Hope* (New York: Signet Books, 1956), pp. 385–386.

月7日美軍越過北緯三十八度線，長驅北上，19日攻佔平壤，有一舉跨越鴨綠江攻入中國的趨勢。同一時間，中共領導層亦密集籌商因應對策，就在美軍越過三十八度線的隔日，10月8日毛澤東下令參戰，10月19日，也就是美軍佔領平壤的同一天，以「中國人民志願軍」名義參戰的中國人民解放軍部隊越過鴨綠江進入朝鮮半島境內，中、美戰爭於焉開打。❺

　　韓戰的爆發對於中華人民共和國的對內政策，產生了絕對關鍵的影響。1950年10月10日，在毛澤東授意下中共中央發布了〈中共中央關於鎮壓反革命活動的指示〉，用意其實就是在面對嚴峻的對外戰爭，尤其對手又是世界第一軍事強權美國的同時，中共必須在內部對潛在敵人進行更徹底的掃蕩，以打擊一切希望藉著國際局勢變化而進行內部策應的陰謀企圖。因此可以說，1950年10月以後鎮壓反革命運動的深入與普及，基本上是中共受到韓戰刺激的一種強烈反應。

濫用死刑

　　1950年10月10日下達的鎮壓反革命指示可不像3月的時候，僅僅只是例行性的提醒或是催促，這一道被泛稱為〈雙十指示〉的鎮反指示，特別強調了過去在「肅清反革命殘餘」的問題上，發生了嚴重的「右」的偏向，也就是太寬大了，因此縱容了大批反革命分子繼續為惡，不僅助長了反革命氣焰，而且引起群眾抱怨。〈雙十指示〉因此特別要求：「當殺者，應即判處死刑」。

　　至於那些人才是「當殺者」？1952年2月20日中央人民政府批准了一項法律〈中華人民共和國懲治反革命條例〉，一口氣條列出二十餘種可以判處死刑或無期徒刑的罪名：

　　第三條　勾結帝國主義背叛祖國者，處死刑或無期徒刑。
　　第四條　策動、勾引、收買公職人員、武裝部隊或民兵進行叛變，其

❺　關於1950～1953年的朝鮮半島戰爭，將留待本章第三節作更詳細敘述。

首要分子或率隊叛變者，處死刑或無期徒刑。……

第五條　持械聚眾叛亂的主謀者、指揮者及其他罪惡重大者處死刑；
其他積極參加者處五年以上徒刑。

第六條　進行下列間諜或資敵行為之一者，處死刑或無期徒刑；其情
節較輕者處五年以上徒刑：

㈠為國內外敵人竊取、刺探國家機密或供給情報者；

㈡為敵機、敵艦指示轟擊目標者；

㈢為國內外敵人供給武器軍火或其他軍用物資者。

第七條　參加反革命特務或間諜組織，有下列情節之一者，處死刑或
無期徒刑；其情節較輕者處五年以上徒刑：

㈠受國內外敵人派遣潛伏活動者；

㈡解放後組織或參加反革命特務或間諜組織者；

㈢解放前組織或領導反革命特務或間諜組織，及其他罪惡重大，解
放後無立功贖罪表現者；

㈣解放前參加反革命特務或間諜組織，解放後繼續參加反革命活動者；

㈤向人民政府登記、自首後繼續參加反革命活動者；

㈥經人民政府教育釋放仍繼續與反革命特務、間諜聯繫或進行反革
命活動者。

第八條　利用封建會門，❻進行反革命活動者，處死刑或無期徒刑；
其情節較輕者處三年以上徒刑。

第九條　以反革命為目的，策謀或執行下列破壞、殺害行為之一者處
死刑或無期徒刑；其情節較輕者處五年以上徒刑：

㈠搶劫、破壞軍事設施、工廠、礦場、森林、農場、堤壩、交通、
銀行、倉庫、防險設備或其他重要公私財物者；

㈡投放毒物、散播病菌或以其他方法，引起人、畜或農作物之重大

---

❻　所謂「封建會門」，泛指傳統中國社會基層幫派組織或祕密結社，例如清代最
著名的會、門就有哥老會（袍哥會）、洪門等。

災害者；

㈢受國內外敵人指使擾亂市場或破壞金融者；

㈣襲擊或殺、傷公職人員或人民者；

㈤假借軍政機關、民主黨派、人民團體名義，偽造公文證件，從事反革命活動者。

第十條　以反革命為目的，有下列挑撥、煽惑行為之一者，處三年以上徒刑；其情節重大者處死刑或無期徒刑：

㈠煽惑群眾抗拒、破壞人民政府徵糧、徵稅、公役、兵役或其他政令之實施者；

㈡挑撥離間各民族、各民主階級、各民主黨派、各人民團體或人民與政府間的團結者；

㈢進行反革命宣傳鼓動、製造和散布謠言者。

第十一條　以反革命為目的偷越國境者，處五年以上徒刑、無期徒刑或死刑。

第十二條　聚眾劫獄或暴動越獄，其組織者、主謀者處死刑或無期徒刑；其他積極參加者處三年以上徒刑。

第十三條　窩藏、包庇反革命罪犯者，處十年以下徒刑；其情節重大者，處十年以上徒刑、無期徒刑或死刑。

……

第十六條　以反革命為目的之其他罪犯未經本條例規定者，得比照本條例類似之罪處刑。

事實上這二十幾種可以獲判死刑或無期徒刑的罪名裡，頗不乏內容含糊不清者，例如「勾結帝國主義背叛祖國」、「挑撥離間人民與政府間的團結」，似乎過於輕易便可能遭到濫用；又某些看似無關宏旨的行為，也可能惹來殺身之禍，例如「以反革命為目的偷越國境」，亦即偷渡者可能被處以死刑。尤其為了達到立竿見影效果，毛澤東親自下令將執行死

刑的權力交由前線指揮官與省的下一級單位、也就是地級部門來定奪，而且不斷透過文件傳達，鼓勵地方官員「在幾個月內，大殺幾批罪大有據的反革命分子」，同時褒揚某些殺人成效「績優」的地方單位。

在〈雙十指示〉中，中共中央還要求各中央局必須在一個月內作出執行鎮反計畫的報告，各中央局所屬的分局、省委、大市委、區黨委，在各自管轄區域內的鎮反工作計畫，亦必須限期提出，這樣就給鎮反運動製造了一種雷厲風行、大刀闊斧的肅殺氣氛。

據中共官方統計，從 1950 年 10 月〈雙十指示〉下達之後，到 1951 年上半年，全國共逮捕反革命分子一百五十萬人，其中五十萬人被判處死刑。到了 1952 年 10 月，總計共有三百多萬名各類反革命分子遭到殺、關、管的處分。其中被判刑關押者一百二十九萬人；情節輕微免於判刑，由所在機關進行監督管制者一百二十三萬人；判處死刑者七十一萬人，總計達三百二十三萬人。此外，還有二百四十餘萬地方土匪在軍事圍剿中被消滅。

事實上這種大肆屠戮的行動，一時間確實發揮了震駭的效果，尤其各地政府大批動員群眾以「公審」形式處決反革命分子，並鼓勵民眾檢舉告密，一時間風聲鶴唳，人人自危。據官方統計，光是 1951 年上半年，全中國 80% 以上的民眾參加了大大小小各種鎮壓反革命的集會，見識了血淋淋的場面，以致人人產生「莫談國事」的警惕。尤其是 1949 年以後的所謂「新解放區」，原本是國民政府統治較長久的地區，如今看到共產黨的殘酷手段，更是恐懼莫名。當時的司法部長、同時也是中國民主同盟領導人史良，曾經面陳毛澤東，擔心大規模鎮反會引起社會過度恐慌。毛澤東對此的回答是：

> 對敵人的寬容，就是對人民的殘忍。要對我們的人民作更多的解釋工作，要讓老百姓知道，我們殺的是壞人，是敵人。這樣，震動和恐慌的就是敵人，人民只會揚眉吐氣，拍手稱快了。❼

鎮反運動到了 1952 年下半年逐步進入尾聲，該年 10 月召開第五次全國公安會議，公安部長羅瑞卿表示全國已有 80% 的城市地區基本結束鎮反運動。1953 年上半年，歷時三年的鎮反運動原則上落幕，不過中共當局從未正式宣布鎮壓反革命行動結束，因為只要共產黨執政，在穩固社會主義制度的口號下，隨時還有對反革命分子進行鎮壓的必要。

1955 年 7 月至 1957 年底，為了在國營企業和政府機關中再次揭發窩藏的反革命分子，曾進行了一次類似鎮壓反革命的群眾動員，號稱「肅反運動」。這次肅反一共動員了一千八百萬名國營企業員工參加，揭發了十多萬名過去沒被發現的反革命分子。❽對於中國共產黨來說，這種藉由鎮壓反革命以達到「清洗」內部組織的作法，是維持政權穩定與組織高度忠誠的常態且必要行為。

1956 年 11 月 16 日，第一屆全國人大常委會第五十一次會議通過了一份〈關於寬大處理和安置城市殘餘反革命分子的決定〉，其最後一條這麼規定：

> 對於進行各種破壞活動的現行反革命分子，應當依法懲辦。對於在解放前有嚴重罪行民憤很大的反革命分子，對於在解放後曾經有過嚴重破壞活動的反革命分子，凡是過去尚未歸案法辦而又拒不坦白認罪的，經過查證確實，應當依法懲辦。對於一切經過寬大處理後仍然繼續進行破壞活動的反革命分子，應當依法從嚴懲辦。

或許可以說，只要認為確有必要，中國共產黨仍然隨時準備針對任何企圖顛覆其統治的個人或團體，施以鎮壓反革命的鐵腕。

---

❼　南石編著，《拂曉的較量——新中國剿匪與鎮壓反革命紀實》（北京：中央文獻出版社，2000 年 1 月），頁 160。

❽　南石編著，《拂曉的較量——新中國剿匪與鎮壓反革命紀實》，頁 292。

第二節　三反、五反──城市資本家的噩運

　　理論上共產黨的目標在於實踐共產主義，不僅完全取消私有制度，而且要達到「各盡其能，各取所需」的境界，政府與國家體制完全消失。然而在此之前，則必須先實現社會主義，也就是先在生產工具上取消私有制，並至少實施「按勞分配」。可是正如前文所述，1940年毛澤東為了準備日後與國民政府一決高下，提出了新民主主義主張，公開宣稱願意聯合小資產階級知識分子、尤其是代表工商業界的「民族資產階級」，共同來推翻國民黨政權。既然還保留了大、小資產階級的私有財產，並且允諾民族資產階級可以繼續經營工商企業，則就不是社會主義了，而是社會主義的前一個階段，所謂的新民主主義。

　　然而作為無產階級政黨的中國共產黨要和資產階級敵人和平相處，這在全世界共產革命史上，恐怕還是首例，而且難保不會發生近墨者黑的副作用。中華人民共和國建立之後，在中共黨內最先爆發出來的問題，就是不少共產黨人禁不起金錢物質的誘惑，與資產階級「同流合污」起來。毛澤東在建國前便已意識到這種可能性，他在1949年3月中共七屆二中全會上，便曾耳提面命要小心資產階級的「糖衣炮彈」。果然，建國之後短短一兩年內，共產黨幹部貪污收賄的情況便時有所聞，1951年年底，毛澤東認為問題已經嚴重到必須來一次大整肅的地步，於是在他一聲令下，中國共產黨發動了一場黨內的清洗運動，稱為「三反」，同時更引發另一場對資產階級的鬥爭，稱為「五反」。可以說，「五反」是「三反」的必然後果，「三反」是中共對內的政治整肅，而「五反」則是針對階級敵人的大舉反擊。

三 反

所謂「三反」，其實是「反貪污、反浪費、反官僚主義」的簡稱，起因於 1951 年 11 月東北局書記高崗呈給毛澤東的一份報告，高崗在這份報告中吹播他在東北實施的反貪污蛻化、反官僚主義的運動「大大提高了幹部、群眾的覺悟水平，從而使貪污現象得到遏制，機關開支大為緊縮」。高崗並舉出瀋陽市在部分單位中揭發出三千六百二十九人有貪污行為，東北貿易部僅檢舉和坦白的金額就高達五億元人民幣，❾ 浪費現象和官僚主義也很嚴重，僅東北鐵路系統就積壓了上千億元的材料而不作處理。這個報告送到毛澤東手上後，受到高度賞識。1951 年 11 月 20 日，毛澤東將這份報告轉發給各省級以上單位，要求大家比照辦理，同時還將名稱正式定為「反貪污、反浪費、反官僚主義」的鬥爭。

毛一聲令下，很快便有出人意外的成果。華北局立即揭發了天津地委書記張子善和前任書記劉青山的重大貪污案，這使得「三反」的效果獲得了戲劇性的加強。華北局在報告中聲稱張子善和劉青山兩人在前後任內共挪用約兩百億元人民幣的公款投入機關生產，即機關開辦營利事業，收入供作機關福利開銷之用。而有帳可查者，兩人私用公款四、五億元，並向上下級及其親友送禮達一億三千萬元。更關鍵的恐怕還是張、劉二人勾結私商張文義等人，以四十九億元從漢口販賣大批馬口鐵，令私商中飽私囊。

張子善、劉青山的案子顯然令毛澤東極端震怒，張、劉二人自然難逃被槍斃的命運，然而更嚴重的是毛澤東相信全黨的貪污腐化正快速蔓延中。由於毛的這一層疑慮，導致他強烈要求下級單位進行更普遍且嚴格的檢查，甚至還規定了明確的數額或是一定比例，要求各地領導官員

---

❾ 此處幣值係 1948 年 12 月開始發行的人民幣的幣值。1955 年 1 月中華人民共和國國務院發布命令，自該年 3 月 1 日起改發行新的人民幣，舊幣一萬元兌新幣一元。本節所談到的人民幣幣值，均指 1955 年 3 月以前的舊幣幣值。

比照辦理，不達指標不能停止。也就是說，毛強迫各部門要想辦法糾出他所規定的貪污案件數目，毛澤東稱之為「打老虎」，否則就是領導官員自己便是貪污犯。各地領導官員自然知道，一旦被毛澤東認定「打老虎」不力、甚至被毛當作貪污犯治罪的可怕下場，因此就算知道必然殃及無辜，也不能心軟。

在這樣嚴厲的要求下，各大行政區、各省官員為了卸責，只好將許多也許並無涉及不法，只因為經手業務與私營工商企業界有關，平日與資本家經常接觸的下級官員抓來頂罪。這種先栽贓，再逼供找罪證的手段，在中共內部的術語，稱之為「逼、供、信」，簡言之，就是先「逼」，強行屈打成招，等嫌犯「供」了之後，便予以採「信」。1952 年「三反」運動高潮中被撤職審查的原上海市稅務局長顧準，就是這種查無實據，卻因情勢所迫被犧牲掉的地方官員。多年之後顧準被問到有沒有說過、做過什麼不當的言行，顧準無奈地說：「在我們黨內，運動期間，什麼事情都會出來的！」

毛澤東不僅嚴厲要求各地領導官員必須剋期抓到一定數量的貪污

圖 2-3：公審張子善、劉青山　毛澤東指示此事必須當成一場大鬥爭來處理，才能警示其他犯錯的幹部。最後兩人被判處死刑。

犯，同時還下令全國所有縣級單位、二三級軍區關於「三反」運動的實施成果報告，都必須直接送到中共中央或中央軍委，這等於要求全國幾千個基層單位的負責人都直接向毛澤東個人進行匯報。無法確知毛澤東當時是否真的將全國幾千個基層行政單位送到他手上的報告一一覽畢，不過這樣的命令至少達到另一個效果，就是比較高階的行政長官，例如省級官員，由於擔心下級的縣市官員向毛澤東打小報告，因此更不能鬆懈，更必須打起精神按照毛澤東的指示認真「打老虎」。

根據中共日後官方統計數字，從 1951 年 11 月下旬開始到 1952 年 8 月結束的「三反」運動，光是黨、政部門（不包括軍隊）一共查出了一百二十萬人涉及觸犯貪污、或是佔用公家便宜。1950 年時中共黨員總數不過才五百多萬，因此這一百二十萬人所佔的比例不可不謂高，何況這還不包括解放軍內部的「老虎」。或許由於人數實在太多，也或許毛澤東認為已達到他對黨內提出警告的初衷，這一百二十萬人中超過 75% 被免予處分，受行政處分者佔了 20.8%，有 3.64% 者被判了徒刑，被槍斃的有四十二人。

「三反」固然對中共黨內造成莫大衝擊，然而真正遭到致命傷害的，是城市裡的資產階級，也就是在新民主主義旗幟下暫時苟延殘喘的私營工商業者。因為共產黨人之所以貪污腐敗，幾乎不可免來自於資本家的行賄。像是張子善與劉青山的重大罪狀之一，就是「勾結私商張文義」，以四十九億元人民幣從漢口販賣大批馬口鐵，令私商中飽私囊。因此「三反」很快就牽動「五反」，這是城市資本家們在 1949 年至 1950 年的穩定金融秩序之後，遭受到共產黨的第二波猛烈攻擊。

五　反

所謂的「五反」，是「反對行賄、反對偷稅漏稅、反對盜騙國家財產、反對偷工減料和反對盜竊國家經濟情報」的簡稱。1951 年 11 月下旬「三反」運動發動之後，城市裡的私營工商業者很快就嗅出了政治氣

候的急遽變化，不僅平常打交道的中共官員態度出現一百八十度轉變，而且報章上的反貪污宣傳鋪天蓋地而來，資本家們不免提心弔膽。

1952 年 1 月 5 日，毛澤東以嚴厲口吻指示要對涉及行賄的私營工商業者予以反擊，毛在一份黨內文件中說：「一定要使一切與公家發生關係而有貪污、行賄、偷稅、盜竊等犯法行為的私人工商業者，坦白或檢舉其一切犯法行為」，「借此給資產階級三年以來在此問題上對於我黨的猖狂進攻以一個堅決的反攻，給以重大的打擊」，同時必須「將此項鬥爭當作一場大規模的階級鬥爭看待」。值得注意的是毛澤東這裡使用的是「階級鬥爭」的字眼，在共產黨人眼裡，階級鬥爭就是你死我活，沒有僥倖餘地的。

與毛澤東下達階級鬥爭指令同一天，總理周恩來在政協常委會上發表有關「三反」運動情況的說明，周恩來的這篇講話，可以視為中共官方正式對城市資本家們的公開喊話，目的也就是提出警告，「三反」已經正式擴展到私營工商業者頭上。周恩來的這篇談話稿三天之後刊登在官方《人民日報》上，題為〈三反運動與民族資產階級〉，周恩來說：

> 貪污、浪費、官僚主義的毒害，在中國的階級社會中已經有幾千年的歷史，……要完全地徹底地鏟除這一積害，必須全社會都動員起來，特別是與貪污、浪費有密切關係的工商界要動員起來。
>
> 中國民族資產階級……由於他們與帝國主義的、封建的、官僚買辦的經濟有著千絲萬縷的聯繫，同時，中國資產階級本身也同世界各國的資產階級一樣，具有唯利是圖、損人利己、投機取巧的本質。因此，解放後，他們中間有很多人，正如天津工商界自己所檢舉的，常常以行賄、欺詐、謀取暴利、偷稅漏稅等犯法行為，盜竊國家財產，危害人民利益，腐蝕國家工作人員，以遂其少數人的私利。……
>
> 我們號召全國工商界人士參加這一鬥爭，進行檢舉和坦白運動。

1952 年 1 月 26 日，毛澤東終於正式發出「五反」的動員令，毛在這篇題為〈中央關於首先在大中城市開展五反鬥爭的指示〉的文件中指示：

> 在全國一切城市，首先在大城市和中等城市中，依靠工人階級，團結守法的資產階級及其他市民，向著違法的資產階級開展一個大規模的堅決的徹底的反對行賄、反對偷稅漏稅、反對盜騙國家財產、反對偷工減料和反對盜竊經濟情報的鬥爭，以配合黨政軍民內部的反對貪污、反對浪費、反對官僚主義的鬥爭，現在是極為必要和極為適時的。在這個鬥爭中，……必須注意利用矛盾，實行分化、團結多數、孤立少數的策略，在鬥爭中迅速形成「五反」的統一戰線。……只要形成了這個統一戰線，那些罪大惡極的反動資本家就會陷於孤立，國家就能很有理由地和順利地給他們以各種必要的懲處，例如逮捕、徒刑、槍決、沒收、罰款等等。北京市的鬥爭是成功的，這裡已經形成了「五反」的統一戰線，已使佔 6% 的反動資本家陷於孤立，約有佔 1% 至 2% 的最反動的資本家（其中大多數是投機商人）即將予以懲辦（少數已予逮捕）。而在目前，給這樣一個數目的資本家以懲罰是完全必要的。全國各大城市（包括各省城）在 2 月上旬均應進入「五反」戰鬥，請你們速作部署。

毛澤東在這裡高度讚揚北京市委書記兼市長彭真的表現，稱讚經過他的試驗所得出的「6%」與「1% 至 2%」的數據，並要求各大城市領導人「給這樣一個數目的資本家以懲罰是完全必要的」。事實上這與三反中毛澤東先策略性地訂下某個數字或比例，然後要求各地方機關「打老虎」的成果必須符合該數字或比例的情形如出一轍。

究竟北京市委如何貫徹這一套依規定數目抓人的辦法？彭真的作法是：

先召集各單位首長開會，自報公議，❿然後確定各單位「老虎」的數目，責成各首長親自動手打老虎，限期具報。如果那個單位的首長認為該單位沒有老虎，應簽字向黨和政府負責保證，上級領導即派人複查。

相信沒有那一個主管官員敢簽下這種必須為自己屬下擔保的切結書，既然不敢簽，只好回自己單位努力搞「逼供信」，拼命打老虎。

事實上彭真不僅在自己轄區內不遺餘力地「打老虎」，而且遠在毛澤東下達全黨動員令展開「五反」之前，便已身先士卒對資本家進行鬥爭。彭真要求北京市的私營工商業者自行坦白交代有無行賄政府官員、偷漏稅等不法行為，而且鼓勵檢舉告密，造成資本家人人自危，深怕被別人檢舉出來或是不小心捲入他人的案子而罪加一等。

這種依指定數目抓人的辦法，長期以來是中共進行黨內整肅或是對付政敵的慣用手段，其用意其實並不難理解，即縮小打擊面，孤立敵人，中立廣大群眾，最後再徹底摧毀敵人。毛澤東在「五反」正式發起後不久寫給東北局書記高崗的一封電報，對此作了坦白的招認：

> 資產階級大中小之間矛盾很大，我們打擊1%左右的最反動資本家，又是著重打投機商人而不是著重打擊工業資本家（有一部分極壞的工廠主須給以打擊），可能爭取絕大多數資本家擁護我們，而不會怨恨我們，真正怨恨我們的只是極少數（百分之幾）。這樣也就可以用內外夾擊的方法，把資產階級安置在我們內部的堡壘即大貪污分子全部地清查出來。

---

❿　自報公議，指先由各單位首長自行提報數目，再由會議全體進行檢驗評定。

鬥爭資本家

共產黨準備對工商業界發起政治鬥爭，是先在媒體上令其名譽掃地。從 1952 年 2 月起，中共當局開始在官方媒體上刊登大量奸商如何作姦犯科的材料，尤其是如何將假藥、次等軍用品、劣質食品送到朝鮮半島前線的報導，最引起公憤。像是杭州汪德孚，在代製軍糧時偷工減料；上海胡恆慶，承製軍鞋偷工減料；漢口李寅廷，承製軍用急救包，以由垃圾堆撿來的破爛棉花代替好棉花；上海王康年，騙取志願軍買藥以賺得巨款；北京史敏問，承製軍用品同樣偷工減料。官方媒體同時還動員文化界、知識界的知名人士，撰寫文章加以撻伐，像是由小說家老舍、清華大學教授華羅庚署名的文章，都刊登在《人民日報》上。

在中央強力號召下，各大城市官員究竟如何對付私營工商業者？尤其是如何令其坦白招供？如何動員群眾檢舉告發？上海是中國第一大城市，也是工商企業最集中的地方，上海市政府的作法無疑可以作為中共當局進行「五反」鬥爭最具代表性的例子。

1952 年 2 月，中共中央「三反」運動最高負責機構「中央節約檢查委員會」主任薄一波南下上海，坐鎮監督上海市的五反工作。薄一波在上海停留期間至少給毛澤東上了六份報告，記錄了不少上海五反的實況。依薄一波的說法，當時上海私營工商戶共有十六萬三千家，然而五反期間中共上海市委會收到的檢舉材料便高達二十四萬件。在中共官方強力動員下，也許竟無一家私營企業得以倖免於遭受檢舉。在薄一波的報告中，尤其難得的是留下了第一手的關於上海資本家們遭整肅的慘況：

> 檢查隊（現在全市共組織了一千個檢查小組）首先將資本家的情況和材料搞清楚，陳兵不動，與資本家暫不見面，分一部分力量到各廠店，依靠工會進行訴苦控訴，充分發動群眾並爭取高級職員，準備好隨時都可以投入戰鬥的一切條件（大多備而不用）。另外，由區節約檢查委

員會主持，分行業分區召開老板會議，重點戶非重點戶都召來，交代政策，實行分組評議，天天開會（但並非隔離，每天均可回去），互評互擠，形勢嚴肅有力。經過自行交代的場面以後，選擇適當時機，即表揚坦白較好的幾戶，免予檢查，並宣布將考慮減輕其處分；對某些已經動搖表示要徹底交代的戶，令其回去寫材料，徹底坦白；對態度極不老實不肯交代的，才派檢查隊進入廠店檢查。上海把這一門爭方式叫做「背靠背」的鬥爭方式，好處是同樣可以發動群眾，同樣可以搞徹底，只在問題解決以後，才舉行面對面的總結會議。這就留了面子，並可達到「反而不亂」的目的。檢查隊已經創造了好些經驗，有的是相互交換材料，資本家坦白的材料送工人大會審查，工人檢舉的材料再送資本家互評會評點證；有的是唱隔壁戲，即將工人檢舉控訴大會的情況，用麥克風送到資本家會議上去。這樣先禮後兵，效果甚大。沒有一個資本家不害怕檢查，確實也很少有檢查不出的。因此形成目前資本家紛紛投降繳械的形勢。現已有近六百家自動坦白，數字均是幾十億幾百億元的，超過我已掌握材料的幾倍以至十倍二十倍（一般是近乎實際的）。……四月三日由市節約檢查委員會出面召開了七十四戶的老板會議，宣布三項決定：

⑴七十四戶的問題已經定案，要安心生產；

⑵若能檢舉立功，還可減輕處分；

⑶七十四戶不抓不關了。

資本家聽後，如同大赦，感激涕零，紛紛要求參加檢查隊立功贖罪。這一會議開得很成功，一百幾十個資本家均投入了戰門。……

在上層資本家中間開展激烈的評擠運動，雖係保護過關，但緊張程度絕不減於檢查一次。辦法是一面上層搞，一面在廠店發動群眾，工人、資本家互不見面。上層資本家三百九十人中抽出三百零三人，均準備在不同程度上保護過關。過關內容不登報，不到大會鬥，但有的讓他們衣冠整齊地過去，有的讓他們丟盔棄甲地過去。這樣做，資本家已

經感激不盡，說：政府仁至義盡，再不徹底坦白，對不起政府。四天會議，有二百人交代，一百人已通過；鬥爭甚為激烈，但不是我們去鬥，而是資本家自鬥自。三百零三個資本家初步坦白出的問題，款額有四千億元左右，這當然太少，最保守的估計也在一萬億元以上。

雖然中共建國之後在 1949 年至 1950 年間，已經因為整頓通貨膨脹問題和資產階級有過第一回合的交手，不過由於唯恐經濟情勢惡化，同時也顧慮到必須維持新民主主義的門面，在毛澤東拋出「不要四面出擊」的指令之後，中國共產黨和私營工商業者的關係暫時緩和了下來。然而 1952 年 1 月五反運動正式展開之後，共產黨對私營企業的打壓來勢洶洶，這一次可以說是中共和資產階級的第二回合交手，此時共產黨控制下的國營經濟已有長足的發展，不必再像上一次那樣投鼠忌器，私營工商業者再也不能有恃無恐。因此有部分資本家在五反運動中遭到嚴格審查拷問，最後只好走上絕路。包括長江航運界的鉅子，有「川江船王」之稱的盧作孚最後選擇了自殺。盧作孚死後，甚至無片瓦寸地以遺家屬。

五反運動中究竟有多少私營工商業者自殺身亡？這個問題恐怕沒有精確的統計數字，不過根據事後逃亡海外人士的估計，三反、五反運動期間自殺的人，可能高達二十萬之眾。此外，一直到 1956 年中共全面實施全國工商企業「公私合營」，也就是將所有私營企業、店舖全部收歸國有之後，被劃歸為「資本家」的人數，據官方統計有八十六萬人。這八十六萬人不妨可以視作是沒有自殺、

圖 2-4: 上海企業家到該行業的五反委員會遞交坦白書

無處可逃，在五反運動中仍能全身而退的資產階級倖存者。

緊急煞車

從「三反」對內整黨，到「五反」向外整肅資本家，由毛澤東親自發動的這波以肅貪為主要目的的政治運動，在程度上絕對是中共建國以來對城市資本家最大規模而沉重的一次打擊。從一開始雷厲風行的氣氛來看，毛澤東顯然是不準備輕易罷手的，然而運動從 1951 年年底開始，到隔年（1952 年）2 月，後遺症已讓包括毛澤東在內的中共領導層不得不考慮鳴金收兵。這個後遺症，主要是私營企業遭到毀滅性打擊，終於還是引起嚴重的經濟社會問題。雖然此時共產黨已建立了日漸龐大的國營經濟體系，然而私營工商業活動的嚴重脫節，還是讓中共領導層心生警惕。1952 年 2 月中旬起，各地關於市場蕭條、勞工失業、生產停滯的報告陸續送到了毛澤東手上。根據中財委副主任、同時身兼節約檢查委員會主任薄一波的說法，當時經濟情勢迅速惡化的情況是：

> 大批私人工商戶停業、半停業，使經濟活動出現嚴重的堵塞現象，基本建設項目紛紛推遲，軍事訂貨[11]減少，商品貨幣流通遇到了障礙。據中國人民銀行總行統計，1952 年春貨幣流通量比上年同期減少了13%，銀行匯兌及票據交換僅及去冬旺季的 30%。許多地區生產下降，市場清淡，稅收減少，失業工人增多。華北地區 1952 年 2 月分的稅收比 1 月分減少了一半。天津市新歇業的私營工商戶有四千家，影響到四十萬人的生計。這個問題當然不能小看，黨中央和毛主席要我們迅速弄清情況，拿出解決辦法。[12]

何以五反才剛發動不久，經濟狀況隨即告急？很重要的一個原因，

---

[11]　指抗美援朝戰爭（韓戰）期間由官方委託民間生產軍用品。

[12]　薄一波，《若干重大決策與事件的回顧（上卷）》，頁 168。

打擊面實在太廣了。例如由北京市委書記彭真在 1952 年 2 月 17 日所上給毛澤東的一份報告便表明，全北京市五萬戶私營工商戶中，便有四萬戶遭到檢舉，而其中三萬五千戶經過迅速處理，分別給予補稅、退財（退還所盜騙的國家財產）處分，但不罰款。至於餘下的五千戶，則被彭真形容為「嫌疑重大或問題嚴重、拒不坦白的工商戶」，必須留待進一步的調查。彭真認為這樣的安排是恰當的，因為孤立了問題最嚴重的五千戶，「可以使 90% 以上的工商戶安心經營」。

面對迅速惡化的經濟情勢，毛澤東很快作出了讓步。1952 年 2 月 24 日，毛澤東以中共中央名義發出了〈關於縣區鄉三級暫不進行三反和五反的指示〉，要求所有縣級以下行政單位一律停止五反活動，至於某些指定的中等城市（如河北省石家莊市、江蘇省蘇州市、浙江省寧波市等）的五反活動則必須納入嚴格的審查控制，逐一批准，以免混亂。3 月 7 日，中共中央再發出〈關於縣區一律停止「三反」全力領導生產的決定〉，確定縣、區、鄉等基層部門「一律停止進行三反；其已進行者，即應設法求得暫告一段落。各省委、地委必須立即抽出不少於三分之一的幹部，注意和領導生產，對問題嚴重的地區，要派出生產檢查組下鄉了解情況，推動生產」。也就是說，肅貪行動暫時告一段落，全國上下回頭繼續努力「拼經濟」。

不過五反運動雖然緊急喊停，已經查出的「行賄、偷漏稅、盜騙國家財產」等罪行，還是必須處理。確定接受判刑的自不在話下，罰款的、退財的、補稅的，還是得一一將錢財繳交出來。中共主持五反活動的官員在計算違法資本家必須繳交的罰款與退財補稅金額時，下手是毫不留情的。薄一波在上海監督五反時，對於被認為違法的資本家，開出了驚人的罰、退、補帳單。根據薄一波 1952 年 4 月 6 日上給毛澤東的報告中提到，上海最上層的資本家三百九十人中，準備抽出三百零三人予以「保護過關」，也就是不判刑，但必須繳交罰款與補稅退財。這三百零三個資本家初步坦白出的問題，款額有四千億元左右，薄一波認為這個數字太

少，最保守的估計也在一萬億元以上。**⓭** 為什麼薄一波會認為這三百零三個在上海有頭有臉的「上層資本家」**⓮** 自動坦白的四千億元太少呢？因為另有其他幾百戶資本家坦白的數字更為驚人，每一戶動輒都是幾十億甚至幾百億元，如果這三百零三位屬於最上層的資本家才坦白了四千億元，那麼平均每戶不過十億多元左右，未免不符合其身分地位。

　　然而被指控各項罪名的資本家們，事實上根本就未曾逃漏或侵佔這麼多國家財產，認罪招供的理由不過就是為了破財消災，只求活命。1952 年 6 月中旬中共中央財經事務最高主管官員陳雲在參加全國統戰工作會議時，畢竟說了幾句公道話，他說：

> 現在我們算資本家的「五毒」**⓯** 帳，是不是算多了一點，是否有點像在農村曾經有過的那種苛刻算法：一只老母雞下了很多蛋，蛋又孵了雞，雞裡面又有多少公雞多少母雞，母雞又下了多少蛋，蛋又孵了多少雞……我看是有的。蚌埠有一百五十家工商戶，資本只有一萬五千億元，要退補的就達三萬億元。浙江省有幾個工廠，「五毒」帳超過了加工訂貨的全部收入。算的太多了，恐怕站不住腳……**⓰**

⓭　因為 1955 年 3 月 1 日起所發行的新人民幣，幣值一元兌換舊幣一萬元，所以薄一波這裡所認為「太少」的四千億元人民幣（舊幣），等於 1955 年之後的四千萬元人民幣。至於薄認為「至少」的一萬億（一兆）元，則相當於一億元人民幣。

⓮　例如當時上海最大紡織廠申新紗廠的老闆榮毅仁，便列名其中。這三百零三名資本家由於作為中共新民主主義路線的統戰樣板，所以無論如何必須予以特別的政策保護。榮毅仁日後在 1993 年至 1998 年間曾經身為中華人民共和國國家副主席。

⓯　即「五反」的五項罪名：行賄、偷稅漏稅、盜騙國家財產、偷工減料、盜竊國家經濟情報，這五大罪狀當時被通稱為「五毒」。

⓰　陳雲，《陳雲文選》（北京：人民出版社，1995 年 5 月），第二卷，頁 172。

五反運動到了 1952 年 4、5 月間，基本上已進入收尾階段。薄一波在 4 月 13 日針對上海五反的清理工作，向毛澤東提出了他的構想，他認為：

上海「五反」運動已經並且即將進入處理階段，在處理中有幾個政策性的問題須具體解決：

(1)對違法資本家工廠企業的處理問題。許多違法資本家盜竊的國家資財已接近或超過其工廠企業資產總值，許多同志希望把這些工廠企業全部拿過來。但這樣做對我極為不利：一是管不了；二是容易造成恐慌，政治上不利。因此，決定採取如下辦法，除對大投機商人和完全有害無益的投機分子的工廠企業（數目不大）予以清算整垮外，只準備在理由十分充足、社會十分同情的情況下，接收極少數有壟斷性的或在生產上佔極重要地位的工廠企業（這數目也不會很大），其餘則一律採取由資本家退財補稅，現款償還。在資本家無力償付現款要求出讓時，再接受其要求，實行公私合營（但公私合營太多，政治上亦不利），或只收買其股份而不宣布公私合營。在資本家不願出讓而又無力償付現款時，還可讓資本家寫下欠約，分期償還，國家派人監督。此外，還有一個罰款問題，對嚴重違法或完全違法戶，根據中央法令，除退補外尚應處罰。我們認為，處罰戶數不宜太多，只要其能徹底坦白，立功贖罪，一般可以退補不罰。罰了拿不出，徒負虛名，對我不利。

(2)加工訂貨問題。「五反」對加工訂貨提出了新問題。譬如有的工廠企業，其資產與負債已經相等，甚至超過；有的五毒俱全，是嚴重違法戶或完全違法戶。這些工廠企業是否應該加工訂貨？工業部和貿易部是不願意讓它們進行加工訂貨的。經研究，在工廠企業設備較好、技術較進步、生產量大、工人多，並保證不挪用原料、定金和加工費的條件下，可以而且應該實行加工訂貨；但必須有工會作保

證，這就自然提出工人監督生產的問題。擬沿用勞資協商會議形式，或採用新創的加工訂貨保證委員會的形式來實行監督。總之，要工人代表、高級職員和資本家共同簽字，共同負責。

……

⑷上層資本家三百零三人已在不同程度上保護過關。若按其盜竊國家資財的數目來說，大部須列入嚴重違法戶或完全違法戶。但這樣做，對以後繼續團結使用將會發生困難，應根據其政治態度及其企業的設備、技術、產量、工人等情況，從輕處理，一般給以守法戶、基本守法戶或半守法半違法戶的通知書。

⑸上海「五反」開始後，從 3 月 21 日起到現在為止，抓起嚴重違法、抗拒運動及人緣不好的資本家共三十餘人。經驗證明，抓多了好處不多，準備在整個運動中加以控制。❶

雖然薄一波這裡特別說明，上海市真正被逮捕判刑的資本家只有三十多個，然而事實上全上海大大小小一共十六萬三千四百個私營工商戶，全部或多或少受到了程度不一的審查，而所有承認盜竊、逃漏稅的工商戶，都得繳出一筆為數不小的「退財補稅」金額，有的甚至還要接受罰款的懲罰，所以即使最後在政治、經濟多方考量下，大部分人還是平安過關，頂多是花錢消災，然而精神上的壓力與震撼，畢竟難以言喻。

退財補稅

五反運動的最後階段工作，其實就是從私營工商業者身上狠狠榨出一筆錢來。這筆錢有多少？最後定案應該是在四兆元人民幣左右。不過這筆金額究竟如何算出來的，也還經過一番波折。根據 5 月 20 日毛澤東下發的一份指示中所說：

---

❶　薄一波，《薄一波文選》（北京：人民出版社，1992 年 12 月），頁 191–193。

根據西南全區及其他地區七個大城市（上海、天津、廣州、武漢、北京、瀋陽、西安）已算出來的初步數目，並聯繫到其他已進行「五反」的三十多個大中城市的數目，估計全國資本家違法所得總數約為二十萬億元到二十三萬億元。因此，必須按照中央 5 月 9 日指示所規定的核實控制比例，即多於三分之一但低於二分之一，重新計算定案，以八萬億元至九萬億元為全國現時控制數字，才能合乎實際，使資本家能夠安下心來重新靠攏我們，恢復經營的積極性，以利於經濟的迅速恢復和發展。

也就是說，帳面上共產黨一共清查出二十兆到二十三兆元的違法所得（不包括罰款），真要嚴格地辦理退財補稅，這筆錢資本家們是必須全數吐出來的。然而為了「使資本家能夠安下心來重新靠攏我們，恢復經營的積極性，以利於經濟的迅速恢復和發展」，這二十多兆人民幣的金額不妨打個四折上下，以八兆到九兆元為「控制數字」，再一一追討。

而在全國退財補稅總共八兆到九兆元金額中，上海就佔了四兆之多，幾近一半。事實上 1951 年上海全部私營工商業的實際盈利一共才五兆元人民幣，一個五反運動就賠掉了 80%，而且這還不計入某些遭受罰款或產業被沒收的個案。

對於天文數字般的退補款項，一向務實的中財委主任陳雲，有不一樣的看法，他強調不能為了收這筆退補金額，妨害了政府的稅收。他在參加 1952 年 6 月全國統戰工作會議時說：

對資本家要加以照顧，繳退補款的時間可以拖長一點。要先活後收，先稅後補。第一先要活，能活就能收，如果先收，就活不了。第二先收稅後補退。稅收最要緊，神聖不可侵犯。財政部沒有錢，什麼事也幹不了。先稅後補，就是說你不能大補就小補，小補還不行那就暫時不補，明年再補，但稅一定要收。退補大概能收到四萬億元，稅收要

收到七十萬億元。只有先把小的放鬆一下，把大的收起來，等市場活了以後，那四萬億元也就可能收起來了。❶❽

　　按照陳雲的說法，顯然原先由毛澤東所核定的全國八兆至九兆元的退補金額有了更進一步縮減，減到四兆元。可以說五反運動最後在政治、經濟與社會各方面穩定為先的考量下，共產黨並未蠻幹到底，而是稍稍打了折扣。無論如何，這四兆元人民幣還是大大的一筆橫財，1952 年 8 月 4 日毛澤東參加政協全國常委會議時，就不無得意地宣稱：「『三反』『五反』清理出來的錢，可以打（抗美援朝）一年半」。

　　經過 1952 年上半年的五反運動，中國的資產階級確實受到慘痛教訓，而執政的共產黨可說大獲全勝。然而新民主主義還沒有結束，為了經濟穩定，仍必須照顧資本家。不過經此一役，政治大環境仍舊發生了微妙的轉變，資本家動輒得咎，不僅個個成了驚弓之鳥，而且還被貶抑成為全民公敵。

　　1952 年 6 月由全國各大區代表、中共中央黨政機關以及工會、青年、婦女等群眾團體負責人參加的「全國統戰工作會議」在北京召開，這次會議所達成的第一點結論就是：「工人階級和資產階級的矛盾，已經成為國內主要矛盾，民族資產階級已不再是中間階級」。

　　為什麼民族資產階級不再是「中間階級」？參加了這場會議的總理周恩來在會場上作了如下的說明：

　　　在城市中，國民黨被打倒了，反革命被肅清了，帝國主義勢力被趕走了，主要矛盾就變成無產階級跟資產階級這樣一個矛盾了。……當著我們反對三大敵人的時候，說民族資產階級、上層小資產階級是中間力量，那是恰當的。但是，現在不能這樣說了。……
　　　中國的民族資產階級有一個特點：從新民主主義到社會主義，它既是

❶❽　陳雲，《陳雲文選》，第二卷，頁 172。

我們的朋友，又是要被消滅的階級。我們共產黨員必須懂得這個辯證關係。……今天我們進行新民主主義建設，跟資產階級合作，最後還是要消滅資產階級的。有一種輿論，說資產階級作為階級可以跟我們一道進入社會主義。這是錯誤的。[19]

五反運動帶給中國資本家的集體噩運，除了錢財等身外物，除了跳樓自殺、判刑坐牢的某些人之外，最重要的警訊就是繼「國民黨、反革命、帝國主義」這三大敵人被一一肅清之後，資本家已經正式晉升為共和國的頭號階級敵人，所以他們不再是「中間階級」，而是反動的、等著接受無產階級專政的對象。五反運動若說為新民主主義帶來什麼轉變，那麼最重要的意義或許就在於：共產黨開始思考用什麼方法消滅資產階級了。

[19] 周恩來，《周恩來選集（下卷）》（北京：人民出版社，1984年11月），頁93、96。

第三節　韓　戰

　　韓戰 (Korea War)，中共官方稱之為「抗美援朝」，指的是 1950 年至 1953 年間發生於朝鮮半島，由亞、美、歐、澳洲多個國家派兵參加的一場國際戰爭。韓戰一般被視作是二十世紀下半葉東亞「冷戰」(Cold War) 的揭幕式，而其影響之深遠，則不僅僅只是美、蘇兩大政治軍事集團在亞洲的對抗而已。臺灣與中華人民共和國半個多世紀以來的軍事對峙局面，基本上也因為 1950 年韓戰的爆發而確立。

　　冷戰秩序固然在 1990 年代初期遽然崩解，然而後續的國際政治軍事問題，不少仍必須溯源至冷戰時期，包括臺海問題、朝鮮半島軍事危機，甚至是中東地區與巴爾幹半島層出不窮的種族衝突，或多或少都背負著冷戰的遺緒。臺灣與中華人民共和國固然一屬於以美國為首的西方陣營、一屬於以蘇聯為首的共產國家集團，然而除國際冷戰的因素之外，還存在著 1920 年代以來的國共內戰根源。朝鮮半島的南北對峙也是，南北韓除了分屬於不同集團陣營，同時也還涉及了同一民族內部政治、經濟的對立與分裂。可以說因為 1945 年之後美、蘇兩強的對立爭霸，使得某些原來屬於地區性的政治、軍事問題，被納入而成為整個國際冷戰大架構下的內部環節 (inner circles)。外環、內環，環環相扣，而韓戰，是這錯綜複雜局面的始作俑者之一。

北緯三十八度線

　　韓戰的源頭，必須追溯自 1945 年 2 月由美、蘇、英三巨頭所簽訂的〈雅爾達協定〉。1945 年初，歐洲戰場德國戰敗幾乎已成定局，然而太平洋戰場情勢依然膠著，美軍雖已收復塞班島、關島等西太平洋重要戰

略據點，並日漸收復菲律賓，然而美國軍方估計要完全攻佔臺灣、琉球，乃至日本本土，仍必須付出一百萬人的傷亡和耗時一年半以上的重大代價。美國總統羅斯福 (Franklin Roosevelt) 為了減輕美國在太平洋戰場的壓力，遂思考如何攏絡蘇聯參加對日作戰。同時，德國投降之後，如何劃分美、英、蘇三國在歐洲的勢力範圍，尤其是對德國的佔領問題，以及如何劃定波蘭國界、如何組成波蘭新政府，巴爾幹半島如何依相關各造的利益進行瓜分等等，在在需要當時在國際舞臺上呈現三強鼎立態勢的美、蘇、英三國首腦開會議定。這是 1945 年 2 月 4 日至 11 日在蘇聯烏克蘭共和國克里米亞半島著名旅遊城市雅爾達舉行三國高峰會的現實背景。

參加雅爾達會議的除了美國總統羅斯福外，還有英國首相邱吉爾 (Winston Churchill)、蘇聯共產黨總書記史達林，以及三國外長——美國國務卿斯退丁紐斯 (Edward R. Stettinius)、蘇聯外長莫洛托夫 (Vyacheslav Molotov)、英國外相艾登 (Anthony Eden)，以及三國各自的軍事顧問。會議一共簽署了三項文件：〈雅爾達會議公報〉、〈雅爾達會議議定書〉、〈雅爾達協定〉，最後一項〈雅爾達協定〉即是羅斯福與史達林針對蘇聯同意對日宣戰所達成的祕密協定。邱吉爾從頭到尾並未參與美、蘇雙方有關此議題的會談，直到會議最後一天（2 月 11 日），羅斯福和史達林才邀請邱吉爾在協定上簽字。艾登主張英國不要在協定上簽字，他相信這個協定未來勢必引發國際間的諸多是非，然而邱吉爾卻認為，不管英國是否喜歡這個協定，如果不簽字，英國將失去在遠東問題上的發言權。〈雅爾達協定〉明定只要蘇聯能夠在歐洲戰事結束後兩到三個月間參加對日作戰，則美、英將同意給予蘇聯諸多利益，包括維持蒙古人民共和國現狀、庫頁島與千島群島交由蘇聯佔領、中國大連港的優先使用權與旅順軍港的租用權、中國東北中東鐵路和南滿鐵路的共同經營權等。

由於這個協定對外完全保密，因此日後又被中國方面稱為雅爾達「密約」，中國的利益被美國拿來和蘇聯進行交易，而中國政府竟然被蒙在鼓

裡，羅斯福只在協定中承諾將採取步驟以取得中國政府方面的同意。〈雅爾達協定〉甚至連當時的美國副總統杜魯門都被蒙在鼓裡，直到兩個月後（4 月 12 日）羅斯福病逝，杜魯門繼任總統，才獲知有這個協定。1945 年 6 月 14 日杜魯門將協定內容通知重慶國民政府。

　　1945 年 5 月 7 日德國投降，蘇聯依照〈雅爾達協定〉的條件，於 8月 8 日對日宣戰。蘇軍進展神速，半個月內便完全佔領中國東北，並揮兵攻入朝鮮半島，8 月 19 日佔領平壤 (Pyongyang)，並於 8 月 23 日逼近朝鮮半島第一大城漢城（今首爾）。然而出乎美國意料之外，日本在 8 月10 日便已提出外交照會，表示願意向盟軍投降，如此一來〈雅爾達協定〉中邀請蘇聯參戰的條件突然間顯得代價過高，等於便宜了蘇聯。華盛頓的決策者們力圖挽回局勢，因此在 8 月 10 日當天由國務院與軍方召開協調會議，向杜魯門總統建議以北緯三十八度線為界，西起黃海岸邊瓮津 (Ongjin) 半島上的閑洞里，東至襄陽 (Yangyang) 以南日本海沿岸的北盆里，橫跨朝鮮半島地面直線距離約三百零五公里，該線以南作為美國對日本的受降區，至於該線以北則讓予蘇聯佔領。

　　杜魯門 8 月 14 日正式批准了這個方案，並於 8 月 15 日致函史達林討論戰後對日受降問題時，將以北緯三十八度線分割朝鮮半島美、蘇佔領區的方案寫入信中。史達林隔日回信，對此安排並未提出異議，於是二次大戰結束以來全世界最奇異的國界劃分個例，又多了一樁。

　　美國軍方之所以選擇北緯三十八度線作為劃分美、蘇佔領區的界線，一方面考慮到 8 月中上旬蘇軍約略推進到元山 (Wonsan)、平壤一帶，大約還在北緯三十九度左右；另方面以北緯三十八度為界又恰恰可以將朝鮮半島切割為面積大致相當的兩大塊，北方佔朝鮮半島總面積的 56%，南方則佔 44%。8 月下旬，蘇聯軍隊一度越過三十八度線，不過隨即撤離，等於是承認了美國對朝鮮半島領土所作的安排。事實上美軍當時並未有一兵一卒駐紮朝鮮半島，蘇軍如果長驅直入，未必不可強佔整個朝鮮半島。然而莫斯科當局畢竟投鼠忌器，擔心與全球第一軍事強權美國

形成對立，於是默認了美國在南朝鮮的佔領權。

　　1945 年 9 月 2 日，遠東盟軍總司令麥克阿瑟 (Douglas MacArthur) 將軍發布了「聯合國最高統帥第一號命令」，要求在滿洲、北緯三十八度線以北的朝鮮、樺太島（即庫頁島）的日軍向蘇聯遠東軍總司令部投降，而日本本島、北緯三十八度線以南的朝鮮、菲律賓的日軍，則向太平洋美國陸軍司令部投降。「第一號命令」發布後，美國陸軍第二十四軍始於 9 月 8 日在仁川 (Incheon)、釜山 (Pusan) 登陸，正式進駐朝鮮半島。

　　朝鮮半島在 1945 年時總人口約三千萬，以北緯三十八度切割之後，北方人口約九百萬，佔總人口的 30%，面積十二萬多平方公里；南方人口約二千一百萬，佔總人口的 70%，面積九萬多平方公里。

南北分裂

　　美、蘇兩強分佔朝鮮半島南北之後，開始積極在各自地盤內扶植符合自己利益與意識形態的政權，這是導致朝鮮半島長期分裂，並引發大規模軍事衝突的根本原因，卻同時也是美、蘇兩大軍事強權對峙格局下的歷史結果。二次大戰末期凡是所有蘇軍佔領地區，毫無例外都會培植當地共產黨起來組織政權。東歐諸國如此，北朝鮮亦如是。同樣的，美軍佔領區自然也會出現親美政權。

　　1945 年至 1947 年間，美、蘇雙方也曾就結束軍事託管、成立統一的朝鮮半島主權國家進行過協商，然而由於雙方各有支持對象，皆擔心新建立的國家將倒向對方陣營而不願妥協，協商最終在 1947 年 10 月破裂，美國企圖單方面透過聯合國尋求朝鮮半島的解決方案。1947 年 11 月 14 日，聯合國大會通過決議，成立「聯合國朝鮮臨時委員會」，用以監督朝鮮半島建立政府、舉行選舉等事宜。聯合國大會表決此案時，蘇聯、烏克蘭、白俄羅斯、波蘭、捷克、南斯拉夫等與蘇聯關係密切的會員國皆拒絕投票。

　　然而在蘇聯的堅拒之下，民主選舉無法在朝鮮全境進行，1948 年 5

月 10 日南朝鮮單獨舉行國民議會選舉，稍後通過《大韓民國憲法》，7月 20 日李承晚當選第一任大韓民國總統，8 月 15 日大韓民國（Republic of Korea，以下簡稱「南韓」）政府在漢城正式宣布成立，同年 12 月 12日，聯合國大會決議承認大韓民國政府為合法政府。

南朝鮮既然成立政府，蘇聯控制下的北朝鮮自然也不甘示弱，1948年 8 月 25 日，北朝鮮舉行最高人民會議選舉，隨後在平壤召開第一次會議，通過憲法，決定成立朝鮮民主主義人民共和國（Democratic People's Republic of Korea，以下簡稱「北韓」），並選舉朝鮮勞動黨中央委員會委員長金日成為第一任內閣首相，定都平壤。

南北韓分別成立政府後，蘇聯與美國終於在 1948 年年底陸續從朝鮮半島撤軍。此後一年多的時間裡，南北韓雙方政府都揚言要以武力統一全國，同時在三十八度線沿線亦不斷爆發小規模的武裝衝突。在美國軍隊撤出南韓之後，南韓靠著美國的軍事援助，一共完成了八個師的裝備，總兵力有十餘萬人。同樣的，北韓勞動黨亦積極建軍，成立「朝鮮人民軍」，並向中國共產黨要求將解放軍中由朝鮮人組成的三個師送回北韓。同時金日成還在 1949 年 3、4 月間親訪莫斯科，當面向史達林要求武器援助。在 1950 年 6 月韓戰正式爆發前夕，北韓朝鮮人民軍的兵力也有十萬之眾。南北韓此時可說皆蓄勢待發，各自準備以武力完成全國統一。

戰爭終於在北韓方面的積極部署下爆發。雖然李承晚政府也曾在口頭上叫囂要以武力統一朝鮮半島，然而沒有跡象顯示南韓方面準備採取立即的軍事行動，倒是金日成亟於連絡莫斯科和北京，因為一旦發動戰爭勢必需要周邊大國的支持，尤其必要時恐怕免不了需要「蘇聯老大哥」與「兄弟黨」中共的奧援。蘇聯方面主要的顧慮在於美國，只要美國不干涉，史達林自然樂見由金日成統一朝鮮半島。中共的擔憂也是美國，由於此時解放軍仍處心積慮準備渡海攻打臺灣，毛澤東不願意朝鮮半島躁進的軍事行動引起美國干預，造成攻打臺灣的計畫橫生枝節。

一個奇妙的轉折發生在 1950 年 1 月 5 日，美國總統杜魯門在一份關

於臺灣問題的聲明中宣稱:

> 傳統美國對華政策,就像過去的門戶開放政策,在於呼籲國際尊重中
> 國領土的完整。……此一原則依然個別適用於當前有關福爾摩莎的情
> 勢上。在 1943 年 12 月 1 日的〈開羅聯合宣言〉中,美國總統、英國
> 首相,以及中國主席,曾共同申明他們的目的是使日本竊取於中國的
> 領土,如福爾摩莎,應歸還予中華民國。而美國又是 1945 年 7 月 26
> 日〈波茨坦宣言〉的簽字國,該宣言聲明〈開羅宣言〉的條款應予兌
> 現。日本投降時,亦接受了〈波茨坦宣言〉所開列的條件。福爾摩莎
> 由蔣介石大元帥受降,依據的正是這些宣言,而過去四年來,美國及
> 其他盟國亦均承認中國對該島嶼行使主權。
> 美國對福爾摩莎或其他中國領土實無掠奪意圖,美國亦無意在福爾摩
> 莎獲取特殊權利或特權或建立軍事基地,美國亦不擬使用武裝部隊介
> 入現有局勢。總之,美國政府不會尋求捲入中國內部衝突的任何作法。
> 同樣的,美國政府也不準備對在福爾摩莎的中國軍隊提供軍事援助或
> 建議。在美國政府看來,福爾摩莎的資源恰足以供給他們獲得保衛該
> 島嶼所需之物項。……

　　一個星期後,美國國務卿艾奇遜 (Dean Acheson) 1 月 12 日在美國新
聞俱樂部發表的演說中,宣布美國在西太平洋的島嶼防禦圈是:「沿阿留
申群島至日本,然後延續到琉球群島。……從琉球群島至菲律賓群島。」
艾奇遜的說法,明顯把朝鮮半島與臺灣排除在外,只不過艾奇遜加上了
一些曖昧的但書:「就太平洋其他地區的軍事安全而言,必須講明,誰也
不能擔保這些地區不受到軍事攻擊。……如果發生……開始一定要依靠
受到進攻的人民起來抵抗,然後才依靠整個文明世界根據《聯合國憲章》
所承擔的義務。」
　　就因為美國最高當局的這兩個講話,讓史達林與毛澤東,甚至金日

成，都產生了錯覺，以為美國不會干預朝鮮半島的統一戰爭和中國人民解放軍的跨海攻臺。1950 年 3 月至 5 月間，金日成忙碌地穿梭在莫斯科和北京之間，積極遊說史達林和毛澤東同意他即將發動的朝鮮半島統一戰爭。史達林答應得比較爽快，只是提醒金日成必須先知會毛澤東。金日成於 5 月 13 日抵達北京會見毛，以史達林已經同意向中共方面施壓。毛澤東原本盤算攻打臺灣的計畫要先進行，待看到北韓躍躍欲試，形勢上已無法阻攔，只得禮讓金日成先動手。

　　1950 年 6 月 25 日，韓戰爆發。南韓守軍在北韓人民軍的猛烈攻勢下迅速崩潰，原本就距離三十八度線不遠的南韓首都漢城不久淪陷。李承晚 6 月 26 日倉惶逃離漢城，人民軍勢如破竹往南推進。

美中開戰

　　韓戰的爆發終於還是激起了美方強烈的反應。6 月 27 日，杜魯門一改五個月前的態度，宣稱：

> 我已命令美國的海空部隊給予大韓民國政府軍掩護及支持。對朝鮮的攻擊已無庸置疑地說明，共產主義已不限於使用顛覆手段來征服獨立國家，而且立即會使用武裝的進攻與戰爭。……在這些情況下，共產黨部隊佔領福爾摩莎，將直接威脅太平洋地區的安全，及在該地區執行合法而必要職務的美國部隊。因此，我已命令第七艦隊阻止對福爾摩莎的任何進攻。……福爾摩莎未來地位的決定，必須等待太平洋安全的恢復、對日和約的簽訂，或聯合國的審議。

　　眼見南韓軍隊全面潰敗，美國政府知道美軍地面部隊若不參戰，勢將阻擋不了北韓人民軍的進攻。透過聯合國安全理事會的授權，美國地面部隊於 7 月 1 日重新踏上朝鮮半島，後續支援部隊更是源源不絕開到，只不過長驅直入的北韓人民軍勢不可當，經過一個多月的激戰，8 月初

北韓軍隊已經攻佔南韓將近 90% 的土地，六萬美軍與八萬南韓士兵被圍困在朝鮮半島東南角，以釜山和大邱 (Taegu) 為核心的一個四方形的防禦圈內。套用當時聯合國盟軍統帥麥克阿瑟將軍的說法，若不採取非常手段，包圍圈中的美軍將像屠宰場裡的牛群一樣束手待斃。

　　麥克阿瑟的非常手段，就是出其不意地在漢城西方不過幾十公里遠的仁川港實施兩棲登陸。只要在仁川登陸成功，馬上可以進佔漢城，切斷南方戰線十幾萬北韓軍隊的後勤補給線，一舉癱瘓北韓的軍事部署。

　　1950 年 9 月 15 日凌晨，在麥克阿瑟親自坐陣指揮下，美軍在仁川成功登陸，9 月 28 日完全佔領漢城。配合仁川的登陸行動，南方大邱、釜山包圍圈內的美、韓聯軍亦展開反攻，北韓人民軍腹背受敵，紛紛遭到殲滅。

　　9 月 30 日，南韓部隊率先越過北緯三十八度線，向北挺進。10 月 19 日以美國為首的聯合國部隊攻佔平壤，銳不可當，眼見北韓軍隊即將被消滅殆盡，朝鮮半島馬上可以統一在大韓民國的旗幟底下，盟軍統帥麥克阿瑟也不禁躊躇滿志起來。此時位於東京的美國遠東軍總司令部呈現一片樂觀氣氛，麥克阿瑟在向杜魯門作戰情報告時，甚至聲稱韓戰可以在感恩節（11 月的第四個星期四）前全部結束，美軍主力部

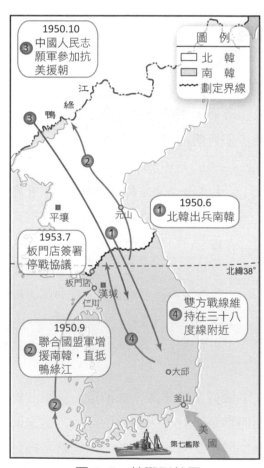

圖 2–5：韓戰形勢圖

隊將可以回到日本過聖誕節。

　　顯然麥克阿瑟過度低估了中共解放軍參戰的可能性，尤其是其威脅性。面對北韓政府隨時可能覆滅，尤其是中共當局懷疑美國可能一不做二不休，進軍中國東北，甚至鼓舞在臺灣的中華民國政府一起發動「反攻大陸」軍事行動，中共高層不得不認真考慮派兵參戰的可能性。1950年10月4、5日，中共中央政治局召開會議，討論出兵朝鮮半島問題，5日由毛澤東作成決定，解放軍出兵參戰，只不過為了降低在國際間的敏感性，不以中國人民解放軍名義派兵，而對外改稱「中國人民志願軍」。

　　接下來的日子裡，中共開始調動大批軍隊，共有四個軍及三個炮兵師分別集結在遼寧省安東市、長甸河口，以及吉林省輯安市三個地點，準備進入朝鮮半島。1950年10月19日晚間，趁著夜幕低垂，中國人民志願軍跨過中韓邊界的鴨綠江，正式進入北韓境內。第一批送進北韓的中共軍隊總數大約有十五萬人左右，在朝鮮半島最北邊山區地形的掩護下完成部署，準備對仍不知情的美韓聯軍展開伏擊。10月25日，聯合

圖 2-6：抗美援朝　中國人民志願軍跨過鴨綠江，加入韓戰。

國軍隊終於和中國人民志願軍正式交鋒，消息傳回日本東京，盟軍總部仍不以為意，研判只是支援北韓的少數中共軍隊，接連幾天陸續有更多盟軍部隊與中共軍隊接觸，在未具備足夠的心理準備下遭遇了一些損失，美國軍事當局此時才一改原先談笑用兵的姿態，暫緩向鴨綠江的推進行動，與中共軍隊形成對峙。戰事持續至 11 月初，盟軍才意識到僅剩下不到一百公里的朝鮮半島北部疆界，並非輕易唾手可得。

然而盟軍總司令麥克阿瑟眼看勝利在望，不肯就此罷手，於是決定在 11 月中旬發起全面總進攻，仍期待著年底前可以讓官兵回鄉過節。同時，麥克阿瑟恐怕還犯了一項軍事大忌，即過於輕視中共軍隊的作戰實力。美軍是當時世界上最強大的武裝部隊，麥克阿瑟不相信人數上並未擁有懸殊優勢的中共軍隊，能夠抵擋得住美軍海陸空三軍的協同攻擊。

戰事的發展卻遠遠出乎麥克阿瑟的意料之外，從 1950 年 11 月 27 日起，挺進到北部山區長津湖 (Chosin Reservoir) 一帶的聯合國部隊突然遭到中共軍隊的包圍伏擊，損失慘重。共軍將 1949 年以前在中國內戰中用以擊潰中華民國軍隊的戰術搬到朝鮮戰場上來，讓憑恃強大火力與機械化裝備的美軍部隊叫苦連天。在崎嶇的山路之間作戰，中共軍隊掌握地形快速移防、爭取主動各個擊破的游擊戰法，證明即使掌握絕對制空優勢的美軍，亦無法完全主宰地面戰場的勝負。

12 月 1 日起美軍開始邊打邊退，麥克阿瑟終於承認他所面對的並非小股的中共援軍，而是數量龐大的解放軍正規軍。長津湖戰役爆發後，攻入北韓的美軍東線部隊不僅遭遇連番突擊，傷亡慘重，而且後路完全被阻斷，最後只能撤往興南港 (Hungnam)，靠著海軍艦艇運回南韓，才免除了全軍覆沒的噩運。西線靠近黃海一側的美軍，則在 12 月 5 日放棄佔領才四十六天的北韓首府平壤，退回到三十八度線附近構築防禦工事。

1950 年 12 月 31 日，沿三十八度線的中共部隊開始大規模向南全面進攻，蓄勢搶奪南韓首都漢城。1951 年 1 月 4 日，中共與北韓軍隊佔領漢城。之後交戰雙方始終沿著漢江東西一線形成對峙，戰鬥反覆進行，

雙方皆持續向前線增援，中共在國內後續動員了超過十個軍的兵力，三十多萬名解放軍陸陸續續開往朝鮮戰場，以漢城為中心和聯合國軍隊展開首都攻防戰。接著兩個月雙方血腥纏鬥，在彼此都付出重大傷亡代價之後，中共與北韓軍隊終於棄守，1951 年 3 月 14 日盟軍收復漢城。此後戰線基本上維持在北緯三十八度線附近，韓國戰場進入膠著狀態。

和　談

　　眼看中國大規模介入韓戰，戰場形勢丕變，從 1950 年 10 月至 1951 年上半年的戰局發展，美國已不可能輕易贏得這場戰爭，除非美國政府真的打算不計代價，傾全國之力與中國決一勝負。不論從國際情勢或國內政局考量，美國總統杜魯門都無法作成這樣的決心，尤其是美國在西歐的盟邦英、法等國，由於擔心東北亞的戰局會惡化歐洲原本已緊張的東西對峙關係，愈來愈不支持美國將朝鮮半島的戰事繼續擴大，憂慮一旦蘇聯也被捲入戰局，則第三次世界大戰恐怕將會開打，西歐諸國勢必也要被捲入戰爭。韓戰於是在這種妥協的氣氛下，逐漸走向和談。倒是美國遠東軍總司令，同時也是聯合國盟軍統帥的麥克阿瑟，身為前線指揮官，一心以求勝為目的，無法苟同這種思維方式，不斷與杜魯門產生齟齬。杜魯門深覺麥克阿瑟已侵犯到他身為總統的外交決策權，甚至是最高軍事統帥權，於是在 1951 年 4 月 9 日，杜魯門下令解除了麥克阿瑟的職務，以美軍在韓國的前線指揮官、陸軍上將李奇威 (Matthew Ridgway) 取而代之。

　　三十八度線的戰事仍然持續下去，然而交戰雙方的和談接觸亦不斷嘗試進行。1951 年 5 月，美國方面開始試圖與蘇聯外交官接觸，隨後亦獲得北京與平壤當局的回應。7 月 10 日第一回合談判在漢城北方三十八度線附近的開城 (Kaesong) 舉行，中國與北韓方面強調所有一切外國軍隊撤出朝鮮半島，而美國則關心戰俘問題，同時試圖了解對手的虛實。至於最實質的關鍵則在於雙方軍事分界線如何劃定的問題上，中國與北

韓主張在北緯三十八度線劃定一條非軍事區，美國則依恃其擁有的海空優勢，希望壓迫對方自願將分界線向北推移。談判初始，雙方主張可說毫無交集，唯一共通點是雙方關心的議題並無二致。這種欠缺交集的對話，自然是為了日後雙方討價還價作準備。

談判不完全只在會議桌上進行，戰場上的你死我活，是累積談判籌碼的最重要作為。因此韓戰自 1951 年年中以後，是在一種談談打打的狀態下進行，雙方都已清楚認識到不可能將對方完全逐出朝鮮半島，問題只在於繼續較量以爭取談判的主動權。戰事如此又持續了一年半，直到 1952 年 10 月至 11 月間美軍在朝鮮中部的金化郡 (Kimhwa) 北郊發動一場原本應該

圖 2-7：三角高地（上甘嶺）戰役
雙方在此次戰役中投入大量戰力，圖為中國人民志願軍一度彈盡糧絕時，用石塊投擲聯合國軍隊的情形。

只是小規模奪取高地的行動，結果卻釀成雙方大打出手，四十三天的時間裡聯合國軍隊投入了六萬多名士兵，戰鬥轟炸機狂轟濫炸，在不到四平方公里的一個小山頭上與中共四萬多軍隊搶奪陣地。中共軍隊依憑人力挖掘出來的山洞坑道阻擋盟軍狂風暴雨似的火炮與炸彈，盟軍則倚恃強大火力與空中攻擊試圖奪取一塊被稱作「狙擊手稜線」(Sniper Ridge) 的小高地。這場戰役美軍方面稱之為「三角高地戰役」(Battle of Triangle Hill)，而中共官方則稱為「上甘嶺戰役」。最後美軍無功而返，然而守備的中國人民志願軍亦付出了慘痛代價。戰役結束後，美、中雙方在心理上都傾向於儘快結束在朝鮮半島的這場了無生趣的消耗戰，問題在於等待下一回合談判的契機來到。

　　1953 年 3 月 5 日蘇聯共黨總書記史達林突然腦溢血去世，克里姆林宮內部面對著政局的重新洗牌，幾位蘇共政治局要角馬林可夫 (Georgy Malenkov)、貝利亞 (Lavrenty Beria)、莫洛托夫、赫魯雪夫 (Nikita Khrushchev, 1894～1971) 等人互相爭奪史達林留下的龐大黨國遺產，無形中給韓戰帶來了喘息的機會。1953 年 4 月，擱置達半年之久的停戰談判重新在板門店 (Panmunjom) 召開，經過冗長的協商討論，7 月 27 日由交戰雙方派出代表在停戰協定上簽字，正式結束長達三年又一個月的朝鮮半島戰爭。

　　最後的軍事分界線依照協商停戰當時雙方各自的軍事佔領區劃定，因此並不如實沿著北緯三十八度線形成一道直線，而是西起板門店、開城以南的臨津江、漢江交會口，東至高城 (Kosong) 南方的日本海海岸，成為一道蜿蜒曲折達二百五十公里的南、北韓國界。在分界線上，保留了寬達二點四英里（將近四公里）的軍事緩衝區，區域內杳無人跡，有的只是遍布的地雷。緩衝區南北兩側，南北韓政府各拉上了高牆一般的

圖 2-8：板門店　南北韓在板門店劃出共同警備區，有南韓憲兵與北韓軍人駐守著，兩方中間地上凸起的門檻即為軍事分界線。旁邊的建築由聯合國管轄，主要於南北韓談判時使用。

鐵絲網線，將緩衝區內隔成了一處無人地帶。在韓戰結束半個世紀之後，這塊長條形的非軍事區，已成為野生動植物的天堂，區內聚居著黑面琵鷺、鴛鴦、花豹、安哥拉羊等動物。2003 年 7 月 23 日，包括一群美、韓科學家、退休的外交官、韓戰老兵等，在美國紐約市曼哈頓區集會，鼓吹將南北韓之間的非軍事區改建為「和平公園」，以保護區內棲息的野生動植物，免得有朝一日該區或許因人類重新開發，而導致野生動植物滅絕。

人們熱烈慶祝公私合營，掛上新招牌

第三章

終結新民主主義

第一節　毛澤東的強勢領導

　　作為中國共產黨最高決策核心的中共中央,在 1942 年延安的整風運動之後,基本上已經成形為以毛澤東為首、由五名成員所組成的一個領導班子。這五位成員依序是:毛澤東、朱德、劉少奇、周恩來、任弼時,領導班子的正式名稱為「中央書記處」。依照 1945 年 6 月中共七大所通過的黨章規定:「中央政治局,在中央委員會前後兩屆全體會議期間,是黨的中央指導機關,指導黨的一切工作。中央書記處在中央政治局決議之下處理中央日常工作。」中央書記處在整個 1940 年代、直到 1956 年中共八大重新組建政治局常委會之前,一直是黨的發號施令所在。在中共黨史上,毛、劉、周、朱、任遂有「五大書記」的稱號。

　　更嚴格來說,毛、劉、任三人是如假包換的「毛派」,在中央書記處擁有絕對優勢的主導權。周恩來、朱德則因為素來在中共黨內位高望隆,尤其業經考驗,二人對毛並無貳心。朱德原本即無太多政治才幹與野心,而周恩來在延安整風之後對毛澤東已俯首稱臣,毛尚有借重周恩來的才具之處。因此這個中央書記處的五人組合,自 1940 年代以來在毛澤東的領導下運作自如。1950 年任弼時病逝,陳雲以財經主管身分補進中央書記處,五人組合的生態結構基本上沒有太大變化。

　　然而權力因合作而成就,卻不保證能夠長期共享。「五大書記」各有分工,慣例上最後決定權在毛澤東手上,然而每個人都是獨當一面的首長,除了朱德不太過問政治,而陳雲只掌理性質上偏重技術性的財經事務外,劉少奇主管的黨務,以及周恩來負責的政務,都屬於全面性的決策角色。某件決策究竟只需要劉、周點頭即可,還是必須交由毛澤東親自拍板,在在考驗著中華人民共和國建立之後中央書記處能否繼續順暢

運作。因此可以說，決定中共最高權力核心融洽與否的關鍵因素，其實是毛澤東、劉少奇、周恩來這「三角關係」。建國之前五大書記所形成的領導團隊或許曾經帶領中國共產黨走向勝利，然而卻不保證建國後仍能一帆風順。1953年上半年，對於毛、劉、周「鐵三角」的殘酷考驗正式到來。

新稅制風波

正如前文第一章第三節曾經敘述過，1950年2月中共為解決物價飆漲問題，曾以嚴厲手段整頓了城市資本家，結果引來市場蕭條，失業問題嚴重，逼得毛澤東在該年6月中共七屆三中全會上呼籲「不要四面出擊」，開始了以「調整工商業」為名的新民主主義經濟改組。這是中華人民共和國建立以來，共產黨與資產階級的第一次交鋒，以及第一次的戰略性撤退。

這或許原本即在毛澤東的盤算之中。新民主主義的提出，就是因為毛澤東清楚建國之後必然有一段時間，共產黨還無法完全有效控制全中國的經濟活動，因此不僅在1940年代的內戰中需要盡可能獲得資產階級的同情，以致減弱資產階級與國民黨政府的聯盟關係，同時預期建國後將有一段與資產階級妥協的過渡期。至於這個過渡期會有多長？中共官方在1949年建國之後有一段時間對這個問題的標準說法是：「大約需要經過三個五年計畫，就是大約十五年左右時間」。

1952年的「五反」運動是中國共產黨與資產階級的第二次正面交鋒。這一回共產黨可不像1950年6月那樣投鼠忌器，幾乎是動員了所有的黨政機器與人民群眾，打得資產階級毫無招架之力。不過「五反」在經濟情勢出現惡化之後還是適可而止，雖然中共當局仍在官方文件上堅稱五反鬥爭「勝利結束」，然而即使陳雲都承認，有一部分人認為五反「搞到半途又停了下來」。然而不能否認，共產黨在與資產階級的鬥爭上，兩三年內實力確實增長不少。陳雲便說：「國家經濟力量比以前強

了」，才能經得起像「五反」這樣的政治風暴。❶

　　不過經歷了 1950 年、1952 年兩次與資產階級的對壘，毛澤東顯然已經對繼續逗留在新民主主義階段失去耐心。之前總還說要「三個五年計畫、十五年左右時間」才會進入社會主義，然而經過「五反」之後，尤其此時農村的土地改革已經基本結束，毛澤東開始認真思考怎麼在十五年之內完成向社會主義過渡，而不是十五年之後再來考慮這個問題。1952 年 9 月 24 日，毛澤東頭一次在黨內提出了向社會主義過渡的想法。毛澤東在當天的中央書記處會議上提出：

> 我們現在就要開始用十年到十五年的時間基本上完成到社會主義的過渡，而不是十年或者以後才開始過渡。……工業中，私營佔 32.7%，國營佔 67.3%，是三七開；商業零售是倒四六開。再發展五年，私營比例會更小，但絕對數字仍會有些發展，這還不是社會主義。五年以後如此，十年以後會怎麼樣，十五年以後又怎麼樣，要想一想。到那時私營工商業的性質也變了，……他們已經掛在共產黨的車頭上，離不開共產黨了。「空前絕後」，他們的子女們也將接近共產黨了。農村也要向合作互助發展，前五年不准地主、富農參加，後五年可以讓他們參加。❷

　　不過「言者諄諄，聽者藐藐」，實際負責財經事務的官員們，從周恩來以下，此時大概還沒從「三反」、「五反」的風暴中回過神來，就在毛澤東講話的前後幾天，財經部門事實上正在召開第二次全國財經會議（1952 年 9 月 21 日～27 日），討論的是下一年度（1953 年）的財政概算問題。全國財經會議討論的主軸是如何保障稅收的問題，並研究進行稅制修改。為什麼此時中共財經官員忙不迭非關注保稅問題不可？因為

---

❶　陳雲，《陳雲文選》，第二卷，頁 170、181。

❷　薄一波，《若干重大決策與事件的回顧（上卷）》，頁 213–214。

面對「第一個五年計畫」即將展開，財政官員認為政府稅收有短缺之虞
——「三反」、「五反」剛結束，資本家面對退財補稅壓力叫苦連天，已
經無法再榨出更多油水；而國營商業規模日益龐大，國營貿易系統內部
的物資調撥卻不必繳納批發營業稅。中央財經主管官員於是動腦筋動到
修改稅制上來，要取消國營商業系統的免稅優待，讓「公」、「私」一律
平等納稅。經過幾次會議的醞釀討論，財政部提出了修正稅制的具體方
案，由中財委黨組討論通過，並向周恩來作了匯報。

可以肯定的是，五反運動在 1952 年下半年逐漸落幕之後，毛澤東與
以周恩來為首的行政官僚之間，在認知上顯然出現了一個極大的落差。
毛澤東是朝大膽往社會主義過渡的方向思考；而周恩來所主導的行政部
門忙的仍是財經政策如何才能具體執行的問題。

中央財經部門顯然未和毛澤東充分溝通，便在 1952 年 11 月 12 日以
中共中央名義發布了一份〈關於調整商業的指示〉。這一次的政策和
1950 年 6 月的調整工商業一樣，用意在於讓私營業者的經營空間寬鬆一
點，避免一切銷售管道都被國營商業壟斷。因此這個文件一般也被稱為
「第二次調整商業」。

配合著「第二次調整商業」，由財經部門主導的新稅制，終於在
1952 年底出爐。1952 年 12 月 31 日，政務院財經委員會（即中財委）頒
布了〈關於稅制若干修正及實行日期的通告〉及〈商品流通稅試行辦
法〉，要求自 1953 年 1 月 1 日起在全國施行。這次關於稅制的修訂，影
響到國營企業利益的，主要為以下三條：

(1)修訂工商業稅暫行條例施行細則第八條：關於工商業總分支機構「相
　　互撥貨……不視為營業行為，不課征營業稅」的規定，改為工業的
　　總分支機構從產製、批發到零售，繳納三道營業稅，其製造部分的
　　營業稅已併入貨物稅者，則只繳納批發及零售兩道營業稅。商業的
　　總分支機構從批發到零售，繳納兩道營業稅。

⑵取消對合作社減征營業稅 20% 的優待規定。

⑶取消合作社成立第一年免納所得稅的規定；1952 年所得稅匯算清
　繳，仍按原規定辦理。

至於獨厚私營工商業者的，則為這一條：

▲應稅貨物，一律按國營公司批發牌價核稅；加工、定貨、包銷者同。

依照這些條目，接受政府委託加工、訂貨包銷的私營工商戶，未來
在稅負標準上取得了和國營企業相同的待遇，而國營企業、合作社原本
享有的租稅優惠則被一筆勾銷。這樣的新規定，遂被統稱為「公私一律
平等納稅」。

顯而易見，新稅制是以犧牲國營企業的方式來保護私營工商戶，勢
必引來基層部門的怨言。果然，馬上就有地方官員到毛澤東那兒告狀。
1953 年 1 月 9 日，中共山東分局第二書記向明等三人聯名寫信給黨中
央，反映執行新稅制引起了物價波動、搶購商品、私商觀望、思想混亂
等情況。1 月 11 日，北京市委也寫信向毛作了類似的反映。1 月 15 日，
毛澤東寫了一封信給周恩來、鄧小平、陳雲、薄一波四人，責問：

新稅制事，中央既未討論，對各中央局、分局、省市委亦未下達通知，
匆卒發表，毫無準備。此事似已在全國引起波動，不但上海、北京兩
處而已，究應如何處理，請你們研究告訴我。
此事我看報始知，我看了亦不大懂，無怪向明等人不大懂。究竟新稅
制與舊稅制比較利害各如何？何以因稅制而引起物價如此波動？請令
主管機關條舉告我。

事情很快演成軒然大波。1953 年 3 月 10 日，在毛澤東親自主導下，

中共中央發布〈關於加強中央人民政府系統各部門向中央請示報告制度及加強中央對於政府工作領導的決定（草案）〉。該〈決定（草案）〉一開頭便強調：

> 為了使政府工作避免脫離黨中央領導的危險，今後政府工作中一切主要的和重要的方針、政策、計劃和重大事項，必須經過黨中央的討論和決定或批准。

文件同時還對政務院的黨組領導系統作出重大調整，撤銷了「中央人民政府黨組幹事會」，政務院內各黨組黨委此後直接接受「中央」領導。很明顯，這個文件中所謂的「黨中央」指的不再是籠統的中央書記處，而是毛澤東個人。至於遭撤銷的中央人民政府黨組幹事會，原任書記是周恩來，幹事會遭裁撤，改由毛澤東直接領導，當然是對周恩來的一項懲罰。

除了對周恩來進行不點名懲罰外，黨內第二號人物劉少奇也受到波及。雖然沒有確切證據證明劉少奇與新稅制的決策有直接關連，但 1952 年 11、12 月間的一連串財經政策，從〈關於調整商業的指示〉到新稅制的發布，都有黨中央文件作政策根據，毛澤東對於未經他看過便發布中央文件的作法相當不悅，因而在削奪周恩來的權力之後，1953 年 5 月 19 日藉著一次批示華南分局報告的機會，要求劉少奇和楊尚昆❸：「嗣後，凡用中央名義發出的文件、電報，均須經我看過方能發出，否則無效。請注意。」同一天毛還寫了一封信給劉少奇、周恩來和彭德懷傳閱，要求：

(一)請負責檢查自去年 8 月 1 日（八一以前的有過檢查）至今年 5 月 5

❸ 楊尚昆當時擔任中共中央辦公廳主任，其職務性質相當於黨中央的祕書長，主管日常事務性質工作的安排進行。

日用中央和軍委名義發出的電報和文件，是否有及有多少未經我看過的（我出巡及患病請假時間內者不算在內），以其結果告我；㈡過去數次中央會議決議不經我看，擅自發出，是錯誤的，是破壞紀律的……。

毛澤東藉著一個新稅制問題，大發雷霆，不僅實際上懲處了作為行政首長的周恩來，而且也把主管黨務的劉少奇斥責了一番。這一連串動作，毛澤東身為黨主席或許確有其權限，然而無形中等於修正了 1940 年代以來中共決策核心毛、劉、周三個人「鐵三角」的分工默契。毛澤東此後一直到 1976 年去世為止，在中共黨中央的決策過程中愈益顯得獨斷獨行，掌握的權柄再也無人能夠抗衡。這種權力的格局，其實正成形於 1953 年到 1956 年之間，而 1953 年的新稅制事件，可以說正是這一轉變的第一個轉捩點。

或者可以說，從 1952 年「五反」運動到 1953 年新稅制的推行，一如上文所述，在毛澤東這一方，他的思考傾向是如何加快腳步往社會主義方向前進，不如此，則中國共產黨便無法擺脫資產階級在現實政治、經濟上對共產黨的牽制。但是劉少奇、周恩來、陳雲等負責實際黨、政、經濟工作的領導人，由於考慮的都是行政事務與經濟政策如何才能具體可行並有效推動，因此往往囿於現實，墨守成規，並未認真就如何終結「新民主主義」加以思考。這種在政策大方向上的落差，是造成 1953 年新稅制事件及之後毛澤東與中共黨內其他高層幹部發生齟齬，甚至摩擦衝突的主因之一。

中共權力核心的改組

然而訓斥劉少奇、架空周恩來，恐怕還不足以保證改變已行之十餘年的黨中央決策模式，因為此時北京高層大部分都是一些與劉、周長期合作的行政官僚，要改變一個大多數官員都已習慣的權力運作結構，毛澤東顯然還必須再多費點工夫。最能夠說明毛澤東企圖修正傳統「鐵三

角」決策模式的，莫過於 1953 年 4 月中共中央決定對財經領導工作重新進行分工。

由本書前兩章的相關內容，不難看出中華人民共和國自成立以來，中共中央財政經濟委員會（中財委）一直是掌管經濟決策的主要部門。一來中財委主任陳雲在 1949 年到 1950 年間穩定經濟局勢的過程中表現可圈可點；二來陳雲背後還有政務院總理周恩來的支持，周恩來與陳雲在經濟政策的思考上並無二致。再加上 1953 年以前毛澤東主要心力皆放在政治、軍事上，並不積極干預實際的財經工作，這顯然是造成 1952 年年底財政部長、同時也是中財委副主任薄一波竟然在未知會毛澤東的情況下，推出新稅制的重要原因。新稅制不僅違逆了毛澤東的旨意，同時還進一步刺激了毛干預中央財經部門的決心。毛澤東在 1953 年 8 月於北京中南海懷仁堂對黨內財經幹部的一次訓話中，便公開揚言：

> 過去忙於土改、抗美援朝，「三反」後應抓財經，抓了一些，但沒有
> 鑽。我對財經工作生疏，是吃老資格的飯，過去一憑老資格，二憑過
> 去的革命工作較豐富的經驗，現在是建設時期，缺乏知識，未鑽進去，
> 要亡羊補牢。❹

毛的這番話並不難懂，意思就是過去幾年財經決策主要交給周恩來、陳雲、薄一波等人主持，現在「建設時期」到了，也該是毛澤東自己插手財經決策的時候了。

毛澤東整頓財經系統的辦法，採取了他一貫以「空降部隊」架空舊有人馬的作法，也就是援引其他部門的人士，來取代原有的職務負責人。1953 年新稅制風波發生後，被毛澤東找來架空周恩來與陳雲的是原來奉派在各大行政區主管全國地方軍政大權的多位「諸侯」，他們分別是：原東北局第一書記高崗、原西南局第一書記鄧小平、原華東局第一書記饒

---

❹　薄一波，《若干重大決策與事件的回顧（上卷）》，頁 247。

漱石、原中南局第二書記鄧子恢。❺

　　1949 年中共在中國內戰即將獲得全面勝利之際，為了便於統一各作戰前線的軍、政指揮大權，特地將全國劃分為六大行政區，分別由中共中央派出「中央局」的建制加以節度，這六大中央局分別是：華北局、東北局、華東局、中南局、西南局、西北局。其中華北局在建國之後已轉型成為中華人民共和國中央政府的主要班底，其他五個中央局則分別發揮了統一各地事權、代表中共中央行使統治權的功能。就某種意義來說，建國後的開頭幾年，除華北之外的五個中央局，頗有「地方諸侯」的意味。當然，這只是一種猜想，各地中央局雖然擁有高度自主權和裁量權，但並不表示就能夠違抗中央的意旨或命令。

　　然而一旦承平時期到來，地方長期存在位高權重的「諸侯」，總不是正常的事情，尤其 1952 年下半年內戰基本上已結束，而鎮壓反革命的武裝軍事行動也差不多告一段落。1952 年 8 月 4 日，由劉少奇出面建議，經毛澤東批准，調各中央局書記前來北京工作，以滿足「建設時期」繁重工作的需要。中共中央此舉，自然是為日後廢除大行政區、各省回歸中央管轄作準備。

　　只是劉少奇或許沒想到，在他的建議下奉准調回北京的各路諸侯，到了 1953 年新稅制事件後，成了毛澤東用來制衡原有「鐵三角」中劉、周這一陣營的籌碼。先是 1952 年 11 月成立了國家計畫委員會（簡稱「計委」），作為未來審核、草擬和核定經濟計畫的權責機關，由高崗出任計委主席。

　　計委初成立時並不歸屬政務院管轄，而是與政務院平行的機構，因此遂有「經濟內閣」的封號。不久發生了新稅制事件，1953 年 4 月 28 日，在毛澤東主導下，中共中央發出〈關於加強對中央人民政府財政經

---

❺　中南局第一書記原本是林彪，然而林彪由於健康狀況不佳，1950 年年中之後便長期留在北京休養，中南局（暨中南軍政委員會）的實際負責人是第二書記鄧子恢。

濟部門工作領導的決定〉，指示將原屬政務院的重工業部、第一機械工業部（主管機器工業、船舶工業）、第二機械工業部（主管國防工業）、燃料工業部、建築工程部、地質部、輕工業部和紡織工業部劃歸計委主任高崗領導；鐵道部、交通部、郵電部劃歸政務院副總理鄧小平領導；農業部、林業部、水利部、合作總社劃歸計委副主任兼中共中央農業部長鄧子恢領導；勞動部劃歸中共中央組織部長兼計委委員饒漱石領導。

經過一番重新分配，政務院還管得到的財經部門只剩下財政部、糧食部、商業部、對外貿易部和中國人民銀行，仍歸中財委領導。至於中財委主任陳雲，則早從這一年 3 月起便稱病不上班，由副主任薄一波代理。周恩來此時雖名為政務院總理，事實上能夠直接領導的，只剩一個外交部。

建國初期曾經顯赫一時的中財委，此時必須面對的不僅僅是被剝奪權力而已，還得承受政治懲罰。然而陳雲一來稱病不上班，二來他畢竟身為中央「五大書記」之一，在建國初期毛澤東或許還不準備將政治鬥爭的矛頭對準到黨內的最高領導層，因此代為受過的，成了中財委副主任兼財政部長薄一波。

1953 年 6 月 13 日至 8 月 13 日，中共中央在北京召開「全國財經工作會議」，會議排定的主題原本是討論「發展國民經濟的第一個五年計畫」（簡稱「一五計畫」），以及財政、民族資產階級等三個議題，然而會議進行過程中新稅制問題成了地方幹部砲聲隆隆討伐財政部的標靶。會議結束前一天（8 月 12 日），毛澤東終於出面作結論，他嚴辭痛批薄一波已經被資產階級敵人的「糖衣炮彈」打中：

> 薄一波的錯誤，是資產階級思想的反映。它有利於資本主義，不利於社會主義和半社會主義，違背了七屆二中全會的決議。……
> 資產階級一定要腐蝕人，用糖衣炮彈打人。資產階級的糖衣炮彈，有物質的，也有精神的。精神的糖衣炮彈打中了一個靶子，就是薄一波。

他的錯誤，是受了資產階級思想的影響。宣傳新稅制的社論，❻資產階級拍掌，薄一波高興了。關於新稅制，他事先徵求了資產階級的意見，和資產階級訂了君子協定，卻沒有向中央報告。⋯⋯

全國有很多人，是靠無政府狀態吃飯。薄一波就是這樣的人。他在政治上思想上有些腐化，批判他是完全必要的。❼

　　曾經在「三反」、「五反」運動中以節約檢查委員會主任頭銜領導對資產階級鬥爭的薄一波，大概想都沒想到，才不過一年時間，他自己竟淪落到被毛澤東痛斥為被資產階級「精神糖衣炮彈」打中的活靶。全國財經工作會議結束後，中共中央政治局決議由鄧小平兼任中財委第一副主任和財政部長，薄一波雖然勉強保留住中財委副主任職務，不過實際工作只是協助鄧小平處理鐵道部、交通部和郵電部的事務，形同「閉門思過」。

　　其實薄一波應該心知肚明，財政部長和中財委副主任的頭銜，還不足以讓他膽大妄為擅自推行新稅制。依照體制，他是向頂頭上司陳雲和總理周恩來呈報過的，因此要他單獨承受政治責任，並不合理。只不過周恩來和陳雲都屬於中央書記處成員，而且也已受到毛澤東形式上的懲罰，因此公開場合的批判和羞辱，就由薄一波概括承受了。

　　從 1949 年 10 月中華人民共和國建立，到 1953 年發生新稅制事件之前，中共黨中央所發動的政治鬥爭對象可以說完全是對外（例如鎮壓反革命、土改、五反），或是對下（例如三反），黨中央內部尚未發生嚴重齟齬。新稅制事件可以說是中華人民共和國建立以來，中南海❽內部的

❻　指《人民日報》1952 年 12 月 31 日頭版的社論〈努力推行修正了的稅制〉，這篇社論要求各地方官員配合新稅制的施行。

❼　毛澤東，《毛澤東選集（第五卷）》（北京：人民出版社，1977 年 4 月），頁 92–96。

❽　「中南海」是北京城內自明朝即已開挖的兩座人工湖「中海」及「南海」的

頭一起政治衝突。此一事件在某種程度上不僅破壞了十幾年來持續運作的毛、劉、周「鐵三角」聯盟，而且還發生了連鎖效應，製造出更多的高層衝突。這就是 1953 年年底到 1954 年 2 月的「高、饒事件」。

高、饒事件

高崗，陝西省橫山縣人，1926 年國共合作期間加入中國共產黨，國共分裂之後與另一名共黨領袖劉志丹合組游擊隊，在陝北建立起中共紅軍。1935 年毛澤東率領中共紅一方面軍進入陝北，很快便與劉、高的游擊隊會合。1936 年劉志丹戰死，高崗成為中共黨內地位最高的西北地方幹部。1946 年中共與國民政府軍隊在東北開戰，高崗被任命為東北局書記，對東北內戰的勝利有相當貢獻。待林彪率領四野部隊南下之後，高崗負責後方運補工作，在建國初期經濟情勢嚴峻的時刻，東北源源不斷的物資供應成為穩定關內經濟的一股重要力量。韓戰期間，高崗更肩負著中國人民志願軍的後勤補給調度，對「抗美援朝」功不可沒。而由於這層關係，高崗與蘇聯方面遂建立起密切的合作關係，甚獲莫斯科方面的信賴賞識。從 1945 年到 1952 年，高崗在東北大權獨攬，逐漸成為舉足輕重的地方諸侯，甚至被暱稱為「東北王」。

1952 年 8 月，高崗與其他各中央局書記一起奉調來到北京，隨即出任計委主席，政治行情居高不下，有凌駕其他政治局委員、直逼中央書記處「五大書記」之勢。此時高崗在政治局的排名第七，僅次於毛澤東、劉少奇等五大書記，以及中共黨內令人聞之色變的祕密警察頭子康生之後。事實上康生此時雖排名政治局委員第六位，但由於在延安整風運動

合稱，由於中共建國之後將中海周邊規劃為政務院（國務院）辦公處所，南海一帶則為中共黨中央所在地，毛澤東的私人住所「豐澤園」即位於南海邊上，因此「中南海」遂成為中共最高領導核心的代名詞。至於明清以來同樣屬於皇室御花園一部分的另一座人工湖「北海」，則被規劃為公園，開放民眾遊玩，稱為「北海公園」。

中手段過於血腥，已被拔除中共中央專責安全保防的特務單位「中央社會部」和「中央情報部」兩個部門的部長職務，建國之後的康生政治行情其實已遠遠落在高崗之後。因此 1952 年奉調進北京的高崗，可以說是「五大書記」之下，最耀眼的中共實力派人物。然而高崗對此並不滿足，他自信自己將是毛澤東最得力的股肱左右，因此虎視眈眈地企圖超越劉少奇與周恩來，取而代之。

1953 年 6 至 8 月間在北京召開的「全國財經工作會議」，薄一波因為新稅制問題成為眾矢之的，加上這一年上半年周恩來和劉少奇分別遭到毛澤東的懲罰和口頭警告，看在高崗眼裡，覺得是向劉、周發難的大好機會，於是開始串聯，與調到北京擔任中央組織部長的原華東局書記饒漱石結為同盟，準備伺機取代劉、周二人。

然而高崗的政治動作明顯過於張揚，反而引起了劉、周二人的全力反撲。在這場「劉、周」與「高、饒」的競賽中，毛澤東顯然成為最後的仲裁者，至少，高、饒一方確實寄望藉著毛澤東的表態支持，扳倒早在黨務和政務系統中根深柢固的劉系和周系人馬。

那麼高崗的評估是否正確？毛澤東的確在中共黨內握有舉足輕重的權柄，只要爭取到毛的奧援，高、饒二人聯手似乎有機會挑戰劉、周。問題在於，毛澤東是否願意讓自己陷於這樣極端的對立？而且，建國不久根基仍不十分穩固的中國共產黨和新中國，有沒有必要為了高崗私人的權力慾望，立即於執政團隊中形成你死我活的對立？雖然毛澤東個人對於高崗頗具好感，建國以來東北的政績持續亮眼，在關內穩定經濟局勢的過程中，東北所發揮的功能有目共睹；「三反」運動最先發難者，也是主政東北的高崗，毛澤東受了東北反貪污行動的啟發，才在全國普遍展開「三反」與「五反」。而且，據毛澤東的私人保健醫師李志綏的記載，毛澤東對高崗私下的個人生活也非常羨慕，高崗經常利用機會舉辦舞會，日子過得多采多姿。❾

---

❾ 李志綏，《毛澤東私人醫生回憶錄》（臺北：時報文化，1994 年），頁 141–142。

圖 3-1：毛澤東與高崗　高崗揣測毛澤東之意批評劉少奇與周恩來，最後卻被控企圖以陰謀手段奪取黨和國家的最高領導權，成為毛澤東政治鬥爭下的犧牲者。

然而高崗欲在黨內掀起奪權鬥爭，由他來取代黨的第二號人物劉少奇，可是非同小可的事情。這無疑意謂著中央書記處除了毛澤東和朱德之外，劉少奇、周恩來、陳雲三人都必須遭到撤換。如果高崗的野心得逞，將會造成中共黨內的大地震，而且，整個黨務與行政系統中與劉、周站在同一陣線的各級官員，為數依舊十分可觀，毛澤東需要選在 1953 年的時刻製造內部分裂嗎？

經過一段隱晦不明，甚至涉及條件交換的政治運作之後，1953 年 12 月 24 日劉少奇利用中共中央政治局開會的機會，爭取到毛澤東的公開表態，由毛主動對高崗進行不點名批判。毛澤東當天在會議上說：「北京有兩個司令部，一個是以我為首的司令部，就是刮陽風、燒陽火；一個是以別人為司令的司令部，就是刮陰風、燒陰火，一股地下水。」毛似乎並未當場點名高崗，然而態勢已十分明顯，就是毛澤東要求高崗停止黨內鬥爭，繼續擁護劉少奇的領導。會議通過由政治局起草一份〈關於增強黨的團結的決議〉的文件，作為約束黨內政治競爭的規範。毛澤東為表示全力支持劉少奇，還作出一項十分微妙的決定，即前往杭州過冬並進行新憲法的起草事宜，將北京權力中樞交由劉少奇以「代理人」身分全權發落。這麼做的用意是避開高崗的求見，將高、饒集團的命運交給劉少奇宰割。但是毛對劉的支持是有條件的，即劉少奇必須在即將召開的中共七屆四中全會上作自我批評，針對建國以來備受高崗批評的一些工作錯誤進行自我反省。

劉少奇逮住這個機會，忙不迭發動了對高崗的反擊。1954 年 2 月上

旬七屆四中全會召開，會上與劉少奇站在同一陣線的周恩來、陳雲、鄧小平，甚至是朱德等四十四人，連番發言對高崗、饒漱石進行抨擊，指責高、饒「搞反黨分裂活動」。高崗則自 12 月 24 日政治局會議之後即自覺不妙，多次欲往杭州求見毛澤東都被拒絕。七屆四中全會閉幕後，在劉、周主導下以中共中央書記處的名義分別召開了「高崗問題座談會」和「饒漱石問題座談會」，事實上即對高、饒二人的黨內批鬥大會。高崗問題座談會由周恩來主持，對饒漱石的批鬥則由鄧小平與上海市長陳毅負責。高崗在批鬥會上被指控了九大罪狀，包括分裂黨、奪取領導權、進行宗派活動、造謠挑撥、製造黨內不和、反對中央領導同志、搞獨立王國、在中蘇關係上撥弄是非等等罪名。

或許自知大勢已去，也或許企圖進行試探，高崗在座談會仍進行期間，於 2 月 17 日試圖自殺未果。無論如何，高崗、饒漱石至此已失去一切政治權力。1954 年 8 月 17 日，徹底絕望的高崗自殺身亡。饒漱石則遭到終身監禁，1975 年 3 月病死獄中。

逼死高崗自然正中劉少奇下懷，劉少奇一點也不準備留給他的競爭對手東山再起的機會。倒是毛澤東對高崗的死多少有一點惋惜，因為高崗的存在，其實可以成為毛的籌碼，用以牽制劉少奇和周恩來。毛澤東曾經私底下告訴李志綏，要是高崗「沒有政治上的錯誤，或把自己的錯誤說清楚，這點事無所謂，我還要用他」。

然而高崗在 1953 年的政治躁進，不僅造成他自己的滅亡，同時也在毛和劉少奇的關係之間，投入了某些變數。經過此一事件，毛的地位事實上又上升了一點，因為劉少奇必須以自己的輸誠來換取毛放棄高崗。而劉少奇在中全會上的公開認錯，則無異於將自己的弱點曝露在黨內其他競爭者的覬覦之下。

第二節　向社會主義過渡

過渡時期總路線

1953 年夏天在北京召開的全國財經工作會議，以批鬥薄一波的財政路線震撼了整個中共高層。1952 年薄一波還因主持「三反」、「五反」的鬥爭工作而炙手可熱，一下子就因一個立場錯誤的政策而下臺，這對於其他還不十分清楚「上意」何在的高階官員來說，不啻當頭棒喝。薄一波推動的新稅制，遵循的畢竟是新民主主義的路線，闖禍之後等於昭告天下，新民主主義的道路恐怕已經來到盡頭，資本家的利益不須再受到保障，未來在施政上最好還是激進一點、「左」一點，比較容易迎合毛的旨意。

雖然當時中共一般基層官員對於薄一波突然遭到撤換並不十分知曉內情，不過一種迫切向社會主義轉向的氣氛，倒是愈來愈明顯了。為了不引起社會動盪，毛澤東暫時容忍公私一律繳稅的新稅制繼續推行，不過高層決策官員此時敏感地注意到，其實早在新稅制風波發生前，毛澤東已經開始在構思如何向社會主義「過渡」的問題，包括毛澤東在 1952 年 9 月 24 日中央書記處會議上的一次講話，把毛打算加快實現社會主義制度的意向表現得十分清楚。毛澤東當天講話的重點是：我們現在就要開始用十年到十五年的時間基本上完成到社會主義的過渡，而不是十年或者以後才開始過渡。

此外，在 1953 年 6 月全國財經工作會議上，6 月 15 日毛澤東總算對他準備怎麼從當前的新民主主義「過渡」到社會主義的問題，作了第一次比較完整的表述。毛澤東的訓話內容是：

黨在過渡時期的總路線和總任務，是要在十年到十五年或者更多一些時間內，基本上完成國家工業化和對農業、手工業、資本主義工商業的社會主義改造。這條路線是照耀我們各項工作的燈塔。不要脫離這條總路線，脫離了就要發生「左」傾或右傾的錯誤。

有人認為過渡時期太長了，發生急躁情緒。這就要犯「左」傾的錯誤。有人在民主革命成功以後，仍然停留在原來的地方。他們沒有懂得革命性質的轉變，還在繼續搞他們的「新民主主義」，不去搞社會主義改造。這就要犯右傾的錯誤。……

右傾的表現有這樣三句話：

「確立新民主主義社會秩序」。這種提法是有害的。過渡時期每天都在變動，每天都在發生社會主義因素。所謂「新民主主義社會秩序」，怎樣「確立」？要「確立」是很難的哩！比如私營工商業，正在改造，今年下半年要「立」一種秩序，明年就不「確」了。農業互助合作也年年在變。過渡時期充滿著矛盾和鬥爭。我們現在的革命鬥爭，甚至比過去的武裝革命鬥爭還要深刻。這是要把資本主義制度和一切剝削制度徹底埋葬的一場革命。「確立新民主主義社會秩序」的想法，是不符合實際鬥爭情況的，是妨礙社會主義事業的發展的。

「由新民主主義走向社會主義」。這種提法不明確。走向而已，年年走向，一直到十五年還叫走向？走向就是沒有達到。這種提法，看起來可以，過細分析，是不妥當的。

「確保私有財產」。因為中農怕「冒尖」，怕「共產」，就有人提出這一口號去安定他們。其實，這是不對的。❿

如果說，1953 年上半年因為新稅制問題所爆發的人事懲處，代表了毛澤東整頓行政部門的決心，則 6 月 15 日毛在中央政治局擴大會議上的這篇講話，無疑就是他對整個國家未來大政方針，向全黨下達的總動員

❿　毛澤東，《毛澤東選集（第五卷）》，頁 81–82。

令。這個總動員令，也就是所謂的「過渡時期總路線」（以下簡稱「總路線」）。

配合著總路線的醞釀成形，毛澤東確實需要一個得力幫手來從事研究分析與草擬綱領文件，但毛澤東並未將這份工作交給主管財經部門的陳雲或其他中財委官員，而是要中共中央統戰部長李維漢負責。

1953 年 5 月，李維漢將一份題為〈資本主義工業中的公私關係問題〉的調查報告交到毛澤東手裡。這份報告探討的主軸，一是國營經濟力量究竟已發展到什麼程度？二是怎樣對資本主義工商業作進一步的利用、改組、改造，並向社會主義過渡。他在送交報告同時，附帶寫了一份簽呈，說明如何以國營經濟力量制約私營工業，李維漢說：

> 我們國家重工業已佔絕對優勢，並在走向更大優勢，我們的國營企業已取得領導地位，並在繼續擴大和鞏固其領導地位。資本主義工業搗亂市場的可能已很少，已不足怕。除此之外，我們還有國家資本主義和稅收這兩個武器，足以將資本主義工業的主要部分從產品和利潤兩方面都充分地加以控制……⓫

李維漢在報告中同時精算，截至 1952 年底，純粹國營工業佔全國工業總產值的比重，已到 41.5% 之譜，而私營工業同期比重只有 30.6%，其餘的 27.9%，主要為個體手工業，以及少部分的「公私合營」工業。國營工業的比重已經明顯高過私營工業，這對於共產黨準備將私營工商企業收歸國有，推動資本主義工商業「社會主義改造」，提供了愈來愈大的可行性。這一組比例數字，在 1949 年剛建國時，是國營工業 26.2%，而私營工業 48.7%，攻守之勢明顯已經改變。這也是李維漢敢於誇口：「資本主義工業搗亂市場的可能已很少，已不足怕……」的主要原因，

⓫　李維漢，《統一戰線問題與民族問題》（北京：人民出版社，1981 年 4 月），頁61。

同時也是毛澤東從 1952 年 9 月起開始大膽思考向社會主義過渡的信心來源。

　　1953 年的政局發展，還透露出毛澤東的用人哲學。建國伊始，毛為了穩定經濟，全力起用像陳雲、薄一波這樣的財經技術官僚，然而到了1953 年準備向社會主義過渡，毛便毫不猶豫讓原本大權獨攬的中財委靠邊站，一方面成立計畫委員會，分走大部分權力；另方面批鬥中財委副主任薄一波，順便給五大書記之一的陳雲當頭棒喝。毛澤東甚至把統戰部長李維漢也塞進了中財委，派他兼任中財委副主任，專責對私營工商業的改造工作。在 1953 年 6 月 15 日的政治局擴大會議上，毛澤東下達指示：「國家對資本主義工商業的社會主義改造，必須要有一個機關來統一負責」。會議因此作出兩項決定：

一、由李維漢、胡喬木、陳伯達、李立三根據大會討論意見加以修改，❷寫成中共中央關於利用、限制和改造資本主義工商業問題的決議，下發各地徵求意見，待將來提交黨的全國代表會議或其他適當的會議討論決定。

二、由中央統戰部管理對資本主義工商業的社會主義改造，由李維漢兼任中財委副主任；中財委設立第六辦公室，由許滌新任主任。

　　中財委第六辦公室正式成立於 1953 年 9 月 25 日，目的在於加強對私營工商業工作的領導。該單位前身原本是中財委下屬的「私營企業局」，是中財委自 1949 年成立以來即存在的一個部門，專責業務為處理私營工商企業相關問題。1953 年 9 月改編成為中財委第六辦公室時，由原局長許滌新改任主任。值得注意的是，許滌新同時還兼任中央統戰部祕書長，之後更升任中央統戰部副部長，由此都可以看出毛澤東決定由中央統戰部實際負責改造私營工商業的決心。原本由陳雲領導的中財委

❷　指修改由李維漢所執筆的那份報告〈資本主義工業中的公私關係問題〉。

受到毛澤東冷落，可以看作是新稅制風波之後，毛的一種政治懲罰。

不過不知道是湊巧還是事出有因，陳雲從 1953 年年初起即身染重病住院，中央衛生部副部長傅連暲還曾於該年 2 月 27 日向毛澤東呈遞一份報告，指經過蘇聯醫生診斷，認為陳雲必須長期休養，最好是送到蘇聯療養較為有效。❸陳雲最後倒是沒去蘇聯，而是 1953 年 3 月起先到浙江，後來到離北京不遠的北戴河，休息了大約四個月，直到薄一波在全國財經工作會議受到批判，陳雲才奉毛澤東指示，回北京善後。

糧食統購統銷

要過渡到社會主義，需要「改造」的可不僅僅只是城市裡的私營工商企業而已，而是全國性的、從農業到工商業，無所不包的產業結構大調整。1949 年到 1953 年，中共黨內真正認真思考這個問題的人，可能非毛澤東莫屬。從 1952 年底新稅制的擬定與執行，大概可以斷言負責黨務及行政工作的劉少奇和周恩來還遠遠未進入狀況。劉、周或許認為社會主義仍是十、十五年後的事，並非當務之急，可是毛澤東的判斷不同。1963 年毛澤東曾經填過一闋詞〈滿江紅〉，其中一句云：「一萬年太久，只爭朝夕」，正好可以用來形容 1953 年時毛澤東亟於向社會主義前進的心情。

既然要過渡到社會主義，則新的產業結構究竟應該如何布局？毛澤東對此的構想是：一、發展「國家資本主義」，所謂國家資本主義，依新民主主義的基本法《共同綱領》的解釋，是「國家資本與私人資本合作的經濟」，換句話說，就是由政府入股私營企業，成為「公私合營」企業；二、對私有制小農經濟的改造。關於這兩點構想，毛澤東在 1953 年 10 月 2 日為了討論「糧食統購統銷」政策而召開的一場緊急政治局擴大會議上，於發言提綱的手稿上寫下這樣一些內容：

---

❸ 中共中央文獻研究室編，《建國以來毛澤東文稿（第四冊）》（北京：中央文獻出版社，1990 年 9 月），頁 71。

> 過渡時期社會主義體系構成的兩個重要分支部門：私人資本——國家
> 資本主義；小私有制農民的徵收、徵購。主體——國營工業：一翼——
> 國家資本主義；又一翼——農村的互助合作和糧食徵購制。

他對此的說明則是：

> 我們經濟的主體是國營經濟，有兩個翅膀：一翼是國家資本主義（對
> 私人資本主義的改造）；一翼是互助合作、糧食徵購（對農民的改造。
> 這一個翼，如果沒有計畫收購糧食這一項，就不完全）。

　　可以說，毛澤東對於朝向社會主義過渡的具體構想，此時已經十分
明顯地呈現出來了，一方面是先將私人資本主義改造為國家資本主義，
最終朝向完全的國營經濟演變；另方面則是農村的改造，由小農經濟向
互助合作推進，最後建立「大合作社」。❹揆諸 1950 年代後半葉的歷史
發展，毛澤東有關整個社會主義建設的構想，其實早在 1953 年夏秋之
間，已逐漸成形。

　　這個時候距離中華人民共和國建立只不過四年，生活在城市裡的私
營工商業者也許政治嗅覺比較敏銳，早早察覺到共產黨並不真有誠意讓
新民主主義苟延殘喘太久；然而農村裡的農民鐵定想不到，毛澤東在構
思過渡時期總路線時，竟然把政府糧食專賣，當作國營經濟的「兩個翅
膀」之一。毛澤東在上引提綱中所謂的「糧食徵購」，經過 10 月 2 日政
治局擴大會議的議決，成為全國性的糧食專賣制度，也就是說，農村所
生產的糧食，只能由政府收購，並由政府統一安排銷售至非糧食生產區，
尤其是城市地區。後來這一套專賣制度甚至擴大到幾乎涵蓋所有農產品，

---

❹　此時「人民公社」這個名詞還沒有被發明出來，毛澤東在 1953 年 10 月 2 日
　　的政治擴大會議上，只說：「這樣的『大合作社』不一定要學蘇聯那樣，叫
　　『集體農莊』」。

自此以後，私人躉售買賣農產品成為非法。這一套專賣制度，被中共官方稱為「糧食統購統銷」。

按照中共官方的標準說法，1953 年 10 月之所以突然決定實施糧食統購統銷，係起因於該年年中的一場糧食危機。該年 6 月 2 日政務院糧食部向中共中央所作的一份報告，指出在 1952 年 7 月 1 日至 1953 年 6 月 30 日的糧食年度內，糧食赤字達到四十億斤，糧食庫存將由一年前的一百四十五億斤減少為一百零五億斤。加上 1953 年這一年小麥受災，預計將減產七十億斤，而農民在天災影響下產生惜售心理，預計夏糧徵收和收購都將大大減少。

然而事實上，1953 年這一年雖然中國部分地區遭受天災影響，糧食產量並沒有減少，而是比 1952 年增長了 1.6%，主要是增長得不夠多，這對於希望以農產品來換取蘇聯及東歐工業國家機器設備進口的中共高層官員來說，是一大警訊。也就是說，如果打算進一步壓榨農村以助長國營工業發展，便必須更強有力地掌握農業生產，否則將無以為繼。此所以毛澤東把農村糧食徵購當作是發展國營經濟「兩個翅膀」之一的主要原因，與偶發的天災沒有一點關係，否則為了小小的一場天災，勞師動眾厲行全國性的糧食專賣，實在沒有道理。

糧食統購統銷的政策雖然是由毛澤東構想並推動，然而實際上的執行還是交給中財委負責。薄一波此時既已閉門思過，陳雲遂取消病假回到北京，親自操刀。

為了說服各省官員配合中央政策，貫徹這個在中國數千年歷史上前所未見的激進糧食政策，由陳雲與鄧小平出面，❶**1953 年 10 月 10 日至 13 日在北京召開了一場「全國糧食緊急會議」，參加者包括了各大行政區相關負責人，例如華東局譚震林、中南局李先念、華北局劉瀾濤、劉秀峰、西南局李井泉、西北局馬明方等。會議一共進行了四天，費了不少唇舌說服各地方政府。陳雲在作政策宣達時，特別表明這不是他的構

❶ 鄧小平當時為政務院副總理，名義上仍兼中央西南局第一書記。

想，而是毛澤東的意旨，陳雲說他根本沒有膽量來決定這麼大的一個政策：

> 又徵又配，農村徵購，城市配給。硬傢伙。我這個人膽子小，有一點怕。我跟毛主席講，我怕開除黨籍，二十幾年了，搞不好就搞翻了。

陳雲沒有交待毛澤東是怎麼回答他的，不過顯然沒有毛的首肯與支持，陳雲根本不敢實行統購統銷。

會議最後一天，負責起草會議決議的鄧小平受毛澤東委託，再次到會場上傳達毛澤東的旨意，主要是強調糧食問題和過渡時期總路線的關係。鄧小平說：

> 從今年三月以來，毛主席主要是做了一件事，即提出了過渡時期的總路線。昨天晚上，毛主席交待，要我再跟大家講一次，讓同志們弄清楚一個道理，就是講糧食徵購一定要聯繫過渡時期總路線去講。李井泉同志告訴我，四川試點，農村幹部對徵購抵觸情緒很大，這些有抵觸情緒的幹部，主要還不是基層幹部，而是縣、區兩級幹部（後來查明，省部級幹部中也有）。你講徵購不聯繫過渡時期的總路線，就無法使全黨同志贊成這個東西。

簡言之，就算基層幹部再百般不願，也要想辦法說服並動員到鄉、鎮、村的黨政組織，把傳統上除了農業稅之外原本由農民自由支配的私有糧食，硬性改由政府以官定價格實行徵購。配合著農村糧食的全面徵購，農民可以保留某些收成作為來年的種籽、牲畜飼料，以及人的口糧，這三項稱作「三留」，成為農民在政府強迫性徵購之後，依法得以保留的一點點餘糧。只不過「三留」的比例訂得非常嚴苛，以至於隔年經過人畜消耗及供秧苗使用之後，農民手頭可供支配的糧食確實已所剩無幾。

就算還剩有農產品，在糧食專賣政策下，公然買賣也是非法行為，只能透過「黑市」，偷偷地在地方官員默許的情況下，小規模地進行交易。

鄧小平在「糧食緊急會議」最後一天的政令宣達，還透露了非常重要的一項訊息，即四川早在全國性統購統銷政策制定以前，就已開始進行試點了。這等於間接否認了實施糧食統購統銷是為了應付1953年缺糧問題的官式說法。毛澤東早就打算這麼做了，因為這是邁向社會主義的重要步驟之一，是解決糧食不夠出口所需的釜底抽薪之計。所以毛澤東特別交待鄧小平到緊急會議上，以過渡時期總路線的成敗為藉口，說服各大行政區負責人遵照中央指令行事。畢竟，要從全國五億農民手裡把辛辛苦苦收成的糧食全數由政府收購，不是件容易的事。

對此陳雲事先已有心理準備，他在10月10日糧食緊急會議第一天的政策說明中，特別提出警告：「全國有二十六萬個鄉，一百萬個自然村。如果十個自然村中有一個出毛病，那就是十萬個自然村。逼死人或者打扁擔以至暴動的事，都可能發生。」

為了預防可能出現的基層反彈，中共當局確實費了一番工夫，調集大批幹部嚴陣以待。像是華東局為了執行這一工作，曾用了一個月時間，訓練轄下各縣、區、鄉幹部和黨團員及「積極分子」❶❻共二百三十八萬餘人。中南局轄下的河南、湖北、湖南、江西、廣東、廣西六省，則一共組織了從大區、省、地、縣到區、鄉的各級幹部和積極分子共三百三十多萬人，到農村進行部署宣導工作。華北地區僅山西一省投入該任務的人力就達到一百三十萬人。其他大區和省所動員的人力亦均以百萬計。從上而下，分別召開各級幹部會議、黨員大會、積極分子大會，以至最基層的群眾大會，為的就是要讓這項新的糧食專賣政策在全國各地做到

---

❶❻ 所謂「積極分子」，指基層農民中經挑選確實擁護共產黨政策、能夠配合宣傳影響同儕的個人。在共產黨動員群眾的過程中，物色適當的「積極分子」是十分重要的事情，對於動員成效具有舉足輕重的關鍵作用。基本上「積極分子」並非共產黨員或共青團團員。

「家喻戶曉、人人皆知」的地步。

積極動員的結果，1953 年 7 月 1 日至 1954 年 6 月 30 日的糧食年度內，包含農業稅，中華人民共和國政府一共從農民手裡徵集了七百八十四億五千萬斤糧食，比上一個年度（1952 至 1953 年）多收了一百七十七億九千萬斤，增長了 43.4%。❼如此一來，中國共產黨取得了前所未有的糧食資源，可以朝向社會主義過渡放手一搏。

像這樣明目張膽地規定農民只能把糧食賣給政府，中共最高行政當局倒是有個冠冕堂皇的理由。政務院在 1953 年 11 月 19 日通過，並由總理周恩來簽字發布的〈關於實行糧食的計畫收購和計畫供應的命令〉中這麼說：

> 為了保證人民生活和國家建設所需要的糧食，穩定糧價，消滅糧食投機，進一步鞏固工農聯盟，特根據〈共同綱領〉第二十八條「凡屬有關國家經濟命脈和足以操縱國民生計的事業，均應由國家統一經營」的規定，決定在全國範圍內有計畫、有步驟地實行糧食的計畫收購和計畫供應，……

〈共同綱領〉第二十八條，原本是用以說明「國營企業」的，意思是涉及到「國家經濟命脈和足以操縱國民生計的事業」必須由國家來經營，可是中國農民大概想都沒想到他們所種的糧食，也被當成了「有關國家經濟命脈和足以操縱國民生計」而被政府統一收購。

糧食統購統銷政策由於直接剝奪了農民的切身利益，因此引起反抗是必然的事，雖然中共當局已作出萬全準備，不過 1954 年下半年到

---

❼ 這個數字是根據中共糧食部門提供的數據推算而出，然而依據美國學者 Vivienne Shue 的看法，1953 至 1954 年糧食年度裡，中共官方收購的糧食其實比上個年度猛增了 80%。無論那個百分比才對，中共在實施糧食統購統銷之後，確實從農民手裡取得了前所未有的大量糧食資源。

圖 3-2: 糧食統購統銷 1954 年政務院通過棉花計畫收購的命令，圖為農業生產合作社向國家出售新棉花的情形。

1955 年春中國各地陸續出現許多農村情勢緊張的報告，廣東省中山縣甚至在 1954 年 12 月中下旬發生了大規模農民暴動，參加暴動的農民據官方說法約有五千人，蔓延到四個區十餘個鄉，歷時十五天才平定。

儘管如此，中共當局為了更快速向社會主義邁進，統購統銷的對象很快地擴及到許多其他農產品上，例如食用油、棉花、棉布等民生必需品，陸續也實施了統購統銷。同時政府還通過國營的物流系統「中華全國合作社聯合總社」設在各地的分社，以所謂「預購合同制」向農民收購包括花生、茶葉、黃麻、洋麻、青麻、家蠶繭、土絲、羊毛等農牧產品，形同對這些經濟作物進行徵購。

毛澤東之所以迫不及待推動農產品的統購統銷，最重要的目的之一，或許就在於保持高比率的農產品出口成長。根據官方所提供的數據，1953 年的糧食總產量比 1952 年僅增長 1.6%，1954 年則比 1953 年增長 2.26%，1955 年增長 8.9%，1956 年增長 4.4%，1957 年增長 1.36%。從 1953 年到 1957 年，糧食產量除了 1955 年表現還算出色外，增長率顯然已經遇到瓶頸，無復建國初期因土地改革及休戰復員所帶來的高成長效應。然而為了應付每年平均高達 6% 的糧油食品出口成長率，中華人民共和國政府唯有採取統購統銷政策，才能把農民手裡的糧食強徵出來，以達成工業建設所需要的農產品高額出口。

資本主義工商業社會主義改造

　　1953 年下半年起，有關「過渡時期總路線」的官方論述紛然沓來，《人民日報》不斷宣傳必須將私營工商業納入國家資本主義，而 11 月起全國糧食實行政府專賣，各種徵兆都說明中共當局實施計畫經濟的決心正日益升高。天津市委統戰部在 1953 年 11 月 14 日上呈的一份報告，反映出了天津市的資本家們對前途的悲觀徬徨：

> 資產階級對總路線是不滿的，實際上又無可奈何。他們形容自己的處境是「上了賊船」，「跟著走，能有出路」，「逆著辦，只有下水」，「船在河中，只好認頭」。資本家自問「1949 年為什麼不講總路線」？認為「那時講，人都跑了；現在講出來，誰也沒有辦法」。有人說：「別再總了，政府就明著說吧」；「政府對資本家一刀一刀的來」，就是「慢慢把你吞掉」。他們要求保持現在的秩序，不甘接受「逐步過渡」；回憶起 1950 年「黃金時代」，不勝依依，認為「那年頭是睡在西蒙絲床上」，「什麼國法、綱領也不在心上」，「現在是睡在炕上」，已經退居一等，最好不要再「過渡」了。新民主主義「很優越」，今年如此，明年仍然如此。但一提總路線，就「越來越緊」。言下悲嘆：「讓我們多喊幾聲新民主主義萬歲吧」。❶❽

　　1949 年中共建國之初，曾信誓旦旦要實施新民主主義，藉由訂定《共同綱領》以達成「公私兼顧，勞資兩利」的目標。然而僅僅兩年，1952 年的「五反」已經嚇得資本家們如驚弓之鳥。到了 1953 年下半年，大勢底定，向社會主義「過渡」的任務提到了日程表上，雖然中共當局千方百計安撫私營工商業者還要再過「三個五年計畫」才會實現社會主

---

❶❽　中國社會科學院、中央檔案館編，《1953～1957 中華人民共和國經濟檔案資料選編（綜合卷）》（北京：中國物價出版社，2000 年 9 月），頁 75–76。

義，然而事實上各級政府官員已經摩拳擦掌，準備將私營企業一一改造成為「國家資本主義」的企業。

　　所謂的國家資本主義企業，簡言之即接受政府資金入股，使原有純粹的私營工商企業轉變成為「公私合營」企業。公私合營企業與原有私營企業的差別，在於：一、一旦官股加入，原有的企業主便成為只是眾多股東之一，而不再是全權的董事長或老闆；二、政府股份無論多少，官股代表均有權介入企業經營，參與董事會。如此一來，私人企業主再沒有管理自己企業的權力，等於讓出經營權。中共當局雖美其名為「公私合營」，實際上等於接管資本家們的資產。

　　至於所謂政府入股，也未必代表中共當局真的拿出一筆錢來充作官股，共產黨打的算盤，是把「五反」之後企業家老闆們該「退財補稅」而尚未繳清的罰款、稅金，拿來充作官股。如此一來，共產黨甚至不必動用任何政府預算，只要認定某一企業主欠繳稅款，或在「五反」中被判定財務不清，政府當局便可以名正言順以政府入股方式接管其企業。

　　前文提過，1953 年下半年毛澤東拋出過渡時期總路線之後，特別成立了一個由中央統戰部部長李維漢領導的中財委第六辦公室，來執行私營工商企業的「社會主義改造」事宜。李維漢的步驟，是先將一個個的私營企業予以「公私合營」化，他初步估計，要花上十年時間，才能「大體完成私營工業的公私合營」，因此他在第一年（1954 年）將矛頭對準全國最具規模的八百家大廠，一一將它們轉變成為國家資本主義型態的工業企業。截至 1954 年年底，在全國工業總產值的比重中，公私合營工業佔了 12%，比 1953 年底的 6% 足足成長了百分之百。而純粹私營工業的產值，則從 1953 年底佔全國工業總產值的 37%，跌到了 1954 年底的 25%。此時公私合營工業的產值，大約已相當於私營工業的一半。

　　向社會主義「過渡」的第一年，這樣的速度不可不謂快，然而李維漢一開始挑選的都是最大型的私營企業，由政府接管比較容易，接下來面對的中小型企業也要如法炮製，就不免捉襟見肘了。因為中小企業數

量龐大，又幾乎不具備經濟規模，中央政府不可能一一接管，地方政府則嫌無利可圖，而且接管之後如何進行管理，也成為一大難題。眼看著公私合營的工作進度似乎遇到瓶頸，雖說還有九年時間，不過面對佔有全國工業總產值四分之一的中小型私營工廠與作坊，如何將之全部「國家資本主義化」，主事者李維漢事實上仍拿不定主意。

　　不過 1955 年 6、7 月間發生的一場關於農業集體化速度的爭議，讓政治情勢發生了戲劇性變化。事件始於當時中共中央農村工作部部長鄧子恢反對將土地改革之後普遍於各地農村所建立起來的農耕「互助組」，過快地提升為「農業生產合作社」。所謂的互助組，是指將農戶進行初步的編組，少則三戶，多則五、六戶，初步先進行臨時性、季節性的勞動互助，以紓解農忙時單一農戶勞動力不足的窘境；更進一步還可以將互助組常態化，成為常年的互助制度。這種互助組的農耕方式並不牽涉到財產分配問題，各家田地收成仍歸各家所有。然而農業生產合作社（或稱「土地合作社」）則是要求社員以土地和生產工具「入股」，年終收成則依照付出的勞動多少和入股的土地、生產工具數量來決定如何分配。鄧子恢認為冒然將成效良好的互助組改變為生產合作社，將釀致災難；毛澤東則認為鄧子恢畏首畏尾，挫傷了廣大農民向社會主義邁進的積極性。盛怒之下的毛澤東，把鄧子恢罵成是「小腳女人」，意思是不僅自己走得慢，還嫌別人走快了。

　　這場關於農業集體化的爭議，最終逼使毛喊出「社會主義高潮」、「多、快、好、省建設社會主義」的口號。農業政策上的躁進，再一次迫使工商業政策必須跟進，因此在 1955 年下半年一發不可收拾的社會主義高潮口號下，原來準備 1962 年底完成的全國私營工業公私合營化，沒想到在 1956 年 1 月就已經在各大城市基本實現了。

　　1955 年 10 月，中共七屆六中全會舉行，毛澤東在與鄧子恢爭論了幾個月之後，終於得以在這次中全會上正式號召全黨同志甩脫新民主主義的糾纏，正式向社會主義大步邁進。毛在 10 月 11 日的閉幕式上說：

1950 年，我在三中全會上說過，不要四面出擊。那時，全國大片地方還沒有實行土地改革，農民還沒有完全到我們這邊來，如果就向資產階級開火，這是不行的。等到實行土地改革之後，農民完全到我們這邊來了，我們就有可能和必要來一個「三反」「五反」。農業合作化使我們在無產階級社會主義的基礎上，而不是在資產階級民主主義的基礎上，鞏固了同農民的聯盟。這就會使資產階級最後地孤立起來，便於最後地消滅資本主義。在這件事情上，我們是很沒有良心哩！馬克思主義是有那麼兇哩，良心是不多哩，就是要使帝國主義絕種，封建主義絕種，小生產也絕種。在這方面，良心少一點好。我們有些同志太仁慈，不厲害，就是說，不那麼馬克思主義。使資產階級、資本主義在六億人口的中國絕種，這是一個很好的事，很有意義的好事。

五年的時間，已經使得毛澤東從擔心四面受敵，必須盡可能安撫資產階級的情緒，到誇口要讓資產階級、資本主義「在六億人口的中國絕種」。顯然在這段不算長的時間裡，共產黨的經濟控制力量已有了長足進展，不再擔心失去私營工商業者的支持會對經濟生產造成太大傷害。同時，毛澤東還企圖動員農村農民進一步完成集體化，以從根本消滅土地私有制度，將全中國的農耕形態推進到「按勞分配」的社會主義階段。事實上，毛澤東甚至已經幻想著要再往前一步，將農村改造成為「各盡其能，各取所需」的共產主義世界。

上文提過 1953 年 10 月 2 日毛澤東在政治局一場有關糧食的「緊急擴大會議」上，曾提出過渡到社會主義的兩個重要組成部分，一個是城市裡的國營企業，一個則是農村的互助合作和糧食徵購制。這一整套思路，到了 1955 年愈來愈清楚，一方面是徹底消滅城市地區的私營企業，將資本主義最具體的象徵——私營工商業——完全國營化；另方面則是強迫農民放棄千百年來根深柢固的私有耕地制度，以土地入股生產合作社，集體耕作、收成共享，實現全中國農村「公社化」的理想。總而言

圖 3-3：上海永安百貨前慶祝
公私合營的熱鬧景象

之，為了暫時維持政權穩定而在 1949 年採取的「新民主主義」策略，至
1955 年可說已壽終正寢。雖然中共黨內某些領導人如鄧子恢、劉少奇、
周恩來等人或許還有所遲疑，但在毛澤東的強力主導下，中華人民共和
國正向全面的社會主義道路挺進。

　　在毛澤東社會主義建設高潮的號召下，最願意配合毛澤東旨意的，
當然不是中央書記處內的其他四大書記，而是期望著獲得毛賞識的地方
官員，他們不顧劉少奇、周恩來或是陳雲苦口婆心希望穩步前進，而是
無所不用其極，迫使已經毫無招架能力的最後一批私營工商業者，立刻
放棄財產，以實現該市、該縣的社會主義改造。事實上早已如驚弓之鳥
的私營企業家，大多願意配合國有化政策，甚至是上街敲鑼打鼓主動要
求公私合營以換取人身和政治的安全。在這種情勢下，1956 年 1 月北京
市政府僅花了三天時間，便一口氣將全市所有私營工商戶全部批准為公
私合營，彭真領導的北京市委在上呈的報告中說：「這樣不但速度快，而
且效果好」。在北京市率先完成私營工商業社會主義改造的激勵下，同一
個月底中國最大的幾個城市上海、天津、廣州、武漢、西安、重慶、瀋
陽，以及五十多個中等城市也都相繼完成了私營企業的公私合營。到這
一年的第一季末，除西藏等少數民族地區外，全中國原本無以計數的私

營工商業，大致上已完全消失。⑲在消滅了城市地區的資本主義之後，緊接著 1958 年主要在農村地區動員的「大躍進」等著上場。不過在 1956 年與 1958 年之間，發生了一則小插曲，這是 1957 年的「反右鬥爭」。

---

⑲　有關 1956 年伊始，中國各省、市地方官員爭先恐後以「公私合營」方式將私有企業收歸國有的狀況，可參考李福鐘，〈新民主主義時期 (1949～1956) 中國共產黨的私營工商業政策〉（臺北：國立臺灣大學歷史研究所博士論文，2003 年 6 月），頁 227–232。

第三節　反右鬥爭

　　1957 年的反右運動，是中國共產黨對全國知識分子的一次大整肅，其過程先是「引蛇出洞」，誘使教育界、學術界、文化界、大中小學教師、學生、作家、文藝工作者、媒體工作者等知識分子階級，向共產黨表達意見、提出批評，最後再以其言論羅織入罪，動員各級黨組織對這些人進行批判，開群眾鬥爭大會，將之打為「右派」。總計全國被劃為「右派」的人士有 55 萬 2,877 人之眾，而且這個數字只是 1980 年代以後中共官方願意承認的數字，真正究竟有多少人在反右鬥爭中遭到大小不同程度的迫害，長期以來一直難以估計。有人以陸續出版的地方志考據認為，全部右派人數至少在百萬以上。❷而根據媒體披露，中共官方在 2006 年才解密的內部文件顯示，在反右鬥爭中被認定為右派的人事實上有 317 萬 8,470 人之多，另外還有眾多被劃歸為「中右」──亦即程度較微的右派──有 143 萬 7,562 人。❷兩者合計超過 460 萬人以上。

　　不論是以中共官方所承認的 55 萬人為準，還是以媒體披露可能高達 400、500 萬人的數字為準，總之受迫害者為數龐大是不爭的事實。這些人有些由於知名度高，例如被毛澤東點名為「章羅聯盟」的章伯鈞和羅隆基，最後僅僅被撤除職務或是降低待遇，並未真正受到殘酷對待；然而絕大多數地位沒有那麼顯赫的受害者，例如《光明日報》總編輯儲安平，命運便十分淒慘，這些人往往被送往勞改場進行「勞動教養」，從事強迫性的體力勞動。❷甚至，某些際遇最悲慘的則是遭到判刑、關押，

---

❷　丁抒，《陽謀》（香港：九十年代雜誌社，1993 年增訂版），頁 279–290。

❷　（香港）《爭鳴》，2006 年 1 月號，頁 8–10。

❷　中共建國之後，原本即有「勞動改造」（勞改）的制度，用以對付反革命罪

以及被處決的命運。根據最新解密的材料顯示，反右運動中非正常死亡人數有 4,117 人。❷❸

建國初期對知識分子的整肅

嚴格來說，中共對知識分子的思想控制與政治整肅，早在反右運動之前便已出現。1942 年毛澤東在延安發動的整風運動，一方面是統一中共黨內的思想路線，確立「毛澤東思想」的指導地位；另方面因整風而發生的「王實味事件」，以及以「搶救失足者」為名在中共內部推動的審查幹部運動，結果都成為黨內的思想迫害與言論箝制。然而整風運動畢竟是中共黨內的事情，1949 年建國之後中共將思想控制手段施用在全國教育界、文藝界，造成的後果是言論上的寒蟬效應，沒有人敢隨意批評共產黨，所聽到的盡是歌功頌德。

1951 年秋天開始的「知識分子思想改造運動」（簡稱「思想改造運動」），稱得上是中共政權建立之後對知識界進行的第一次大規模思想控制行動。與同時期仍在進行中的土改、鎮反運動相比，「思想改造運動」並未以疾風驟雨式的暴力手段進行，相形之下似乎顯得溫和，然而事實上仍帶有極大的強迫性，全國中等以上學校教職員以及大學生大部分皆參加了這次的思想改造運動。❷❹「思想改造運動」雖美其名以自願為原

犯。反右運動發動之後，經毛澤東授意，1957 年 8 月 1 日中華人民共和國全國人民代表大會常務委員會通過〈國務院關於勞動教養問題的決定〉，前言中強調目的在於「把游手好閒、違反法紀、不務正業的有勞動力的人，改造成為自食其力的新人」。〈決定〉中儘管無一字提及「右派」，然而這個新創的「勞教」制度，就是為了收容「反右」運動所製造出的數十萬右派而設計的，其與原有勞改制度有相似之處，亦有某些不同，參見朱正，《1957 年的夏季：從百家爭鳴到兩家爭鳴》（鄭州：河南人民出版社，1998 年 5 月），頁 490–493。另還可參考本身曾經是勞改犯的康正果的回憶錄，康正果，《出中國記——我的反動自述》（臺北：允晨文化公司，2005 年 11 月），頁 257–259。

❷❸　（香港）《爭鳴》，2006 年 1 月號，頁 10。

則，事實上被點名參加者無人敢拒絕，而大多數人甚至「主動」要求參加改造學習。諷刺的是，運動的發起人並非共產黨，而是政治立場長期與中共十分接近的北京大學校長、著名的經濟學家馬寅初。

馬寅初曾於中日戰爭期間被國民政府逮捕，關押四年。1951 年 6 月，馬寅初出任北京大學校長，他旋即在同年 9 月 7 日寫信給政務院總理周恩來，表示他和北京大學一共十二名教授，願意響應周恩來關於改造思想的號召，共同發起「北大教員政治學習運動」，並決定敦請毛澤東、劉少奇、周恩來、朱德、董必武、陳雲、彭真、錢俊瑞、陸定一、胡喬木等中共高層官員為教師。㉕馬寅初的建議引起了中共最高領導層的興趣，最後不僅北京大學的教授們一起學習如何在共產黨領導下「改造思想」，中共還將這場運動向全國教育界、文藝界（文學、藝術、電影、戲劇等領域）推廣，成為大大小小中國知識分子在「解放」之後有計畫進行的第一場思想改造洗禮。

思想改造運動的進行方式普遍採用了共產黨在延安時代慣用的「審幹」、「整風」的作法，要接受思想改造的大學老師、大學生、中學老師，以及文化藝術界人士，先是閱讀共產黨訂頒的文件，包括馬克思、列寧的著作，毛澤東的著作，以及政府的政策文件，然後再展開「批評和自我批評」，一方面要在大會上作自我批評，亦即自我檢討，檢討自己「錯誤」的思想傾向，並公開交心願意遵照共產黨的領導，改造自己的思想。不僅如此，同時還要當著別人作自我批評的時候，提出看法，幫助朋友

㉔ 全國高等學校（含大學、各類學院）教職員的91%，大學生的80%，以及中等學校教職員的75%，都參加了這次的思想改造運動。見林蘊暉、范守信、張弓，《凱歌行進的時期》（鄭州：河南人民出版社，1989 年 12 月），頁 218。

㉕ 董必武當時為政務院副總理；彭真為中共北京市委書記兼中共中央組織部部長；錢俊瑞為教育部副部長；陸定一為中共中央宣傳部部長兼政務院文化教育委員會副主任；胡喬木長期擔任毛澤東祕書，時任中共中央宣傳部副部長。陳雲則如前文介紹，為中共中央書記處五大書記之一，並擔任政務院副總理兼中央財政經濟委員會主任。

圖 3–4：思想改造運動　1951 年 10 月《毛澤東選集》第一卷出版發行，引發知識分子學習熱潮。

或同事加強自我批評的深度。

　　這種對個人進行幾近公開羞辱的集體儀式，原本是共產黨拿來對付自己黨員幹部的一種思想控制和忠誠檢查的辦法，沒想到建國之後不久，便拿來用在教育、文化界人士身上，因為對共產黨來說，這些人是思想的創造者和傳播者，若不先箝制這些人的腦袋，那麼共產黨的教條與紀律便不能在全國教育體系和文化媒體中取得領導地位。

電影《武訓傳》批判與胡風反黨集團

　　如果單靠學習性質的思想改造運動，還不足以令知識分子意識到共產黨統治下思想箝制危機的話，那麼 1951 年 5 月發生的電影《武訓傳》事件，以及 1955 年的胡風事件，顯然足夠起到殺雞儆猴的作用，告誡那些還抱著傳統士大夫架子不放的知識分子，共產黨完全不惜以政治鬥爭的方式，打擊其自尊、貶低其地位、挫折其自信，以達成馴服這群企圖在思想上獨立於共產黨統治之外的社會菁英。

　　《武訓傳》是一部 1950 年底開始在中國各大城市放映的電影，描寫十九世紀下半葉山東省堂邑縣一位名叫武七的乞丐，靠著乞討得到的金錢興辦義學，供貧窮人家的小孩唸書的故事。電影導演孫瑜與著名演員趙丹或許原本希望藉由這部電影，揭露舊社會裡有錢有勢者對窮人的壓迫。上映初期，評論一如預期讚響有加，包括周恩來在內的中共高層領導官員看過之後亦表示讚賞。然而毛澤東憑其對於階級立場的敏銳嗅覺，很快就發現了這部電影在政治觀點上的錯誤。毛澤東親自執筆寫了一篇

〈應當重視電影「武訓傳」的討論〉的文章，以社論名義刊登在 1951 年 5 月 20 日的《人民日報》頭版，文章不僅斥責電影「宣揚了向反動的封建統治者投降的思想，否定了被壓迫人民的階級鬥爭」，而且還列舉了一大批在報刊上公開稱讚過該片的人士，表示「對於武訓和電影《武訓傳》的歌頌如此之多，說明了我國文化界的思想混亂達到了何等的程度」。

　　於是對《武訓傳》的批判成為一個全國性的政治運動，中共主管宣傳和教育的各級單位開始動員起來，召開各種討論會、學習會、座談會展開對《武訓傳》的批評，文化界人士開始意識到在共產黨統治下最好不要輕易對任何議題發表意見，至少，要先考慮到「政治立場」上的正確與否。不過在這次事件中最不幸且最無辜的，恐怕還是武訓本人，不僅被中共當局認定為「永世不得翻身的封建地主的奴才」，而且在後來的文化大革命中，還遭到掘墓鞭屍的噩運。

　　只不過對電影《武訓傳》的批判並未造成冤獄，導演孫瑜與演員趙丹在事件中並未直接受到懲罰，❷❻只是從此謹小慎微，活在極大壓力中，惟恐再觸犯政治問題。但是全國知識界與文化界人士，目睹一齣電影也可以引發政治批判，難免心驚膽顫，深自警惕未來在創作與公開發言時務必謹慎再三。然而 1955 年對胡風的批判，

圖 3-5：毛澤東〈應當重視電影「武訓傳」的討論〉　毛澤東發表社論，斥責國內文化界思想混亂，此舉造成文化、藝術也成為政治鬥爭的工具。

---

❷❻　趙丹和孫瑜日後在文化大革命中皆曾遭到鬥爭繫獄，但在 1950 年《武訓傳》事件中，未遭受類似懲罰。

可沒那麼善罷干休，此時中共在毛澤東的極力催促下已經加快腳步準備進入社會主義，新民主主義眼看即將落幕，共產黨對原本還多方攏絡的知識分子階層已不再客氣，胡風及其信徒被打成「胡風反黨集團」，遭到集體逮捕與判刑的處分。

　　胡風原名張光人，1902 年生。1929 年在日本留學期間加入日本共產黨。在 1949 年中華人民共和國建立以前，胡風在他主持的文藝刊物上大力宣揚階級革命思想，與中共站在同一陣線上反對國民黨政府。然而胡風自有他個人的無產階級文藝觀，與毛澤東為了延安整風而在 1942 年 5 月發表的〈在延安文藝座談會上的講話〉觀念不盡相同。❷❼中共建國之初由於宣稱「新民主主義」，因此對於胡風這類的「次要敵人」尚能暫時容忍。《武訓傳》事件之後不久，1952 年中共中央宣傳部在文藝界發動文藝整風，胡風被列為整風的對象，不過這一時期只是對他開會批判，還未進一步逮捕判刑，亦未牽連無辜。

　　然而胡風力圖抗辯，他在 1954 年與多位過從甚密的追隨者，合作寫了一份將近三十萬字的《關於解放以來的文藝實踐情況的報告》，簡稱「三十萬言書」，上交給毛澤東。❷❽胡風以為毛澤東等中共領導人會理解其想法，然而事實上中共此時早已一統天下，毛澤東對於異己分子的容忍度愈來愈低，1955 年 4 月，毛澤東將胡風及其跟隨者定性為「反黨集團」，由中共中宣部和國務院公安部共組專案組展開對「胡風反革命集團」的調查。因這個事件遭到調查的有二千一百餘人，一共有九十二人

---

❷❼　毛澤東 1942 年 5 月所發表的〈在延安文藝座談會上的講話〉，主旨是文藝創作必須「為工農兵服務」，然而胡風自認為文藝是獨立於政治之外的領域，這是與毛澤東的想法截然不同的價值觀。有關胡風的文藝思想，可以參考戴光中，《胡風傳》（銀川：寧夏人民出版社，1994 年 12 月）頁 216–237、295–311。

❷❽　關於胡風所寫的「三十萬言書」全文，請見胡風，《胡風三十萬言書》（武漢：湖北人民出版社，2003 年 1 月）。

圖 3-6：胡風與逮捕胡風證　胡風的文藝理論被指控偏離毛澤東思想，文藝爭論變成了政治批判，對文藝界造成巨大衝擊。

被逮捕，最後確定為「胡風集團分子」的一共有七十八人，其中六十一人受到撤職、勞改的處分。[29]而胡風本人則被判處十四年徒刑，胡風最親近的友人賈植芳與阿壟（陳守梅）均被判刑十二年。1965 年底胡風假釋出獄，不久文化大革命爆發，1969 年胡風又被逮捕，判處無期徒刑，直到 1979 年初才獲得釋放。

百花齊放　百家爭鳴

　　1956 年在中華人民共和國歷史上，代表著新民主主義階段的告終，正式跨入社會主義體制。所謂的社會主義體制，意謂生產資料私有制的終結，全國各種產業，包括農業、工商業、手工業，全面推行國有制或集體所有制（統稱「公有制」）。在農村，農業合作化的速度一日千里，

[29]　這些數字係依照中共官方公布的內容，實際上受到迫害的人數，以及受迫害的程度，都要遠遠超過。例如胡風家鄉湖北省蘄春縣，曾經為了調查胡風反革命集團案，將全縣所有語文教師都停職反省一年，要他們交待與胡風的關係。見戴光中，《胡風傳》，頁 332。

到 1956 年底幾乎全中國所有農戶都加入了所謂的「農業生產合作社」，其中 88% 更組成了「高級社」。農業的社會主義改造大體完成。私營工商業的社會主義改造，正如上一節所述，亦在這一年年初戲劇性大功告成。而最後一項手工業的社會主義改造，也在 1956 年底大體完成，傳統作坊裡的師傅與徒弟，如今統統被納編進屬於其行業的合作社裡，一律稱為社員，不再使用師徒稱謂。這「三大改造」工作的完成，讓毛澤東頗為躊躇滿志，他在該年 4 月 25 日中共中央政治局的擴大會議上，發表了一篇〈論十大關係〉的講話，全面縱論了政治、經濟、外交、國防等各方面的問題，用意在於提出一個未來國家大政的發展方向。

接下來幾天政治局擴大會議討論毛澤東的這篇講話時，毛對於未來該如何對待學術研究與藝術創作，提出了一個原則性的看法，他歸納為：「藝術問題上百花齊放，學術問題上百家爭鳴」。於是「百花齊放，百家爭鳴」這八個字，遂成為中國共產黨為慶祝跨入社會主義，準備送給知識界、文藝界的一份大禮，簡稱「雙百方針」。只不過，這種口頭文章能夠給予知識和文藝界的創作者什麼樣的鼓舞？其實十分有限。前數年才發生過對《武訓傳》的批判和胡風事件，大家仍驚魂未定，果真按毛澤東指示進行「百家爭鳴」，誰也不敢保證共產黨不會秋後算帳，萬一坐實成為反革命，下場說不定和胡風一樣淒慘。萬全之計，還是保持緘默。因此毛澤東雖然要中共中宣部長陸定一公開對知識界和文化界人士再次宣傳雙百方針，然而引起的回響仍十分有限。

然而情勢變化往往出乎人意料之外。1956 年一整年國際情勢與中國國內情勢瞬息萬變，先是該年 2 月 25 日蘇共第一書記赫魯雪夫在蘇共第二十次全國代表大會期間召開了一場祕密會議，宣讀了一篇批判已故蘇共總書記史達林的講稿。赫魯雪夫的演講經西方媒體披露之後，在共產集團內部引起極大震撼，中共領導層對於史達林遭赫魯雪夫鞭屍，頗不以為然，這起事件並成為日後中蘇齟齬的開端。

這一年（1956 年）夏天，波蘭爆發大規模工人示威，事件導致曾經

受過史達林迫害的波共實力派人物哥穆爾卡 (Wladyslaw Gomulka, 1905～1982) 上臺,波蘭自此逐漸擺脫蘇聯的控制。同年 10 月,匈牙利亦出現大規模示威遊行,首都布達佩斯有二十萬人上街頭抗議共產黨的統治,向來主張走獨立路線的前總理納吉 (Imre Nagy, 1896～1958) 被群眾擁戴再度出任總理,然而親蘇聯的政治人物則另立工農革命政府,請求莫斯科派兵鎮壓。11 月 4 日蘇聯揮軍攻入布達佩斯,事件造成數萬人傷亡。納吉躲入南斯拉夫大使館,後遭蘇聯逮捕,被送往羅馬尼亞監禁,不久再送回布達佩斯受審,並被處決。❸⓿

　　波蘭和匈牙利發生的問題,加上赫魯雪夫鞭屍史達林,給予毛澤東相當警惕,他認為即使完成社會主義改造,國內仍然可能出現動亂,這種動亂,因素有可能來自於黨內的叛徒,也有可能出於黨外的敵人。1956 年中國共產黨順利在中國實現了社會主義,毛澤東原本期望以〈論十大關係〉為起點,擘畫新國家的遠景,然而莫斯科和東歐接二連三發生的事故,讓毛澤東轉移了注意力,決定先整肅身邊可能出現的異己再說。

　　1956 年 9 月中共召開第八次全國代表大會,這次大會在劉少奇與鄧小平聯手下,對黨章作了重要的修改,將「毛澤東思想」字眼從黨章中刪除。這個舉動顯然觸怒了毛澤東,尤其坐實了毛澤東擔心身邊出現叛徒的憂慮。然而對於這回打著「不搞個人崇拜」訴求的黨章修改,毛也沒有什麼理由表示反對。毛澤東顯然極度不滿主持黨務、政務的幹部愈來愈不尊重他,某些重大決策的執行不先問問他的意見。尤其是完成社會主義之後應該施行什麼樣的工、農業政策,毛澤東與劉少奇、周恩來這兩大黨政主管有相當不同的看法。❸❶毛澤東亟欲奪回政策主導權,他想出的藉口是黨內幹部官僚主義作風嚴重,有必要來一次「整風」,毛事

---

❸⓿　有關蘇共二十大批判史達林,以及 1956 年波蘭和匈牙利事件,參考本書第四章第三節詳述。

❸❶　相關細節請見第四章第一節詳述。

實上想藉著整風奪回經濟決策權。然而光憑共產黨「關起門」來整風，毛擔心效果不彰，恐怕無法在黨內造成足夠壓力，於是他動腦筋嘗試引進外力，幫共產黨進行自我批評。何況受到蘇聯、波蘭、匈牙利事件的影響，此時毛澤東也亟於對廣大的知識分子進行一次忠誠考核，以了解知識界中到底潛伏有多少異己分子。這雙重目標結合在一起，竟然讓毛澤東動念先利用知識分子幫忙整黨，最後再看情況整肅公然反對共產黨的知識分子。 ❸❷

王蒙與劉賓雁

1956 年 5 月「雙百方針」正式由中共中宣部長陸定一向知識文藝界公開發表之後，除了中宣部設法在 8 月和 10 月邀請科學界和文藝界人士辦了兩場座談會之外，全中國數百萬知識分子，大家寧可選擇噤聲不語。因為沒有人知道中共誠意究竟多少，所有人都擔心秋後算帳。

最後打破這個沉悶局面的，是一位年僅二十二歲的初生之犢——王蒙。他的一篇短篇小說〈組織部新來的青年人〉刊在《人民文學》1956年 9 月號，由於直言譏諷中共黨組織的官僚作風與不分是非，立即成為文化界、評論界爭相討論的焦點。尤其由韋君宜主編的《文藝學習》雜誌，從 1956 年第 12 期開始，連續刊登針對〈組織部新來的青年人〉的評論文章二十五篇，一共進行了四期。《文藝學習》是中國作家協會轄下的刊物之一，以青年文學愛好者為閱讀對象，主要刊登文學評論和文史知識類的文章。在《文藝學習》的全力吹捧下，王蒙瞬間暴紅。韋君宜日後回憶，當時她全力組織文章討論〈組織部新來的青年人〉，以為這是

---

❸❷ 有關毛澤東何以在 1956～1957 年發起「雙百方針」和反右運動，歷史學界其實各有許多不同的解釋。對於前人作品的檢討，以及作者本人所採取看法，請見李福鐘，〈關於「反右」起因的若干疑點與商榷——1956 年至 1958 年中共政局再思考〉，（臺北）《國立政治大學歷史學報》，第二十七期，2007 年 5 月，頁 43-98。

按照毛主席黨中央的意見行事，就像「雙百方針」所要求的，反對的是官僚主義。❸

　　而刊登〈組織部新來的青年人〉的《人民文學》，主編為秦兆陽。1956 年 1 月他被任命為中國作家協會機關刊物《人民文學》的主編，隨即放手準備將《人民文學》辦成真正具有影響力的第一流刊物，要有自己的理論主張，要不斷推出新人作品。早在「雙百方針」尚未公布的 1956 年 4 月，秦兆陽就在《人民文學》上刊登當時任職《中國青年報》記者劉賓雁的短篇小說〈在橋樑工地上〉，秦兆陽並親自加上編者按：「我們期待這樣尖銳提出問題的批評性和諷刺性的特寫已經很久了。」之後秦兆陽再向劉賓雁邀稿，於是劉賓雁的另一篇代表作〈本報內部消息〉刊登在《人民文學》7、8 月的合刊號上。年方三十一歲的劉賓雁的這兩篇作品，主旨都在於抨擊中共黨機關內部陳腐的官僚作風。

　　可以說，「雙百方針」公布之後，最先衝決網羅的，不是望重士林的學者專家或是文藝耆宿，而是兩位名不見經傳的年輕人。劉賓雁和王蒙的作品引起熱烈討論，接下來電影圈也自發地站出來批評中共官方的電影政策。上海《文匯報》在總編輯徐鑄成的主導下，從 1956 年 11 月 14 日起連續三個半月，一共刊登了五十餘篇文章，檢討「為什麼國產電影不受歡迎」這個問題，包括著名作家老舍、知名演員石揮、上官雲珠、導演鄭君里、孫瑜、陳鯉庭等人，都參與了這場討論。文藝界、電影界挺身而出響應「雙百方針」，這才造成了一股聲勢。及至 1957 年伊始，中國知識界開始有人聞風而動，誤以為也許這一次在毛澤東的號召下，中國共產黨真的打算開誠布公，察納雅言。許多人按捺不住，紛紛站出來仗義直言。

---

❸　韋君宜，《思痛錄》（北京：北京十月文藝出版社，1998 年 5 月），頁 40。

知識分子的早春天氣

　　文藝界或電影圈揭竿而起，尚不符合毛澤東的心意，他期待有更重量級的人士自投羅網，最好能將批評的矛頭導向政治方面，那麼反擊的時候，便能順理成章以政治手段處理。

　　1957 年 2 月 27 日，毛澤東在最高國務會議上發表了長篇講話〈關於正確處理人民內部矛盾的問題〉，毛在講話中重申了十個月前他所提出的「百花齊放，百家爭鳴」方針，他說：「凡屬於思想性質的問題，凡屬於人民內部的爭論問題，只能用民主的方法去解決，只能用討論的方法、批評的方法、說服教育的方法去解決，而不能用強制的、壓服的方法去解決。」他還說：「馬克思主義者不應該害怕任何人批評。……實行百花齊放、百家爭鳴的方針，並不會削弱馬克思主義在思想界的領導地位，相反地正是會加強它的這種地位。」毛澤東同時保證，共產黨和民主黨派的關係應該是「長期共存、互相監督」。

　　一個星期後共產黨召開了全國宣傳工作會議，毛澤東再次在會上號召非共產黨的各民主黨派人士勇敢向共產黨提意見，幫助共產黨整黨。全國各大小報紙開始轉載毛澤東的講話，不少政府官員亦公開呼籲要求知識分子將自己真正的想法表達出來。中共官方媒體，尤其是扮演共產黨喉舌的《人民日報》也開始積極鼓吹雙百方針。經過再三的慫恿催促，某些具有高知名度的民主黨派人士終於壯起膽子，開始表達對共產黨執政七年多來的不滿。先是中國民主同盟中央常委、民族學院副院長費孝通在 1957 年 3 月 24 日公開發表了一篇〈知識分子的早春天氣〉，批評建國以來學校領導普遍不重視研究，雖然中共鼓勵知識分子百家爭鳴，然而知識分子普遍對政治感到害怕，「心裡熱，嘴卻還是很緊，最好是別人爭，自己聽」，「怕是個圈套，搜集些思想情況，等又來個運動時可以好好整一整。」

　　費孝通的疑慮事後證明一點不假，毛澤東就是要引蛇出洞，就是要

讓所有牛鬼蛇神自動現身。1957 年 4 月 27 日中共中央發出〈關於整風運動的指示〉，邀請「非黨員」參加中共的整風，〈指示〉中還允諾放手鼓勵批評，堅決執行「知無不言，言無不盡，言者無罪，聞者足戒，有則改之，無則加勉」的原則。為了貫徹黨中央指示，中共中央統戰部從 5 月 8 日到 6 月 3 日陸續召開了十三場各民主黨派負責人和無黨派人士參加的座談會，鼓勵大家發言批評共產黨。會議由統戰部長李維漢主持。民盟副主席、同時也是全國政協副主席章伯鈞 5 月 21 日發言表示：「我看政協、人大、民主黨派、人民團體，應該是政治上的四個設計院。……一些政治上的基本建設，要事先交給他們討論，三個臭皮匠，合成一個諸葛亮。現在大學裡對黨委制很不滿，應該展開廣泛的討論，制度是可以補充的」，「鎮反、三反、肅反中的遺留問題，黨和政府應該下決心，檢查一下。」

　　隔天（5 月 22 日），民盟另一位副主席羅隆基更尖銳地表明了對建國以來各次激烈的政治運動的不滿，他說，要保證在百家爭鳴過後不會受到報復，「具體方案，就是由人民代表大會，和政治協商會議成立一個委員會，這個委員會不但要檢查過去三反、五反、肅反運動中的偏差，它還將公開聲明，鼓勵大家有什麼委屈都來申訴」，「在過去運動中受了委屈的，要給他們平反，就可以使他們減少同黨和政府的隔膜。」

　　然而整個大鳴大放期間，最一針見血的言論，要數《光明日報》總

圖 3-7：章伯鈞遭批鬥　章伯鈞主張成立政治設計院，在反右中被打為右派之首。1978年後，右派人士陸續遭到平反，但章伯鈞、羅隆基、儲安平等人卻是「只摘帽子，維持右派原案，不予改正」。

編輯儲安平對共產黨的批判，他直指中共搞的就是「黨天下」。在 6 月 1 日統戰部召開的座談會上，儲安平以〈向毛主席和周總理提些意見〉為題，表示：「領導國家並不等於這個國家即為黨所有；大家擁護黨，但並沒忘了自己也還是國家的主人」，「但是在全國範圍內，不論大小單位，甚至一個科一個組，都要安排一個黨員做頭兒，事無鉅細，都要看黨顏色行事，都要黨員點了頭才算數，這樣的做法，是不是太過分了一點？」「黨這樣做，是不是『莫非王土』那樣的思想，從而形成了現在這樣一個家天下的清一色局面？」「這個『黨天下』的思想問題是一切宗派主義現象的最終根源，是黨和非黨之間矛盾的基本所在。」

章伯鈞的「政治設計院」，羅隆基的「平反委員會」，以及儲安平對「黨天下」的指控，並稱為中國「右派」的三大「反動」理論。❸❹

僅僅 1957 年 5 月間，至少有三萬名知識分子對執政的中國共產黨提出各式各樣的諫言。尺度愈來愈大膽，批評也愈來愈尖銳。

陽　謀

究竟毛澤東什麼時候決定從「整黨」轉向成為「反右」，是一個反右運動過程中非常關鍵卻又難解的謎團。中共官方的標準說法是毛澤東原本誠心誠意要知識界菁英提供意見，以便共產黨援引為他山之石，認真地整頓一下黨內的官僚主義作風。只不過大鳴大放的結果，許多攻擊共產黨一黨專政的言論紛然沓至，甚至某些嚴重傷害毛澤東自尊心的言論都出籠了，❸❺毛澤東驚覺必須和黨內其他同志聯手對付這些不自量力的知識分子，於是才爆發了反右鬥爭。❸❻依照這種說法，毛澤東從原本懷

---

❸❹　章詒和，《最後的貴族》（香港：牛津大學出版社，2004），頁 302–303。

❸❺　羅隆基曾經批評共產黨的領導是「小知識分子領導大知識分子」，據說這句話讓毛澤東十分不悅。

❸❻　這一說法根據的主要是中共官方所公布的各項文件，以及一些當事人的回憶錄，包括當時擔任統戰部長的李維漢，以及並未直接參與事件的薄一波事後

抱「整黨」初衷改變成為引蛇出洞的「陽謀」，轉捩點必然是 1957 年 5月 15 日之前的那幾天。因為 5 月 15 日毛澤東正式將一篇題為〈事情正在起變化〉的文章於黨內高層間傳閱，文章聲稱要將冒出頭的「右派」當成毒草鋤掉，這是毛澤東決定開始「反右」的訊號。而不久前 4 月 27日中共中央才剛發出上述的〈關於整風運動的指示〉，極盡謙和地邀請民主黨派人士幫忙整黨。從 4 月 27 日到 5 月 15 日，間隔才十八天！而且，中共中央統戰部邀請各民主黨派人士參加座談會，是 5 月 8 日開始的，距離 5 月 15 日「陽謀」正式發動，才一星期。毛澤東真的在短短幾天的時間內，從虛心接受批評，到變臉決定砍鋤「毒草」嗎？

　　曾在反右鬥爭中淪為右派，1980 年代擔任過中國社會科學院副院長的李慎之，就認為雄才大略如毛澤東，不可能如此沉不住氣，那些認為毛受了知識分子批評於是憤而整人的觀點，太低估了毛澤東。❸❼ 反右中被毛澤東點名走資產階級路線並充當反動派喉舌的上海《文匯報》，其總編輯徐鑄成亦在回憶錄中認為，運動完全是「有領導、有計畫」進行的，而且早就作了精心的安排。❸❽

　　無論如何，毛澤東確實在運動發起之後，洋洋得意宣稱這根本就是個「陽謀」。由他執筆的 7 月 1 日《人民日報》社論〈文匯報的資產階級方向應當批判〉中說：「有人說，這是陰謀。我們說，這是陽謀。因為事先告訴了敵人：牛鬼蛇神只有讓它們出籠，才好殲滅它們，毒草只有讓它們出土，才便於鋤掉。」「讓魑魅魍魎，牛鬼蛇神『大鳴大放』，讓毒草大長特長，使人民看見，大吃一驚，原來世界上還有這些東西，以便動

　　的回憶。關於這方面的論證，參考朱正，《1957 年的夏季：從百家爭鳴到兩家爭鳴》，頁 82–94。另外當時擔任毛澤東保健醫師的李志綏，雖然說法略有出入，亦抱持類似的觀點，見李志綏，《毛澤東私人醫生回憶錄》，頁 187–190。

❸❼　李慎之，《風雨蒼黃五十年——李慎之文選》（香港：明報出版社，2003 年 7月增訂版），頁 119。

❸❽　徐鑄成，《徐鑄成回憶錄》（北京：三聯書店，1998 年 4 月），頁 411。

手殲滅這些醜類。」

5月15日毛澤東把〈事情正在起變化〉一文正式在黨內高層間傳閱，顯示反右運動即將展開，不過此時各種由中共官方動員起來的「鳴放」座談會仍如火如荼進行中。6月8日，《人民日報》刊出社論〈這是為什麼?〉，同一天毛澤東在黨內發出一件指示〈組織力量反擊右派分子的猖狂進攻〉，反右鬥爭正式揭幕。

反右運動之所以被毛澤東戲稱為「陽謀」，就是因為共產黨正是依據大鳴大放期間各人的言論，進行「秋後算帳」。那些曾經在共產黨召開的大大小小座談會上高談闊論，或是在報紙上，特別是《光明日報》和《文匯報》，寫過文章批評共產黨的，無疑等於跳入共產黨設好的陷阱中，無一倖免，盡皆成了反右運動發起之後自投羅網的獵物。而最可怕的，是共產黨藉著政治運動的風潮，鼓勵密報，檢舉在鳴放期間曾私下發過牢騷，或是不經意流露出個人意見者，一時間人人自危，百口莫辯。由於反右鬥爭是以知識分子階層為目標，因此在運動發起後，各類知識分子集中的部門，像是學術機構、各種文化藝術團體、各級學校，尤其是政協的各民主黨派，都成了檢查清理的重點單位，紛紛召開另一種形式的座談會，這次不是為了讓與會者暢所欲言，而是成了表態與鬥爭的大會。章伯鈞與羅隆基或許被中共視為指標性的人物，懲處太過嚴厲反而曝露共產黨的心胸狹小，因此兩人只是遭到降級與監控的下場，並未淪落成為階下囚。然而在反右運動中滅頂的其他五十五萬人，或者甚至高達三、四百萬人，大多數下場皆十分淒慘，輕者降職流放，情節較重者發送勞動教養，某些最嚴重的則遭判刑囚禁，有些地方甚至出現以反革命罪名處決右派分子的事例。而且1966年文化大革命爆發之後，這群被戴上右派帽子的知識分子再次成為政治鬥爭的箭靶，普遍遭到無情的精神與肉體的折磨。

反右運動中其實還有一類受害者，就是自殺的人。自殺者並不全都是遭受批鬥的右派分子，某些右派分子受不了批鬥而選擇自殺，或是親

人被劃為右派禁不起打擊以死解脫，這些或許還不難理解。不過另有一種人，他們原本是具有崇高理想的知識分子，中華人民共和國的建立讓他們懷抱著一種道德上的理想主義，然而反右運動殘酷的政治現實，使這群熱血青年迅速幻想破滅，其中有個特別極端的例子竟義無反顧選擇自殺。作家黃秋耘在他的回憶錄中便提到過這樣一個例子，一位《北京日報》的年輕記者戚學毅，在反右運動中一點問題也沒有，只因在批鬥劉賓雁的大會上不願隨意附和揭發，於是就在批判會現場從高樓上跳了下去。他在死前向朋友表示，「我讀過黃秋耘那篇〈鏽損了靈魂的悲劇〉，我可不願意自己的靈魂受到鏽損，帶著鏽損了的靈魂而活下去是沒有意思的！」黃秋耘不禁為此感歎：「我那篇一千多字的散文就血淋淋地殺死了一個可愛的青年！」❸❾

　　上文提到的當時上海《文匯報》總編輯徐鑄成，也有類似的記憶，他提到反右運動中《文匯報》因受到毛澤東親自點名，成了眾矢之的，報社內遭殃而選擇自殺的，先後有十幾位，其中有一位梅煥藻，被新任總編輯找去，要他表態，梅煥藻只說了一句：「徐鑄成成為右派，我思想有些不通」，隨即受到圍剿，要他公開作出交代，梅煥藻走出會場，上了屋頂，就跳樓自殺了。❹❶

　　反右鬥爭不僅讓共產黨統治下的中國知識分子，從此萬馬齊喑，而且還讓中華人民共和國建國之後迅速褪色的理想，完全破滅。建國初期為安撫資產階級而宣傳的「公私兼顧、勞資兩利」，隨著新民主主義的落幕成了空言；鳴放期間為了引誘民主黨派人士與廣大知識分子說出真心話所鼓吹的「長期共存、互相監督」，在反右鬥爭發動後，竟成為莫大反諷。

---

❸❾　黃秋耘，《風雨年華》（北京：人民文藝出版社，1983），頁 182。

❹❶　徐鑄成，《徐鑄成回憶錄》，頁 415–416。

大躍進時期，工人慶祝
全國鋼鐵產量達成目標

第四章

社會主義的高潮與低潮

第一節　大躍進與大饑荒

「反冒進」與中共八大

1957 年之所以發生「反右鬥爭」，從中共黨內路線鬥爭的角度來看，不是沒有道理的。1955 年下半年毛澤東曾經發起一波社會主義建設的高潮，❶為此他還編寫出版了一本多達九十萬字的《中國農村的社會主義高潮》，❷鼓吹農村必須加快集體化腳步，不僅要鞏固已經組建起來的農業合作社，最好還能進一步合併為「大社」。然而以周恩來為首的行政部門，不僅對毛澤東的強烈企圖置若罔聞，甚至在 1956 年上半年刻意發動了一波「反冒進」（意指「反對急躁冒進」）的行動。周恩來這次聯合了劉少奇，從年初起便在國務院的多次會議上耳提面命希望經濟計畫的制訂要講究客觀平衡，不要隨便加快速度、頭腦發熱，否則原物料的生產跟不上建設速度，只會形成浪費。劉少奇更對中共中央宣傳部下達命令，要求《人民日報》登一篇社論，宣傳「反冒進」。《人民日報》這篇社論 1956 年 6 月 20 日刊出，題為〈要反對保守主義，也要反對急躁情緒〉，刊出前曾送毛澤東審閱，毛在稿子上寫了四個字：「我不看了」，退還給祕書。毛澤東顯然為劉、周聯手忤逆他的意志而憤憤不平，在 1958 年 1 月的南寧會議上，❸毛澤東還特別提出這件事，指：「罵我的東西我為什

---

❶　請參見本書第三章第二節。

❷　中共中央辦公廳編，《中國農村的社會主義高潮》（北京：人民出版社，1956 年 1 月）。

❸　有關南寧會議，詳本節頁 196。這次會議對促成 1958 年的大躍進運動具有關鍵影響。

麼要看。」

從 1956 年 9 月中國共產黨召開第八次全國代表大會，到該年 11 月中共八屆二中全會舉行，是劉少奇、周恩來「反冒進」政策的執行期間。在這幾個月裡，毛澤東顯然一方面靜觀其變，另方面則策劃著如何翻轉局勢。他在這一年 5、6 月間利用在廣州、長沙、武漢巡視之便，於珠江、湘江、長江數度下水游泳。看似餘興玩耍，其實處處充滿玄機，用意似在向北京的黨政高官們示威，顯示自己對於北京發生的種種，毫不在乎、談笑用兵。他在三度下水游長江之後，填了一闋〈水調歌頭——游泳〉的詞：

才飲長江水，又食武昌魚。萬里長江橫渡，極目楚天舒。不管風吹浪打，勝似閑庭信步，今日得寬餘。子在川上曰：逝者如斯夫。
風檣動，龜蛇靜，起宏圖。一橋飛架南北，天塹變通途。更立西江石壁，截斷巫山雲雨，高峽出平湖。神女應無恙，當驚世界殊。

據毛澤東醫師李志綏的看法，這闋詞根本就是毛澤東對於劉、周「反冒進」政策的批判。❹

由劉少奇與周恩來所主導的中共八大，不僅在經濟政策上堅持發展速度要合理、計畫制訂要穩妥可靠，而且在修改黨章過程中將七大時寫入黨章與馬列主義並列的「毛澤東思想」等字眼刪除，同時強調了要反對個人崇拜。對於這些動作，毛澤東採取了隱忍不發的姿態。比較不尋常的是，身為黨主席，毛澤東在這場距離上一次黨大會已經十一年的重要會議上，竟然沒有作什麼重要演講，只是象徵性致了開幕詞。他在開幕詞中令人捉摸不透地放進了兩句話：「虛心使人進步，驕傲使人落後」。

八大之後的情勢發展正如上一節所介紹的，毛澤東在 1957 年 2 月 27 日發表了〈關於正確處理人民內部矛盾的問題〉的長篇講話，雙百方

❹ 李志綏，《毛澤東私人醫生回憶錄》，頁 159。

針開始如火如荼推展，然後 6 月 8 日起一場整肅知識分子的運動便鋪天
蓋地而來。引蛇出洞的「陽謀」是毛澤東臨時起意的嗎？顯然不是，相
反的，一開始毛澤東便想利用反右，來爭取政治上的主控權，以反右的
勝利獲取更多決策發言權。果不然，知識分子大鳴大放給執政的共產黨
一次極大的震撼教育，而毛澤東適時地掌握局勢，領導全黨同志擊退了
「資產階級右派的猖狂進攻」。毛成功地提醒了黨內同志，雖然中國已經
一隻腳跨入了社會主義，然而在社會主義完全建立起來以前，也就是所
謂的「過渡時期」，無產階級和資產階級之間的階級鬥爭，仍然是國內的
主要矛盾。事實上，毛澤東等於以反右鬥爭，否定了由劉少奇所主導的
中共八大的主要決議。❺ 這看起來極細微的政治動作，卻讓毛澤東得到
了反擊劉少奇與周恩來的機會。毛澤東在緊接而來的 1957 年 9 月中共八
屆三中全會上，終於取得了主動出擊的機會。毛澤東開始著手批評「反
冒進」。

鼓足幹勁　力爭上游　多快好省

中共八屆三中全會與中共八大相距一年，然而政治情勢與黨內氣氛
已截然不同。八大召開時毛澤東只簡短發表一個開幕詞，彷彿在這個隔
了十一年才召開的全國黨代表大會上，他只是個旁觀者。然而八屆三中
全會上，毛澤東意氣風發地發表了長篇演講，題為：〈做革命的促進派〉。
毛澤東一開始就稱讚：「這次會議開得很好」，他說這樣的會恐怕有必要
一年開一次，「去年這一年沒有開，就吃虧，來了一個右傾」。這些話明
顯針對劉少奇和周恩來而說，聽來相當刺耳，因為八大和八屆二中全會
都是 1956 年開的，兩次會議主軸都在「反冒進」，才不過一年時間，經
歷反右鬥爭之後，便被毛澤東指責為「右傾」。

---

❺　1956 年的中共八大決議，曾出現以下這個論斷：「我國的無產階級同資產階級
　　之間的矛盾已經基本上解決」。毛澤東試圖藉由反右，證明無產階級與資產階
　　級之間的鬥爭，仍是國內的主要矛盾。

　　不過毛澤東這篇講話的最主要重點，還在於重提階級鬥爭，同時否定八大決議文的內容。他說：「『八大』決議上有那麼一段，講主要矛盾是先進的社會主義制度同落後的社會生產力之間的矛盾。這種提法是不對的。」「無產階級和資產階級的矛盾，社會主義道路和資本主義道路的矛盾，毫無疑問，這是當前我國社會的主要矛盾。」「革命已經轉到社會主義革命，我們幹的就是社會主義革命這件事。……這是尖銳的階級鬥爭。」

　　毛澤東既然斷定「先進的社會主義制度同落後的社會生產力之間的矛盾」這個說法不對，他的反駁辦法就是企圖證明社會主義制度下「社會生產力」不是「落後的」，而是「先進的」。於是毛澤東放手一搏，發動一場大規模的經濟「躍進」，以「躍進」來反駁任何對他「冒進」的指控。❻1958 年伊始，毛澤東藉著接二連三的黨內會議，醞釀被他稱為「大躍進」的一項大膽經濟路線。

　　首先登場的是 1 月的南寧會議。南寧是廣西自治區首府，自 1957 年12 月之後，毛澤東藉著前往南方巡視的名義，多次在華東、西南陸續召集有省、市地方官員參加的中央會議，目的在於援引地方聲音以壓制來自北京的技術官僚群。南寧會議上毛澤東聲色俱厲地對曾經執行「反冒進」的多位財經主管官員進行批判，包括周恩來、薄一波、李先念等，都受到嚴厲譴責。主管經濟工作的副總理陳雲雖然請了病假未出席，卻也遭到毛澤東點名攻擊。

　　接著毛澤東在 1958 年 1 月底召集和主持了一場最高國務會議，會上毛澤東重申了他從 1957 年 11 月訪問蘇聯之後便念茲在茲的「超英趕美」計畫，他在會上重提要以十五年時間趕上英國，指出十五年後要搞四千萬噸鋼、五億噸煤，和四千萬千瓦電力。他還說：「十五年趕上英國，我看完全可能。十五年就看今年開始的這五年，第二個五年計畫❼就看前

❻　「躍進」一詞最早出現在 1957 年 11 月 13 日的《人民日報》社論中，毛澤東
　　認為這個詞比「冒進」好，因此稱自己是「躍進」而非「冒進」。

三年，三年就看頭年，頭年就看頭月。」事實上，1957 年中國實際的鋼鐵產量才 535 萬噸，十五年後（1972 年）要增加成為四千萬噸，表示每年必須以將近 15% 的速度成長。這個數字確實略為偏高，不過尚未完全瘋狂。

　　3 月 8 日至 26 日，毛澤東繼續在成都召開中央工作會議，這個會議的主要工作之一，是討論即將於 5 月召開的中共八屆全國代表大會第二次會議的工作報告。一屆黨代表大會召開第二次會議，這在中共黨史上還是頭一遭，之後也未再發生過。由此可以看出毛澤東對 1956 年 9 月中共八大（第一次會議）多麼不滿，非得另開一次全國黨代表大會來否決上一次的大會不可。成都會議上，毛澤東為他即將發動的「大躍進」擬定了一個響亮口號，共十九個字：「鼓足幹勁、力爭上游、多快好省地建設社會主義」，他並把這十九個字稱作「社會主義建設總路線」，簡稱為「總路線」。❽

　　1958 年 5 月 5 日，中共八大第二次會議正式登場，仍像兩年前一樣，工作報告由主持日常黨務工作的劉少奇宣讀。劉少奇在報告中言必稱毛澤東，並用極大篇幅說明制定總路線的必要性和正確性。只不過短短兩年，劉少奇迫於形勢，論點已作了一百八十度的轉變，前後判若兩人。

　　然而會議最大的驚奇，仍然來自於毛澤東。不同於八大第一次會議的低調，這次毛澤東發表了多次講話，而且受到某些地方官員所提供的不實工、農業成長數字的鼓舞，毛澤東一改他原先所設想的十五年趕上英國的說法，重新修正他「超英趕美」的預定時程：「如果五年達到四千萬噸鋼，可能七年趕上英國，再加八年就能趕上美國」。五年後（1962 年）達到年產四千萬噸鋼，也就是從 1958 年起，每年鋼產量的成長數字都得在 50% 以上。對於這種天方夜譚式的成長速度，毛澤東卻深信不

❼　第二個五年計畫（「二五」）預計執行期間是 1958 年至 1962 年。

❽　1953 年亦曾出現過一個總路線，不過全稱是「過渡時期總路線」。參考本書第三章第二節。

圖 4-1：1958 年「超英計畫」的宣傳海報

疑，他認為只要全中國六億人口都跟隨他呼喊「鼓足幹勁、力爭上游、多快好省」的口號，再不可置信的事情都可能發生。他甚至認為這是「解放思想，破除迷信」。大躍進至此完完全全變成一場群眾運動，毛澤東不僅以群眾運動進行階級與政治鬥爭，他同時還毫不遲疑地以群眾運動進行經濟建設。

三面紅旗

別以為毛澤東「超英趕美」的野心只會停留在 50% 的成長速度上。八大第二次會議是 1958 年 5 月召開的，之後的一個月裡，各種有關工、農業都將大幅成長的樂觀報告陸續送到毛澤東手上，讓他不禁有些飄飄然起來，這類的形勢報告，並不完全只是地方官員為求表現而捏造的，連原本保守持重的中央財經官員，這時都紛紛逢迎上意，跟著大吹法螺。於是毛澤東開始覺得七年趕上英國還嫌太慢，6 月 21 日他在軍委會議上說：「我們三年基本上超過英國，十年超過美國，有充分把握」。隔天，毛澤東在看完一份由副總理薄一波所上呈的報告之後，信心滿滿地批示：「超過英國，不是十五年，也不是七年，只需要兩年到三年，兩年是可能的。這裡主要是鋼。只要 1959 年達到 2,500 萬噸，我們就鋼的產量上超過英國了。」❾到了這個地步，毛澤東所設想的成長數字就不是 50% 這麼保守了，而是以每年百分之百以上的速度成長。

有趣的是薄一波在該年年初南寧會議上還因為「反冒進」而被毛澤

❾ 中共中央文獻研究室編，《建國以來毛澤東文稿（第七冊）》（北京：中央文獻出版社，1992 年 8 月），頁 278。

東痛批，只不過五個月時間，薄一波很快便懂得如何取悅毛澤東，他在這份報告中樂觀估計，1959 年中國主要工業產品的產量，除電力外，都將超過英國的生產水平。毛澤東批發這個報告時，乾脆將題目改為〈兩年超過英國〉。

　　毛澤東既然下定決心鋼鐵產量必須在 1958 年內完成百分之百成長，接著便試圖透過黨內會議，將它貫徹為全黨任務。1958 年 8 月 17 日至 30 日在河北省秦皇島市郊的避暑勝地北戴河所召開的政治局擴大會議，目的便在於正式確立 1958 至 1959 年的鋼鐵和糧食產量。會議大膽估計 1958 年糧食產量將達到六千億至七千億斤，比 1957 年成長 60% 至 90%，憑著這樣的樂觀預測，會議得出全國農業問題已基本解決的結論，因此全黨工作必須轉移到工業上。會議決定 1958 年鋼鐵產量必須在 1957 年五百三十五萬噸的基礎上成長 100%，達到一千零七十萬噸，同時規定 1959 年的糧食、鋼鐵產量指標分別為：糧食達到八千億至一萬億斤，鋼鐵產量達到二千七百萬噸至三千萬噸。

　　不僅如此，北戴河會議還通過了〈關於在農村建立人民公社問題的決議〉，指出在農村成立人民公社具有「必然性」，試圖以人民公社的形式，向「全民所有制」過渡，亦即農民也將像國營工廠職工一樣，改按勞分配為按勞取酬，將人民公社設計成為一種結合「工、農、商、學（文化教育）、兵（民兵，即全民武裝）」等全方位功能的社會基層組織，從而摸索一條過渡到共產主義社會的具體途徑。

　　北戴河會議之所以高度樂觀地對未來幾年工業與農業的成長抱持信心，原因在於中共領導層普遍相信 1958 年如雨後春筍般在農村建立起來的人民公社，將可以完全解決糧食問題，而且糧食還將「多到吃不完」。毛澤東在 1955 年與鄧子恢爭論農村集體化速度應該加快時，❿ 為了證明自己的看法正確，曾蒐集大批材料，編輯出版了一套《中國農村的社會主義高潮》。書中毛澤東斬釘截鐵指出「大社」具有優越性，他說：「小

❿　相關內容請參考本書第三章第二節。

社人少地少資金少，不能進行大規模的經營，不能使用機器。這種小社仍然束縛生產力的發展，不能停留太久，應當逐步合併。」不過毛澤東此時還不能確定「大社」的規模究竟該多大，是一鄉併為一社，還是幾鄉併為一社，或是一鄉底下分為幾個社。而且，這時「人民公社」的名稱還未出現，遑論具體作法。

然而到了1958年「反反冒進」政治風向既定，3月成都會議上通過一項有關鼓勵小型農業合作社併為大社的決議，4月12日《人民日報》頭版頭條新聞以〈聯鄉併社發展生產力〉為題，大肆報導了福建省閩侯縣的併社經驗。最高領導層的意向既經媒體披露，遂由此掀起全國爭相效法學習的風潮。最先開展併社行動的是遼寧與廣東兩省，緊接著河南、河北、江蘇、浙江亦相繼跟進，此時大約均採取「一鄉一社」的辦法。河南省遂平縣一處名叫嵖岈山的地方，4月20日將二十七個高級農業生產合作社進行合併，組成了包含六千五百六十六戶、共三萬多人的大社，一開始名為「嵖岈山衛星農業社」，俟7月以後人民公社的名稱逐漸確

圖4-2：嵖岈山衛星人民公社人民吃大鍋飯的情景

圖4-3：人民公社食堂　上海郊區一個人民公社食堂，營造了農民「敞開肚皮」吃飯的情景。

定，便改稱為「嵖岈山衛星人民公社」。這個公社最著名的一項事蹟是制定了一份公社「簡章」（章程），內容包括：規定各農業合作社併為公社時，所有公有財產亦一併移交公社所有，社員必須交出全部自留地，並將私有的房屋、土地、牲畜、林木等生產資料轉為全社公有，生產大隊作為基本的經濟核算單位，❶盈虧由公社統一負責，公社組織結構基本上分為公社、大隊與生產隊三級，❷社員分配實行工資制和糧食供給制（免費供應糧食），以生產隊為單位建立公共食堂和托兒所。這份公社章程經由毛澤東授意推廣，成為人民公社化運動中各地學習的範本。

　　很快的，更大規模的人民公社相繼出現，河南省修武縣人民公社 7 月 18 日成立，規模是一縣一社，將近三萬戶合組一個人民公社。而北戴河會議有關建立人民公社的決議於 9 月 10 日正式公布以後，人民公社化的速度更為驚人，不到兩個月間，全國 99% 以上的農戶都加入了人民公社，10 月底統計，全國一共建立起兩萬六千多個公社，平均一個公社擁有四千五百多農戶，平均三個鄉組成一個公社，兩萬戶以上的公社共有五十一個之多。

　　然而在全國組建人民公社浪潮中最引人矚目的，要數河北省徐水縣。徐水縣一度被中共最高領導層視為「共產主義試點」地區，但是這種夢想，很快便在虛偽造假的表象被戳破後，歸於幻滅。徐水原本是河北省

---

❶ 所謂「經濟核算單位」指的是收成時實行分配的規模範圍。在人民公社化運動的高潮階段，大多數公社均採取「工資制」和公共食堂的分配方式，目的在於符合「各盡所能，各取所需」的共產主義理想。俟大躍進運動失敗及大饑荒發生之後，公共食堂名存實亡，於是分配方式又退回到「按勞分配」。

❷ 生產隊一般相當於傳統的「村」組織，大隊則由相鄰的數個村組成。公社的規模則因地而異，比較小的公社可能一鄉一社或兩三個鄉一社。但若是規模極大的公社，會在公社和大隊之間設立一個「管理區」的層級，作為公社的派出機構，以便於和大隊之間的連繫，基本上，這種管理區的規模就跟傳統的「鄉」約略一致。參考薄一波，《若干重大決策與事件的回顧（下卷）》，頁 748–749。

農作條件最差的地區之一，主要是頻旱澇，中華人民共和國建立之後，長年需要從外地調撥糧食接濟。1957 年 9 月，中共中央和國務院聯合發出要在 1957 年底至 1958 年初利用農閒時間大規模興修農田水利的指示，徐水縣在縣委書記張國忠的領導下，表現積極，很快便被主事官員拿來當作表揚的樣板。1958 年 3 月 11 日《人民日報》刊出社論〈徐水創造了好經驗〉，並發表張國忠的文章〈苦戰三月，改變全縣自然面貌〉，大力推廣徐水經驗。

不久成都會議、中共八大第二次會議陸續召開，工業大躍進的形勢激勵了農業部門的熱情，在組建大社的風潮下，徐水縣委 7 月起獨創將全縣農村以軍事編制進行改組，把鄉改組為「社會主義躍進兵團」，鄉以下的社、隊則改組為營、連、排，全縣一共建立了 93 個團、299 個營、1,099 個連、3,365 個排，每社分別建立公共食堂、托兒所、幸福院（養老院）、縫紉廠，農民下田耕作彷彿軍隊出發作戰。徐水縣透過農業生產軍事化，企圖證明組織模式的改變可以提高生產力。

1958 年 8 月 4 日，毛澤東親自視察徐水縣，張國忠在毛澤東面前吹牛，說徐水縣秋季要收十一億斤糧食，毛澤東聽得樂不可支，竟然問道：「你們全縣三十一萬多人口，怎麼吃得完那麼多糧食？糧食多了怎麼辦？」對於這個提問，張國忠表示還未考慮到，毛澤東則自問自答說：「多了，國家不要，誰也不要，農業社社員們自己多吃嘛。一天吃五頓

圖 4-4：毛澤東視察徐水縣　張國忠在毛澤東面前吹噓秋季要收十一億斤糧食，但實際上前一年才收一百三十八斤糧食。

也行嘛!」

　　滿心愉悅地參觀過徐水縣，毛澤東接著視察河南與山東。在河南省新鄉縣七里營公社視察時，毛一面看著公社的牌子，一面稱讚：「人民公社名字好」。這一句話 8 月 13 日經由報紙的登載，頓時讓「人民公社」四個字取代了一開始五花八門的諸如「國營農場」、「集體農莊」、「共產主義農場」、「社會主義大院」等等稱謂，成了新興的農村大社的統一名稱。

　　整個 1958 年到 1959 年，在「總路線」、「大躍進」和「人民公社」三大政策的推波助瀾下，一場邁向社會主義，甚至向共產主義進軍的全國性群眾動員，遂轟轟烈烈展開。「總路線」、「大躍進」、「人民公社」三者，被統稱為「三面紅旗」，而整場運動，一般則稱為「大躍進」運動。

大饑荒

　　由以上對大躍進發展經過的描述，不難看出在過程中不論是中央或地方官員，除了一股大跨步向社會主義理想挺進的衝動外，其他共通的特點還包括虛偽造假、謊報成果、好大喜功、不切實際等等。而且，造成這些致命缺失的原因，不能完全歸咎於受到社會主義理想沖昏頭，以至於「頭腦發燒」云云。大躍進運動所造成的荒謬結果，與中共建國以來黨國體制的極權特性，其實脫離不了關係。由於黨國體制外部的制衡力量已完全消失，社會上不存在任何能夠與共產黨相抗衡的組織或是輿論，甚至連監督的可能性都不存在，因此當中國共產黨一意孤行之際，是沒有任何機制可以踩煞車的。其次，中共內部亦開始出現高度中央集權的現象，尤其權力逐漸集中在毛澤東一人之手，黨內其他實權人物即使聯合起來，也都很難與毛澤東的個人權力相提並論，這種政治生態一旦形成，毛澤東一個人的意見或想法很快便成為全黨的意見與想法，更何況，毛澤東強烈的企圖心，亦常常促使他用非常極端的手段來要求全黨貫徹他的意志，整個國家至此只能淪落成為一人獨裁專斷的局面了。

　　在毛澤東的拍板下，北戴河會議通過了 1958 年鋼產量必須至少達到一千零七十萬噸的指標，然而 8 月底會議結束時，全國該年度產量實際上只有四百五十萬噸，距離目標還有六百二十萬噸的差距，以當時的煉鋼設備，根本不可能完成任務。此時中共高層開始動腦筋到推廣「全民煉鋼」的方法上來，幻想藉由動員群眾大搞土法煉鋼，可以彌補正規鋼鐵工廠所無法達到的產能。《人民日報》為配合此一政策，陸續發表了〈土洋並舉是加速發展鋼鐵工業的捷徑〉、〈關鍵在於大搞群眾運動〉、〈開展煉鋼的群眾運動〉、〈讓土法煉鋼遍地開花〉等社論進行鼓吹，在最高當局的刻意動員下，各級地方政府強迫動員城鄉勞動力，大量興建以磚土砌成的「土高爐」，不少地方原本用來燒製磚瓦、器皿的磚瓦窰、瓷窰，此時都改建成土高爐，拿來煉鋼鐵。而原本可以拿來作為建材的土石、磚頭，被大量挪用作為土高爐的材料，有些地方甚至還拆古蹟建爐。

　　煉鋼是需要原料和燃料的，雖然全國動員開採煤礦，卻並非每個地方都有煤礦蘊藏，於是缺煤地區開始砍樹，作為煉鋼的燃料。缺乏鐵礦的地方，乾脆徵收家庭用的鐵鍋鐵器，砸碎了當作原料。在 1958 年秋冬瘋狂的全民大煉鋼行動中，全國總共動員了超過一億人口投入煉鋼所需要的開採、冶煉及運輸工作，佔當時全國人口的六分之一，建成用來煉鋼的土高爐，達到六十多萬座。不僅平白浪費了無數的人力、自然資源，而且因為農村地區大範圍砍樹，還對環境生態造成嚴重破壞。

　　事後證明，經由低技

圖 4-5：土法煉鋼　在沒有大型機具協助的情況下，人們以「人多好辦事」的方式興建土高爐。

術、高人力投入所煉出的所謂鋼錠，通常只是廢鐵。然而中共最高當局卻為眼前所見的「鼓足幹勁、力爭上游、多快好省」的全民大動員情景雀躍不已。北戴河會議結束之後，毛澤東9月分到長江流域的幾個省市巡視，親自督戰。在武漢，毛澤東視察了一批鋼鐵企業，對於群眾表現出來的生產熱情顯然極為滿意，他對陪同巡視的湖北省委第一書記王任重說：「許多事情看來怪得很，……過去九年搞了幾百萬噸鋼，今年幾個月就可能增加幾百萬噸。你看怪不怪？」王任重的回答是：「主席一再強調破除迷信，解放思想，很重要，放手發動群眾，充分發揮群眾的積極性和創造性，這樣一來許多發明創造出來了，許多奇蹟也出來了。」❸

　　或許大煉鋼頂多只是造成人力與物力的嚴重浪費而已，然而抽調大量農村勞動力從事與農作毫不相干的活動，卻對農業造成嚴重影響。正因為人民公社組織的高度集體化、軍事化，使得全民大煉鋼過程中地方幹部更方便於調動人力投入煉鋼行列，而且這些被動員的勞動力，往往都是公社中最年輕力壯的男性。如上所述，北戴河會議之後從9月到歲末，是全民土法煉鋼的高潮，然而這一段時間卻也是農村秋收的時節，青壯都被徵調去煉鋼，農作留在田裡無法採收，這是1958年年底之後發生全國大饑荒的重要原因之一。

圖 4-6：「放衛星」宣傳海報

　　然而僅這一點還不足以解釋大饑荒的發生。1958年全中國糧食產量實際僅四千多億斤，然而自下半年農村人民公社化高潮掀起之後，許多地方紛紛吹噓糧食敢產量成長百分之幾百，到處都出現「衛星田」，❹敢

---

❸　宋連生，《總路線、大躍進、人民公社化運動始末》（昆明：雲南人民出版社，2002年1月），頁143。

❹　由於蘇聯1957年成功發射了第一顆人造衛星，因此「衛星」這個名詞在1950

產萬斤已不稀奇，要十萬斤、數十萬斤才稀奇。然而事實上根本不可能有那麼誇張的畝產量，全都是各地為求表現，自吹自擂的結果。在這樣的氛圍下，中共高層竟然相信1958年全國糧食產量至少在七千五百億斤以上，事實上，直到1976年毛澤東去世，中國的糧食產量都不曾達到這個數字。吹噓造假或許不至於出人命，但是依據一個過於高估的糧產數字進行統購統銷，❶❺結果導致農村的糧食被政府過量「統購」，這些被統購走的糧食或者毫不猶豫被使用於工業生產及供應城市人口所需，或者就是被大量出口至國外賺取外匯、交換工業設備，甚至被拿來償還建國以來向蘇聯借貸的大筆外債。在毫無節制的徵購之後，農村農民連基本口糧與隔年應該預留的種籽都嚴重短缺。人民公社實施的高度集中管理，以及權力的向上集中，可以說破壞了基層農村與生俱來的自我保護機制和能力，農村在中國共產黨全黨「瞎指揮」的亂局之中，突然顯得脆弱無比，因而大躍進運動最終造成的災難，幾乎全由農村地區來承受。

圖4-7：浮誇風　1958年《人民日報》刊登這些浮報後的農產數據，用以響應「人有多大膽，地有多大產」的呼籲。

年代末被中國人視為最高科技的代名詞。所謂「衛星田」，指的是高產量的農地。

❶❺　有關糧食統購統銷，請參考本書第三章第二節。

　　從 1958 年年底到 1961 年年中，全中國究竟有多少農民死於大躍進
造成的饑荒當中，一直無法有確切的數字。各地方官員深恐犯錯獲罪，
不敢向上報告真實的情形，更荒謬的情節是，由於資訊封鎖，許多地方
官員以為全國大豐收，只有自己的轄區餓死人，因此更不敢向上反映。
大躍進至此果然成為人禍。一直要到 1980 年代以後，中華人民共和國對
外公布人口統計數字，外界方得以初步估算大躍進期間究竟有多少人屬
於「非正常死亡」。

　　普遍的看法，是 1959 年至 1961 年間全中國非正常死亡人數至少在
二千萬至三千萬之間。1994 年香港《開放雜誌》曾經根據中共官方公布
的各省歷年人口統計數字，尤其是死亡人數，進行比較大躍進期間與一
般年分的差異。由此得到的非正常死亡人數，全國總計為二千零四十萬。
更難能可貴的是，這份人口資料因為有分省統計數字，因此可以看出究
竟那些省分餓死人最多，前十名依序是四川、安徽、河南、山東、湖南、
貴州、廣西、甘肅、江蘇、湖北。其中非正常死亡人數最多的四川省，
估計應有七百三十五萬多人死於大饑荒。第十名的湖北，也有五十七萬
人。❶❻在中國歷史上無數次的饑饉事件中，大躍進所創下的紀錄，應該
稱得上是空前絕後。

　　而且果不出意料之外，死亡人數最多的幾個省的行政首長，往往也
是大躍進運動期間表現最積極、最緊跟毛澤東意旨辦事的官員，像是四
川省委書記李井泉、安徽省委書記曾希聖、河南省委書記吳芝圃等人。
相較之下，在大躍進期間態度較為消極、並不「頭腦發燒」的省領導人，
例如陝西省委書記張德生，該省餓死人數便相對較低。陝西省的非正常
死亡人數在二十餘個省、自治區中，總數排名第二十。

---

❶❻　金鐘，〈大躍進餓死人的新資料〉，（香港）《開放雜誌》，1994 年 1 月號，頁
49–53。

第二節　領導層的分裂

　　在文化大革命結束之後的 1980 年代，中國共產黨為了替所謂「改革開放」路線尋找歷史理論根據，曾試圖重新評價共產黨在建國之後諸多重大政策路線的功過得失，為此 1981 年 6 月 27 日在中共十一屆六中全會上通過了一份重要文件〈關於建國以來黨的若干歷史問題的決議〉，藉此統一全黨對於某些歷史問題的認識。這一份「黨版」的歷史論述，自然免不了要對毛澤東進行評價，尤其是大躍進運動中毛澤東的角色，更成為文件起草小組的棘手問題。為此鄧小平曾多次召見工作人員，面授機宜。對於毛澤東該不該為大躍進的決策錯誤負責，鄧小平有如下的解釋：

　　　講錯誤，不應該只講毛澤東同志，中央許多負責同志都有錯誤。「大躍進」，毛澤東同志頭腦發熱，我們不發熱？劉少奇同志、周恩來同志和我都沒有反對，陳雲同志沒有說話。在這些問題上要公正，不要造成一種印象，別的人都正確，只有一個人犯錯誤。這不符合事實。中央犯錯誤，不是一個人負責，是集體負責。❶❼

　　鄧小平的這個說法不完全是歷史事實。並非劉少奇、周恩來、陳雲等人對大躍進相關決策「不反對」，而是眾人明哲保身，不敢公開違逆毛澤東的意志。上一節曾經提過因毛澤東巡視而聲名大噪的河北省徐水縣，劉少奇稍後也前往視察，結果馬上就看穿所謂的高產量都是造假。然而

---

❶❼　鄧小平，《鄧小平文選（第二卷）》（北京：人民出版社，1994 年 10 月），頁296。

劉少奇並不在第一時間揭穿，一直等到三個月後毛澤東對糧食產量產生懷疑，劉少奇才講真話。❸類似情況，在中共領導高層所在多有，只不過絕大多數人選擇保持緘默，避免因言賈禍。

中共高層首先跳出來揭穿大躍進荒謬，並指責毛澤東政策錯誤的，是國防部長彭德懷，場合是 1959 年 7 月 2 日舉行的廬山會議。

廬山會議

廬山會議的原本性質，是中共中央政治局成員利用夏天前往江西廬山避暑，藉機召開的政治局擴大會議，最初的六十九名與會者包括中央政治局委員、各省市自治區黨委第一書記，以及若干部級機關的負責人。由於廬山是避暑勝地，在廬山開會自然希望神清氣爽、輕鬆愉快。也因此，會議剛開始的前兩星期，與會者莫不把這場政治局會議當作「神仙會」，除了白天的開會議程外，晚上則安排看戲、跳舞，閒暇時間一群政府高官遊山玩水、填詩作詞，不少人的心情更像是渡假。❹

會議主要議題為檢討大躍進的進展狀況。1959 年夏天，大躍進事實上仍在如火如荼進行中，然而許多隱憂已逐漸一一浮現。在廬山會議之前的八個月時間，中共高層其實已經針對大躍進的實施狀況開過不少重要會議，以防止情勢失控。從 1958 年 11 月初的「第一次鄭州會議」，同月下旬在武昌舉行的中共八屆六中全會、1959 年 2 月底在鄭州召開的「第二次鄭州會議」，以及 1959 年 4 月初在上海舉行的中共八屆七中全會，都在針對大躍進所衍生的問題，尤其是人民公社，進行檢討調整。1959 年 7 月的廬山會議從時程上來看，並非急迫性的工作會議，無非是藉著政府高層集體出遊機會，繼續交換對大躍進的意見。也因此，會議仍然安排分組討論，包括東北、華北、西北、華東、中南、西南等六個

---

❸　蕭冬連、謝春濤、朱地、喬繼寧，《求索中國──「文革」前十年史（上冊）》（北京：紅旗出版社，1999 年 9 月），頁 405。

❹　李銳，《廬山會議實錄》，頁 14–18。

小組，分別交換各地的具體經驗，同時研究毛澤東所提交的議題任務。

彭德懷在上廬山之前，其實已經對大躍進的實施情況憂心忡忡。與他有同感的中共領導官員或許大有人在，然而究竟要不要把心中所想的話講出來，並不是每個中共官員都有相同勇氣。彭德懷畢竟是 1928 年即率領紅軍部隊加入井岡山行列的中共元老之一，與毛澤東同鄉，都是湖南省湘潭縣人，一生戰功顯赫，為解放軍十大元帥中地位僅次於朱德者。或許就因為這樣的資歷，促成他在廬山上仗義直言的決心。

彭德懷在 1958 年 11 月底開完中共八屆六中全會後，藉機回到家鄉湖南省考察，他對於人民公社、公共食堂、大煉鋼，以及各地方為了「上衛星」而產生的造假現象，極度擔憂。當他在平江縣視察時，一位當年參加過紅軍的傷殘老人遞給他一張字條，上面寫著一段仿古歌謠：

> 穀撒地，薯葉枯，青壯煉鋼去，收禾童與姑。來年日子怎麼過，請為人民鼓嚨胡。❷⓿

據說，這起事件對彭德懷造成了極大影響。❷❶

廬山會議從 7 月 2 日開到了 7 月 14 日，這一天傍晚彭德懷把他的一封意見書送到了毛澤東的祕書處。三千多字的意見書，毛澤東應該很快看完，然而並未立即作出反應。7 月 16 日，毛澤東將這封信加上了「彭德懷同志的意見書」標題，印發給所有與會者共同討論。從事後毛澤東的反應來看，此時毛顯然極端憤怒，因為彭德懷在信中直接挑戰了他的大躍進政策，尤其挑戰了他對事實的判斷能力。然而毛暫時隱忍不發，

---

❷⓿ 這段話是從中國古歌謠轉化而來。《後漢書》〈志第十三‧五行一〉：「桓帝之初，天下童謠曰：『小麥青青大麥枯，誰當獲者婦與姑……請為諸君鼓嚨胡』」。所謂「鼓嚨胡」，是「不敢公開明講，私下小聲說話」的意思。參考叢進，《曲折發展的歲月》（鄭州：河南人民出版社，1989 年 12 月），頁 189。

❷❶ 李銳，《廬山會議實錄》，頁 95。

因為他要先營造會場對彭德懷的集體反感。

　　事實上彭德懷的意見書寫得並不尖銳，他甚至在開頭的一千多字盛讚「大躍進的成績是肯定無疑的」、「農村公社化，是具有偉大意義的」。然而接下來，彭德懷提出了「浮誇風氣較普遍地滋長起來」、「小資產階級的狂熱性，使我們容易犯左的錯誤」二點，直接批評某些過於躁進的作法「脫離實際」、「得不到群眾的支持」。❷❷

　　也許彭德懷原本只希望與毛澤東私下討論這些意見，因此信是私下給毛澤東的，並非會議上的公開發言。然而毛卻將之視為彭德懷素來桀驁不馴的又一表現。毛的反擊是以會議為戰場，徹底鬥垮彭德懷。7 月 23 日，毛澤東公開發表長篇講話，批判彭德懷「自己把自己拋到右派邊緣」。散會時，彭德懷與毛澤東恰巧迎面而遇，彭德懷質問毛：「主席，那封信是我寫給你作參考的，為什麼把它印發了？」毛澤東回答得乾脆：「你也沒有講不要印發嘛！」彭德懷無言以對。

　　然而從 7 月 16 日毛澤東將彭德懷的私人信件公開給廬山會議與會者討論，到 7 月 23 日毛明白表達他批評的立場，為時一週的時間不是沒有人站在彭德懷一方給予聲援。包括外交部副部長張聞天、解放軍總參謀長黃克誠、湖南省委第一書記周小舟，都認為參加會議的既然都是黨內高級官員，那麼除了肯定大躍進的成績之外，缺失之處應該多談無妨，而不是一味講好話。

圖 4–8：〈彭德懷同志的意見書〉　毛澤東不滿彭德懷批評大躍進政策，將彭德懷寫給他的意見書印發給其他黨員看，最後彭德懷被打為反黨分子。

❷❷　彭德懷，〈1959 年 7 月 14 日給毛主席的信〉，收入《彭德懷自述》（北京：人民出版社，1981 年 1 月），頁 281–287。

張聞天在發言中尤其警告生產指標過高、求成過急等問題，打擊了農民積極性，生產無人負責，損失很大，造成供需失調。張聞天還特別提出共產黨內部應該要能夠接納不同意見，「決不能因為人家講幾句不同意見，就給扣上種種帽子」。

毛澤東向來在政治和軍事上，擅長誘敵深入戰術，1957年反右運動如此，1959年廬山會議整肅彭德懷亦是如此。黃克誠、張聞天、周小舟等人在16日至23日之間的發言，恰好給了毛澤東指控彭、黃、張、周四人組織「反黨集團」的口實。四人既已入甕，豈有不一網打盡之理。

然而光是憑藉對大躍進的負面發言，即要將四人打成「反黨集團」仍不具說服力。最好能夠抓到四個人密謀搞「小團體」，尤其是散布「反黨」言論的證據，政治整肅才能發動得名正言順。就在7月23日毛澤東發表批判彭德懷講話當晚，周小舟帶著毛澤東祕書李銳、湖南省委副書記周惠，前往黃克誠住處議論毛澤東上午的講話，至晚上十點多眾人準備離開，恰巧彭德懷也來找黃克誠講話，場面頓時尷尬起來，因為若是被人撞見，豈不坐實了組織「小團體」的指控。周小舟、周惠、李銳三人不久即告辭離開，果然一出黃克誠住處，便被外出賞月的公安部長羅瑞卿撞見。❷❸這一場7月23日晚上彭、黃、周等人的聚會，遂成為8月2日召開的中共八屆八中全會批鬥揭發「軍事俱樂部」的關鍵事件。

中共八屆八中全會是毛澤東臨時決定召開的，事實上同年4月初才在上海召開過八屆七中全會，僅隔四個月再次召開中央委員全體會議，確實異乎尋常。按照毛澤東的指示，八中全會除了準備調整鋼、煤、糧、棉幾項重大生產指標外，最主要目的便是批鬥「彭、黃、張、周反黨集團」。藉由召開中央委員全體會議，可以調集更多黨內高官上山，增強炮轟彭德懷的火力。❷❹參加八屆八中全會的中央委員、候補中央委員和列

❷❸　李銳，《廬山會議實錄》，頁256、270。

❷❹　毛澤東在8月16日發表的一篇文章〈機關槍和迫擊炮的來歷及其他〉中，形象地稱之為「機關槍」和「迫擊炮」。

席人員一共一百六十餘人，許多與彭德懷素有嫌隙，或是冀望獲得毛澤東獎勵的高層官員，在分組審查中輪番辱罵彭德懷是「偽君子」、「野心家」、「軍閥」，包括副總理賀龍、公安部長羅瑞卿、廣東省委書記陶鑄、四川省委書記李井泉、中共中央組織部長安子文、湖南省委副書記張平化、海軍政委蘇振華、廣州軍區司令員黃永勝，以及政治局候補委員康生等人，紛紛落井下石，揭露彭德懷過去諸多反對毛澤東、恃功自大、目中無人的往事，以證明其「反黨」陰謀其來有自。至於同樣在中共黨內資歷極深，曾在 1930 年代擔任過代理總書記的張聞天，以及長期與彭德懷共事的將領黃克誠，則被雙雙當成彭德懷助手，遭受嚴厲批判。

對彭德懷最具殺傷力的事證，當屬彭、黃、張、周等人私下議論毛澤東的領導方式「像斯大林❷晚年」一事。史達林晚年在蘇共內部屬行恐怖統治，重用祕密警察頭子貝利亞 (Lavrenty Pavlovich Beria) 整肅異己，以致死後遭蘇共新任總書記赫魯雪夫清算批判。❷彭德懷等人將毛澤東與史達林晚年相提並論，無異犯了大忌。最先供出此一隱情的是張聞天，他在 8 月 9 日下午禁不住一再逼問，承認彭德懷曾對他說過：「中央常委會上只有毛主席一個人講得多，別人很少講話，他一個人說了算」，「要注意斯大林後期的危險」，「毛澤東讀中國的舊書很多，熟悉舊社會對付人的那套辦法，很厲害」等等。

張聞天的坦白交代，馬上被拿來質問黃克誠，黃克誠一時心慌，遂將 7 月 23 日晚上周小舟、李銳、周惠等人到他住處議論時，也談了這個話題，一五一十全部招供。黃克誠並稱是李銳講了這句話。事後周小舟則承認，「現在我們是否像斯大林晚年？」這句話是他說的。

有了四個人密謀搞小集團（廬山會議上稱之為「軍事俱樂部」）的證據，尤其是發表大逆不道的「斯大林晚年」議論後，四人已成待宰羔羊。

---

❷　蘇聯共產黨前總書記 Joseph Stalin，本書通譯為「史達林」，中國大陸習慣譯為「斯大林」。下文除特別以括號引述者外，仍一律譯為史達林。

❷　相關內容將於本章第三節加以詳述。

8月16日毛澤東在八屆八中全會最後一天發表了〈機關槍和迫擊炮的來歷及其他〉一文，對7月2日至8月16日的整個廬山會議作成結論：

> 廬山出現的這一場鬥爭，是一場階級鬥爭，是過去十年社會主義革命過程中資產階級與無產階級兩大對抗階級的生死鬥爭的繼續。在中國，在我黨，這一類鬥爭，看來還得鬥下去，至少還要鬥二十年，可能要鬥半個世紀，總之要鬥到階級完全滅亡，鬥爭才會止息。

彭德懷等人在毛澤東的欽定下，已經成了隱藏在黨內的資產階級代表，必須被揪出來鬥臭鬥垮。毛甚至預言中國共產黨內的這場階級鬥爭還會繼續下去，「至少二十年」，日後果然被其言中。

圖4-9：鬥爭彭德懷　廬山會議後，彭德懷遭貶地方，但於文革時期被押送回北京，遭受批鬥，要求交代為何反對三面紅旗、反對毛主席。1974年彭德懷因病逝世，1978年彭德懷的名譽及職位始獲得中共中央平反。

中共八屆八中全會1959年8月16日閉幕，會議通過了處置彭德懷等人的決議，解除彭、黃、張、周四人職務。國防部長一職由林彪繼任，解放軍總參謀長由羅瑞卿繼任，湖南省委第一書記則由張平化接任。這三名繼任人選，都是在廬山會議上以「迫擊炮」和「機關槍」對彭、黃、張、周四人進行攻擊的有力人士。

整體而言，廬山會議可說是中共建國之後，統治高層出現的第二場慘烈政治鬥爭。前一場是1954年初的高崗、饒漱石事件，然而高、饒事件中毛澤東的角色是仲裁者，由毛澤東決定鬥爭雙方誰勝出，

毛最後選擇與劉少奇、周恩來繼續合作，犧牲高崗。至於廬山會議，毛澤東自己成了政治鬥爭的發動者，雖然鬥垮彭德懷之後，更加確認了其地位不容挑戰，然而卻也造成專斷獨裁、恣意妄為的後果。彭德懷私下議論毛澤東像「斯大林晚年」，看來亦非無的放矢。廬山會議可說成了七年後文化大革命血腥場面的一次先期預演。

七千人大會

1959 年廬山會議之後，大躍進被奉為無可懷疑的正確路線而繼續貫徹，最終爆發為期三年的全國性大饑荒，並進而嚴重拖垮經濟。1961 年工業總產值比 1960 年下降超過 40%，❷日常生活必需品嚴重短缺，商店貨架形同虛設。原本 1961 年 5 月召開的中共中央工作會議（以下稱「北京會議」），已經將該年度鋼鐵產量指標調降到一千一百萬噸，然而三個月後（1961 年 8 月底）在廬山再召開中央工作會議，鋼鐵產量指標繼續調降至八百五十萬噸。❷最終該年鋼鐵產量為八百七十萬噸，比 1960 年下降 53.4%；原煤產量下降 30%；棉布產量下降 43%，❷輕重工業同時重挫。

1961 年 5 月 21 日召開的北京會議，是七個月後「七千人大會」的序曲，也是針對大躍進的錯誤，開始全面進行檢討的一次中共中央會議。中共副主席劉少奇在會上發表講話，很能夠代表中共黨內務實派對於三年大躍進經驗的反省：

---

❷　這是劉少奇在 1962 年 1 月 27 日「七千人大會」上公開承認的數字，見劉少奇，《劉少奇選集（下卷）》（北京：人民出版社，1985 年 12 月），頁 358。

❷　張素華，《變局——七千人大會始末》（北京：中國青年出版社，2006 年 6 月），頁 13。

❷　薄一波，《若干重大決策與事件的回顧（下卷）》（北京：中共中央黨校出版社，1993 年 6 月），頁 899。

為什麼會搞成這個樣子呢？……湖南農民有一句話，他們說是「三分天災，七分人禍」。……有些地方，天災是主要原因，但這恐怕不是大多數；在大多數地方，我們工作中間的缺點錯誤是主要原因。……好在我們現在能夠回頭，能夠總結經驗，能夠改過來，還不是路線錯誤。但是，如果現在我們還不回頭，還要堅持，那就不是路線錯誤也要走到路線錯誤上去。所以，在這個問題上，現在要下決心。……農民餓了一兩年飯，害了一點浮腫病，死了一些人，城市裡面的人也餓飯，全黨、全國人民都有切身的經驗了。回過頭來考慮考慮，總結經驗，我看是到時候了，再不能繼續這樣搞下去了。 ❸⓿

　　為了總結經驗，中共中央決定召開一場涵蓋全國縣級以上主管官員參加的「擴大的中央工作會議」，由於中國有兩千多個縣，每個縣的中國共產黨縣委書記和縣長都來參加，加上地、省、中央、解放軍，以及重要國營企業的官員，合計與會者高達七千一百一十八人，因此這場擴大的中央工作會議又俗稱「七千人大會」。

　　七千人大會從 1962 年 1 月 11 日開到 2 月 7 日，一共二十八天。會議明顯由黨的副主席劉少奇主導，毛澤東雖然在開幕、閉幕時蒞會致詞，然而對於各地的分組會議一律缺席。當時擔任毛澤東保健醫師的李志綏回憶說，毛澤東對於會場上批判大躍進的聲音極端不滿，因此會議期間大都隱身在人民大會堂一一八會議室內，閱讀各小組的發言簡報，以掌握狀況。 ❸❶

　　劉少奇延續去年北京會議以來檢討大躍進缺失的立場，要求各地基層幹部勇於發言，對省級官員的錯誤政策，甚至是黨中央的缺失，提出建言。由於大躍進運動對農村地區造成極大的破壞，以至於地方官員在報告各地情況時，普遍情緒激動，而劉少奇、周恩來、鄧小平等幾位主

❸⓿　劉少奇，《劉少奇選集（下卷）》，頁 336–338。

❸❶　李志綏，《毛澤東私人醫生回憶錄》，頁 373。

導議程的政治局常委，亦不無藉此基層聲音向毛澤東施壓的用意，因此愈加鼓勵與會者暢所欲言，於是會場上流傳出一則十六字的順口溜：「白天出氣，晚上看戲，兩乾一稀，皆大歡喜」。❸

　　儘管如此，劉少奇顧慮到毛澤東的感受，並不直接點名指責毛的個人過失，只不過，若干發言還是相當具有針對性，明眼人一聽就知道劉少奇批評的是毛澤東。包括重複 1961 年 5 月在北京會議上提過的「三分天災，七分人禍」的論斷；以及大躍進過錯和成績的對比不是「一比九」，而是「三比七」。❸雖然劉少奇 1 月 27 日在七千人大會上的這一篇公開講話，仍用了不少篇幅稱讚大躍進「成績還是主要的，是第一位的。缺點和錯誤是次要的，是第二位的。」❸然而在場聆聽的全國各地基層官員，還是注意到劉少奇通篇講話的重點，在於強調錯誤應如何改進，應如何記取教訓；反而對所謂「成績」，著墨甚少。當天也坐在主席臺聆講的毛澤東，心中想必極不是滋味。

　　若干年後文革期間，毛澤東在提到七千人大會時，仍感

圖 4-10：劉少奇撿乾果充飢　1961 年底，劉少奇下鄉撿乾果充飢，體會大饑荒的嚴重性，決定批判大躍進的錯誤。

❸　兩乾一稀，指的是一天可以吃上三餐飯，兩頓乾飯，一頓稀飯。至於晚上看戲，由於 2 月 5 日正值農曆春節，因此與會代表統統留在北京過年，除了開會，另外安排了餘興節目。關於這段順口溜，最後四個字有一些不同版本，本書採用韋君宜的說法。見韋君宜，《思痛錄》，頁 80。

❸　1959 年毛澤東在廬山會議批判彭德懷時，以「一個指頭和九個指頭」形容大躍進的成績是九，缺失只不過是一。劉少奇在七千人大會上則說應該是「三七開」，缺點佔三成，而成績則是七成。

❸　劉少奇，《劉少奇選集（下卷）》，頁 420。

到忿忿不平。1967 年 2 月 3 日毛澤東接見阿爾巴尼亞代表團時，說：「(七千人大會) 那個時候我講了一篇話，我說，修正主義要推翻我們，如果我們現在不注意，不進行鬥爭，少則幾年十幾年，多則幾十年，中國會要變成法西斯專政的。⋯⋯在那個時候已經看出問題來了。」❸❺ 也就是說，毛澤東認為劉少奇正以修正主義，篡奪中國共產黨所堅持的正統馬克思主義。

關於毛澤東對於七千人大會的不滿，表達得最露骨的應該是他的妻子江青。江青 1967 年 4 月 12 日曾說：「毛主席在七千人大會時憋了一口氣」。❸❻

似乎出於對七千人大會之後劉少奇掌握中共中央主導權的不滿，毛澤東在大會結束之後隔天，2 月 8 日晚上離開北京，到武漢待了一個半月，直到 3 月底為了參加全國人大會議才返回北京。之後 5 月 2 日又離開，前往上海、杭州、長沙、武漢、鄭州、濟南、天津等地視察，7 月 6 日才回北京。❸❼毛澤東如此頻繁「南巡」，目的其實在於探訪各地實情，以與北京中央官員提供給他的資訊作比對。同時，藉由南巡，還可以和各地「諸侯」通聲氣，預先爭取地方大員的支持。

毛澤東長期外出的結果，造成七千人大會之後連續好幾個月，中共中央工作會議均由劉少奇主持，包括 2 月 21 日劉少奇在中南海西樓會議室所召開的政治局常委擴大會議（簡稱「西樓會議」），以及 5 月 7 日所召開的政治局常委會議，毛均選擇缺席。而這些會議，都與七千人大會之後經濟政策的重大調整有關。很明顯，劉少奇執行的是保守穩健的降溫措施，以恢復生產為主要目標；而毛澤東在乎的則是社會主義路線能否繼續堅持，資本主義私有制是否準備復辟。雙方在政策方向上出現重

---

❸❺　張素華，《變局——七千人大會始末》，頁 281。

❸❻　張素華，《變局——七千人大會始末》，頁 281。

❸❼　逄先知、金冲及主編，《毛澤東傳 (1949～1976)》（北京：中央文獻出版社，2003 年 12 月），頁 1206、1213、1217。

大歧異。

　　無獨有偶，自 1959 年 7 月盧山會議以來就堅決擁護毛澤東，曾公開聲稱「中國只有毛主席是大英雄，誰也不要想當英雄」的林彪，也藉故離開北京，未參加西樓會議。因此參加西樓會議的中共政治局常委劉少奇、周恩來、陳雲、鄧小平等人，清一色都是對大躍進抱持負面看法，主張未來數年經濟政策必須注重調整與鞏固的務實派官員。日後在文化大革命中，西樓會議被當作是代表中共黨內修正主義路線的一次會議，遭到嚴厲批判。

　　毛澤東離開北京只是暫時，一旦他回到中南海，政治反撲隨即展開。

北戴河會議與中共八屆十中全會

　　在劉少奇主政下，一切強調「集體化」、「群眾動員」、「一大二公」的口號與政策，一時間紛紛偃旗息鼓，尤其公共大食堂，率先被拋棄。而原本以生產大隊甚至公社為核算單位的制度，也逐漸修改為以生產隊為單位。❸在 1961 年 5 月北京會議之後，至 1962 年 2 月「西樓會議」之間，劉少奇傾向於開放讓農民自發性地回復家戶生產型態，即所謂「包產到戶」，以刺激農民生產意願。這些措施頗有與民休息的味道，重點在於恢復農村生產，以彌補大躍進期間所造成的嚴重糧食短缺。

　　然而看在毛澤東眼裡，「包產到戶」無異於「分田單幹」，是從社會主義退化回資本主義的生產方式。七千人大會之前毛澤東或許無話可說，

---

❸　所謂核算單位或經濟核算單位，是指農村集體化政策中，農民集體耕作與分享收成的基本組織單位。核算單位愈大（例如以公社為單位），則農民年收成在完成統購之後，由全公社所有成員按勞分配。核算單位愈小（例如以生產隊為單位），分配收成的人數自然也愈少。原則上，生產隊即等於傳統中國農村的自然村，約在二、三十戶農家之間。而公社大小，約莫是一個鄉的規模。在 1950 年代到 1980 年代中國農業集體化的嘗試過程中，證明核算單位愈大，農民生產意願愈低；核算單位愈小，農民生產意願愈高。

然而到了 1962 年夏天經濟情況逐漸好轉，毛澤東再也無法容忍劉少奇走回頭路。1962 年 7 月底召開的北戴河中央工作會議，毛澤東終於大舉反攻。

1962 年 6 月 30 日，毛澤東從武漢啟程，目的地北京。途中經過鄭州，了解到河南省小麥收成還不錯，預計秋收還會更好一點。再往東到濟南，山東省農村的情況也已好轉。河南、山東是 1960 年以來農業減產最嚴重的地方，如今情勢好轉，加上又獲知湖南省狀況亦佳，這些消息都給了毛澤東重拾樂觀的信心。❸❾

7 月 6 日毛澤東回到北京，當天他約見了兩個人，一是他的祕書田家英，一是中共副主席陳雲，兩人都試圖說服毛澤東開放讓部分農村試行「包產到戶」、「責任田」或「分田到戶」，亦即稍微鬆綁農村的集體化政策，結果二人都碰了釘子。陳雲後來回憶說，毛澤東跟他談過之後「很生氣」，❹❶ 至於田家英，從此失去毛澤東的信任，導致後來在文化大革命初期便上吊自殺。

第三個企圖說服毛澤東的人是中共中央農村工作部部長鄧子恢。鄧子恢在 1955 年夏天毛澤東鼓吹「社會主義建設高潮」中，一度被毛指責為「小腳女人」，此後被閒置數年之久。1961 年春天大躍進捅出了大紕漏，鄧子恢再度受到重用，參與農業決策。然而向來走務實溫和路線、不主張快速向集體化邁進的鄧子恢，可以說自始就不得毛澤東歡心，一旦毛自認為又能夠掌握局面，鄧子恢那種以生產力為優先、保留農民部分自耕權的想法，馬上就被毛澤東認為是對社會主義理想的背叛。1962 年 7 月 17 日，也就是田家英和陳雲分別見過毛澤東之後十一天，輪到鄧子恢試圖說服毛接受「包產到戶」和「責任田」。毛澤東兩個多月後在中共八屆十中全會上提到這件事，還憤憤不平說：

---

❸❾　逄先知、金冲及主編，《毛澤東傳 (1949～1976)》，頁 1228。

❹❶　逄先知、金冲及主編，《毛澤東傳 (1949～1976)》，頁 1230。

他（鄧子恢）要保薦，認為這是唯一正確的管理方法。那個時候，我給他提出幾個問題。我一提出一個問題，他就不答覆，他講他的。我又提出，他又不答覆我的問題。所以，我跟他談了一個半鐘頭的話，我就受了一個半鐘頭的訓。不是什麼談話，是受他的訓。因為我給他提出的問題，他不答覆嘛。**❹**

1962 年 7 月 25 日，中共中央在北戴河召開中央工作會議，毛澤東此刻已完全恢復信心，重新找到「機關槍與迫擊炮」，於是會場上流彈四射，所有主張暫時恢復個體耕作型態的主張，統統遭到毛的訓斥。會議整整開了一個月，毛澤東話鋒也異常尖銳：

> 我周遊了全國，從中南到西南，找各大區的同志談話，每個省都說去年比前年好，今年比去年好，看來並非一片黑暗。有的同志把情況估計得過分黑暗了。（8 月 5 日講話）
> 國內階級還存在……社會主義與資本主義的矛盾是存在的。階級的殘餘是長期的，矛盾也是長期存在的。不是幾十年，我想是幾百年。……現在有一部分農民鬧單幹，究竟走社會主義道路還是走資本主義道路？農業合作化要不要？「包產到戶」還是集體化？現在就有單幹之風，越到上層越大。鬧單幹的是富裕階層、中農階層、地富殘餘，資產階級爭奪小資產階級搞單幹。如果無產階級不注意領導，不做工作，就無法鞏固集體經濟，就可能搞資本主義。（8 月 6 日講話）
> 1960 年下半年以來，大家只講黑暗，不講光明，已經有兩年了。這兩年講困難講黑暗合法，講光明不合法了。這次會上就是要解決這個問題。（8 月 9 日講話）**❹**

---

❹　逄先知、金冲及主編，《毛澤東傳 (1949～1976)》，頁 1233。

❹　蕭冬連等著，《求索中國——「文革」前十年史（下冊）》，頁 940–941。

8 月 12 日，毛澤東在一份發給所有與會者的文件上寫道：

> 中央農村工作部部長鄧子恢同志就動搖了，對形勢的看法幾乎是一片
> 黑暗，對包產到戶大力提倡。這是與他在 1955 年夏季會議以前一貫不
> 願意搞合作社……相聯繫的。

鄧子恢繼 1955 年被毛澤東批評為「小腳女人」之後，再一次在中央工作會議上受到批判。隨後在 9 月 24 日至 27 日於北京召開的中共八屆十中全會上，中央農村工作部機關遭到撤銷，鄧子恢調任國務院計畫委員會副主任，從此不再參與機要決策。事實上，不僅鄧子恢在北戴河會議與八屆十中全會上遭受毛澤東批評，劉少奇、陳雲也都被不點名批判。1962 年北戴河會議之後，中共高層領導人之間的關係，已愈來愈呈現劍拔弩張之勢。

除了鄧子恢，中共黨內還有另一名高官，國務院副總理習仲勛，也在 1962 年夏天失勢，他因為牽扯進一本名為《劉志丹》的小說，❸被毛澤東指責為「利用小說反黨」。恰巧稍早彭德懷在同年 6 月寫了一封長達八萬二千餘字的信給毛澤東，為自己辯誣。❹彭德懷、習仲勛都是中共過去在陝北根據地的重要將領，加上小說《劉志丹》中描寫了不少高崗過去在陝北根據地的功勞，於是給毛澤東形成一種錯覺：彭德懷、習仲

---

❸ 小說《劉志丹》的作者李建彤是劉志丹之弟劉景範的夫人，小說描寫的是 1936 年戰死的中共陝北根據地創建者之一劉志丹的生平。書中描述了許多高崗的事蹟，雖然未明白寫出高崗真名，然而了解內情者均知所指何人。李建彤在發表之前，曾請習仲勛看過。

❹ 彭德懷始終認為廬山會議上「軍事俱樂部」的指控是誣蔑他，而 1962 年初的七千人大會亦未平反他的案件，因此在這一年 6 月，彭德懷寫了一封長信給毛澤東，為自己喊冤。關於彭德懷「八萬言書」的概略內容，可以參考王焰主編，《彭德懷年譜》（北京：人民出版社，1998 年 3 月），頁 772–775 之摘要介紹。

勛聯合起來，準備替高崗平反，同時也幫自己爭取公道。小說《劉志丹》與彭德懷的「八萬言書」兩件事於是被毛澤東連結起來，指責為企圖搞「翻案風」，於是「高、彭、習反黨集團」、「西北反黨集團」的指控便顯得煞有介事了。

9月24日，中共八屆十中全會在北京召開，會議延續了北戴河會議以來「反單幹風」、「反翻案風」的主軸。毛澤東在開幕講話時，政治局候補委員康生遞了一張字條給毛澤東，上寫：「利用小說進行反黨活動，是一大發明」。毛澤東當場唸了這個條子，接著說：

> 近來出現了好些利用文藝作品進行反革命活動的事。用寫小說來反黨反人民，這是一大發明。凡是要推翻一個政權，總要先造成輿論，總要先做意識形態方面的工作。不論革命、反革命，都是如此。❹

彭德懷、習仲勛、鄧子恢、陳雲、田家英，加上1959年以來中國和蘇聯之間迭起爭執，❻北京不斷指控莫斯科執行的是「修正主義」路線，而非正統的馬克思、列寧主義。國際社會主義陣營內部出現鬥爭，以及1961年以來黨內接二連三對毛澤東領導威望的挑戰，在在使毛懷疑中國共產黨內部正有不少人預備背叛他，並與國際修正主義合謀。

四清運動

事實上，自1959年北京與莫斯科漸行漸遠以來，中共指責蘇聯共產黨執行的是「修正主義」，是向帝國主義妥協的路線；而蘇聯及東歐共產集團國家則聯合起來，批評毛澤東執行的是「教條主義」，不惜將全人類拖入戰爭泥淖，破壞世界和平。這場唇槍舌劍延續了整整十年，直到1969年終於演變成中國與蘇聯的邊境軍事衝突。❼

❹　薄一波，《若干重大決策與事件的回顧（下卷）》，頁1096。
❻　有關中、蘇關係的演變，將於本章下一節敘述。

　　共產主義國家之間的鬥爭，延燒至北京中南海內部。毛澤東在大躍進失敗之後，從 1961 年年初至隔年 1 月「七千人大會」，遭到黨內實際執行財經工作的高級官員的刻意冷落，心中滿不是滋味。只是出於必須為大躍進負起主要責任，毛一時間也只能忍氣吞聲。就在這段期間，1961 年 2 月爆發了一起毛澤東專屬列車車廂遭裝竊聽器事件，指示裝設竊聽器材的是中共中央辦公廳，這件事恐怕與劉少奇脫不了干係，表面上雖然推說是為了維護毛澤東外出時的安全，然而毛澤東本人事先並未被告知，要不是極偶然情況下發現，毛可能一直被蒙在鼓裡。❹對此毛澤東極為憤怒，這筆帳自然算在劉少奇頭上。

　　直至 1962 年 7 月北戴河會議之後，毛澤東獲得了部分地方領導人的支持，重新在政策路線上奪回發言權。此時，毛在心理上開始形成一種定見──中共黨內必然已經潛伏了修正主義的代理人，一旦他去世之後，黨內叛徒必然奪取領導權，中國將重回資本主義統治。

　　毛澤東的這種心理狀態，可以從 1962 年 7 月上旬與劉少奇的一段對話看出端倪。這段對話發生在毛澤東 7 月 6 日見過田家英與陳雲之後，劉少奇前往毛澤東住處，與正在游泳的毛會面。毛劈頭就問：「你急什麼？壓不住陣腳了？為什麼不頂住？」「鄧子恢吵了那麼久，西樓說得一片黑暗，你急什麼？」被毛澤東當面訓了兩句，劉少奇顯然也有氣，於是回答道：「餓死這麼多人，歷史要寫上你我的，人相食，要上書的！」❹毛澤東則回嗆：「三面紅旗也否了，地也分了，你不頂住，我死了以後怎麼辦！」❺毛澤東懷疑死後將遭背棄的憂慮，在此表露無遺。

---

❹　即珍寶島事件，見本章下一節敘述。

❹　有關毛澤東專屬列車被裝竊聽器事件，本書第五章第一節將再作詳述。

❹　有關大躍進期間，中國農村普遍出現的「人吃人」現象，相關事證所在多有，可參考英國資深記者 Jasper Becker 所著 *Hungry Ghosts*（《餓鬼》）(New York: Henry Holt and Company, LLC, 1998) 一書第十二章 "In the Prison Camps"（〈在勞改營中〉）與第十四章 "Cannibalism"（〈人吃人〉）之相關描寫。

　　1962 年下半年，在北戴河會議與中共八屆十中全會上取得議題主導權的毛澤東，開始鼓吹必須在全國農村推行「社會主義教育運動」，又稱「四清」運動；同時也在城市地區重啟 1952 年實施過的「五反」運動。所謂「四清」，指的是清查基層農村人民公社與生產隊是否存在貪污腐化的情事，檢查項目包括「清理帳目」、「清理倉庫」、「清理財物」、「清理工分」❺❶四項，簡稱「四清」。「四清」與「五反」，成為毛澤東向潛伏在國內的「修正主義者」宣戰的動員令。對此，毛澤東在 1963 年 2 月北京中央工作會議上說得很明白：「現在有的人三斤豬肉，幾包紙烟，就被收買。只有開展社會主義教育，才可以防止修正主義。」❺❷按照毛澤東的思考邏輯，認為 1961 年以來一窩蜂的「包產到戶」、「分田單幹」，已經造成農村潛伏的資產階級勢力重新抬頭，只有靠「四清」這類的整風運動，擊退資產階級復辟，才能奪回基層農村政權。

　　三年後（1966 年）文化大革命爆發，原因之一正是毛澤東認為劉少奇誤導四清運動的發展方向，企圖篡奪黨的領導權。由此證明劉少奇就是隱藏在共黨高層內的資產階級代言人、修正主義叛徒。如果不除去劉少奇及其黨羽，毛死後中國的社會主義事業將無以為繼。在這樣的思維之下，毛澤東的「反修」戰爭從 1962 年至 1976 年，持續了十四年之久，而被他視為「修正主義代理人」的黨內高級官員，則一個個在劫難逃。

　　按照中共黨內慣例，每當推動大型政治運動，總要鄭重其事制定若干指導性的中央文件，下發至基層幹部，以為遵循。為了開展「四清」

---

❺⓿　王光美、劉源等著，《你所不知道的劉少奇》（鄭州：河南人民出版社，2000 年 7 月），頁 90。

❺❶　所謂工分，係人民公社制度中記錄農民個人勞動成果的評量分數，一個正常的男性勞動人口，每日耕作所得一般可以取得十工分之積分。按人民公社規定，每年歲末分配收成時，即按照該社員一年所累積的工分多寡，進行分配。因此所謂「清工分」，即是檢查公社或生產隊幹部在登記工分過程中，有無貪贓枉法、魚肉百姓的情事。

❺❷　薄一波，《若干重大決策與事件的回顧（下卷）》，頁 1107。

運動,毛澤東 1963 年 5 月在杭州特地召集了多名中央和地方的高層官員開會,擬訂出一份名為〈中共中央關於目前農村工作中若干問題的決定(草案)〉的文件。由於内容涉及到十點問題,因此被簡稱為〈前十條〉。〈前十條〉的具體内容,明顯表達了 1962 年下半年以來毛澤東對於大躍進匆促喊停、部分農村放棄集體耕作制度的不滿,因此在文件中嚴加批評,同時重新肯定「三面紅旗」的正確性:

> 一部分同志過去對於農村形勢和農業生產情況抱有的悲觀情緒,是沒有根據的。所有這一切,也證明了黨高舉的總路線、人民公社、大躍進三面紅旗,是完全正確的,是偉大的。……
>
> 如果離開了毛澤東同志這種正確的分析和論斷,就會使我們的社會主義建設工作迷失方向……
>
> 當前社會中揭發出來的很多事實,證明上述階級鬥爭的論斷是正確的。⑴被推翻的剥削階級,地主富農,總是企圖復辟,伺機反攻倒算,進行階級報復,打擊貧農、下中農。⑵被推翻的地主富農分子,千方百計地腐蝕幹部,篡奪領導權。有些社、隊的領導權,實際上落在他們的手裡。其他機關的有些環節,也有他們的代理人。……⑹在商業上,投機倒把的活動很嚴重,有些地方,這種活動是很猖狂的。⑺雇工剥削、放高利貸、買賣土地的現象,也發生了。……⑼在機關中和集體經濟中出現了一批貪污盜竊分子,投機倒把分子,蜕化變質分子,同地主富農分子勾結一起,為非作歹。這些分子,是新的資產階級分子的一部分,或者是他們的同盟軍。所有這些事實告訴我們什麼呢? 這些事實給我們最深刻的教訓是:任何時候都不可忘記階級鬥爭,不可忘記無產階級專政,不可忘記依靠貧農、下中農,不可忘記黨的政策,不可忘記黨的工作。❸

---

❸ 〈前十條〉全文長近一萬字,本處僅摘錄部分相關文字。完整內容可見中共中央文獻研究室編,《建國以來重要文獻選編(第十六冊)》(北京:中央文獻

如果說〈前十條〉代表了毛澤東渴望在農村地區進行一次徹底的階級鬥爭，那麼同年（1963 年）9 月起由中共中央工作會議草擬的另一份文件〈中共中央關於農村社會主義教育運動中的一些具體政策的規定(草案)〉，就等於是實際掌握行政權力的務實派官員，為〈前十條〉所加裝的一道微妙的緩衝器。比〈前十條〉晚了幾個月出爐的這一份文件，由於同樣分成十項主題，因此又被稱為〈後十條〉。大體而言，〈後十條〉代表的正是以劉少奇為首的行政團隊，不希望四清運動過於躁進的期待。

　　〈後十條〉雖然一開始大力稱讚〈前十條〉「是一個偉大的具有綱領性的文件」，「極大地豐富了八屆十中全會以後已經在各地農村進行的社會主義教育運動的內容」，然而實際上，〈後十條〉在一些具體規定上悄悄回到中共八大「發展生產力優先」的主軸上來。例如：

> 社會主義教育運動的進行，必須同生產工作緊密地結合起來。運動進行的每一個步驟，都不能耽誤生產。運動中的一切措施，都應當有利於生產。……
>
> 在反對投機倒把的鬥爭中，還必須把投機倒把活動同正當的集市貿易活動、臨時性的肩挑運銷以及小量的販運活動，加以區分。……社員家庭副業和自留地的產品，除了國家有特殊限制的以外，在完成國家徵購、派購任務以後，應當允許在規定的集市上出售。……有一些人，歷來是附帶做點小生意，只要他們不販賣國家禁止上市的物資，不從事長途販運，不破壞市場，也不應當看做是投機倒把。
>
> 必須把資本主義自發勢力同正當的社員家庭副業，加以區別。……反對資本主義自發勢力，決不能侵犯或者限制社員正當的家庭副業……㊴

出版社，1997 年 7 月），頁 310–329。

㊴　〈後十條〉完整內容，參考中共中央文獻研究室編，《建國以來重要文獻選編（第十七冊）》（北京：中央文獻出版社，1997 年 8 月），頁 385–420。

此外，〈後十條〉為了不讓四清運動打擊面過於浮濫，還對介於地主、富農和貧農之間的「中農」階層，加以極細緻區分，要求只能針對「上中農」的資產階級傾向加以批判，而不應將全體「中農」混為一談。尤其，即使批判「上中農」，也必須謹慎行事：

> 反對少數上中農的資本主義傾向，只能採取批評教育的方法，不能採取對敵鬥爭的方法。不能剝奪他們的社員權利，也不要給被批評的人戴上資本主義分子的帽子，更不能侵犯他們依靠集體勞動、多勞多得的正當利益。有少數地方，曾經發生過像土地改革中鬥爭地主那樣鬥爭一些上中農，這類的事應當堅決防止。把上中農推到地主、富農那一邊去，對我們是很不利的。

〈後十條〉的起草人，是曾經擔任毛澤東祕書的田家英。形式上，〈後十條〉經中央政治局會議通過，並於 1963 年 11 月 14 日下發，都是經過毛澤東同意的，然而，毛澤東內心其實對〈後十條〉並不滿意。1965 年 1 月，毛澤東在一場由各大區黨委書記參加的會議上發牢騷說：「1963 年 5 月杭州會議寫出第一個十條，為什麼剛過了三個月，9 月北京又搞出個十條，只有三個月，有那麼多經驗?」❺❺自 1962 年中共八屆十中全會以來，毛澤東和劉少奇之間的不愉快，再添一椿。

面對四清運動，劉少奇如果放手讓毛澤東遂行其意志，儘管可以不得罪毛澤東，然而或許將付出像大躍進一樣的代價，這應該是劉少奇心中的盤算。結果，劉少奇選擇積極參與，將四清運動的主導權抓在手中，藉以阻止毛澤東全面主導。如此一來，造成毛、劉之間更深的心結。1966 年文化大革命的爆發，四清運動是最直接的導火線。

為了主導四清運動，1963 年 11 月劉少奇指派他的妻子王光美以「董樸」的化名，參加河北省委的四清工作隊，前往該省撫寧縣盧王莊公社

❺❺　叢進，《曲折發展的歲月》，頁 604。

圖 4-11： 王光美「桃園經驗」 1964 年王光美（中）參與四清運動，圖為她與多位婦女正在農田中休息的情景。

桃園大隊實際進行四清運動。王光美在桃園大隊待了五個月，回北京後將之整理為「桃園經驗」，劉少奇順勢在黨內介紹推廣，作為四清運動的參考範本。

然而毛澤東對劉少奇的積極表現並不滿意，他對「桃園經驗」的重視顯然遠不及另外兩個「經驗」——天津市小站鎮的「小站經驗」與甘肅省的「白銀廠經驗」。「小站經驗」由毛澤東的親信、中央政治局候補委員陳伯達親自主持，短短兩三個月內便宣布破獲三個「反革命集團」，為首的均是基層幹部，包括兩名村支部書記及小站鎮的黨支部書記，每個「反革命集團」皆株連近百人，三名首謀者事後遭判刑十至十五年不等。像這樣子大張旗鼓的奪權運動，同時罪證確鑿逮捕反革命分子，才符合毛澤東對於「階級鬥爭」的想像。

「白銀廠經驗」指的是甘肅省白銀市一家名為「白銀有色金屬公司」的「五反」案例，在冶金部和甘肅省聯合工作組的蹲點調查下，破獲該公司領導幹部貪污腐化的事證，事後一名幹部被判死刑，一名幹部被判徒刑，另外六十九名職工被戴上了「地富反壞」的帽子，四十七名職工被戴上「貪污盜竊分子」的帽子。

　　「小站經驗」和「白銀廠經驗」讓毛澤東更加深信自己判斷的正確性，即中共全黨已經被資產階級敵人滲透、腐蝕，而且不止基層遭到滲透，連高層和黨中央亦已不免。因此毛澤東在 1964 年 5、6 月間召開的中央工作會議上斬釘截鐵指出：「中央已經出了修正主義！像白銀廠，還有陳伯達同志調查的天津小站公社，不是有了嗎？我們國家，我看三分之一或者還少一點，權力不掌握在我們手裡，在壞人手裡。」

　　四清運動的最後結果，是毛澤東深信必須發動一場更徹底、更全面的肅反運動，才能真正剷除黨內的修正主義分子，以及潛伏的反革命分子。文化大革命的腳步，已經悄然逼近。

第三節　中蘇衝突

「一邊倒」

中國共產黨和蘇聯共產黨之間的關係，從歷史來看可以說起伏不定，充滿著間歇性的高潮與低潮、信任與背叛。姑且不談 1927 年蔣中正發動「清黨」之前的恩恩怨怨，光是從 1935 年中共「長征」抵達陝北之後算起，中共、蘇共雙方仍不時發生齟齬，經常有意見相左及利益不一致的情況出現。本書第一章第二節述及 1936 年西安事變發生時，張學良之所以回心轉意釋放蔣介石，關鍵之一便在於莫斯科透過中共向其施壓。在這件事情上，史達林的利益和中共的利益是相違背的。中共恨不得快快除去蔣中正，以削弱南京國民政府的力量；然而蘇聯為減輕在遠東所面對的日本軍事威脅，亟力保護蔣中正以壯大中國抗日的力量。雙方皆從自身利益作策略性考量。然而此時中共不論在政治或軍事上，仍須仰莫斯科鼻息，自然無從堅持己見。

1945 年二次世界大戰結束後，雖然蘇聯允許中共軍隊早一步進入東北，同時還提供若干軍事裝備上的援助，然而史達林一方面不相信中共有能力打垮國民黨政權，另方面也擔心中國共產黨一旦實力壯大，將步上南斯拉夫狄托 (Josip Broz Tito) 的後塵，拒絕聽命於莫斯科。因此在 1945 年下半年國共和談的過程中，亦曾向中共施壓，要求毛澤東和蔣中正合作。

直到 1948 年國共內戰局勢逆轉，中共建國的希望愈見濃厚，莫斯科才認真看待共產黨中國即將成立這一事實。1949 年 1 月底，史達林派遣蘇共中央政治局委員米高揚 (Anastas Ivanovich Mikoyan) 前來中國拜訪

中共最高領導層，這是自中共 1921 年成立以來，最高層級的蘇共官員到訪。當時中共中央位於距河北省石家莊市約九十公里遠的一個小村莊——平山縣西柏坡，交通極為不便。米高揚不辭辛勞一定要與毛澤東、劉少奇、周恩來等中共領導人會面，而且在西柏坡一待將近十天，可以想見史達林亟欲趕在中共新政權建立前夕，派遣高階官員實際了解一下中共的動向與虛實。當然，這裡還涉及共產黨中國成立之後，將與蘇聯建立何種外交關係，以及蒙古、新疆這兩個中蘇雙方已競逐數世紀的邊界地帶的問題。

米高揚在與毛澤東會談時，主動提出蘇聯對新疆沒有領土野心，支持新疆歸入中國版圖之內；然而對於毛澤東認為外蒙古與內蒙古應該統一，並且併入中國領土的主張，米高揚則斷然否決，他表示：「蒙古人民共和國老早已經獨立，而且 1946 年國民黨政府也已承認蒙古為一獨立國家」。❺❻對於中共方面有意向蘇聯要求蒙古的主權，米高揚馬上回報給在

圖 4-12：米高揚訪西柏坡　米高揚（右二）此行的目的主要為了解中共在一些重大問題上的立場和政策，並承諾蘇聯將對中共提供經濟與軍事援助，建立中蘇友好外交關係。

---

❺❻ 蒙古人民共和國正式成立於 1924 年，然而一直不被中國政府承認。1945 年二次大戰結束後，蒙古舉行一次獨立公投，投票率高達 97.8%，且幾乎所有選票皆贊成獨立，國民政府特別派了內政部次長雷法章前往監票。1946 年 1 月，中華民國政府宣布承認蒙古人民共和國為獨立國家。參考傅啟學，《中國外交史》，頁 500-501；石源華，《中華民國外交史》（上海：上海人民出版社，1994 年 12 月），頁 714-715。

莫斯科的史達林。史達林很快便發給毛澤東一封電報，電報中明白指出：「這件事的決定權屬於外蒙古」。❺也就是說，蘇聯方面否決了中國可以單獨宣稱擁有蒙古主權的可能性。對此，中共亦不再提出異議。

　　總的來說，這次米高揚訪問西柏坡，可以說是中華人民共和國建國前夕，中蘇高層針對雙邊關係重大議題的一次磋商會議。中國雖然永遠失去外蒙古，卻也換得蘇聯對新疆主權屬於中國的保證，同時，還獲得莫斯科承諾對中國貸款援助，這對亟欲穩住政權的中共來說，是難能可貴的好消息。

　　事實上中共高層此時也了解，新國家成立之後，外交首要之務必然是取得蘇聯「老大哥」的支持，因此有必要讓史達林放心，中共會和蘇聯站在同一陣線。為此毛澤東特地在 1949 年 3 月於西柏坡召開的中共七屆二中全會上向黨內高層傳達：「我們不能設想，沒有蘇聯……我們中國也能勝利。……我們與蘇聯應該站在一條戰線上，是盟友，只要一有機會就要公開發表文告說明此點，現在非黨人士中，也要說明此點，也要做這種宣傳。」❺

　　同年 6 月 30 日，毛澤東在中共建黨二十八週年前夕，公開發表了一篇〈論人民民主專政〉的紀念文章，他在文章中宣稱：

　　　一邊倒，是孫中山的四十年經驗和共產黨的二十八年經驗教給我們的，深知欲達到勝利和鞏固勝利，必須一邊倒。積四十年和二十八年的經驗，中國人不是倒向帝國主義一邊，就是倒向社會主義一邊，絕無例外。騎牆是不行的，第三條道路是沒有的。……蘇聯共產黨就是我們的最好的先生，我們必須向他們學習。

---

❺　（北京）《黨的文獻》，1996 年第 3 期，頁 94。

❺　胡喬木，《胡喬木回憶毛澤東》（北京：人民出版社，1994 年 9 月），頁 547-548。

光是口頭上宣示要倒向社會主義一邊、要向蘇聯共產黨學習還不夠，既然蘇共已經派遣高級官員訪問西柏坡，中共也應該禮尚往來。1949 年 6 月 21 日，中共黨內第二號人物劉少奇親率代表團祕密訪問蘇聯，26 日抵達莫斯科，一直待到 8 月中旬才啟程回國。劉少奇在莫斯科一個多月的時間裡，除了和史達林及蘇共高層舉行多次會談外，同時還提出希望蘇聯幫忙創建中共缺少的空軍和海軍，並簽訂一筆三億美元的貸款協定，以及若干項軍火採購合約。

1949 年 10 月 2 日，中華人民共和國正式成立第二天，蘇聯外交部向中華人民共和國總理兼外交部長周恩來提出照會，宣布兩國建交，互派大使。同時，蘇聯還向撤退至廣州的中華民國政府發表聲明，斷絕與其外交關係，並召回大使。蘇聯成為全世界第一個承認中華人民共和國的國家。

〈中蘇友好同盟互助條約〉

在劉少奇停留莫斯科期間，曾主動向史達林提出要求，希望蘇聯方面考慮安排毛澤東來訪。中共的這個要求，促成了 1949 年底毛澤東訪問莫斯科。毛澤東此行真正目的，與其說是禮貌性拜訪，或說是為史達林祝壽，❺❾還不如說是為了逼迫蘇聯放棄 1945 年 8 月 14 日與中華民國政府所簽訂的〈中蘇友好同盟條約〉，另訂新約。〈中蘇友好同盟條約〉讓蘇聯取得了大連港和旅順軍港的使用權，以及長春鐵路的共同經營權，同時還逼迫當年的中華民國政府承認蒙古人民共和國是一主權獨立國家。這些蘇聯取自中國的利益，都是 1945 年 2 月透過〈雅爾達協定〉由美國與英國背書的。對於外蒙古獨立一事，在米高揚訪問西柏坡時，中共領導層已經試探過一次，立即遭到米高揚斷然否決，毛澤東知道已無挽回餘地；然而有關長春鐵路與大連、旅順的經營使用權利，終究侵犯

---

❺❾ 1949 年 12 月 21 日是史達林七十歲壽辰，毛澤東藉訪問莫斯科的機會，參加了當天舉辦的祝壽大會。

到中國的國家主權。毛澤東此次前往莫斯科，最重要的目的可以說就是要逼迫史達林重新檢討〈中蘇友好同盟條約〉中的相關內容。當然這一企圖必將觸怒史達林，這對建國伊始亟於尋求蘇聯援助的中共政府來說，是個兩難的問題。

　　事實上劉少奇 1949 年夏天訪問莫斯科時，便已向蘇聯方面提出重新檢討〈中蘇友好同盟條約〉的問題，史達林當時答覆要等毛澤東到訪再解決。1949 年 12 月 16 日毛澤東抵達莫斯科，當天晚間史達林安排舉行兩國高峰會議。席間史達林與毛澤東的對話虛虛實實，都在尋找適當的話題切入點與制高點。❻毛一開始先顧左右言他，經史達林再三追問此行究竟有何期待，或雙方可以討論的事項，毛澤東才坦言希望中蘇之間可以簽訂新約。

　　不料史達林以簽訂新約恐將影響〈雅爾達協定〉的穩定為由加以拒絕。對此毛澤東提議讓周恩來到莫斯科跑一趟，由於當時周恩來不僅是政務院總理，同時還兼任中華人民共和國外交部長，毛澤東要周恩來到莫斯科，顯然是要深入細節檢討〈中蘇友好同盟條約〉的實質內容。結果史達林再一次拒絕，他還反問毛澤東：「如果我們不能確定要完成什麼事情，為什麼還叫他來？他來幹什麼？」於是毛澤東與史達林歷史性的第一次會面，最後不歡而散。

　　毛澤東和史達林一樣，都是久經權力鬥爭的老手。對於 1920 年代以來蘇共屢屢透過共產國際干預中共政策路線與內部權

圖 4-13：毛澤東與史達林　1949 年 12 月毛澤東赴莫斯科參加史達林七十壽辰宴會。

❻　相關過程，參考師哲，《在歷史巨人身邊——師哲回憶錄》（北京：中央文獻出版社，1991 年 12 月），頁 434-437。

力鬥爭，❻毛澤東可說點滴在心頭。因此當 1949 年 12 月 16 日傍晚雙方第一次見面，史達林恭賀中國革命偉大勝利，並稱讚毛澤東是「中國人民的好兒子」，毛澤東卻酸溜溜地回答：「不，我是長期受打擊排擠的人，有話無處說！」這樣的對話，頓時讓場面頗為尷尬。毛澤東的話語，擺明了抱怨莫斯科長期以來對他不友善的對待，史達林想必心知肚明。不過史達林畢竟是老江湖，立刻接話說：「勝利者是不受審的，不能譴責勝利者，這是一般的公理。」❻

12 月 16 日當天與毛澤東的見面會談，顯然惹惱了史達林，因此在這之後，接下來兩個星期，除了讓毛澤東參加 21 日的史達林的祝壽典禮外，竟然沒有安排更進一步的正式會談或會面。史達林刻意冷落毛澤東，毛澤東甚至為此向蘇方陪同人員動怒，不過史達林還是不打算理會毛澤東。

最後是一則英國媒體報導，驚動了蘇共高層，該報導認為毛澤東到了莫斯科卻久未見公開露面，因此猜測史達林軟禁了毛澤東。為此史達林只好商請毛澤東配合演出，在蘇共黨報《真理報》發表一篇專訪以闢謠。❻ 為了不造成雙方更進一步難堪，史達林最終還是讓步，同意讓周恩來前來莫斯科商討兩國簽訂新約的事宜。❻

1950 年 1 月 20 日，周恩來率領中華人民共和國政府代表團抵達莫斯科，隨後展開與蘇聯當局二十多天的會談。蘇聯方面主要的與談代表是米高揚與外交部長維辛斯基 (Andrey Vyshinsky)。2 月 14 日，兩國在

---

❻ 相關內容請參考本書第一章第二節的敘述。

❻ 師哲，《在歷史巨人身邊——師哲回憶錄》，頁 434–435。

❻ 孫其明，《中蘇關係始末》(上海：上海人民出版社，2002 年 3 月)，頁 132。

❻ 1950 年 1 月 5 日之後史達林終於改變了對毛澤東的冷淡態度，其實還涉及到該日美國總統杜魯門發表了一份對臺灣（福爾摩莎）問題的聲明，杜魯門明顯利用臺灣問題向中共示好，逼得史達林不能繼續冷落毛澤東。參考李福鐘，《臺灣全志・卷七・外交志・國際組織篇》(南投：國史館臺灣文獻館，2015 年 6 月)，頁 14–15。

克里姆林宮舉行〈中蘇友好同盟互助條約〉（以下簡稱〈條約〉），以及兩項附帶協定〈關於中國長春鐵路、旅順口及大連的協定〉、〈關於貸款給中華人民共和國的協定〉的簽字儀式。依照雙方在〈條約〉中的協議，一旦締約國任一方遭到日本或與日本同盟的國家之侵襲，因而處於戰爭狀態時，締約國另一方即盡其全力給予軍事及其他援助，〈條約〉同時還規定：「締約國雙方均不締結反對對方的任何同盟，並不參加反對對方的任何集團及任何行動與措施。」

　　至於當時仍由中蘇共同管理的中國長春鐵路，❻❺蘇聯方面承諾將一切權利及屬於該路的全部財產無償移交中華人民共和國政府，此項移交一俟對日和約締結之後立即實現，但最遲不晚於 1952 年末。蘇聯同時答應一俟對日和約簽訂，便將自兩國共同使用的旅順口海軍基地撤離，最遲不晚於 1952 年末，❻❻並將該地區設備移交中華人民共和國政府，但中華人民共和國政府必須償付蘇聯自 1945 年以來為恢復上開設備及建設所投資的費用。至於大連港的問題，雙方同意待締結對日和約之後必須加以處理，蘇聯方面臨時代管或租用的所有大連財產，由中華人民共和國政府接收，並由雙方組成聯合委員會辦理接收事宜。

　　另外依據〈關於貸款給中華人民共和國的協定〉，蘇聯將貸款給中國三億美元，年利率 1%，並自 1950 年 1 月 1 日起，分五年每年交付總數的五分之一，用以償付蘇聯為恢復及發展中國經濟而交付的機器設備及器材，❻❼中國則以原料、茶、現金、美元等償付蘇聯的上項貸款利息，

❻❺　1945 年 8 月 14 日中華民國國民政府代表王世杰與蘇聯外長莫洛托夫（Vyacheslav Molotov）在莫斯科簽署〈中蘇友好同盟條約〉時，曾附帶四項附件，包括中國長春鐵路將歸兩國共同所有並共同經營；大連港之設備的一半無償租予蘇方，租期三十年，且大連港口主任由蘇方人員擔任；旅順軍港由兩國共同使用作為海軍基地。詳見傅啟學，《中國外交史》，頁 623–635。

❻❻　後來又因為韓戰爆發，中國政府同意蘇聯海軍延期駐紮旅順，直到 1955 年 5 月蘇聯軍隊才完全撤出旅順。見孫其明，《中蘇關係始末》，頁 183–184。

❻❼　依據此一貸款協定內容，蘇聯事實上並非直接提供現金貸款給中華人民共和

貸款償還期為十年，最後一期須在 1963 年底之前完成，利息則自實際使用之日起按貸款實數計算，每半年繳付一次。 ❻❽

蘇共二十大清算史達林

儘管毛澤東和史達林的第一次會面，過程中出現若干尷尬場面和較勁的意味，但在 1950 年 10 月中國出兵抗美援朝之後，中蘇關係立刻進入實質的蜜月期。史達林不僅盡釋過去對毛澤東的猜疑和成見，而且提供了大量軍事裝備，同時還將部分技術轉移給中共軍方。中國人民解放軍原本欠缺的海、空軍，在蘇聯的軍援和訓練之下，也逐漸壯大。

1953 年 3 月史達林病逝，蘇共新崛起的領導人赫魯雪夫開始在蘇聯內部清除史達林的殘餘勢力和影響力，包括平反政治冤案，釋放相關政治犯，同時還糾正對史達林的個人崇拜。赫魯雪夫對於史達林的清算，到了 1956 年 2 月蘇共召開第二十次黨代表大會，來到了最高點。2 月 24 日蘇共二十大閉幕後的深夜，已是隔日凌晨，蘇共中央將所有參加大會的代表又重新召回克里姆林宮，由赫魯雪夫親自宣讀一份題為《關於個人崇拜及其後果》的報告。報告中揭露了史達林自 1930 年代以來在蘇聯所實施的政治迫害和恐怖統治。

赫魯雪夫在 2 月 25 日凌晨蘇共祕密會議上宣讀這份報告時，並沒有其他各國代表在場。兩天後，赫魯雪夫開始將這份祕密報告的內容，向來到莫斯科參加蘇共二十大的其他共黨國家代表團作口頭傳達。當時中共派往莫斯科祝賀蘇共二十大的代表團團長是朱德，其他重要團員包括鄧小平、譚震林、王稼祥，以及中華人民共和國駐蘇聯大使劉曉。據日

國，而是移交價值相當的機器設備，中方再以協定所規定的還款付息方式償還蘇方。

❻❽ 有關〈中蘇友好同盟互助條約〉及附帶兩項協定內容，見世界知識出版社編，《中華人民共和國對外關係文件集 (1949～1950)》（北京：編者，1957 年 10 月），頁 75–81。

後鄧小平在北京中南海向毛澤東作口頭報告時形容，蘇共中央聯絡部派了一名官員來到中共代表團處，傳達了該份祕密報告的內容，所有在場的中共官員聽了一遍翻譯，感到內容很亂，邏輯不清楚，但無疑是針對史達林的批判。中共代表團在聽過這份祕密報告的翻譯之後，鄧小平立即飛回北京向中共高層報告情況，朱德則繼續在蘇聯訪問參觀。

　　不久，美國《紐約時報》(*New York Times*) 從波蘭獲得這份祕密報告全文，於是在 3 月 10 日譯成英文刊出。如此一來，全世界都知道蘇共高層正掀起對史達林的批判。為此毛澤東決定召開中央書記處會議， ❻❾討論中國共產黨應該對這起事件採取何種立場。3 月 17 日、19 日、24 日，中共中央書記處召開三次會議研究這個問題，毛澤東最後的總結是：「史達林犯過嚴重錯誤，但他有偉大功績」，「赫魯雪夫這次揭了蓋子，又捅了漏子。他破除了那種認為蘇聯、蘇共和史達林一切都是正確的迷信，有利於反對教條主義。不要再硬搬蘇聯的一切了，應該用自己的頭腦思索了。應該把馬列主義的基本原理同中國革命和建設的具體實際結合起來，探索在我們國家裡建設社會主義的道路了。至於赫魯雪夫祕密報告的失誤，我們要盡力加以補救。」❼⓿

　　既然毛澤東決定要「探索自己的道路」，於是下令公開發表一篇文章，表明中國共產黨的態度。這篇文章由陳伯達主筆，❼❶起草後幾經毛澤東親自修改，最後定題為〈關於無產階級專政的歷史經驗〉（簡稱〈一論〉），刊登在 1956 年 4 月 5 日的《人民日報》。這篇文章一方面讚揚蘇共二十大在批判和反對個人崇拜所取得的成果，另一方面卻也提出不同

---

❻❾　中共自延安時代以來，一直以中央書記處作為最高決策和權力核心，這一體制必須等到 1956 年 9 月第八次黨代表大會召開後，才改變為以中央政治局常委會作為決策機構。

❼⓿　吳冷西，《憶毛主席》（北京：新華出版社，1995 年 2 月），頁 6–7。

❼❶　陳伯達當時擔任中共中央黨校副校長，負責實際行政工作。他自延安時代以來即受毛澤東信任，經常代為起草文稿，為毛澤東重要文膽。

看法，大力維護史達林的歷史評價。文章說：「有些人認為史達林完全錯了，這是嚴重的誤解。……我們應當用歷史的觀點看史達林，對於他的正確的地方和錯誤的地方作出全面的和適當的分析。」這樣的文字表達，擺明了不同意赫魯雪夫在蘇共二十大祕密會議上批判史達林的作法。毛澤東和赫魯雪夫在政策、觀點上的分歧，從此逐步擴大展開。或者可以說，毛澤東利用史達林死後蘇聯內部權力改朝換代的機會，試圖爭取自己的發言權；與蘇共新領導人公開唱反調，不僅是政策辯論，也是權力鬥爭。

波匈事件

1956 年對於東歐共產集團來說，是內部動盪的一年。這一年 6 月，波蘭中西部大城波茲南 (Poznan) 爆發大規模工人示威，波蘭共黨出動軍隊鎮壓，造成七十四人死亡，九百多人受傷的慘劇。事件並導致波共中央改組，曾經受過史達林迫害的波共實力派人物哥穆爾卡重掌政權。面對波蘭政局變天，莫斯科一度考慮出兵，但經過和華沙當局再三協商，獲得波共保證絕無反蘇和脫離社會主義陣營的企圖，赫魯雪夫最後放棄武力干預。不過波蘭自此亦逐漸擺脫蘇聯控制，與其他東歐共產主義國家相比，擁有更多自主權。

同年 10 月，匈牙利亦出現大規模示威遊行，首都布達佩斯有二十萬人上街頭抗議共產黨的統治，向來主張走獨立路線的前總理納吉被群眾擁戴再度出任總理，納吉宣布取消一黨專政，開放新政黨，預備實行多黨政治。面對匈牙利變局，赫魯雪夫決定不再坐視，11 月 1 日凌晨，蘇聯軍隊入侵匈牙利，直逼首府布達佩斯，蘇聯並以軍機將效忠莫斯科的匈牙利共黨總書記卡達爾 (János Kádár) 護送至蘇聯境內，命其成立匈牙利工農革命政府。為此納吉召來蘇聯大使，告以匈牙利政府決定退出〈華沙公約〉(Warsaw Pact) 組織，❼❷納吉並宣布匈牙利為中立國家，同時透

---

❼❷ 1955 年 5 月 14 日在波蘭首府華沙簽署的〈華沙公約〉，正式名稱為〈友好合

過聯合國尋求美、英等國的協助。11 月 4 日，蘇聯軍隊攻入布達佩斯，進行血腥鎮壓。納吉躲入南斯拉夫大使館，後遭蘇聯逮捕，並送往羅馬尼亞監禁，不久再被送回布達佩斯受審，1958 年 6 月被以絞刑處決。

　　波蘭和匈牙利接二連三出現挑戰蘇聯霸權的政治動盪，看在毛澤東眼裡，自有另一番感受。毛澤東多次在中共內部批評蘇聯不把其他國家的共產黨當作兄弟黨，而是擺出一副「老子黨」對待「兒子黨」的姿態，毛澤東指責莫斯科的這種心態是一種「大國沙文主義」；但另一方面，毛澤東也利用莫斯科焦頭爛額的機會，把赫魯雪夫丟棄不用的史達林這塊招牌，撿起來回收利用。用毛澤東自己的話：「史達林主義非保持不可，……這把刀子不能丟掉」。❼❸

　　為此毛澤東指示再次公開發表文章，表達中國共產黨對於批史、波匈事件以來一連串共產集團內部政治風暴的看法。文章最後刊登在 1956 年 12 月 29 日《人民日報》，題為〈再論無產階級專政的歷史經驗〉（簡稱〈再論〉）。文章一方面批評史達林曾經助長個人崇拜和教條主義的滋長，同時在對待其他國家共產黨時還表現出「大國沙文主義」的優越感；但另一方面，文章也指責赫魯雪夫主政的蘇聯共產黨不應該全盤否認史達林，否認史達林就是否認俄國共產革命以來所樹立的成就，如此只會瓦解國際共產主義隊伍的團結。

　　從〈一論〉到〈再論〉，表面上看起來雖然只是中共和蘇共的政策辯論，但就長遠來看，卻是毛澤東試圖擺脫莫斯科指揮棒，走自己道路的

作互助條約〉，係由蘇聯、波蘭、捷克、東德、匈牙利、保加利亞、羅馬尼亞、阿爾巴尼亞等八個共產主義國家共同參加，力圖對抗由美、英、法、西德等國在 1954 年正式形成的「北大西洋公約組織」軍事同盟。

❼❸ 吳冷西，《憶毛主席》，頁 19。事實上，毛澤東自 1930 年代以來與史達林打交道，怨氣頗多，尤其史達林支持王明，在 1937 年中日戰爭爆發後對延安的中共中央下政策指導棋，毛澤東即使到了 1956 年還直言：「想起來就有氣」。見吳冷西，《憶毛主席》，頁 20–21。

開始。同樣值得一提的是毛澤東所選擇的策略方法，他明明十分反感史達林過去對中國共產黨的所作所為，卻又高舉史達林這塊招牌和赫魯雪夫唱反調。這種「打著紅旗反紅旗」的技巧，成為日後中共和蘇共爭奪理論發言權時的慣用戰術。

罅　隙

毛澤東愈是決心走自己的道路，中蘇雙方原本既存的政治、軍事同盟關係就愈受到考驗。1958 年 4 月至 7 月間，蘇聯先後向中共方面提出在中國境內建立一座由雙方共同使用的長波電臺，以及成立一支由雙方共同擁有的潛艇艦隊。莫斯科方面的理由是蘇聯在太平洋地區活動的潛艇，需要一座長波電臺與本國保持連絡，更因為中國海岸線不結冰，蘇聯希望使用中國港口停泊潛艦，因此才提議雙方共同建立一支所謂的「聯合艦隊」。蘇聯之所以膽敢提出這些構想，主要原因在於中國也想發展自己的潛艦部隊，既然如此，就需要蘇聯提供技術，甚至是核子潛艇的技術。而且，兩國在 1957 年曾經簽訂一紙〈中蘇國防新技術協定〉，蘇聯答應在火箭、導彈和核子武器等方面提供技術和專家，幫助中國進行相關軍事研發。就因為蘇聯已經大方承諾提供尖端軍事科技給中國，也難怪赫魯雪夫心想，中國方面是不是也該知恩圖報，回饋蘇聯所需要的軍事基地和港口？

然而這些要求看在毛澤東眼裡，都是侵犯中國領土主權的要求。為此毛澤東特地把蘇聯駐北京大使尤金 (Pavel Yudin) 找來中南海，大大發了一頓脾氣，把過去史達林阻撓中國革命的舊帳拿出來一一數落，同時罵米高揚喜歡擺架子，把中共當作兒子看。毛澤東還說：「你們把俄國的民族主義擴大到了中國的海岸」，最後不忘批評赫魯雪夫：「(他) 批評了史達林，現在又在搞史達林的東西。」❼❹毛澤東的怒氣，最後逼得赫魯雪

<hr/>

❼❹ 毛澤東約見尤金的談話記錄，見中華人民共和國外交部、中共中央文獻研究室編，《毛澤東外交文選》(北京：中央文獻出版社、世界知識出版社，1994

夫在 1958 年 7 月底親自跑一趟北京,與毛澤東於中南海的游泳池畔一面曬太陽,一面把話講清楚。當然,如此一來長波電臺與聯合艦隊的計畫也就無疾而終了。

然而,赫魯雪夫四天訪華期間,毛澤東竟然連一句話都沒提到準備對金門發動砲擊。結果赫魯雪夫回到莫斯科才半個多月,八二三金門砲戰,也就是第二次臺海危機就爆發了。❼⓹1950 年代的兩次臺海軍事危機,皆引起東亞局勢高度緊張,尤其美國可能捲入戰局,更讓與北京簽有軍事同盟條約的蘇聯戒慎小心。而中共在發動戰爭前,竟然未先知會莫斯科,何況赫魯雪夫還親自造訪北京,仍被蒙在鼓裡,對此蘇聯當局自然十分不悅。雖然臺海危機最後並未進一步擴大,但是蘇聯對中國的戒心卻也日漸升高。

一而再,再而三的嫌隙,逼得蘇聯在 1959 年 6 月找了一個理由,以國際間正在討論限制核武試爆為藉口,無限期延緩了 1957 年曾經承諾給予中國的原子彈樣品和技術。如此一來反而刺激中共高層,決定自行發展核武技術。❼⓺而就在蘇聯單方面撕毀〈中蘇國防新技術協定〉後不到三個月,1959 年 8 月 25 日西藏邊界竟然又發生中印軍事衝突。

中國和印度出現爭議的邊界有兩塊,一位於西藏與新疆交界處西側的阿克賽欽 (Aksai Chin) 地區,面積二萬七千平方公里,印度宣稱為其領土,但 1950 年代當中共修築連接新疆葉城與西藏拉孜的新藏公路時,便已實際佔領。另一塊是由不丹東界延伸至緬甸之間的大塊區域,面積

年 12 月),頁 322–333。

❼⓹ 第一次臺海危機發生在 1954 年下半年至 1955 年 1 月,至一江山淪陷和大陳島撤軍才告落幕。第二次臺海危機即是臺灣通稱的「八二三砲戰」。有關兩次臺海危機的綜合論述,參考林正義,《1958 年臺海危機期間美國對華政策》,臺北:臺灣商務印書館,1985 年 6 月。

❼⓺ 中共中央文獻研究室編,《周恩來年譜 (1949～1976)》(北京:中央文獻出版社,1997 年 5 月),中卷,頁 240。中華人民共和國最後在 1964 年 10 月 16 日試爆了第一顆原子彈。

達到九萬平方公里，自 1949 年後便實際處於印度控制之下，印度宣稱應以這一片區域北界的麥克馬洪線 (McMahon Line) 作為中印邊界。就在麥克馬洪線附近，1959 年 8 月 25 日，中國邊境部隊指控一支印度巡邏隊越過朗久 (Longju) 附近的中國邊界，於是攻擊並俘虜了這支十餘人的小編隊。隔日，中國軍隊再向駐紮在朗久的印度邊防哨所發動攻擊，雙方互有死傷。一個多月後，10 月 20 日，印度在阿克賽欽地區的邊境巡邏隊進入到一處名為空喀山口 (Kongka Pass) 的中國控制區，遭到中國軍隊攔截，隔日印度邊防警察集結向中國駐軍要人，雙方再度駁火，印軍九人死亡。**77**

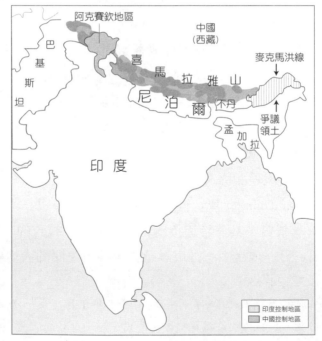

圖 4–14: 中印邊界有爭議處

---

77 有關中印邊界爭議，尤其是 1959 年下半年雙方在朗久和空喀山口的軍事衝突，參考尚勸余，《尼赫魯時代中國和印度的關係 (1947～1964)》(北京：中國社會科學出版社，2009 年 5 月)，頁 134–146。

對於 8 月底中印爆發邊界衝突，蘇聯並未在第一時間表態，而是在半個月後，由國家新聞機構塔斯社（TASS，「蘇聯電訊社」的縮寫）發表一份聲明，警告美國不要藉這起事件挑撥蘇中和蘇印之間的矛盾，聲明並對中印邊界衝突表示「遺憾」，希望中印兩國能夠本著傳統友誼，和平解決爭端。表面上看來，莫斯科採取的是和事佬姿態，希望平息爭端。然而蘇、中同為社會主義集團盟友，兩國甚至還有軍事同盟關係，蘇聯竟然為了籠絡印度，不肯和北京同一鼻孔出氣，這一點讓中共領導人頗為不滿。事實上，中共確實沒有錯怪蘇聯，因為隔年（1960 年）6 月，赫魯雪夫在羅馬尼亞首都布加勒斯特所舉行的一場各國共產黨代表會議上，便公開批評中國在中印邊界問題上是「瘋子」、「主動發起戰爭」，為此中共代表團團長彭真不甘示弱，當場對罵，中蘇高層關係公開決裂。

不到一個月後，1960 年 7 月 16 日蘇聯政府單方面通知北京，宣布全部召回駐在中國協助各方面建設的一千三百九十名蘇聯專家，理由是中國方面煽動這些蘇聯專家反對自己的黨和政府。莫斯科撤走駐華專家的時間點，正好是中國大躍進運動失敗，開始釀成大災難的時候。赫魯雪夫認為中國共產黨不論在政治、軍事或經濟上，愈來愈離經叛道，難以控制，因此索性袖手旁觀，幸災樂禍。

由互罵到開戰

1962 年春天中國大饑荒情況十分嚴重，不僅廣東地區災民紛紛越過邊界逃往香港，新疆自治區的伊犁和塔城地區亦發生六萬多名中國公民逃往蘇聯的事件。為此北京當局立刻封閉了新疆與蘇聯邊界所有一切通道，莫斯科方面認為這是一項帶有敵意的反應。而中國政府則在隔年（1963 年）公開指責災民越界事件是蘇聯在伊犁一帶搞的顛覆活動，逃往國外的災民係受到蘇聯的引誘和脅迫。

1962 年 10 月，中印邊界再度爆發軍事衝突，戰火持續近一個月。事件過程中蘇聯態度明顯偏袒印度，更令北京十分惱火。此外，此時蘇

聯正緊密與美國進行防止核武擴散的協商，蘇聯藉機勸告中國停止研發核武，理由是只需要蘇聯擁有核武，就足以保障社會主義國家的安全。這種說法不僅無法讓中國打消發展核武的念頭，反而適得其反，更加堅定其獨立自主的目標。

在中蘇雙方累積了多年的不愉快之後，中共終於決定公開向莫斯科叫陣。自 1962 年 12 月 15 日起，至隔年 3 月 8 日止，不到三個月的時間內，中共陸續在《人民日報》發表七篇文章，不點名批判蘇聯共產黨走的是所謂的「修正主義」(revisionism) 路線，已非純粹馬克思、列寧的基本教義；而中國共產黨才是真正堅持馬克思列寧主義，所有反對中共的觀點，都是背叛馬克思列寧主義，都是修正主義者。

面對中共發動的口水戰，莫斯科原本想藉由召開蘇、中兩黨的高層會議來化解歧見，然而 1963 年 7 月由鄧小平領軍的代表團到達莫斯科後，雙方不僅沒有談出什麼名堂，口水戰卻愈演愈烈。就在 7 月 20 日鄧小平率團返回北京之後，7 月 25 日蘇聯與美國、英國簽署了一項〈部分禁止核試驗條約〉，此舉被北京方面解讀為係針對中國發展中的核子武器，而且蘇聯並未反對在臺灣的中華民國政府參與簽署該條約，更讓北京暴怒。❼❽ 為此 8 月下旬起，《人民日報》陸續刊出了數篇社論，嚴詞抨擊蘇聯的行為「出賣了社會主義陣營」。更進一步，中共開始籌畫一系列大篇幅的批判文章，自 1963 年 9 月 6 日起，刊登在《人民日報》上。首先登場的是題為〈蘇共領導同我們分歧的由來和發展〉的數萬字長文，副標題「評蘇共中央的公開信」，歷數 1956 年蘇共二十大以來，中、蘇之間的種種爭論和摩擦。一直到隔年（1964 年）7 月 14 日刊出最後一篇〈關於赫魯曉夫的假共產主義及其在世界歷史上的教訓〉，類似文章一共

---

❼❽ 中華民國駐聯合國代表團代表周書楷曾在 1963 年 10 月 31 日聯合國大會第 1323 次會議上發言，說明中華民國加入〈部分禁止核試驗條約〉之理由，見外交部編，《中華民國出席聯合國大會第十八屆常會代表團報告書》（臺北：編者，1964 年 7 月），頁 61。

累計九篇之多，統稱為「九評」。「九評」的公開發表，等於是向全世界宣告，中、蘇之間已漸行漸遠。

　　1966 年 5 月「文革」發動之後，中國將蘇聯視為是「現代修正主義」的罪魁禍首而大肆撻伐，蘇聯駐中國大使館前的西交民巷被改名為「反修路」，紅衛兵甚至當街阻攔蘇聯大使館車輛，要蘇聯外交官在毛澤東畫像前步行通過，《人民日報》開始以「社會帝國主義」辱罵蘇聯。蘇聯國內則發生中國留學生遭攻擊事件，百餘名蘇聯官方便衣人員甚至破壞中國駐蘇聯大使館櫥窗，搶走裡面所陳列的反蘇宣傳品，中國大使館人員為此遭到毆打。至於影響最為重大的，則是蘇聯不斷向蘇、中及蒙、中邊境增兵。1966 年 3 月，蘇聯和蒙古人民共和國簽訂了〈蘇蒙友好合作互助條約〉，根據此一條約，蘇聯大舉在蒙古屯駐重兵和建立導彈基地，對中國國防造成強大壓力。總計這段時間，蘇聯在蘇、中邊界增兵超過百萬以上，中蘇關係達到前所未有的緊張程度。

珍寶島事件

　　1969 年 3 月，位於東北烏蘇里江中、蘇邊界一個名叫珍寶島 (Damansky Island) 的無人小島，❼❾爆發了中華人民共和國建立以來雙方最嚴重的軍事衝突。在 1960 年代以前，中國方面認定珍寶島係中方領土，並經常派軍隊巡邏，蘇方對此並無異議。然而 1960 年代雙方關係漸趨惡化之後，蘇聯方面宣稱該島為蘇方領土，並不時騷擾中國巡邏部隊。為此中國軍方決定予以反擊。1969 年 3 月 1 日深夜，一批據信約三百人的軍隊在夜色掩護下，悄悄跨越冰封的烏蘇里江面登島，並藉樹林進行隱蔽。隔天（3 月 2 日）上午日出後，一支三十人的中國邊防部隊分成

---

❼❾　珍寶島俄語稱為達曼斯基島（óстров Дама́нский，英文拼法 Damansky Island），在中國行政區劃上屬於黑龍江省虎林縣（1996 年改為虎林市），係一位於烏蘇里江主航道以西較靠近中國一側的小島，面積只有 0.74 平方公里，枯水期時與中國陸地接壤。

圖 4-15：珍寶島位置圖

兩小隊，分別登上珍寶島，擔任誘餌引誘蘇軍出動。果然烏蘇里江對岸的蘇軍發現中方登島，也派出約五十名官兵分乘四輛車，包括兩輛裝甲車，駛向珍寶島。蘇軍原本企圖將中方軍隊逐出該島，沒想到卻中了圈套，雙方交戰結果，蘇軍死亡三十一人，傷十四人，殘餘蘇軍搭乘僅剩的一輛裝甲車逃回蘇方領土。

第一天的衝突過後，蘇方決定伺機報復，並持續向中方砲擊。3 月 15 日，雙方又各派大批軍隊登島，包括數十輛坦克，並由各自岸上砲陣地向對方砲擊。一整天交戰下來，雙方互有傷亡。

在 3 月 2 日珍寶島戰役開打之後，蘇聯國內掀起強烈的反華示威遊行，一連數日莫斯科及蘇聯各地近二十個城市出現群眾示威，莫斯科中國駐蘇聯大使館面街的窗戶幾乎都被石塊砸破。同樣，在中國國內各地群眾反蘇示威遊行亦被動員起來，據估計中國國內光是 3 月 2 日之後的十天裡，超過四億人次參加了類似的抗議活動。3 月 4 日《人民日報》和《解放軍報》聯合發表了一篇經過國務院總理周恩來審訂過的社論〈打倒新沙皇！〉，指控「蘇修社會主義帝國」侵略中國領土，是舊時代帝俄沙皇侵佔中國領土之後，「豺狼本性的又一次大暴露」。

3 月 15 日，就在珍寶島發生第二次武裝軍事衝突當天，毛澤東在一場原本為討論即將開幕的中共第九次全國代表大會（九大）相關事宜而召開的中央文革碰頭會上，❽ 發出「要準備打仗」的指示。毛澤東當天

---

❽　「中央文革」全稱是「中央文化革命小組」，這是毛澤東為推動文化大革命而成立的一個任務編組，在 1966 年 5 月文革爆發之後，毛最親信的幾個熱衷推

語出驚人：

> 第二次世界大戰結束至今已二十四年了，我們從精神上、物質上都要準備打仗，要準備打大仗，打硬仗，打惡仗，要準備同蘇聯修正主義打，還要準備同美帝國主義打，要準備同美帝與其他反動派結成的神聖同盟打。這沒有什麼了不起，地球還是照樣在轉動，無非是中國人死一半吧，但中國是消滅不了的。……各縣都要組織武裝部隊，一個縣成立一個團，全國都要搞。大縣三個營，中縣兩個營，小縣一個營。㊛

　　1969 年除了發生在 3 月的珍寶島事件，該年 8 月 13 日中蘇在新疆北方邊界靠近塔城市的裕民縣，也出現軍事衝突。當天蘇軍動員數百人埋伏在邊界上，待中國邊防巡邏隊接近時，突然發動奇襲，中國邊防巡邏士兵三十餘人全數陣亡。這次事件，被視為是蘇聯方面對於珍寶島事件的報復行動。

　　由於接二連三發生邊境武裝衝突，莫斯科為避免進一步擦槍走火，主動釋出善意。蘇聯部長會議主席 ㊜ 柯西金 (Alexei Nikolayevich Kosygin) 於該年 9 月 9 日藉著參加越南勞動黨總書記胡志明喪禮的機會，㊝ 間接傳話給中共當局，希望雙方坐下來討論邊界問題。北京對此作出正面回應，於是莫斯科派出首席副外長庫茲涅佐夫 (Vasili

---

動文化革命的堅決執行者，包括江青、張春橋、林彪、陳伯達等陸續成為中央文革成員，該機構很快成為中共中央最具實權的決策機構，甚至凌駕中央政治局之上。詳情另請參考本書第五章第一節及第三節敘述。

㊛　轉引自孫其明，《中蘇關係始末》，頁 595。

㊜　部長會議主席一職為蘇聯中央政府最高行政首長，地位相當於中華人民共和國國務院總理。

㊝　胡志明 (1890～1969)，越南勞動黨（共產黨）創立者和領導人，1969 年 9 月 2 日於河內病逝。

Vasilyevich Kuznetsov) 抵達北京，雙方於 10 月 20 日開始有關邊界問題的談判。然而由於兩國對於有爭議的領土皆堅持己見，寸土必爭，導致馬拉松式的談判斷斷續續進行了十年，仍一事無成。1978 年 6 月底，雙方決定無限期休會。即使如此，由於兩國最終選擇回到談判桌解決爭端，因此中蘇之間此後再也不曾發生大規模邊界武裝衝突。

　　至於雙方的邊界談判，必須等到 1985 年新任蘇共總書記戈巴契夫 (Mikhail Gorbachev) 上臺之後，才有較大進展。1987 年 2 月，新一輪中蘇邊界談判展開，經過四年協商，1991 年 5 月藉著中共總書記江澤民訪問莫斯科的機會，中國外長錢其琛和蘇聯外長別斯梅爾特內赫 (Alexander Bessmertnykh) 正式簽署〈中蘇國界東段協定〉，徹底解決了從內蒙古自治區一直延伸到吉林省的四千多公里邊界問題。至於新疆與蘇聯之間三千多公里「西段」邊界爭議，必須等到蘇聯解體之後，由中國政府分別與俄羅斯、哈薩克、吉爾吉斯、塔吉克四國繼續協商。❽❹ 與四國的邊界談判陸陸續續進行到二十一世紀，中國逐一與俄、哈、吉、塔四國簽署邊界協定。2011 年 9 月，中、塔在中方第 75 號界樁處舉行新劃定國界交接儀式，❽❺ 結束雙方超過四十年的邊界爭議。

---

❽❹　參考田曾佩主編，《改革開放以來的中國外交》（北京：世界知識出版社，1993 年 10 月），頁 328–329。

❽❺　參考 http://view.news.qq.com/zt2011/zhongta/index.htm（瀏覽日期：2017 年 7 月 17 日）。

文革時期對毛澤東的個
人崇拜達到高點

第五章

文化大革命

第一節　炮打司令部

　　毛澤東什麼時候開始動念，非鬥垮劉少奇不可？ 1970 年 12 月 18 日，毛澤東在中南海接見 1936 年曾造訪過延安的美國記者斯諾 (Edgar Snow) 時，回憶說是在 1965 年 1 月，那個冬天中共中央政治局開了整整一個月的全國工作會議，討論農村「四清」運動的問題，會議為此通過一份簡稱為〈二十三條〉的指導性文件，文件第二條有一句：「這次運動的重點，是整黨內那些走資本主義道路的當權派」，據毛澤東的說法：「當場劉少奇就反對」。❶多年後文化大革命已經結束，曾經擔任過中央文革小組組長的陳伯達回憶說，當天毛澤東發表意見，剛講沒兩句，劉少奇就插嘴，而且一路講下去，完全不給毛澤東繼續說話的機會。第二天開會，毛澤東特地帶了一本中共黨章到會場，說按黨章規定，黨員在黨的會議上有發言權。所有在場的人一聽，都知道毛澤東在抗議劉少奇不許他發言。❷

　　綜合這些記述，說明毛澤東與劉少奇的積怨，至少在 1965 年以前農村「四清」運動的過程中，就已到了勢不能容的地步。前文介紹「四清」運動時已經提過：文革的爆發，四清運動是最直接的導火線。而且除導火線之外，遠因還包括八大以來，毛澤東在某些政策想法上受到的抵制，以及大躍進失敗之後劉少奇嘗試將重大政策主導權抓回自己手中，這些舉動都讓毛澤東深感不快。基本上從 1962 年年初「七千人大會」到

❶　毛澤東與斯諾的談話內容，見中共中央文獻研究室編，《毛澤東年譜 (1949～1976)》（北京：中央文獻出版社，2013 年 12 月），第六卷，頁 357。

❷　陳曉農編纂，《陳伯達最後口述回憶》（香港：陽光環球出版香港有限公司，2005 年 6 月），頁 251。

1965 年中央政治局全國工作會議討論〈二十三條〉為止，毛澤東知道劉少奇作為黨的副主席和第二號實權人物，正一步步設法架空他身為主席的權威和權力。1965 年 1 月他在會議中被劉少奇不客氣打斷，而且不再讓他有說話機會，只是讓毛澤東下定決心，要儘早拔除這個眼中釘。毛澤東開始尋找機會。

〈評新編歷史劇「海瑞罷官」〉

劉少奇是中共黨內第二號人物，從 1940 年代初毛澤東就仰賴他主持中共中央日常工作，已經超過二十年。1965 年毛澤東下決心要整肅劉少奇，但是談何容易。撇開劉少奇本人在中共黨內的權力、地位、聲望不說，更重要的是當時中共中央重量級官員，幾乎都與劉少奇有著千絲萬縷關係，或彼此長期合作，包括領導中央書記處的鄧小平和彭真，中央辦公廳主任楊尚昆，以及以周恩來為首的國務院團隊，甚至還包括解放軍內諸多高階將領，形容整個中共黨政高層長期以來仰賴劉少奇的指揮調度，並不為過。

毛澤東要扳倒劉少奇，必須先找到施力點。毛深諳政治鬥爭訣竅，一如戰場上的調兵遣將，先襲擊側翼，待主力馳援，再求一舉殲滅。毛澤東首先選擇的突破口，是對北京市副市長吳晗下手。吳晗曾經是北京清華大學歷史系教授，明史專家，他在 1959 年 6 至 9 月間以明朝著名清官海瑞為主角，連續寫了〈海瑞罵皇帝〉與〈論海瑞〉等文章，刊登在《人民日報》上。之後又寫了《海瑞罷官》京劇劇本，稍後在 1961 年公開上演。原本這只是一齣歷史劇的創作，然而看在有心人眼裡，卻把《海瑞罷官》與 1959 年廬山會議彭德懷被毛澤東整肅的事件連繫在一起，認為吳晗以古諷今，故意借《海瑞罷官》為彭德懷喊冤。

第一個戴上有色眼鏡看《海瑞罷官》的是毛澤東的夫人江青。江青雖然貴為毛澤東夫人，然而 1938 年在延安與毛澤東結婚時，中共中央政治局曾要求她不得藉由特殊身分干涉政治，甚至二十年內不准其在黨內

擔任任何職務。❸1960 年代初，閒得發慌的江青以其早年曾在上海電影界工作的背景，開始企圖插手文藝政策。她在幾年時間裡，看了一大批的戲劇、電影，1962 年 7 月 6 日，她在北京觀看了《海瑞罷官》的演出，第一時間便認定劇中的明朝皇帝在影射毛澤東，而海瑞則是彭德懷。江青曾找過陸定一領導的中共中宣部和國務院文化部幾位正副部長，要求針對《海瑞罷官》中大量的資產階級、封建主義的內容進行批判，但陸定一沒把它當一回事。江青將她的想法向毛澤東反映，毛澤東這時正忙著要在北戴河會議和中共八屆十中全會上針對劉少奇、陳雲、鄧子恢等人打算恢復農村個體耕作的主張進行批判，似乎還不急著對付吳晗，或者不覺得這個問題非處理不可。不過，毛澤東在那年 9 月召開的中共八屆十中全會上說過一段話:「近來出現了好些利用文藝作品進行反革命活動的事。用寫小說來反黨反人民，這是一大發明。凡是要推翻一個政權，總要先造成輿論，總要先做意識形態方面的工作。不論革命、反革命，都是如此。」這幾句話從表面上來看，似乎針對小說《劉志丹》而發，❹但也為日後批判《海瑞罷官》埋下伏筆。

　　1965 年 1 月，毛澤東下定決心要對付劉少奇，於是透過原本已磨刀霍霍的江青，設法找到一個可以出面寫文章的人，以吳晗為箭靶，發動攻擊。這種拿文藝作品進行意識形態批判，再伺機擴大戰果的策略，向來是毛澤東擅長的手法，1951 年對電影《武訓傳》的批判，就是最好的前例。江青在北京找不到人幫忙，北京市委書記兼市長彭真要保護吳晗;《人民日報》總編輯吳冷西與劉少奇、鄧小平關係良好，更非江青所能指使，文章就算寫好也登不出來。於是江青找上了中共上海市委第一書記柯慶施，柯推薦上海市委宣傳部長張春橋，再由張春橋介紹任職《解放日報》的姚文元，江、張、姚三個人從 2 月起就在上海祕密討論如何撰寫文章，前後經過八個多月，文章修改到第十稿，最後刊登在 1965 年

---

❸　葉永烈，《江青傳》(北京: 作家出版社，1993 年 12 月)，頁 171–173。
❹　詳情見本書第四章第二節。

11 月 10 日的上海《文匯報》，題為〈評新編歷史劇「海瑞罷官」〉。文章雖然由姚文元掛名，但事實上是江、張、姚三個人的共同創作。一萬多字的長文，主旨在於指控吳晗的《海瑞罷官》所美化的道德價值，都是封建主義的餘毒，吳晗將之妝扮成為民申冤的「海青天」，是「用階級調和論代替了階級鬥爭論」，說明《海瑞罷官》本身就是一株毒草。更甚者，文章在結論中挑明《海瑞罷官》寫成於 1961 年，剛好就是大躍進之後一群「牛鬼蛇神」刮起「單幹風」和「翻案風」的時間點，《海瑞罷官》藉著讚美海瑞幫忙「退田」給百姓、「平冤獄」，其實是在鼓吹恢復個體經濟，並且企圖為那些被打倒的階級敵人翻案。

〈評新編歷史劇「海瑞罷官」〉刊登在機關色彩較不濃厚的上海《文匯報》，原因是毛澤東想看看北京市委轄下的《北京日報》、中宣部主管的《人民日報》，以及屬於全國政協的《光明日報》，這三份北京的報紙如何反應。果不然，三報對此一事件視若無睹，半個多月仍不予轉載。倒是從 11 月 12 日到 26 日，上海市委機關報《解放日報》、浙江省《浙江日報》、山東省《大眾日報》、江蘇省《新華日報》、福建省《福建日報》、安徽省《安徽日報》、江西省《江西日報》等七份報紙先後轉載了姚文元這篇文章。中共華東局轄下六省一市共同表態，給北京造成極大壓力。此時吳晗自己也緊張了，他對《光明日報》記者抱怨，姚文元的文章牽強附會、亂扣帽子，這種風氣之下以後誰還敢寫東西？談歷史？他說他不準備公開寫答辯文章，只肯向北京市委寫報告，直接送給市委第一書記彭真，他還相信：「只要領導了解就行了！」❺

吳晗不知道此時南下到華東各省巡視的毛澤東，正虎視眈眈注意事件的發展。到了 11 月 20 日北京各報依然文風不動，毛澤東終於表態了，他下令將姚文元的文章發行為單行本：「他們不登，你們就出小冊子！」此時周恩來藉著到上海彙報工作的機會，了解毛澤東怒火中燒，於是回北京後立即通知彭真下令北京各報轉載姚文元的文章。❻11 月 29 日《北

❺　中共中央文獻研究室編，《毛澤東年譜 (1949～1976)》，第五卷，頁 541。

京日報》全文刊登姚文元的文章，《人民日報》隔天（11 月 30 日）轉載。彭真知道事情鬧大了，但他還是想保護吳晗過關，於是動員兩位重量級文化官員鄧拓和周揚，❼分別以筆名寫文章評論《海瑞罷官》，企圖扭轉方向，奪回話語主導權。沒想到如此一來，反而正中江青、張春橋下懷。江、張二人正等著「援軍」馳來，以便一網打盡。

　　1966 年 5 月 10 日，《文匯報》與《解放日報》再度刊出姚文元署名的文章：〈評「三家村」——《燕山夜話》《三家村札記》的反動本質〉。《燕山夜話》是鄧拓多年以來在《北京晚報》發表雜文的專欄標題；《三家村札記》則是鄧拓、吳晗，以及中共北京市委統戰部部長廖沫沙三人聯合執筆，在北京市委機關刊物《前線》的專欄標題。姚文元指控鄧拓、吳晗、廖沫沙三個人利用雜文，「進行反黨反社會主義活動」，「在《燕山夜話》《三家村札記》中，貫穿著一條〈海瑞罵皇帝〉《海瑞罷官》一脈相承的反黨反人民反社會主義的黑線，誣蔑和攻擊以毛澤東同志為首的黨中央，……支持封建勢力和資本主義勢力的猖狂進攻。」姚文元這篇文章公開發表的時候，情勢已與半年前截然不同。曾被毛澤東形容為「針插不進，水潑不進」的北京市委，這時候已經搖搖欲墜，彭真自 1966 年 3 月起接二連三遭到毛澤東在高層會議上砲轟，看樣子就要垮臺。姚文元這篇〈評「三家村」〉，同樣由毛澤東定稿，連文章標題都由毛親自修定。在《解放日報》與《文匯報》刊出隔日，全國其他報紙立即跟進轉載，各家報社甚至接到通知，轉載時只要錯一個字，唯總編輯是問。

　　1966 年 5 月 17 日深夜，〈評「三家村」〉刊出後僅僅一星期，鄧拓在家中服安眠藥自殺，得年五十四歲。吳晗則在之後的文化大革命中遭

❻　《彭真傳》編寫組編，《彭真傳》（北京：中央文獻出版社，2012 年 10 月），第三卷，頁 1191。

❼　鄧拓曾擔任《人民日報》社長兼總編輯，1965 年時擔任北京市委書記處書記，主管北京市文藝工作。周揚長期擔任中共中宣部副部長，有「文藝沙皇」的稱號。

到嚴厲批鬥，1969 年 10 月 11 日死於北京獄中，得年六十歲。

彭羅陸楊反黨集團

由《海瑞罷官》所引起的學術研究批判，只是一場大規模政治鬥爭的序曲，吳晗、鄧拓、廖沫沙三人充其量只是導致潰堤的罅隙，毛澤東真正的攻擊目標是背後的堤壩。挑吳晗下手，因為類似的意識形態批判，毛澤東向來得心應手，藉由意識形態批判，再擴大到政治鬥爭，是毛澤東相當嫻熟的戰略戰術。從延安整風、電影《武訓傳》的批判、反右運動，最後來到批判《海瑞罷官》，路徑十分相似。

就在 1965 年 11 月 10 日刊出姚文元〈評新編歷史劇《海瑞罷官》〉之後，中共黨政軍高層陸續有幾位大人物各因不同事件紛紛栽了跟頭。首先是楊尚昆，就在 11 月 10 日同一天，中共中央發出通知，免除楊尚昆原本中共中央辦公廳主任職務，調到廣東省省委書記處，當一名陽春書記。中共中央辦公廳主任一職，改由毛澤東親信、同時也是負責中南海安全工作的汪東興接任。楊尚昆之所以遭到整肅，根據毛澤東的保健醫師李志綏的說法，是因為 1958 年中央辦公廳內部發生的一起「黑旗事件」，❽ 以及 1961 年 2 月毛澤東專屬列車內發現遭竊聽錄音事件。❾ 尤

---

❽　「黑旗事件」是 1957 年反右運動至 1958 年上半年「整風補課」期間，發生在中共中央辦公廳內部兩派人馬的政治鬥爭。這件事情讓毛澤東對楊尚昆所領導的中共中央直屬機關委員會（中直黨委）頗有微詞。參考孫言誠，〈中南海的「二王、八司馬事件」〉，（北京）《炎黃春秋》，2010 年第 7 期。亦見「愛思想」網站：http://www.aisixiang.com/data/35146.html（瀏覽日期：2016 年 2 月 19 日）。李志綏對於這件事的回憶細節有些誤差，但仍有參考價值，見李志綏，《毛澤東私人醫生回憶錄》，頁 227–234。

❾　有關毛澤東身邊被中共中央辦公廳安裝錄音機竊聽事件，見李志綏，《毛澤東私人醫生回憶錄》，頁 351–355。李志綏認為楊尚昆被下放廣東的原因，在於黑旗事件和竊聽事件，見該書頁 419，這個判斷可以從曾經擔任中央文革小組成員的王力回憶錄中得到佐證，見王力，《王力反思錄》（香港：北星出版社，

其竊聽事件，讓毛澤東一言一行都受到暗中監視，最讓毛澤東不滿。毛澤東知道楊尚昆沒有膽子做這種決定，背後一定是劉少奇、鄧小平這些人的指使。竊錄設備事後被撤除，但毛澤東並沒有馬上反擊，而是等待更有利的時機，直到 1965 年年底，《海瑞罷官》所引燃的學術批判已經箭在弦上，毛澤東才大舉反攻，將「大躍進」落幕以來，幾年間曾經想方設法要架空他最高權力的政治對手，一網打盡。

　　楊尚昆被調離中南海之後不久，1965 年 12 月 8 日上海召開政治局常委擴大會議，國防部長林彪發難攻擊總參謀長羅瑞卿，導致羅瑞卿被撤除軍事職務，接受調查。林彪攻擊羅瑞卿的藉口是羅只重視軍事訓練，忽略政治教育，尤其是忽略在軍隊內宣傳毛澤東思想。林彪指控這種作法是「篡軍反黨」，是「反對毛澤東思想」。林彪攻擊羅瑞卿，目的在於排除異己，壟斷軍權；而毛澤東支持林彪，則為換取林彪的效忠，以便在接下來更大規模的政治鬥爭中，有解放軍作為後盾。

　　接續楊尚昆與羅瑞卿，中宣部長兼國務院副總理陸定一也跟著垮臺。不過陸定一垮臺的原因頗為離奇，主因是陸定一的妻子嚴慰冰從 1961 年至 1966 年的五年時間裡，一共寫了五十幾封匿名信給林彪和他的太太葉群，信的內容除攻擊林彪夫婦之外，還揭露葉群早年的一些隱私，包括葉群在延安時代跟陸定一在一起，林彪的女兒林豆豆實際上是陸定一生的之類。林彪私下調查這起匿名信事件，但幾年下來一無所獲。直到 1966 年初，林彪在偶然機會看到嚴慰冰的鋼筆筆跡，才發現這些匿名信竟然是陸定一的太太寫的。這件事情種下了陸定一失勢的禍因，他在 1966 年 3 月被要求離開北京，以迴避事件調查。直到兩個月後，5 月初陸定一被叫回北京，參加中共中央政治局擴大會議，就在這次會議上，陸定一和彭真、羅瑞卿、楊尚昆四個人被冠上「彭羅陸楊反黨集團」的帽子，成為第一批在文化大革命中被鬥倒的中共高層官員。而且就在這次政治局擴大會議上，通過了後來被稱作〈五一六通知〉的〈中共中央

2008 年 1 月），下冊，頁 371。

委員會通知〉，這份中央文件日後被視為是文化大革命的起始點。

〈二月提綱〉

本節一開始便已提到，毛澤東最終的目標雖然是劉少奇，但他為了瓦解劉的勢力範圍，首先選擇的突破口是北京市副市長吳晗。攻擊吳晗，北京市長彭真必定出手相救，如此一來彭真便難逃被拖下水的命運。彭真是劉少奇長期以來的忠實盟友，兩人自1930年代以來便在河北的中共組織中一起工作，建立起長期合作關係。彭真自1948年起擔任中共北京市委書記，1951年起兼任北京市長，主持北京市政長達十餘年，借用1966年4月28日毛澤東的批評：「北京市一根針也插不進去，一滴水也潑不進去，彭真按照他的世界觀來改造黨，事物走向反面，他已為自己準備了垮臺的條件。」❿毛澤東優先選擇打倒彭真，原因就在於只要彭真垮臺，劉少奇和鄧小平在政治上就孤立了，其他識時務者馬上知道毛澤東的意向，因而選擇明哲保身，這將有利於毛澤東進一步貫徹自己的意志。

然而要扳倒彭真，談何容易。彭真在1965年以前，除了是北京市委書記兼北京市長，同時還是中央書記處書記，是鄧小平在書記處內最重要的幫手。而鄧、彭二人所主持的中央書記處，基本上就是劉少奇領導整個黨務系統最仰賴的機構。簡單講，只要毛澤東不過問，劉、鄧、彭三個人拍板，幾乎就可以行使黨中央權力。在1961年之後的中共決策高層，差不多就是這個狀態。這個情況到了1965年毛澤東決心要打倒劉少奇的時候，就成了毛的第一個棘手問題——該怎麼下手，才能瓦解劉、鄧、彭這個鐵三角？

根據近年中共官方所披露的史料顯示，1965年11月10日〈評新編歷史劇《海瑞罷官》〉在上海《文匯報》刊出之前，吳晗就已經聽說有人準備批判他所寫的《海瑞罷官》劇本，為此他第一時間求助於頂頭上司

❿　中共中央文獻研究室編，《毛澤東年譜(1949～1976)》，第五卷，頁581。

彭真，而彭真馬上找鄧小平商量。鄧小平聽過之後，很不以為意地告訴彭真：「你告訴教授，沒什麼了不起，我們照樣打牌！」❶從這個過程，大約可以了解文革發生前夕，鄧小平在中共最高決策層中的地位，以及彭真與他的關係。鄧小平過於自信認為憑他的權力，可以罩得住彭真，更不用談解決吳晗遇到的小麻煩。而彭真或許也樂觀地認為，由他和鄧小平所主導的中央書記處，加上劉少奇的撐腰，沒什麼事情擺不平。不久鄧小平邀吳晗到家裡打橋牌，牌桌上吳晗心神不寧，屢屢出錯牌，鄧小平還安慰他說：「教授，別這麼長吁短歎的，凡事都要樂觀些。怕什麼，天還能掉下來？……有我們給你往前頂，你總可以放心了吧？」❷

只不過接二連三的後續發展，顯然「打吳」背後的力道大到出乎鄧小平和彭真意料之外。彭真為了控制事態發展，1966 年 2 月 3 日特地召開了「文化革命五人小組」的擴大會議，❸擬定了一份〈關於當前學術討論的匯報提綱〉，企圖以這份文件定調中共中央的態度，並希望事件能夠因此降溫。這份文件是 2 月擬定的，一般俗稱〈二月提綱〉。在這份提綱中，五人小組建議：

> 對吳晗同志《海瑞罷官》的批判以及由此展開的……討論，已使思想界活躍起來，蓋子揭開了，成績很大。……正因為如此，應當是足夠地估計到這場鬥爭的長期性、複雜性、艱鉅性……要估計到這場鬥爭不是經過幾個月，有幾篇結論性文章或者給某些批判者做出政治結論，

❶ 中共中央黨史研究室科研管理部編，《鄧小平的歷史足迹》（北京：中共黨史出版社，2004 年 7 月），頁 25。
❷ 中共中央黨史研究室科研管理部編，《鄧小平的歷史足迹》，頁 25。
❸ 所謂的「文化革命五人小組」，是毛澤東在 1964 年 7 月為了推動學術批判而成立的工作小組，成員包括彭真、陸定一、康生、周揚、吳冷西。一開始只叫做五人小組，沒有「文化革命」這個頭銜。「文化革命五人小組」的稱呼是〈二月提綱〉草案在 1966 年 2 月 4 日送交政治局常委討論時，才補上去的。參考王力，《王力反思錄》，下冊，頁 372。

就可能完成這個任務。我們應當積極、認真地、不間斷地把這場鬥爭長期堅持下去。

學術爭論的問題是很複雜的,有些事,短時間內不容易完全弄清楚,我們在討論中,要抓大是大非,……要以理服人,不要像學閥一樣,武斷和以勢壓人;……要准許和歡迎犯錯誤的人和學術觀點反動的人自己改正錯誤,對他們要採取嚴肅的與人為善的態度,……對於吳晗這樣用資產階級世界觀對待歷史和犯有政治錯誤的人,在報刊上的討論不要侷限於政治問題,要把涉及到各種學術理論的問題,充分地展開討論。如果最後還有不同意見,應當容許保留,以後繼續討論,這樣便於把各種意見放出來,並使我們的隊伍在邊爭邊學中成長壯大起來。

反對自以為是,警惕左派學術工作者走上資產階級專家、學閥的道路。……

到了 1966 年 2 月,顯然彭真已經知道吳晗恐怕很難全身而退,因此在〈二月提綱〉中一方面批評他的錯誤,另一方面也強調就算「有不同意見,應當容許保留,以後繼續討論」,「不要像學閥一樣,武斷和以勢壓人」。彭真試圖讓批判的氣氛降溫,所以希望事情不要馬上做出結論,最好是「長期」拖下去。

只不過這份提綱送到毛澤東那裡,毛不置可否。2 月 8 日彭真特地飛到武漢覲見毛澤東,想了解毛的態度,毛指示了一些周邊的問題,就是沒說這份提綱可不可以發。❶❹不過彭真會後還是以中共中央的名義,將這份文件下發到各省、市、自治區黨委,並批示「望照此執行」。如果從陰謀論的角度來思考,毛澤東就是等著彭真自己往陷阱裡跳。從 1965 年 11 月 10 日《文匯報》發表姚文元的〈評新編歷史劇《海瑞罷官》〉之

---

❶❹ 《彭真傳》編寫組編,《彭真年譜》(北京:中央文獻出版社,2012 年 8 月),第四卷,頁 468–469。

後沒幾天，毛澤東就乘火車離開北京，長達八個多月的時間都住在南方，尤其是杭州和上海。毛澤東的這個安排其實也算是一種政治姿態的展現，一方面表達他對北京政情的不滿，二方面則等著劉、鄧、彭三人出紕漏，他再回去收拾。1966 年 7 月 18 日毛澤東終於回到北京，此時文化大革命已經如火如荼展開，再過一個月，毛澤東就登上天安門城樓，開始他八次接見紅衛兵的熱血演出。

1966 年 3 月底毛澤東在上海和康生談話時，指名道姓批評彭真「包庇壞人」，「北京市委、中宣部要解散」。毛澤東還罵說中宣部是「閻王殿」，要求「打倒閻王，解放小鬼」。毛並且要康生把這些話轉告周恩來跟彭真。同一時間，毛澤東在杭州專注修改林彪和江青合作撰寫的一份〈部隊文藝工作座談會紀要〉，這篇〈紀要〉加重強調階級鬥爭，而且指控建國十六年以來的文化戰線「被一條與毛澤東思想相對立的反黨反社會主義的黑線專了我們的政」，「我們一定要堅決進行一場文化戰線上的社會主義大革命，徹底搞掉這條黑線。」毛澤東打算利用這篇〈紀要〉，來推翻並取代彭真所批轉的〈二月提綱〉。4 月 10 日，經毛澤東親自批准，中共中央發出了由江青主導的這一篇〈部隊文藝工作座談會紀要〉。如此一來，〈二月提綱〉顯得反動保守，灰頭土臉了。彭真的政治地位岌岌可危。

1966 年 4 月初，彭真終於知道應該斷尾求生，他要鄧拓辭去北京市委書記的職務，因為鄧拓和吳晗、廖沫沙三人合寫的《三家村札記》，以及鄧拓自己的《燕山夜話》，這時已經變成批判對象，三個人都成了資產階級學術權威，是反黨反社會主義黑線的代表人物。只不過，這樣仍挽救不了彭真自己。

〈五一六通知〉

1966 年 5 月 4 日中共中央政治局擴大會議在北京召開，約有八十個人參加，會議進行了二十三天，由劉少奇主持。毛澤東仍然留在杭州，

未出席會議，但參加會議的林彪、康生、張春橋和陳伯達，全都是毛澤東挑選準備對付彭真、羅瑞卿、陸定一、楊尚昆的打手。尤其林彪，5月18日在會上發表長篇講話，指出彭、羅、陸、楊四個人的問題「是有聯繫的，有共同點」，「這裡最大的問題，是防止反革命政變，防止顛覆，防止『苦迭打』」。❶❺林彪的這一篇講話，後來被稱為「五一八講話」，或是謔稱為「政變經」，因為林彪全篇講話都圍繞著黨內部有可能出現政變打轉。當天參加會議的北京軍區政委李雪峰形容林彪發言時「殺氣騰騰」，歷數古往今來各種政變，並說社會主義國家也有可能發生政變。林彪講話雖然只攻擊彭、羅、陸、楊四個人，但李雪峰說：「他沒有點名，但大家都知道是指劉少奇」，「看得出少奇有氣，壓力很大，表情不自然。」❶❻

政治局擴大會議在5月16日通過了一項決議，發給省市自治區黨委、中央各部委和解放軍總政治部一份〈中共中央委員會通知〉，後來被稱作〈五一六通知〉。〈五一六通知〉開頭第一句話就是撤銷「二月提綱」，同時亦撤銷1964年以來以彭真為首的「文化革命五人小組」，重新在政治局常委下設置文化革命小組。這篇洋洋灑灑數千字的〈通知〉，主要篇幅皆用來批判〈二月提綱〉在立場、內容上的錯誤，並指責彭真根本未在「五人小組」內商量討論過提綱內容，也沒有得到毛澤東的同意，就直接「按照他自己的意見」匆匆忙忙發到全黨，這種作法「武斷專橫，濫用職權，盜竊中央名義」。

在細數〈二月提綱〉錯誤的同時，〈五一六通知〉還特別強調從中央到各省、市、自治區，都有一批資產階級的代表人物，這些資產階級代表人物「鑽在共產黨內打著紅旗反紅旗」，「他們是一群反共、反人民的反革命分子，他們同我們的鬥爭是你死我活的鬥爭」，「因此，我們對他

---

❶❺ 「苦迭打」，法文 coup d'état 的音譯，意為軍事政變。

❶❻ 李雪峰，〈我所知道的「文革」發動內情〉，收入張化、蘇采青主編，《回首「文革」》（北京：中共黨史出版社，2003年5月），下冊，頁603、606。

們的鬥爭也只能是一場你死我活的鬥爭」。最後〈五一六通知〉作出呼籲：「當前的鬥爭，是執行還是抗拒毛澤東同志的文化革命的路線的問題」，「全黨必須遵照毛澤東同志的指示，高舉無產階級文化革命的大旗」。

　　正因為〈五一六通知〉高分貝要求中共全黨響應毛澤東關於文化大革命的號召，清除混進黨內的資產階級代表人物，因此這一篇〈五一六通知〉，被認為是文化大革命正式發動的信號彈。

　　至於在文化大革命中第一批被打倒的當權派人物──彭、羅、陸、楊四人，最後都僥倖活過了文革。在〈五一六通知〉發出後，中共中央政治局成立專案審查委員會，對四個人分別進行監禁調查，期間並不時讓他們出席公眾批鬥大會，接受嚴厲批鬥。1968 年 7 月彭真被移送到秦城監獄關押，⓱直到 1975 年 5 月轉移到陝西省商縣繼續軟禁。1978 年 12 月中共十一屆三中全會召開後獲得平反，回到北京，隔年十一屆四中

圖 5-1：批鬥「彭羅陸楊反黨集團」　1966 年北京工人體育館召開「鬥爭彭、陸、羅、楊反革命修正主義集團大會」的情形。

⓱　秦城監獄位於北京市郊昌平區興壽鎮秦城村，是中國公安部 1950 年代起造的大型監獄，1960 年 3 月 15 日落成，專門用來關押被判重刑的政治犯。文革期間不少被鬥垮的中共高層幹部都被關押在此。

全會上並再度當選政治局委員。

　　羅瑞卿在 1966 年 3 月接受調查期間，企圖跳樓自殺未果，摔斷了腿，此後長期在解放軍總醫院治療，1969 年並截肢左小腿。1971 年林彪事件發生後，❶❽羅瑞卿處境稍有好轉。1976 年 9 月毛澤東去世，隔年 8月中共召開第十一次全國黨代表大會，羅瑞卿出席當選為中央委員，並被任命為中央軍委會祕書長，政治上全面獲得平反。1978 年 7 月前往西德海德堡大學治療腿疾，8 月 3 日突然心肌梗塞病逝，享年 72 歲。

　　陸定一在 1968 年 4 月被送進秦城監獄，他的妻子嚴慰冰則比他早一年，1967 年就被關進秦城監獄。直到 1978 年 12 月中共十一屆三中全會召開，華國鋒的勢力遭到鄧小平為首的元老派架空，❶❾陸定一才獲得釋放。1979 年 6 月陸定一在全國政治協商會議五屆二次會議上被增選為全國政協副主席，同年 9 月在中共十一屆四中全會上補選為中央委員，重回政壇。

　　楊尚昆 1965 年 11 月被調離中南海，到廣東省當一名省委書記，隔年 5 月政治局擴大會議結束後，再被貶謫到山西省臨汾市擔任市委副書記。一個多月後，楊尚昆遭到「監護審查」，雖然不像彭真或陸定一被送到秦城監獄關押，但亦失去自由長達十二年。不過相較而言，楊尚昆算是彭、羅、陸、楊四人反黨集團中，受罪較少者。1978 年 12 月中共十一屆三中全會召開後，楊尚昆復出擔任中共廣東省委第二書記、副省長，1988 年甚至被全國人民代表大會選為國家主席。直到 1998 年 9 月去世以前，楊尚昆一直在後文革時代的北京政壇上扮演舉足輕重角色，並且是鄧小平改革開放路線的堅定支持者。

---

❶❽　有關林彪事件，參見本章第三節敍述。

❶❾　相關經過，參見本書第六章第一節敍述。

「橫掃一切牛鬼蛇神」

自 1965 年年底對吳晗《海瑞罷官》的批判急遽升溫以來，學術批判迅速轉變成為政治鬥爭。1966 年 5 月 10 日上海《文匯報》與《解放日報》刊登姚文元的〈評「三家村」〉，六天後中共中央發出〈五一六通知〉，這些要求基層人民掀起更激烈行動的號召，很快透過中共的組織系統往下傳達。當時擔任北京大學哲學系中共總支部書記的聶元梓回憶說，北大校方在 5 月 19 日將〈五一六通知〉傳達到學校的黨委員會裡，聶元梓是學校黨委委員，因此率先聽到〈五一六通知〉的相關內容。她第一時間覺得有如晴天霹靂，但在數天的思考之後，決定「要聽毛主席的話，跟黨中央走，要積極參加文化大革命」。由於她長期跟北京大學校長兼黨委書記陸平不睦，便思索藉這個機會以大字報公開挑戰陸平。1966 年 5 月 25 日，聶元梓和幾位哲學系同事的大字報在北京大學校園內張貼出來，標題是〈宋碩、陸平、彭珮雲[20]在文化大革命中究竟幹些什麼?〉，指控宋碩等三位北京大學的領導幹部在黨中央文化大革命的號召下，仍試圖壓制群眾、不准革命，「這是十足的反對黨中央、反對毛澤東思想的

圖 5–2: 北大校園內的大字報聶元梓的大字報被毛稱讚是「全國第一張馬列主義的大字報」，內容經《人民日報》轉載後，北京大學校園內開始貼滿了批判陸平和彭珮雲的大字報。

---

[20]　宋碩當時擔任中共北京市委大學部副部長、高等學校黨委副書記，是北京大學黨委的上級領導。彭珮雲則是北京大學黨委副書記，陸平的工作夥伴。聶元梓，《聶元梓回憶錄》（香港: 時代國際出版公司，2005 年 1 月），頁 112。

修正主義路線」。❷

　　這張大字報貼出之後，引起北大校園極大震撼，正反雙方互貼大字報激辯。康生很快將北大的情況和大字報的內容，報告給仍留滯在杭州的毛澤東。毛決定出手了，6月1日毛澤東以手諭指示康生和陳伯達，將聶元梓大字報「由新華社全文廣播，在全國各報刊發表，十分必要。北京大學這個反動堡壘，從此可以開始打破。」❷當天晚上，中央人民廣播電臺隨即全文廣播了這張大字報，隔天並在全國各大報紙刊出。

　　6月1日這一天，《人民日報》還刊出由陳伯達所主筆的社論〈橫掃一切牛鬼蛇神〉，提出了「破四舊、立四新」的主張：

> 無產階級文化革命，是要徹底破除幾千年來一切剝削階級所造成的毒害人民的舊思想、舊文化、舊風俗、舊習慣，在廣大人民群眾中，創造和形成嶄新的無產階級的新思想、新文化、新風俗、新習慣。這是人類歷史上空前未有的移風易俗的偉大事業。對於封建階級和資產階級的一切遺產、風俗、習慣，都必須用無產階級的世界觀加以透徹的批判。……
>
> 事實雄辯地證明，毛澤東思想一旦掌握了群眾，就成為威力無窮的精神原子彈。這一場文化大革命，正在大大推動中國人民社會主義事業的前進，也必將對世界的現在和未來，發生不可估量的深遠影響。

　　文化大革命從最初的學術批判，轉變成政治鬥爭；最後再從政治鬥爭，進一步擴散成為文化清算。陳伯達預言文革將對世界的未來產生不可估量的深遠影響，雖然未必成真，但是對於中國傳統文化的破壞，倒是立竿見影馬上見效。

---

❷　聶元梓，《聶元梓回憶錄》，頁112–121。

❷　中共中央文獻研究室編，《建國以來毛澤東文稿（第十二冊）》（北京：中共文獻出版社，1998年1月），頁62。

　　眼看文化大革命的火種已經從中共中央延燒到北京各大學校園，毛澤東決定結束在杭州的蟄伏，6 月 15 日啟程北返。途中他特地安排了湖南和湖北的巡視，6 月 26 日在故鄉湘潭縣韶山區接見湖南省委和湘潭地委、縣委領導幹部時，毛澤東意氣風發地說：「以前我帶你們長征，現在，我又要帶你們『長征』了。」❷❸

　　6 月底到 7 月 17 日，毛澤東在武昌市停留了半個多月，臨走前一天，毛澤東下水游長江。中共建國以來，毛澤東數回泳渡長江，無一次不預告著重大歷史事件的爆發。這一次毛澤東選擇從武昌大堤口下水，一路游到武漢鋼鐵公司附近，花了一個多小時，全程近十五公里。❷❹

　　7 月 18 日毛澤東回到北京，住進中南海游泳池。❷❺為了呼應聶元梓等人在北京大學所張貼的大字報，8 月 5 日毛澤東直接在刊登聶元梓等人大字報的《北京日報》上，奮筆直書了一段批語：

　　　全國第一張馬列主義的大字報和《人民日報》評論員的評論，❷❻寫得何等好啊！請同志們重讀這一篇大字報和這篇評論。可是在五十多天裡，從中央到地方的某些領導同志，卻反其道而行之，站在反動的資產階級立場，實行資產階級專政，將無產階級轟轟烈烈的文化大革命

---

❷❸　中共中央文獻研究室編，《毛澤東年譜 (1949～1976)》，第五卷，頁 595。

❷❹　中共中央文獻研究室編，《毛澤東年譜 (1949～1976)》，第五卷，頁 599–600。書中說當天毛澤東游了將近三十華里，若以一華里等於五百公尺計算，三十華里等於十五公里。

❷❺　毛澤東原本的住處菊香書屋，位於中南海內中海與南海之間。1961 年竊聽事件發生後，毛澤東似乎對於菊香書屋的隱密和安全性愈加懷疑，故自 1966 年 7 月南巡北返之後，不再回到菊香書屋，改入住中海西側偏北的室內游泳池畔加蓋的房舍，直到 1976 年去世。關於中南海的地形位置，參考李志綏，《毛澤東私人醫生回憶錄》一書，正文前所附之地圖。

❷❻　指《人民日報》1966 年 6 月 2 日所發表的評論員文章，標題是〈歡呼北大的一張大字報〉。

運動打下去，顛倒是非，混淆黑白，圍剿革命派，壓制不同意見，實行白色恐怖，自以為得意，長資產階級的威風，滅無產階級的志氣，又何其毒也！聯繫到 1962 年的右傾和 1964 年形「左」而實右的錯誤傾向，豈不是可以發人深醒的嗎？

毛澤東的這一段文字，在經過修改，並加上標題〈炮打司令部——我的一張大字報〉之後，8 月 17 日作為中共中央文件下發到縣級、團級單位。毛澤東在這篇〈炮打司令部〉中，挑明了從 5 月 25 日以來，所有打壓聶元梓和她在北京大學造反行動的「某些領導同志」，都是「站在反動的資產階級立場，實行資產階級專政」。這個指控非常明白對準了劉少奇，因為從 6 月初以來，陸續向北京各大學派出工作組，企圖控制校園學生鬧事情勢的，正是劉少奇。

1966 年 8 月之後，波瀾壯闊的文化大革命浪潮，迅速從北京的高等院校衝向全國各地的各級學校。毛澤東透過林彪、康生、陳伯達、張春橋等心腹，掌握了包括軍方與黨政機關的最重要宣傳媒體，再藉由媒體動員，喚起了全中國熱血天真且對革命抱持幻想和憧憬的青少年學生，一起來捍衛毛主席，一起將文化大革命貫徹到底。形勢正一發不可收拾。

第二節　紅衛兵與上山下鄉

　　毛澤東在中共中央通過〈五一六通知〉兩個月後，才回到北京。他一住進中南海游泳池，馬上接見聽取各方匯報，深入了解北京動態。當他看到劉少奇針對北京大學工作組的報告所作批示，**㉗**立即的反應是：「怪不得到處鎮壓群眾，現在才明白有一個資產階級司令部！」**㉘**接著毛澤東召開政治局擴大會議，決定撤銷已派赴北京各大專院校力圖控制局面的工作組。同時，毛還力主舉行一次中央委員全體會議，於是促成了中共八屆十一中全會的召開。

不斷革命

　　中共八屆十一中全會最終成為毛澤東鬥倒劉少奇的歷史性會議，而且，這次會議還確定了文革路線將朝更大規模的方向發展。用毛澤東的概念來說，就是要讓所有未曾親身經歷過建國以前革命洗禮的年輕學生，好好體驗一次震撼教育，自發自覺地學習如何實際推動階級革命，進行階級鬥爭。而為了達成這一目的，毛澤東將劉少奇、鄧小平、彭真這一

㉗　北京大學工作組的政策，在力圖阻止校園內聶元梓一派對上級批鬥事件的繼續擴大，劉少奇以中共中央名義，在工作組所呈遞的〈北京大學文化革命簡報（第九號）〉上批示了：「中央認為北大工作組處理亂鬥現象的辦法是正確的，及時的。各單位如果發生這種現象，都可以參照北大的辦法處理。」劉少奇以中共中央名義所發的這個批示，被江青指控為「鎮壓學生運動」，並向毛澤東報告。見中共中央文獻研究室編，《劉少奇年譜 (1898～1969)》（北京：中央文獻出版社，1996 年 9 月），下卷，頁 642。

㉘　中共中央文獻研究室編，《毛澤東傳 (1949～1976)》（北京：中央文獻出版社，2003 年 12 月），下冊，頁 1422。

批 1950 年代以來便實際掌握黨中央行政權力的高級幹部拋出來，提供新的造反世代「操練」的標靶。毛澤東鼓勵北京大學造反派聶元梓等一批人鬥垮學校領導陸平和彭珮雲，用意如出一轍，同時等於公開鼓舞全國年輕學生動員起來，打倒學校的當權派。

對於既有權威和體制的挑戰，原本就是毛澤東心目中革命一詞最根本的體現。毛澤東不惜將建國以來中共領導高層整個打倒，一方面或許與 1956 年中共八大以來領導階層在諸多政策議題上意見不合有關，另方面也在於毛澤東試圖藉此機會，訓練年輕世代熟稔「不斷革命」(permanent revolution) 的概念與操作方法。「不斷革命」理論源自馬克思，卻是由被史達林鬥垮的前蘇聯共黨理論家托洛斯基發揚光大。毛澤東雖然在政治立場上反對所謂「托派」(Trotskyist)，然而卻在思想和政策上執行所謂的「不斷革命」理論。這種理論相信即使在完成社會主義革命的國家之內，階級矛盾和階級鬥爭仍不會止歇，必須一而再、再而三地推動革命，直到階級對立完全消滅為止。毛澤東自 1956 年以來持續不斷在中共內部強調階級鬥爭，最後以文化大革命把數十年來併肩革命的老戰友一一掃除，正是他內心深處「不斷革命」信念的展現。

1966 年 12 月 26 日毛澤東七十三歲生日當天，他邀請了一批在文化大革命中最重要的「筆桿子」，通常也扮演毛個人的「捉刀人」(ghostwriter)，包括陳伯達、王力、關鋒、戚本禹、姚文元，以及陳伯達和江青，在中南海游泳池寓所吃飯。席間毛澤東講了一段話，最能代表他所繼承的「不斷革命」的思想。毛澤東說：

> 社會主義革命發展到新的階段，蘇聯復辟了，十月革命的策源地不行了。蘇聯的教訓說明，無產階級奪取政權以後能不能保持住政權，能不能防止資本主義復辟，這是新的中心課題。問題出在黨內，堡壘是最容易從內部攻破的。階級鬥爭沒有完結，無產階級文化大革命是同資產階級、特別是小資產階級在黨內代理人的全面較量。……整個文

化大革命的過程都是同資產階級反動路線較量，現在還在繼續。……
中國現代史上革命運動都是從學生開始，發展到與工人、農民、革命
知識分子相結合，才有結果。這是客觀規律。五四運動就是這樣，文
化大革命也是這樣。㉙

　　為了繼續在中共黨內推動革命，打倒黨內的「小資產階級代理人」，
毛澤東以他在五四運動的個人經驗，要中國的年輕世代挺身而出，再造
一個 1960 年代的新革命。這就是毛澤東發動文化大革命的初衷，也是欲
了解文革起源不能不注意的內在義涵。

八屆十一中全會

　　中共八屆十一中全會在 1966 年 8 月 1 日至 12 日間舉行。開會第一
天，劉少奇就對自己在北京各大專院校派駐工作組的作法進行自我檢討，
劉少奇一面認錯，毛澤東和陳伯達一面插話加以批判嘲諷。㉚ 隨後數天
議程，持續針對工作組的錯誤進行檢討。
　　也就在八屆十一中全會期間，毛澤東 8 月 5 日直接在刊登聶元梓大
字報的《北京日報》上寫下了〈炮打司令部——我的一張大字報〉的短
文，並將這篇文字打字印發給全體與會人員。這張毛澤東的大字報中，
直接點名「某些領導同志」，「站在反動的資產階級立場上，實行資產階
級專政，將無產階級轟轟烈烈的文化大革命運動打下去」，「何其毒也!」
毛澤東這張大字報的公開，已表明八屆十一中全會鬥爭的目標就是劉少
奇，會上勢必對他進行整肅。
　　寫下〈炮打司令部〉的隔天，毛澤東開始在他的小圈圈內找人討論
中央領導高層的人事調整。8 月 12 日，八屆十一中全會通過了政治局的

㉙　王力，《現場歷史——文化大革命紀事》（香港：牛津大學出版社，1993 年），
　　頁 100–101。
㉚　中共中央文獻研究室編，《毛澤東傳 (1949～1976)》，下冊，頁 1426。

最新人事名單，林彪一躍成為排名僅次於毛澤東的政治局常委；長期擔任廣東省委書記的陶鑄直接從中央委員擢升為政治局常委，排名緊挨著周恩來之後。❸❶原本擔任政治局候補委員的陳伯達，晉升為排名第五的政治局常委，位置在陶鑄之後，並超越鄧小平。康生則從原本排在第二十順位的政治局候補委員，躋身排名第七的政治局常委，緊接著鄧小平之後。劉少奇則從原本排名第二的政治局常委，跌到排名第八。

這份政治局的新名單，在 8 月 18 日透過新華社有關〈八一八百萬群眾慶祝大會〉❸❷的報導對外宣布。全球媒體和中國觀察家突然間注意到，中共中央政治局的人事排名出現了異乎尋常的大地震，北京高層出現激烈人事鬥爭的消息不脛而走。

八屆十一中全會還通過了一份〈關於無產階級文化大革命的決定〉，聲稱文化大革命「是一場觸及人們靈魂的大革命」，「資產階級雖然已經被推翻，但是，他們企圖用剝削階級的舊思想、舊文化、舊風俗、舊習慣，來腐蝕群眾，征服人心，力求達到他們復辟的目的」。因此無產階級必須用「自己的新思想、新文化、新風俗、新習慣，來改變整個社會的精神面貌」。這份中央委員會議文件提出了十六項有關文化大革命的重點訴求和認識，因此又被稱作〈十六條〉，包括放手讓青年世代扮演「勇敢的闖將」；「『敢』字當頭，放手發動群眾」；「讓群眾在運動中自己教育自己」；甄別反黨反社會主義的黨內幹部，「要充分揭露，要鬥倒、鬥垮、鬥臭，肅清他們的影響」；「改革舊的教育制度」，「學制要縮短。課程設置要精簡。教材要徹底改革」；以及「把毛澤東思想作為文化革命的行動指南」等等。

---

❸❶ 陶鑄 (1908～1969) 從 1955 年起擔任中共廣東省委員會第一書記，1956 年中共八大當選中央委員。1965 年陶鑄被調到北京擔任國務院副總理。1966 年 5 月彭真、陸定一垮臺後，陶鑄進入中央書記處接替兩人的工作，並在同年 8 月成為政治局排名第四的常委。短短三個月間，職務三級跳。

❸❷ 有關「八一八百萬群眾慶祝大會」，詳本節稍後說明。

　　1966 年 8 月中共八屆十一中全會的召開，包括對黨內最高領導層的改組，以及會議所通過的〈關於無產階級文化大革命的決定〉，代表毛澤東所提拔和支持的文革勢力，已經取得了中共黨內實際的領導權和控制權，而且正準備以鋪天蓋地之勢，席捲全中國。

紅衛兵源起

　　所謂「紅衛兵」一詞，出自於一群清華大學附屬中學（簡稱「清華附中」）高中部學生所組成的小團體，據稱，其誕生日是 1966 年 5 月 29 日，也就是北京大學哲學系支部書記聶元梓貼出她的大字報的四天後。這批清華附中學生事實上皆出身於高級幹部家庭，由於家庭背景特殊，自小耳濡目染，對於政治的敏感度和理解程度，遠高過同年齡的同學，甚至比學校裡的黨委書記、共青團委書記等黨的幹部，還更洞悉政治的大風向。當 1966 年 5 月 11 日姚文元〈評「三家村」〉的文章在全國各大報紙全面轉載時，這幾位中學生已經嗅聞到文化大革命的來勢洶洶。尤其 5 月 16 日中共中央下達〈五一六通知〉之後，藉著家中的特殊管道，這群高幹子弟多少獲悉彭真、羅瑞卿、陸定一、楊尚昆等人垮臺的消息。風雲變幻的情勢，給了這群中學生強烈的啟示，讓他們蠢蠢欲動起來，認定真理站在他們這一邊，決心公開挑戰學校領導的權威。

　　原本這批高幹子弟，對於校方長期以來只重知識和課業而輕忽政治的教學政策，早已心生不滿，並因此與學校當局發生過數次衝突。5 月 29 日這群中學生在晚自習結束後，私下到學校對面的圓明園聚集，商討如何因應校方可能的懲處。結果一夥人決定成立一個小團體，以凝聚和校方對抗的力量，並自稱為「紅衛兵」。6 月 2 日，也就是聶元梓的大字報由中央人民廣播電臺全文播出隔日，他們在校園內貼出了署名「紅衛兵」的大字報，上面有一百多人的簽名。大字報內容完全是一些慷慨激昂的口號，像是：「我們是保衛紅色政權的衛兵，黨中央、毛主席是我們的靠山，解放全人類是我們義不容辭的責任，毛澤東思想是我們一切行

動的最高指示。我們宣誓，為保衛黨中央、為保衛偉大的領袖毛主席，我們堅決灑盡最後一滴血。」❸❸

清華附中的紅衛兵大字報出現之後，馬上北京大學附屬中學（簡稱「北大附中」）以彭小蒙為首的一群學生也起而效尤，在 6 月 5 日成立了一個「紅旗戰鬥小組」。這兩個由出身高幹家庭的高中生所組成的團體，成為日後整個紅衛兵運動的源頭。❸❹

紅衛兵來自於一群高幹子弟的創意，有其相當現實的原因。這批高幹子弟，自小分享了父叔輩偉大的革命光環，在同儕中的地位與自信心都高人一等，除了目空一切，同時還對神聖的革命心嚮往之，恨不得找到機會，也像上一代一樣，痛痛快快鬧一場革命。由於這些人出自「紅五類」幹部家庭，❸❺擁有著政治上的身分優勢與發言權，因此在 1966 年狂飆騷動的政治氛圍下，這批「紅孩兒」很快便掌握住如何將從小耳濡目染的革命語彙，應用到當前混亂局勢的技巧。1966 年 5 月之後在全國大、中學校園內如雨後春筍般冒出來的大字報，恰恰成為這批高幹子弟初試啼聲的理想媒介。藉由大字報挑戰體制權威，然後組織同儕小團體，壯大聲勢，這一股中國社會上的新生力量，正好被擅長政治鬥爭的毛澤東看上，兩者一拍即合，成為文化大革命牽動政治局勢的二合一巨大能量。

清華附中的這一群紅衛兵，繼 6 月 2 日公布其第一張大字報之後，

---

❸❸ 綜合參考米鶴都，《聚焦紅衛兵》（香港：三聯書店，2005 年 3 月），頁 9–11；嚴家其、高皋，《文化大革命十年史》（臺北：遠流出版公司，1990 年 2 月），上冊，頁 76–77；印紅標，〈紅衛兵運動述評〉，收在張化、蘇采青主編，《回首「文革」》（北京：中共黨史出版社，2003 年 5 月），下冊，頁 695–696；周倫佐，《文革造反派真相》（香港：田園書屋，2006 年 8 月），頁 12–13。

❸❹ 印紅標，〈紅衛兵運動述評〉，頁 696；米鶴都，《聚焦紅衛兵》，頁 15–16。

❸❺ 所謂「紅五類」，指的是革命幹部、革命軍人、革命烈士、工人、貧下中農。在身分階級上，凌駕於「黑五類」（地主、富農、反革命、壞分子、右派）之上，並形成對照組。

6月24日他們再接再厲，在學校貼出第二張大字報，標題叫做〈革命的造反精神萬歲〉，㊱用非常直率淺白的文字，宣稱：「革命就是造反，毛澤東思想的靈魂就是造反。」大字報中聲稱：

> 修正主義統治學校十七年了，現在不反，更待何時？……
> 我們既要造反，就由不得你們了！我們就要把火藥味搞得濃濃的。爆破筒、手榴彈一起投過去，來一場大搏鬥、大廝殺。什麼「人性」呀，什麼「全面」呀，都滾一邊去！……
> 對今天這個修正主義的清華附中，就要這樣大反特反，反到底！搞一場無產階級的大鬧天宮，殺出一個無產階級的新世界！
> 無產階級的革命造反精神萬歲！㊲

　　這群天不怕地不怕、口氣狂妄的學生，直接批評清華附中是「修正主義」，當然引起駐在清華附中的工作組緊張萬分，於是嘗試加以壓制。7月4日，這群紅衛兵們再貼出一張〈再論革命的造反精神萬歲〉的大字報，內容同樣聳動：

> 資產階級的右派先生們，我們這群造反之眾，有領導，有武器，有組織，有「野心」，來頭不小，切不可等閒視之。
> 我們的領導是黨中央和毛主席！
> 我們的武器是戰無不勝的偉大的毛澤東思想！
> 我們的組織是徹底革命的紅衛兵！

㊱　這張大字報後來在8月21日《紅旗》雜誌第十一期刊出時，標題改成〈無產階級的革命造反精神萬歲〉。見中共中央文獻研究室編，《建國以來毛澤東文稿》（北京：中央文獻出版社，1998年1月），第十二冊，頁88-89，註(3)。

㊲　大字報全文，見江山主編，《共和國檔案——影響新中國歷史進程的100篇文章》（北京：團結出版社，1996年9月），頁309-310。

我們的「野心」是橫掃一切牛鬼蛇神！

撼山易，撼紅衛兵難！

資產階級的右派先生們，……老實告訴你們，珍珠不容魚目來混雜。

我們只許左派造反，不許右派造反！你們膽敢造反，我們就立即鎮壓！

這就是我們的邏輯。反正國家權力在我們手裡。

無產階級的革命造反精神萬歲！ **㊳**

7月28日，有著毛澤東撐腰的中央文革小組，在北京展覽館召開大會，宣布撤銷派往各中學的工作組，同時表達對各校紅衛兵的慰問和支持。清華附中的紅衛兵們於是將他們寫的兩張大字報，直接交給中央文革小組成員江青，並請她轉交毛澤東。**㊴**毛澤東在收到兩張大字報後，7月31日寫了一封給清華附中紅衛兵的信，同時轉給劉少奇、周恩來、鄧小平，以及中央文革小組所有成員，和北京市委書記李雪峰、第二書記吳德等十五人參考。**㊵**毛澤東在信上表示，對清華附中紅衛兵和北大附中紅旗戰鬥小組「熱烈的支持」。毛澤東的這封信，雖然沒有真正寄出去，但是在隔日（8月1日）召開的中共八屆十一中全會上，卻作為會議文件印發給所有中央委員。**㊶**8月2日，北京軍區司令員楊勇的兒子楊繼平，率先將毛澤東這封信的內容，以電話透露給清華附中紅衛兵的首領卜大華。8月3日，中央文革小組副組長王任重將清華附中的紅衛兵們召集到北京釣魚臺，給他們看了毛澤東專為他們寫的信，令這群紅

㊳ 江山主編，《共和國檔案──影響新中國歷史進程的100篇文章》，頁310-311。

㊴ 米鶴都，《聚焦紅衛兵》，頁22。

㊵ 中共中央文獻研究室編，《建國以來毛澤東文稿》，第十二冊，頁87-88。這張大字報後來在8月21日《紅旗》雜誌第十一期刊出時，標題改成〈再論無產階級的革命造反精神萬歲〉。

㊶ 中共中央文獻研究室編，《毛澤東傳(1949～1976)》，下冊，頁1427。

孩兒們雀躍不已。❷

在這一年的 6、7 月間，北京風起雲湧的紅衛兵運動，迅速掃向全國各中學和大專院校。劉少奇試圖以派遣工作組的方式，進駐各校園以控制局面，結果不僅遭到紅衛兵們的反抗，最後甚至讓毛澤東抓到把柄，在 8 月召開的八屆十一中全會上狠狠修理了一番。劉少奇在因應紅衛兵問題上的失敗，成為他黯然下臺的最後一根稻草。紅衛兵運動在天時地利人和的一切因素配合下，創造出了紅色中國「紅八月」的奇觀。

毛澤東八次接見紅衛兵

所謂「紅八月」，以 8 月 18 日毛澤東在天安門廣場第一次接見百萬紅衛兵揭開序幕。在這次歷史性的接見之前，紅衛兵主要是在校園裡鬧革命，鬥爭老師、鬥爭校長；「八一八」之後，紅衛兵大舉湧向街頭，四處捕獵「階級敵人」以鍛鍊自己的革命本領。包括「破四舊」、抄家、鬥爭黑五類，都是這個夏天在中國各大城市熱火喧天上演的戲碼。

8 月 12 日中共八屆十一中全會閉幕，在這次中全會上，毛澤東發表了〈炮打司令部〉大字報、印發了清華附中紅衛兵的兩篇〈革命的造反精神萬歲〉大字報，大會還通過有關文化大革命的綱領性文件〈關於無產階級文化大革命的決定〉（即〈十六條〉），同時對中央政治局的人事作了建國以來最大幅度的調整，毛澤東在在展現了他對於文化大革命的堅定決心與意志力。因此中全會結束後，毛決定要發動一次大規模的群眾動員，時間在 8 月 18 日，地點選在天安門廣場，主角則是毛本人以及從北京和其他省分挑選來的年輕學生。這不僅是一場文化大革命的誓師典禮，而且最終定格成為轟轟烈烈的歷史畫面，包括毛澤東豐富的肢體語言，包括年輕紅衛兵狂熱的歇斯底里，都為 1966 年爆發的文化大革命留下膾炙人口的圖像。

毛澤東為了這一天的大規模集會，精心安排了自己的穿著，他挑選

---

❷　米鶴都，《聚焦紅衛兵》，頁 23。

圖5-3：毛澤東檢閱紅衛兵　毛澤東在天安門廣場檢閱紅衛兵，一名女紅衛兵正在為毛澤東繫上紅衛兵臂章。

了一套草綠色軍裝，當天就以最高統帥校閱部隊的姿態出現。這是中華人民共和國建國以來，毛澤東不曾演出過的形象，令在場所有與會者，強烈感受到豐富的「革命」語彙。毛澤東穿軍服現身並未事先知會其他中共領導人，以至於讓其他穿著一般中山服到場的高級幹部相形遜色，而且頗為尷尬，因為意味著自己並未能跟緊毛主席。而最成功的即興演出，是北京師範大學女子附中（簡稱「北師大女附中」）一位名叫宋彬彬的同學，被推派幫毛澤東在左手臂繫上「紅衛兵」的紅袖章，這個插曲，一方面等於宣告毛澤東就是紅衛兵的總司令，另方面則讓在場所有年輕的紅孩兒們如癡若狂。當宋彬彬幫毛澤東繫上紅衛兵臂章時，毛澤東順口問她叫什麼名字，她說是宋彬彬。毛澤東又問：「文質彬彬的彬？」宋彬彬答是。毛澤東突然回答說：「要武嘛！」宋彬彬不禁笑了。於是，這段故事傳開了，而宋彬彬則從此改名叫「宋要武」。

其實，不論叫宋彬彬或宋要武，事實上這位高三女生，她的父親是解放軍赫赫有名的上將宋任窮，當時擔任東北瀋陽軍區第一政委。這件事再次說明一件事，即文革初起之時，參與紅衛兵的青少年，尤其是最活躍的紅衛兵領袖，幾乎清一色是高幹子弟。紅衛兵其實是政治上屬於高階地位的家庭子女。「八一八」群眾大會號稱動員了百萬名的紅衛兵，其中光是來自北京各中學和大學的紅衛兵，就高達八十萬人。❹❸天安門

❹❸　于輝編，《紅衛兵秘錄》（北京：團結出版社，1993年4月），頁173–174。在「八一八」大會之前，紅衛兵組織已經普遍出現於北京各中學，然而大學裡

城樓下方金水橋兩側，由選自北京各校的五千名紅衛兵組成糾察隊維持秩序。當天甚至安排了一千五百名紅衛兵登上天安門城樓，包括了清華附中、北大附中、北師大女附中等一批最早成立也最活躍的紅衛兵團體。毛澤東並且在城樓會客廳，接見了清華附中卜大華等一群最早的紅衛兵發起者。❹事實上這群能夠登上天安門城樓，以及座位安排在城樓兩側觀禮臺上的紅衛兵，另外包括在金水橋兩側負責秩序的糾察隊，都是中共官方事先安排好的人選。這批經過篩選的紅衛兵，代表著文革初期由中共高幹子弟所構成的特殊族群，有的研究者甚至以「八旗子弟」來形容他們。❺基本上從 8 月 18 日到 10 月 18 日兩個月內，毛澤東五次在天安門廣場所接見的紅衛兵，都是這群由中共幹部及軍人子弟所組成的隊伍。❻

在中共當局精心布置下，「八一八」大會及之後連續多日的新聞宣傳，焦點全部集中在紅衛兵身上。毛澤東的目的，就是要藉此賦予紅衛兵接下來到處搞破壞的正當性。從 8 月 19 日起的《人民日報》，登載了近四十幅關於「八一八」大會的照片，當時在中共權力核心排名僅第二十四位的江青，形象被明顯地突出，而劉少奇卻沒有一張看得清楚的照片被刊出。

透過官方媒體不斷宣傳，全中國所有中學和大學學生都被動員起來，形成一種「大串連」的浪潮，北京的紅衛兵出發到全國各地去散播文化大革命的火種，而各省市的紅衛兵們則紛紛湧向北京「朝聖」。為此毛澤

相對較少。至於北京以外的其他大城市，紅衛兵相對也出現較晚，例如上海第一個紅衛兵組織，必須遲至 8 月 11 日才由復旦大學外語系六名學生發起成立。參考卜偉華，《「砸爛舊世界」──文化大革命的動亂與浩劫》（香港：香港中文大學當代中國文化研究中心，2008 年），頁 209。

❹　于輝編，《紅衛兵秘錄》，頁 18–19。
❺　周倫佐，《文革造反派真相》，頁 12–13。
❻　周倫佐，《文革造反派真相》，頁 13。

東在 8 月 31 日第二次接見紅衛兵，林彪在這次大會上發表講話，稱毛澤東是「偉大的導師，偉大的領袖，偉大的統帥，偉大的舵手」。[47] 而為了鼓勵全國紅衛兵搞串連，中共中央及國務院下令參加串連學生免費搭乘火車，伙食和住宿由各地政府安排，費用則由政府買單。

之後直到 1966 年 11 月底，毛澤東在差不多一百天的日子裡，總共八次接見紅衛兵。全中國究竟有多少紅衛兵來到天安門廣場接受毛澤東校閱？精確數字很難計算，一般說法，大約在一千一百萬至一千三百萬之間。

破四舊

在 1966 年 8 月 18 日北京天安門廣場的「八一八」大會上，剛晉升中共第二號人物的林彪，在演講中大力呼籲「要大破一切剝削階級的舊思想、舊文化、舊風俗、舊習慣」。這個「破四舊」的口號，早在 6 月 1 日《人民日報》社論〈橫掃一切牛鬼蛇神〉中就已首次提出，「八一八」當天林彪再次高分貝喊話，小紅衛兵們自然摩拳擦掌，把這個任務當成人生中的頭一件大事來執行。北京市第二中學（簡稱「北京二中」）的紅衛兵曾經在 8 月 17 日的北京各主要街道貼出一張大字報〈最後通牒——向舊世界宣戰〉，頗能表現出年輕紅衛兵們心目中是如何理解「破四舊」這件工作：

> 我們是舊世界的批判者，我們要批判和砸爛一切舊思想、舊文化、舊風俗、舊習慣。所有為資產階級服務的理髮館、裁縫鋪、照相館、舊書攤……，統統都不例外。我們就是要造舊世界的反！……過去十七年來，前北京市委對這些事情聽而不聞，視而不見，甚至禁止改革。他們走的是修正主義和資本主義的路，我們和他們是兩條路上的人。……我們向理髮、裁縫、照相等行業的革命職工倡議：港式的髮型不

---

[47] 中共中央文獻研究室編，《毛澤東傳 (1949～1976)》，下冊，頁 1443。

理！港式的衣裙不做！下流的相不照！黃色的書不賣！……我們要求在最短的時間內改掉港式衣裙，剃去怪式髮樣，燒毀黃色書籍和下流照片。「牛仔褲」可以改為短褲，餘下部分，可做補釘。「火箭鞋」可以削平，改為涼鞋。高跟鞋改為平跟鞋。壞書、壞照片做廢品處理。❹

這種將髮型、服裝當作「四舊」來破的方針，在整個文革中貫徹成為所有中國人的行為準則。於是男性的頭髮只要不是光頭、小平頭、大平頭、學生頭，都被視為「四舊」；女性的髮型只要不是清湯掛麵的軍人短髮、學生短髮、農民短髮、長辮子、小辮子，也統統是「四舊」。所有服裝，只要不屬於軍服、幹部中山裝、工人服裝、學生制服，也被歸類為「四舊」。❹因此從 1966 年夏天開始，一直要到 1980 年代初「改革開放」政策開始在中國各地推廣為止，超過十五年時間，將近十億中國人的外型打扮，規格化、標準化到了一個難以想像的程度。全中國的服裝不論男女老少，只剩下藍、綠、白、灰等少數顏色。

「八一八」大會之後，一群北京的紅衛兵商量該去那裡「破四舊」？有人想到紫禁城的故宮博物院，周恩來獲得通報，趕忙派了一個營的兵力去守衛紫禁城，故宮文物總算躲過這波浩劫。❺不過其他地點、其他文物與其他的人，可沒有辦法一一獲得周恩來的特別照顧。8 月 19 日，三十萬狂熱的紅衛兵湧上北京街頭，開始進行打砸搶，所有帶著傳統文化色彩的古老物件，都成為大肆破壞的目標，包括著名烤鴨店「全聚德」有七十年歷史的招牌，就被卸下砸毀；老字號綢布店「瑞蚨祥」內的字

---

❹ 這張大字報幾天後刊登在 8 月 26 日《人民日報》上，標題就叫作〈向舊世界宣戰〉。轉引自卜偉華，《「砸爛舊世界」——文化大革命的動亂與浩劫》，頁 230–231。

❹ 周倫佐，《文革造反派真相》，頁 21。

❺ 中共中央文獻研究室編，《周恩來年譜 (1949～1976)》（北京：中央文獻出版社，1997 年 5 月），下卷，頁 50。

圖 5-4：紅衛兵砸毀孔廟匾額　因為對傳統儒家文化的否定，紅衛兵砸毀了山東曲阜孔廟的「大成門」匾額。

圖 5-5：紅衛兵攻擊佛像　宗教信仰被歸類為應該破除的舊風俗，因此佛像在文革期間也慘遭紅衛兵破壞。

畫、宮燈、畫屏、契約，都被搜出燒毀；頤和園長廊所繪的花鳥人物，被一層厚厚的紅漆覆蓋；北海公園白塔上的佛像，則被一個個敲下來砸碎。

1966 年 8 月 18 日以後發生在整個中國的文物破壞行動，涵蓋各省市縣以及各種可能想像的人事物，包括搗毀、挖掘古人墳塋，[51]毀壞古蹟建築，燒古書、古字畫，已經到了罄竹難書的地步。而其中最具象徵性的行動，或許可以砸毀曲阜孔廟為代表。畢竟，曲阜孔廟象徵著兩千年來中國封建王朝獨尊儒術的傳統，而儒家經典也是舊中國文化最具代表性的作品。1966 年 11 月 9 日，北京師範大學號稱「井岡山戰鬥兵團」的紅衛兵組織串連到孔子故鄉曲阜，開始打出「徹底搗毀孔家店」的旗號，孔廟大成殿「萬世師表」的匾額被卸下燒毀，孔府「大成門」匾額亦被砸毀，大成殿內明代留下來的孔子雕像被挖去雙眼、毀容，然後貼上「頭號大混蛋」的標語。北京紅衛兵在曲阜

[51]　例如山東聊城市堂邑鎮的武訓墓，就被紅衛兵挖開曝屍。宋代名臣包拯（包青天）位在河南合肥縣的墳墓，也遭到開棺毀屍。

孔廟近一個月的破壞行動，毀壞了總數超過一萬件以上的文物、古書、字畫和石碑。

「紅八月」

除了在全國各地「破四舊」，紅衛兵最駭人聽聞的暴行是亂打人，而且還打死了不少人。由政府公安部門所提供各類「黑五類」名單，尤其是建國以前的資本家，以及反右運動中被打成「右派」的知識分子，在這一波紅衛兵逞兇鬥狠的浪潮中被揪出來作為階級敵人，成為練習階級鬥爭的現成對象。而且不止各式「黑五類」，學校教師、學者、作家、政協八大民主黨派成員，也都成了各路紅衛兵人馬「抄家」的目標。像曾經翻譯過大量西方文學作品的傅雷，因為曾在反右運動中被劃為「右派」分子，而且獨子鋼琴家傅聰又在 1958 年脫逃前往英國，紅衛兵豈會放過這樣的人物。1966 年 8 月 30 日，上海音樂學院的紅衛兵闖入傅雷家中，進行三天三夜的抄家行動，9 月 2 日傅雷夫婦還被拉到家門口，站在長凳上批鬥。當天夜裡，傅雷夫婦在家中雙雙上吊身亡。❷

同樣因為紅衛兵批鬥而選擇自殺的，還有知名小說家老舍（舒慶春）。1966 年 8 月 23 日，一群將近兩百人的女紅衛兵，主要是北京第八女子中學（現名「北京市魯迅中學」）學生，闖入北京市文學藝術界聯合會（簡稱「北京文聯」），用卡車強行將該會三十多名文學家、藝術家載往北京孔廟，上百名女紅衛兵在孔廟演出一場頗具象徵性的儀式，將不知何處搜來的京劇戲服、頭盔、刀劍等道具堆成一座小山，然後在大成殿前放火焚燒。被挾持的文學家、藝術家們則圍著火堆下跪，任由紅衛兵羞辱毆打。儀式結束後，老舍連同其他人被送回文聯機關大院，此時有文聯另一位作家揭發老舍將其知名小說《駱駝祥子》的版權賣給美國人，收了美金，於是紅衛兵再次毆打老舍。隔日（24 日），老舍原本被

---

❷　葉永烈，《葉永烈採訪手記》（上海：上海社會科學院出版社，1993 年 2 月），頁 161–164、202–203。

命令再到文聯接受批鬥,然而老舍一大早出門,直接來到德勝門外的太平湖,❸據目擊者供稱,老舍在太平湖畔枯坐一整天後,於夜間投湖自盡。屍體第二天(25日)清晨才被發現。❹

類似這種在「八一八」之後遭紅衛兵逼迫自殺,甚至被毆打致死的事例,其實不勝枚舉。因為全國各大城市充斥著這類血腥的暴行,因此1966年8月又被稱作「紅八月」。據中共官方統計,在「八一八」之後的一個月時間裡,北京市遭到抄家的便有十一萬四千戶之多,而上海市紅衛兵也抄了八萬四千多戶。❺而且在整個過程中,由毛澤東和中央文革所控制的官方媒體,不斷宣傳紅衛兵的行為的正當性和必要性,8月29日《人民日報》發表社論〈向我們的紅衛兵致敬!〉,9月17日出版的《紅旗》雜誌以「本刊評論員」名義發表〈紅衛兵贊〉,無不大力頌揚紅衛兵的暴力行徑。中共中央甚至下令「嚴禁出動警察鎮壓革命學生運動」,如此一來,公安部門對於紅衛兵的打人殺人只能視若無睹。事實上如果進一步追究,紅衛兵之所以能夠掌握一切「黑五類」的名單戶籍,迅速破門抄家,背後不乏公安部門提供詳細個人資料。所以文革初起的第一階段,以「紅五類」年輕子弟為主的紅衛兵們對「黑五類」挨家挨戶的清算,背後是毛澤東為核心的文革激進勢力,以階級鬥爭為名,鼓動對於建國以來各類型的政權敵人,再一次進行人身迫害。

根據中共官方在文革結束後所公布的數字,光是「八一八」之後到9月底的四十天內,北京市內就有一千七百多人被紅衛兵打死。另外還有八萬五千多人被扣上「地富反壞右」的黑五類帽子,驅離北京市,遣回原籍。❻紅衛兵組織甚至私設刑堂,像北京第六中學❼的後院裡,著

---

❸ 北京太平湖是1953年因整治一處蘆葦塘挖掘而成的小湖,1972年為了建設環城地鐵被填平。湖的遺址約在今日北京市德勝門外,與新街口外大街之間。

❹ 傅光明,《口述歷史下的老舍之死》(濟南:山東畫報出版社,2007年1月),頁77–95。

❺ 江沛,《紅衛兵狂飆》(鄭州:河南人民出版社,1994年2月),頁70–71。

名的紅衛兵組織「首都紅衛兵糾察隊西城區分隊」（簡稱「西糾」）便設
有勞改所，其中包括看守室、刑訊室、監牢。刑訊室裡有長短刀、木槍、
皮鞭、彈簧鞭等各種刑具，牆上用血和紅漆寫著「紅色恐怖萬歲」六個
大字，只要被「西糾」認定為「黑七類」❺❽而遭到逮捕者，都會飽嘗私
刑的折磨。❺❾

「造反派」紅衛兵

　　文革最初幾個月任由「紅五類」紅衛兵耀武揚威的局面，在 1966 年
10 月以後逐漸改觀。原因是在中學、大學裡頭唸書的「非紅五類」，甚
至是「黑五類」的子女們，也自發性地組成紅衛兵，而且強烈反對由老
紅衛兵們所提出的「血統論」。這場對於「血統論」的爭議來自於 1966
年 7 月 29 日於北京航空學院附屬中學（簡稱「北航附中」）所張貼的一
副對聯：「老子英雄兒好漢，老子反動兒混蛋」，橫批：「基本如此」。由
於第一代紅衛兵幾乎都出身於紅五類家庭，因此這副對聯頗獲得他們的
讚賞。但也有一部分人反對這副對聯所顯露出的非理性血統決定論，按
照共產主義的理論標準，這種血統決定論已經近似於反動的「封建」思
想。第一代的老紅衛兵開始為此出現分裂。

　　而原本社會上居多數的「非紅五類」，包括 1949 年之後才進入政府
體制內的一般幹部（「非革命幹部」）及各行各業工作人員，以及為數一
樣眾多的「黑五類」家庭子女，他們當然反對北航附中對聯所流露出來
的階級優越感。在這副對聯所引發的辯論愈演愈烈之後，這批「非紅」

---

❺❻　《當代中國》叢書編輯委員會編，《當代中國的北京》（北京：中國社會科學
　　　出版社，1989 年 9 月），上冊，頁 168。

❺❼　2004 年之後已併入成為北京一六一中學三個校區中的中校區。

❺❽　文革中紅衛兵所謂的「黑七類」，除原有「地、富、反、壞、右」之外，再加
　　　上「資（資本家）、黑（黑幫）」兩類。

❺❾　江沛，《紅衛兵狂飆》，頁 77–78。

與「黑色」的學生也開始有模有樣，學著第一代紅衛兵建立起自己的「造反派」紅衛兵組織，同時如法炮製尋找鬥爭對象。跟老紅衛兵專門校長、老師、文藝工作者、黑五類不一樣，這批造反派紅衛兵專挑政府各部門領導人下手。這一來惹怒了老紅衛兵，因為他們就是政府各機關領導幹部的兒女，造反派紅衛兵要打倒各個機關部門首長，等於就是要打倒他們的父母長輩。於是在涇渭分明的「打倒當權派」與「保皇派」立場對抗下，紅衛兵在「紅八月」之後迅速分裂成兩個陣營——造反派與保守派。一度高舉「造反有理」、自認為最進步、最受毛主席寵愛的第一代紅衛兵，只不過一兩個月的時間，迅速淪為保守派、保皇派，成為被毛主席擠乾即丟的檸檬皮。

毛澤東的意圖是清楚的，他發動文化大革命的目的不僅是要打倒劉少奇，同時還包括打倒與劉少奇、鄧小平陣營關係密切的一大批黨政領導幹部。打倒彭羅陸楊只是闖出第一道缺口，毛澤東陸續還要打倒一大批，甚至將中國共產黨內部作一次徹底大清洗都在所不惜。老紅衛兵們只是未及早知曉毛澤東的這一企圖，否則也不會一開始就對「造反有理」表現出如此的狂熱。等到造反派紅衛兵終於揭竿而起，將矛頭對準中共黨內當權派，毛澤東馬上表現出對於他們的支持，同時動用公安警察甚至軍隊，展開對老紅衛兵的鎮壓。

從 1966 年 10 月起，毛澤東借階級鬥爭行政治整肅的態勢已經非常明朗，在這個過程中紅衛兵只不過扮演現成的打手，毛澤東並不在意紅衛兵的成員們究竟是紅五類還是黑五類，如此一來紅衛兵人數愈來愈多，成分背景也趨多元複雜，派系之爭自然出現。第一階段的派系分野，主要還是保守派的老紅衛兵與造反派紅衛兵之爭，雙方一言不合大打出手，「武鬥」於是蔚然成風。在 1967 年夏天之前，紅衛兵武鬥通常只是亮拳頭、砸石塊，耍弄大刀長矛等「冷兵器」。但是在該年 5 月 6 日，發生在四川成都的武鬥，保守派為了保衛其所支持的兵工廠當權派，開槍射殺圍攻的造反派群眾，造成五十餘人死亡。❻在這之後的武鬥，現代槍砲

開始出籠，若干省分出現非常誇張的武裝衝突，最著名的包括四川重慶、湖北武漢、廣西南寧，連高射砲、火箭筒都用上了。會出現這種武裝衝突應有軍方勢力介入，因為槍砲必然來自解放軍的軍械庫。軍方之所以介入武鬥，與階級鬥爭延燒到中共黨內有關，當許多大軍區、省軍區的軍事將領也捲入政治鬥爭，他們自然義無反顧提供武器給支持自己的紅衛兵和群眾，以打擊敵對陣營。在 1967 年至 1968 年間，血腥的武鬥在許多省分上演。到了這個階段，紅衛兵之間的派系對抗已經不一定是保守派和造反派的衝突，不同派系的造反派也各擁其主，打得不可開交，武鬥已經成為政治鬥爭的延伸。

準內戰狀態

當然，操弄武鬥也是有風險的，1967 年 7 月 20 日發生在武漢的「百萬雄師」事件，或稱「武漢七二〇事件」，導致武漢軍區司令員陳再道和軍區政委鍾漢華下臺，兩人所支持的保守派組織「百萬雄師」也跟著土崩瓦解。這個「百萬雄師」仗著有武漢軍區司令陳再道的支持，和造反派團體打對臺，武鬥十分激烈。毛澤東為解決紛爭，不僅和周恩來連袂到武漢巡視，還下令中央文革小組的謝富治、王力兩人到武漢幫忙疏通。沒想到保守派方面聽說中央文革派大員下來調處，竟包圍謝富治和王力所下榻的東湖賓館，❻並將王力強行擄走，要求給個交待。

7 月 20 日凌晨事件發生時，毛澤東、周恩來都住在東湖賓館內，周恩來為此緊急安排毛澤東從賓館後門撤走，直駛軍用機場離開武漢。向來不愛搭飛機的毛澤東被迫以這種方式「遁逃」，自然令他異常震怒，素來與陳再道不合的林彪落井下石，指控陳再道發動軍事政變。據事件當事人王力回憶，當天綁架他的人有一般群眾，但更多的是解放軍，主要

❻　徐友漁，《形形色色的造反——紅衛兵精神素質的形成及演變》（香港：中文大學出版社，1999 年），頁 74。

❻　東湖賓館位置在武昌市區東湖西畔，毛澤東每次巡視武漢幾乎皆下榻該處。

是穿海軍制服的。 ❻

　　從「百萬雄師」事件，可以看出文革到了 1967 年，所牽涉的層面及層級已到了多麼複雜的程度，甚至可以說已經到了區域性的「準內戰」狀態。各地都有造反派準備鬧事奪權，「被革命」的一方自然也聚眾反抗，指控對方是「反革命」。這時參與武鬥的已經不只是學生紅衛兵，還包括各類國營工廠的工人、其他群眾，甚至軍方、軍人也捲入其中。此時局勢已不限於造反派對抗保守派，即使是不同的造反派，也經常大打出手。例如四川省的例子，成都軍區司令員梁興初為了與派來四川省籌備革命委員會的小組副組長劉結挺別苗頭，於是支持一個號稱「重慶八一五」的團體，與挺劉結挺的「四川八二六」派和「反到底」派對抗。其實兩邊屬性都屬於造反派。從 1967 年 6 月開始，雙方展開大規模武鬥，一場廝殺動輒數十百千甚至數萬人參加，從半自動步槍到三七高射砲，甚至動用到水陸兩用坦克和砲艦，基本上除了飛機之外，所有輕重火砲全都登場。武鬥發生地點包括瀘州、萬縣、涪陵、雲陽、永川、江

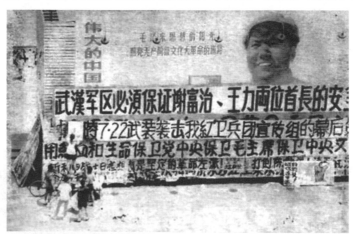

圖 5–6：武漢七二〇事件後的街頭大字報

---

❻　關於「武漢七二〇事件」，參考王力，《王力反思錄》，下冊，頁 677–683；以及曉地主編，《「文革」之謎》（北京：朝華出版社，1993 年 4 月），頁 113–119。

津等縣城，而兩大城市重慶和成都自然不會倖免。㊿戰鬥持續整整一年，直到 1968 年 8 月四川省革命委員會正式成立，㊽梁興初和劉結挺雙雙入選為革委會副主任，雙方才握手言和。

　　文革剛開始的時候，揭竿而起鬧革命的，原本只是高中學生，後來擴散到初中生和大學生，這批大約 12 歲到 20 歲左右的紅衛兵後來分別獲得「老三屆」、「小三屆」以及「老五屆」的稱號。㊾1966 年 11 月之後，革命火種延燒到工人和一般群眾裡頭。上海工人造反派團體「上海工人革命造反總司令部」（簡稱「工總司」）在王洪文等人的領導下揭竿而起，挑戰原本國營企業的當權派領導。此一行動不久獲得毛澤東認可，文化大革命從學生上街鬧事，擴大到國營企業職工可以在廠內挑戰原有的權力體制。王洪文一砲而紅，成為文革新貴，並在文革後期 1973 年召開的中共第十次全國代表大會（「十大」）上當選中共中央副主席。可以說，1967 年之後，中華人民共和國政府體制內，只剩下解放軍不允許搞

㊿　關於四川省大武鬥，可參考周孜仁，《一個紅衛兵小報主編的文革記憶》（臺北：秀威資訊科技公司，2012 年 4 月）一書的詳細描述。

㊽　這類各省、市、縣的「革命委員會」從 1967 年起陸續在各地成立，最晚的新疆自治區在 1968 年 9 月才成立革委會，目的在取代已經被打倒的中共各省、市、縣委員會。直到 1970 年 10 月 28 日，中共中央才發出通知，要求各省、市、縣重新建立黨委員會。至於各地革委會的建制，一直要到 1979 年 7 月全國人民代表大會透過修改憲法，才將其變更為地方各級人民政府。參考關海庭，〈「革命委員會」始末〉，收在張化、蘇采青主編，《回首「文革」》，下冊，頁 869–882；以及王健英編著，《中國共產黨組織史資料匯編：領導機構沿革和成員名錄》（北京：中共中央黨校出版社，1995 年 9 月），頁 1077、1088–1092。

㊾　所謂「老三屆」，指應於 1966 年至 1968 年畢業的高中生；「後三屆（小三屆）」指原本應於 1969 年至 1971 年高中畢業的學生，也就是 1966 年 5 月文革爆發時，他們正就讀初中。至於「老五屆」，指原本應於 1966 年至 1970 年間畢業的大學生。關於三者的界定，見米鶴都，《聚焦紅衛兵》，頁 I。

革命，其他各個領域的中國人都被捲入文革的浪潮之中。也因此在武鬥最嚴重的一些地區，男女老少不分學生、農民、工人，只要想鬧事、想打砸搶，都可以選擇自己喜歡的派系加入，然後和對立的派系搏命廝殺。

當然，文革期間也不是每個人都熱衷於這種野蠻遊戲，有些人選擇置身事外，冷眼旁觀靠邊站以策安全。這類人獲得另一種稱號，叫做「逍遙派」。

上山下鄉

所謂「上山下鄉」，是中華人民共和國建國以來，中共出於執行計畫經濟之需要，⑥⑥動員城市居民遷徙至農村地區，甚至遠走西北、西南偏遠省分的政策。此一政策立竿見影的效果，就是可以減少城市裡必須由政府供給糧食的人口，讓各個城市的糧食配給工作不至於出大麻煩。也因此這種上山下鄉的政策早在 1950 年代初期即曾局部試行過，尤其 1960 年大躍進失敗之後，1962 年至 1965 年間曾經將二千萬新近從農村招募到城市裡工作的農民再次遣返原籍，同時還進一步動員了二百萬城鎮知識青年到鄉村去。⑥⑦這一段時間各省農村因為發生大饑荒，餓死超過二千萬人口，將城市裡過剩的人口安插到農村去，也等於是藉機會調節城鄉人口。

然而文化大革命期間的知識青年上山下鄉，背景要複雜得多。因為 1966 年 11 月之後工廠裡也可以鬧革命，自然影響了一大批國營企業的

---

⑥⑥　所謂「計畫經濟」，指在社會主義體制下，一切經濟活動係由政府進行全盤調控，不論是農村的農產品生產，抑或城市裡的國營企業投資生產，甚至交通運輸、商品批發零售，全由政府相關部門依據國務院轄下的國家計畫委員會統一規劃相關數據，再交由各部門執行。這種經濟體制用意在於取代資本主義概念下的自由市場。相關歷史過程，可參考本書第三章第二節介紹。

⑥⑦　有關 1966 年文革以前動員城市居民徙居農村的政策，參考張化、蘇采青主編，《回首「文革」》，下冊，頁 883–885。

生產效率，1967 年全國工業總產值比起前一年下降了將近 15%，1968 年又比 1967 年下降了 7%，這個下降趨勢要到 1969 年才逆轉上揚。❻❽ 即使在文革期間造反有理，但是連年因為全國工業產值下降導致的經濟負成長，經濟主管部門依舊必須想辦法補救。更何況，工業產值下降，表示工廠無力再增聘職工，城市裡一大批 1966 年至 1968 年間畢業的「老三屆」、「小三屆」高中和初中畢業生，整天鬧事搞革命，不事生產卻又飯來張口，愈益增加城市糧食供給的困難。

　　除了經濟問題外，到了 1968 年下半年，各城市政府機關裡的「資產階級反動路線當權派」大概都已經被打倒，「老三屆」、「小三屆」的紅衛兵，甚至「老五屆」的大學畢業生鎮日遊手好閒，除了武鬥之外無所事事，徒增地方政府（當時名為「革命委員會」）的困擾，因此大規模的上山下鄉運動於焉啟動。

　　1968 年 12 月 10 日《甘肅日報》出現了一則報導，指稱：「甘肅省會寧縣部分長期脫離勞動的城鎮居民，在毛主席的無產階級革命路線指引下，紛紛奔赴農業生產第一線，到農村安家落戶，決心把自己鍛煉成為有社會主義覺悟的勞動者。」中央文革組成員姚文元將這份《甘肅日報》送給毛澤東審閱，還擬了一段「編者按」，其中引用毛澤東最近的一個「最高指示」，準備送去《人民日報》刊登。毛澤東看過姚文元的報告之後，批了「可發」兩個字。於是 1968 年 12 月 22 日的《人民日報》，出現了以下這段毛澤東的「最高指示」：

> 知識青年到農村去，接受貧下中農的再教育，很有必要。要說服城裡幹部和其他人，把自己初中、高中、大學畢業的子女，送到鄉下去，來一個動員。各地農村的同志應當歡迎他們去。❻❾

---

❻❽　中華人民共和國農業部計畫司編，《中國農村經濟統計大全 (1949～1986)》（北京：農業出版社，1989 年 5 月），頁 52。

❻❾　毛澤東的「最高指示」和《甘肅日報》的報導內容，參見中共中央文獻研究

毛澤東的指示一刊出,立即掀起一股上山下鄉的熱潮,畢竟「指示」中已經點了名:「城裡幹部和其他人,把自己初中、高中、大學畢業的子女,送到鄉下去」,城市幹部受到有形無形壓力,勢必要照辦,否則等於表示自己不聽從毛主席的指示。既然黨的官員都準備把子女送到鄉下磨練,其他人更沒有理由置身事外。更何況,各地革命委員會不僅視毛澤東的命令如聖旨,從另一個角度思考,將這些十幾二十歲的紅孩兒全部送到農村去,也省得他們繼續留在城裡鬧事。於是,繼 1966 年至 1967 年紅衛兵大串連之後,另一波文革期間大規模的人口移動啟動了。所有已經畢業又還沒分配到工作的初中生、高中生,甚至大學生,一股腦兒全被趕到鄉下去。運氣好一點的,被安排在省內的農村地區,甚至就在自家縣城旁邊的公社插隊,一有機會,方便回家探望;運氣不好的,被送到內蒙古、新疆、東北、西藏等邊疆地區,十餘年都回不了家。

在這波上山下鄉的高潮中,究竟有多少「知識青年」被送到中國農村「再教育」?根據美國學者 Thomas P. Bernstein 的研究統計,從 1968 年到 1975 年的七年間,總數大約在一千二百萬至一千四百萬人之間。數字無法更進一步精確,因為中共官方所公布的各項數據缺漏甚多。[70] 無論如何,這個數字比起大躍進之後的 1960 年代初期,曾經將二百萬名城市青年送到農村,還是高了六至七倍。也因此,「上山下鄉」運動在文革結束之後,成為大約 1945 年至 1953 年間出生的中國城市人口的共同記憶。這一群人,涵蓋的就是「老三屆」、「小三屆」和「老五屆」的年齡層,他們曾經在 1966 年至 1968 年間風起雲湧組織紅衛兵、武鬥廝殺,然後在 1968 年底被分批發配到大江南北,有的遠赴新疆、內蒙、黑龍江北大荒、雲南、西藏,歷經十年滄桑仍不得回鄉。

室編,《建國以來毛澤東文稿》,第十二冊,頁 614–616。

[70] Thomas P. Bernstein, *Up to the Mountains and Down to the Villages: The Transfer of Youth from Urban to Rural China* (New Haven: Yale University Press, 1977), pp. 24–32.

圖 5-7：1973 年上海年輕人下鄉接受教育

　　1976 年文革結束之後，數量龐大的下鄉知青終於按捺不住，開始集體鼓噪，要求中共中央允許他們回城回鄉。1978 年 12 月，雲南西雙版納五萬名下鄉青年組織了大規模罷工行動，甚至派出代表到北京請願。❼❶黑龍江、新疆也都爆發類似請願抗議行動。此時許多有權有勢的幹部子女早就透過關係「走後門」回到城裡，如此一來卻也刺激回不了家的其他知青，只好藉著請願遊行、罷工絕食，向北京施壓。

　　然而剛剛扳倒毛澤東接班人華國鋒的鄧小平，沒辦法第一時間接納上百萬人口全部回到城市，❼❷因為 1980 年代中國仍處在絕對的計畫經濟體制下，一百萬人口湧入城市，代表城市糧食供給會出現大缺口，而且城市裡沒有足夠工作職缺，一百萬人回城，代表城市裡將多出一百萬失業人口，社會問題也將跟著浮現。更何況，知青們所落戶的偏遠農村或生產單位，也不願因為知青回城而損失勞動人力，在批准他們回城的申

❼❶　關於西雙版納知青抗議事件，參見劉小萌，《中國知青口述史》（北京：中國社會科學出版社，2004 年 1 月），頁 390–444。

❼❷　據中共官方在 1980 年年底的統計，仍留在農村的知識青年已經不超過 1962 年以來下鄉知青總數的 6～8%。見曉地主編，《「文革」之謎》，頁 102。如果以 Thomas P. Bernstein 統計的最高值一千四百萬人計算，6～8% 大約在八十四萬至一百一十二萬人之間。

請上經常百般刁難。❼因此，1979 年從中共中央到各級地方政府，仍不斷試圖限制回城人數並繼續宣傳上山下鄉的必要性。甚至，這一年夏天還打算遣送一百萬城市青年下鄉，結果因為動員困難，最後只執行不到三分之一，也就是 1979 年仍有約三十多萬人被從城市送到農村，以減少城市的就業壓力。但到了隔年 1980 年，中共中央終於決定停止實施超過二十年的城市知識青年上山下鄉政策。❼但是知青回城的爭議並不因此落幕，若干個案甚至拖到 1983 年，才獲得解決。❼

---

❼ 例如 1980 年發生在新疆的上海知青請願抗議活動，他們所在的新疆生產建設兵團不願放人，大力阻攔。參考劉小萌，《中國知青口述史》，頁 445–505。

❼ 曉地主編，《「文革」之謎》，頁 102。

❼ 參考上海知青歐陽璉的個人歷史口述，收在劉小萌，《中國知青口述史》，頁 445–505。事實上並非所有文革期間被動員「上山下鄉」的年輕人，日後都得以返回故里。一部分已經在農村中安家落戶的人，往往出於現實考量，繼續留在農村之中。

第三節　文革新貴的開場與收場

天下大亂，以達天下大治

從文革在 1966 年 5 月發動伊始，整整兩年時間中國社會陷入中華人民共和國建國以來未曾有過的混亂狀態。表面上看起來，紅衛兵「破四舊」與之後的全國性武鬥，目的不止是摧毀一切舊秩序，同時還連帶要將中共建國以來已經頗具規模的社會主義秩序打掉重練。如果說，毛澤東發動這場史無前例的群眾動員，用意只是為了進行政治鬥爭，只為了打倒劉少奇和與其結盟的其他當權派，邏輯上似乎有點說不通。如果只為了打倒劉、鄧，那麼在他們垮臺之後，其實並沒有必要進一步將中共原有權力結構一併摧毀。只要從中央到地方的其他各級官員保證效忠毛澤東，那麼打倒劉、鄧的政治目的就算達成了，何必再大費周章，非要上上下下重新換一批黨政領導幹部不可？

這個疑問，是試圖進一步理解文化大革命真實義涵時，無法迴避的問題。

文革頭兩年的天下大亂，借用毛澤東在 1966 年 7 月所說的，目的在於最終「達到天下大治」。❼❻ 既然如此，將原有中國共產黨各級領導幹部全部推翻，對於達成「天下大治」，究竟有什麼好處？上一節曾經提到，1966 年 12 月 26 日毛澤東七十三歲生日當天，在中南海游泳池寓所宴客，曾經有感而發講了一段話，他說：

---

❻　1966 年 7 月 8 日毛澤東給江青的信，見中共中央文獻研究室編，《建國以來毛澤東文稿》，第十二冊，頁 71。

無產階級奪取政權以後能不能保持住政權,能不能防止資本主義復辟,這是新的中心課題。問題出在黨內,堡壘是最容易從內部攻破的。階級鬥爭沒有完結,無產階級文化大革命是同資產階級、特別是小資產階級在黨內代理人的全面較量。……整個文化大革命的過程都是同資產階級反動路線較量,現在還在繼續。**77**

　　如果這段話透露了毛澤東發動文化大革命的真正意圖,那麼毛對劉少奇的惡鬥,就不止是個人的政治恩怨或權力鬥爭而已,而是毛澤東對於中共黨內從上到下的領導團隊,已經徹底絕望,認為他們在建國十七年之後,一個個都成了「小資產階級在黨內的代理人」。因此只能打掉重練,重新培養一批人,以徹底防止在他死後「資本主義復辟」。

　　毛澤東的起手勢是鼓動紅衛兵造反,配合控制在謝富治手中的公安系統,以及由林彪牢牢掌握的解放軍,這兩個人一個是毛澤東的爪牙,一個早在 1959 年廬山會議之後便成了毛的盟友,劉少奇和鄧小平所指揮的黨務系統在紅衛兵的衝決之下迅速崩潰,天下大亂而軍警仍不動如山,這是毛澤東有恃無恐敢於發動驚天一擊的奧妙所在。

　　何以毛澤東如此篤定黨內各級領導,已經一個個成了「小資產階級的代理人」? 其實從 1966 年 7 月 29 日「北航附中」老紅衛兵們貼出那副「血統論」對聯,就可以看出端倪。那副對聯聲稱:「老子英雄兒好漢,老子反動兒混蛋」,北航附中的這批老紅衛兵,基本上都是高級幹部子弟,或至少是紅五類出身,他們根深柢固的血統優越感,耳濡目染自家中長輩平常赤裸裸展現出來的官老爺架子。毛澤東從 1951 年起在「三反」運動中就要求反對官僚主義,但中共各級黨官們的官僚氣焰始終有增無減。從這個角度思考,中華人民共和國建立之後因為共產黨壟斷了所有的權力以及意識形態的詮釋權,以致中國社會在「黨」與「非黨」之間,浮現了涇渭分明的權力落差。這種權力落差自然而然產生專屬於

77　王力,《現場歷史──文化大革命紀事》,頁 100–101。

社會主義的階級歧視，共產黨員、工農兵逐漸養成了一種新貴姿態，俯視並霸凌權力斷層彼端的政治新賤民——黑五類。紅衛兵運動從最初的權貴保守派，迅速發展到造反派奪權，背後其實存在著社會內部隱晦的階級對抗因素。而毛澤東的文革，恰恰利用了這個建國十七年來新形成的社會矛盾，擴大了衝突，以實現他想打倒並重建黨內權力結構的初衷。

從這個角度出發，文化大革命確實是一場新的階級鬥爭，是中共建國以來社會內部矛盾的一次大爆發與總清算。政治鬥爭不過是附帶的戲碼，毛澤東造反有理，他想藉由革命，讓中國的社會主義再潔淨一次。

文革新貴群像

文革以「破四舊」開場，可是經歷疾風暴雨的大破壞之後，「立四新」並非容易的事。尤其舊的權力結構被打倒，產生的權力真空應該由誰填補？始終不是好處理的問題。

文革最早由姚文元主筆的〈評新編歷史劇《海瑞罷官》〉揭開序幕，這篇文章讓姚文元登時鯉躍龍門，炙手可熱。文章刊出之前，姚文元不過是上海《解放日報》區區一名編輯委員，可是「五一六通知」發出後，中共中央決定重新組建「文化革命小組」（簡稱「中央文革」），姚文元隨即躋身成為中央文革的組員。這個新的中央文革由陳伯達擔任組長，取代原本的彭真。陳伯達並且在 8 月初的中共八屆十一中全會上高升為排名第五的政治局常委。中央文革副組長則包括江青、張春橋、王任重和劉志堅，顧問則有康生和陶鑄。根據陳伯達的回憶，王任重是中南局推薦的，[78] 在陶鑄調到北京擔任國務院副總理之後，與陶鑄長期在中南局共事的王任重，無疑是由陶鑄推薦加入中央文革。至於劉志堅，當時擔任解放軍總政治部副主任，他被認為是林彪的文膽，由林彪推薦加入中央文革。[79] 至於江青、張春橋、康生和姚文元四人，則是毛澤東在中央

❼❽ 陳曉農編纂，《陳伯達最後口述回憶》，頁 268。

❼❾ 王力，《王力反思錄》，下冊，頁 392。

文革內的實際代理人。從這個角度觀察，文化大革命剛開始所組建的中央文革，摻雜著各路人馬，毛澤東雖然一手主導文革，仍需要其他實力派人物的支持。

江青、張春橋與康生三個人互為犄角，聯手出擊，是毛澤東推動文革的利刃。姚文元的角色則位於下游的執行面，他是發動宣傳攻勢時的影子寫手。1965 年針對《海瑞罷官》所發動的意識形態批判，就是由江青、張春橋策劃，姚文元執筆，而康生則在幕後扮演著運籌帷幄、穿針引線的角色。[80] 康生在中共歷史上始終是個神祕又致命的人物，他和江青都是山東省諸城縣人，1937 年夏天江青離開上海投奔延安，之後被安排到中央黨校學習，同年底康生剛好從莫斯科回到延安，出任中央黨校校長，據信他們兩人的結盟關係就是從這裡開始。[81] 而且，色藝出眾的江青在延安很快攫獲了毛澤東的目光，1938 年 11 月他們二人結婚，中共高層反對者比比皆是，然而康生卻極力贊成。[82] 促成江青變身為毛澤東夫人，絕對是康生一輩子最成功的政治投資。而且讓毛澤東開始懷疑吳晗創作《海瑞罷官》的動機是打算替彭德懷平反，據信也是康生。[83]

檢視中央文革這份名單，可以發現不同的人有不同的命運，從垮臺次序的先後，可以發現文化大革命愈來愈朝向毛澤東個人專斷的方向前進。最先垮臺的人是陶鑄和王任重。陶鑄在彭真垮臺後被從廣東叫到北京來，代替鄧小平和彭真在中央書記處中的角色。這個人事安排命定了陶鑄只會是過渡性人物，因為他並不了解毛澤東發動文革的本意，他也

[80] John Byron and Robert Pack, *The Claws of the Dragon: Kang Sheng, the Evil Genius Behind Mao and His Legacy of Terror in People's China* (New York: Simon & Schuster, 1992), pp. 285–296.

[81] 葉永烈，《出沒風波裡》（北京：北京十月文藝出版社，2007 年 11 月），頁 295–296。

[82] 葉永烈，《江青傳》（北京：作家出版社，1993 年 12 月），頁 155–173。

[83] 葉永烈，《姚蓬子與姚文元》（臺北：曉園出版社，1990 年 2 月），頁 267–269。

沒有心理準備要徹底顛覆自己所效力的黨。陶鑄似乎不清楚，劉少奇、鄧小平和彭真之所以被打倒，就是因為想透過黨組織來控制群眾運動，結果陶鑄主持中央書記處，仍想利用黨組織來主導運動，各式各樣的群眾組織要服從原有黨委的領導，這和毛澤東打算放手讓群眾自己搞革命的方向截然不同。❽而且，陶鑄對於造反派準備用揪鬥的方式對付劉少奇、鄧小平也不同意，他反對到處貼大字報批判劉、鄧，這樣一來，造反派回過頭來緊咬陶鑄，說他是「保皇派，有反黨、反社會主義、反毛澤東思想的罪行」。不久，就有紅衛兵團體以大字報指控陶鑄「執行了劉、鄧資產階級反動路線」。❽1967 年 1 月 4 日，中央文革接見一群由武漢來到北京串連造反的團體「武漢赴廣州專揪王任重革命造反團」，組長陳伯達在會上宣布陶鑄是「劉、鄧路線的忠實執行者」，江青亦在一旁幫腔，第二天陶鑄就失去了自由，同時在各種批鬥大會上，陶鑄排在劉、鄧之後，成為執行資產階級反動路線的第三大惡人。1969 年 10 月，陶鑄被移送到安徽省合肥市，一個半月後死於膽癌。❽至於王任重，經過八年的關押和下放，文革末期恢復自由，並在 1979 年之後重新躍上權力層峰，從 1983 年到 1992 年先後出任全國人大副委員長和全國政協副主席。

　　緊接著陶、王垮臺的是劉志堅。劉志堅原本主持解放軍文宣工作，同時也擔任中央軍委會底下「全軍文化革命小組」的組長。雖然他與林彪關係密切，然而江青為了收編軍中文宣大權，同時還預謀全面鬥爭解放軍一群位高望重的老元帥，林彪最後選擇和江青聯手犧牲劉志堅。1967 年 1 月 11 日中央軍委會重新成立「全軍文化革命領導小組」，由江青擔任顧問。❽

---

❽　陳曉農編纂，《陳伯達最後口述回憶》，頁 324。

❽　嚴家其、高皋，《文化大革命十年史》，上冊，頁 184–187。

❽　曾志，〈如烟往事難忘卻〉，收入周明主編，《歷史在這裡沉思》（太原：北岳文藝出版社，1989 年 4 月），第三卷，頁 1–33。

組成才半年的中央文革小組，很快的就形成由江青和張春橋全面掌控的局面，從陶鑄以下凡違逆江青意旨，或是妨礙江青進一步擴張權力者，紛紛垮臺。❽張春橋的角色，其實是江青的軍師智囊兼特別助理，除了幫她擘畫定奪各種謀略之外，順便也處理一堆繁瑣複雜的具體工作。江青背後真正的權力來源是毛澤東，這是江青何以能在文革大風大浪中恣意妄為卻又屹立不搖的原因。

陳伯達

至於陳伯達，雖然貴為中央文革組長，又在八屆十一中全會後躍升排名第五的政治局常委，但畢竟他的角色只是毛澤東的祕書，不像江青是「第一夫人」。陳伯達遠自延安時代便長期擔任毛澤東的祕書，幫毛澤東草擬過大量黨內重要文件。❽雖然同樣都屬於毛澤東身邊核心的小圈子，而且從文革開始陳、江兩人在對付彭真、劉少奇，甚至打倒陶鑄等多次政治鬥爭中口徑一致，但陳伯達與江青明顯不合，而且隨著政敵一個個倒臺，兩人關係更加形同水火，原因就在於雙方權力都來自於毛澤東，因此都努力想在老闆面前邀功爭寵，卻也相互踩踏。根據陳伯達祕書回憶，1969 年 1 月毛澤東下令由陳伯達和張春橋、姚文元一起合作起草中共第九次全國代表大會（以下簡稱「九大」）的政治報告，獲此榮寵，陳伯達備感興奮之餘，卻也對於必須和「上海那兩個」❾一起合作

---

❽ 嚴家其、高皋，《文化大革命十年史》，上冊，頁 192–193。

❽ 中央文革小組除上文所列舉的顧問、副組長，以及組員姚文元之外，尚有王力、關鋒、戚本禹、穆欣等組員，他們基本上都是擅長寫大批判文字的幕僚寫手，分別在 1967 年至 1968 年間被當成替罪羔羊下獄。限於篇幅，本節不一一敘述。可參考葉永烈，《姚蓬子與姚文元》，頁 293–298；以及葉永烈，《名人沉浮錄》（桂林：漓江出版社，1992 年 10 月），頁 399–455。

❽ 陳伯達在 1939 年春天被毛澤東以「中央軍委副祕書長」的頭銜調到身邊工作，包括 1954 年通過的《中華人民共和國憲法》，陳伯達都是主要起草人。見陳曉農編纂，《陳伯達最後口述回憶》，頁 65、117。

感到很不耐煩。陳伯達最後竟然撇開張春橋和姚文元，完全不和他們連絡，也不接他們電話，打算一個人獨立完成。由於九大是文化大革命開始後的第一次黨代表大會，距離上一次「八大」已有十三年之久，因此如何敘述十三年來中國共產黨的政策路線發展，成為文件的重要內容。陳伯達不想與張春橋和姚文元合作，原因就是不想被江青牽著鼻子走，也不想把江青的「豐功偉業」寫進九大報告中。結果如此一來反而很難下筆，導致陳伯達無法在一個月期限內完成政治報告起草工作。毛澤東相當不悅，改叫康生負責，康生自然又將工作交給張春橋和姚文元。❾①

　　雖然1969年4月召開的中共九大，陳伯達繼續留任政治局常委，然而這只是毛澤東暫時維持穩定的舉措，並不代表毛澤東仍然信任陳伯達。應該說，陳伯達公開挑釁江青手下的張春橋、姚文元，令毛澤東被迫必須在兩者之間作一抉擇。很顯然，毛澤東放棄了陳伯達，因為相形之下，1969年的毛澤東更需要江青、張春橋這些人，他們更聽話，也更願意無條件貫徹毛的意志。

　　陳伯達垮臺的最後一根稻草，發生在隔年（1970年）8月於江西廬山召開的中共九屆二中全會。這次中全會的一個重要議程是討論如何修改《中華人民共和國憲法》。原本1954年憲法中有「國家主席」這個專章，然而1966年文革爆發後劉少奇失勢，四年來國家主席一職形同虛懸。毛澤東打算在九屆二中全會上討論廢除憲法中國家主席相關條文，也就是未來中華人民共和國不再設置元首。

　　然而會議伊始林彪就不斷鼓吹應該保留國家主席，並呼籲由毛澤東擔任該職位。或許林彪的算盤，是期待毛澤東會像1959年那樣將國家主席一職讓出來，交給第一順位的接班人。1969年4月中共九大新通過的《中國共產黨黨章》，特別為林彪量身訂作了一段話：「林彪同志一貫高

❾⓪　陳伯達祕書王文耀和王保春詢問還有誰一起參加起草工作，陳伯達不耐煩地回答：「還有上海那兩個」。見陳曉農編纂，《陳伯達最後口述回憶》，頁356。

❾①　陳曉農編纂，《陳伯達最後口述回憶》，頁356–360。

舉毛澤東思想偉大紅旗，最忠誠、最堅定地執行和捍衛毛澤東同志的無
產階級革命路線。林彪同志是毛澤東同志的親密戰友和接班人。」憑著黨
章對於他的個人地位的認證，林彪冀望能像十一年前劉少奇一樣，接下
國家主席一職。這是林彪反對廢除國家主席的原因。

　　林彪不止公開鼓吹保留國家主席，還找陳伯達幫忙，要陳伯達從馬
克思、恩格斯、列寧的著作中，搜尋有關「天才」的論述，配合上 1959
年以來林彪八次公開頌揚毛澤東是「天才」的講話，❾❷寫了一篇〈恩格
斯、列寧、毛主席關於稱天才的幾段語錄〉。雖然陳伯達在文革結束後堅
決否認曾和林彪陰謀結盟，❾❸但林、陳二人在九屆二中全會上聯手吹捧
毛澤東是「天才」，還是引起了毛的猜忌。毛看出來林彪拐彎抹角想爭取
國家主席這個位子，同時毛也懷疑陳伯達已經和林彪勾結在一起。毛澤
東私下對北京市委書記吳德說：「陳伯達是船上的老鼠，看見這條船要沉
了，就跑到那條船上去了。」❾❹

　　於是毛澤東繼 1966 年 8 月那篇著名的〈炮打司令部——我的一張大
字報〉之後，時隔四年，1970 年 8 月 31 日再寫出晚年最後一篇檄文〈我
的一點意見〉，指名道姓痛罵陳伯達。毛澤東在〈我的一點意見〉中說：

> 我跟陳伯達這位天才理論家之間，共事三十多年，在一些重大問題上
> 就從來沒有配合過，更不去說很好的配合。僅舉三次廬山會議為例。
> 第一次，他跑到彭德懷那裡去了。第二次，討論工業七十條，據他自

❾❷　林彪稱讚毛澤東是「天才」的語錄，包括：「十九世紀的天才是馬克思、恩格
　　斯。二十世紀的天才是列寧和毛澤東同志」、「毛主席這樣的天才，全世界幾
　　百年、中國幾千年才出現一個。毛主席是世界最大的天才」等等。詳見中共
　　中央文獻研究室編，《建國以來毛澤東文稿》，第十二冊，頁 117–118。至於林
　　彪何以教唆陳伯達寫這篇「關於稱天才」的文章，請見下文有關林彪的介紹。
❾❸　陳曉農編纂，《陳伯達最後口述回憶》，頁 362–366。
❾❹　吳德，〈廬山會議和林彪事件〉，見朱元石主編，《共和國要事口述史》（長沙：
　　湖南人民出版社，1999 年 6 月），頁 117。

己說，上山幾天就下山了⋯⋯。這一次，他可配合得很好了，採取突然襲擊，煽風點火，唯恐天下不亂，大有炸平廬山，停止地球轉動之勢。⋯⋯人的知識（才能也屬於知識範疇）是先天就有的，還是後天才有的，是唯心論的先驗論，還是唯物論的反映論，我們只能站在馬列主義的立場上，而決不能跟陳伯達的謠言和詭辯混在一起。**⑨⑤**

毛澤東這篇點名批判陳伯達的文章，隔天印發給所有參加中全會的官員詳閱，陳伯達立即成為所有與會者批判的箭靶，每個人皆把自己所知道陳伯達的過去，拿來當作事證「揭批」。例如計畫委員會主任余秋里，便爆料說陳伯達與劉少奇關係很密切，劉少奇甚至還將自己在中南海的房子讓給了陳伯達。結果在中全會結束之後，與會者搭機返回北京，沒有人敢和陳伯達打招呼。恰好余秋里坐在陳伯達隔壁，陳伯達於是對他說：「你在會上說劉少奇把住房讓給了我，這件事你不大清楚⋯⋯」話沒說完，余秋里馬上扳起臉孔打斷：「你不要說了，就是那麼回事，你不要說了！」陳伯達感歎，過去和余秋里還算說得來，但這時他再也不肯搭話了。**⑨⑥**

回到北京後，陳伯達遭到軟禁，一年後（1971 年）爆發林彪叛逃事件（「九一三事件」），陳伯達被送到北京郊區惡名昭彰的秦城監獄關押，直到 1978 年因病被送往公安部轄下的醫院就醫，1981 年獲准保外就醫回家靜養。1989 年 9 月病逝，享年八十五歲。

林　彪

林彪並非憑藉文革才躥升的政治新星，早在國共內戰階段，林彪所率領的第四野戰軍取得東北戰場決定性勝利，並一路攻打到廣西、貴州、海南島，林彪成為建國戰功第一的將領。1955 年解放軍將領授階，林彪

⑨⑤　中共中央文獻研究室編，《建國以來毛澤東文稿》，第十二冊，頁 114–115。
⑨⑥　陳曉農編纂，《陳伯達最後口述回憶》，頁 396。

圖 5–8：紅衛兵與《毛語錄》　天安門廣場的紅衛兵們，正在高舉《毛語錄》與高喊「毛主席萬歲」。人手一冊《毛語錄》，和林彪的推廣有很大關係。

在十位元帥中排名第三，僅次於以資歷取勝的朱德和彭德懷。1959 年第一次廬山會議彭德懷因忤逆毛澤東，遭到撤職調查，林彪繼任國防部長，成為解放軍權位最高的將領。

　　擔任國防部長後，林彪不斷在軍中開展政治思想教育，大力宣揚毛澤東的人民戰爭思想，並以此為口實，先後整肅了總政治部主任譚政和總參謀長羅瑞卿。而為了在軍中推廣毛澤東思想，林彪不斷要求全軍上下必須研讀毛澤東著作，並為此在 1964 年 5 月由《解放軍報》編輯出版《毛主席語錄》，這種一般大約 13 × 9 公分大小的小冊子，精選了毛澤東著作中的名句、警句，封面並加裝塑膠護套，便於放入外套口袋，隨身攜帶。這種從解放軍開始推廣的《毛主席語錄》，到了兩年後文革爆發，成為全中國人手一冊的紅寶書，林彪功不可沒。由此可見，林彪在出任國防部長之後，對於鼓吹毛澤東崇拜，可謂用心良苦。1960 年 9 月以中共中央軍委名義召開的軍委擴大會議上，林彪發明了一個「精神原子彈」的名詞，意指美、英、蘇等強權雖然擁有原子彈，但「人的思想

覺悟、人的勇敢，比物質的原子彈強得多，有用得多。掌握精神原子彈，只有我們辦得到，敵人是辦不到的……。」⑨把毛澤東思想比喻成「精神原子彈」，林彪的用心吹捧，毛澤東都看在心裡。

　　1966 年 8 月中共八屆十一中全會，是劉少奇垮臺的先兆，會上重新排定的政治局常委名單，林彪躍升到第二位，取代了原來劉少奇的位置。到了 1969 年 4 月中共九大通過新黨章，林彪成了「毛澤東同志的親密戰友和接班人」，林彪在中共黨內的地位，居於萬人之上，一人之下。

　　然而，林彪何以最終還是選擇在 1971 年與毛澤東決裂，並企圖暗殺毛澤東？這個謎題，隨著 1971 年 9 月 13 日凌晨林彪搭乘的三叉戟噴射機在蒙古溫都爾汗墜毀，可能不會有最終的答案。但是從 1969 年中共九大前後的政治跡象，大約可以看出林彪在軍中培植的小集團，不斷與江青、康生、張春橋的集團相互傾軋。林彪儘管已經是名義上的接班人，卻不斷感受到來自張春橋與姚文元的挑釁，而張、姚背後，當然是江青與康生撐腰。文革爆發以來逐漸塵埃落定的這兩派人馬，基本上在 1969年召開的中共第九次全國黨代表大會之後，成為北京政壇最重要的兩股勢力。林彪的地盤自然在解放軍內，他最重要的四位親信，九大之後全當上了政治局委員，他們是總參謀長黃永勝、空軍司令員吳法憲、海軍第一政委李作鵬、總後勤部部長邱會作。這四個人在建國前的國共內戰期間，都出身林彪所率領的第四野戰軍，1955 年解放軍授階，黃永勝獲頒上將軍銜，吳法憲、李作鵬和邱會作三人則為中將。此外，林彪最得力的助手，他的妻子葉群，也在中共九大之後進入政治局。林彪集團在中共政治局二十一名委員中，囊括了六個席位。

　　相較之下，江青集團的成員則是投機政客和筆桿子的組合，主要是康生、張春橋、姚文元三人。三個人中康生資歷最深，1945 年在延安舉行的中共七大，他已躋身政治局委員，排名第七，緊接著陳雲之後。然

---

⑨　〈林彪在全軍高級幹部會議上的講話（節錄）〉，見江山主編，《共和國檔案——影響新中國歷史進程的 100 篇文章》，頁 189。

而建國以後，康生並未獲得真正有實權的職務，因此到了 1956 年中共八大，康生的排名不升反降，淪落到只是政治局候補委員，反而他的昔日下屬彭真節節高升，長期擔任北京市委書記，並協助鄧小平主持中央書記處工作，權勢炙手可熱。因而文革爆發之後，康生顯然十分樂見彭真、鄧小平等人垮臺，1966 年 8 月八屆十一中全會上，康生一躍成為政治局常委。到了 1969 年 4 月中共九大，江青、張春橋、姚文元也都進入政治局，這樣江青集團在政治局內一共有四席。

中共九大之後，論聲望和實力、論在政治局內的影響力，林彪看起來要比江青略勝一籌，林彪是黨內唯一的副主席，而且接班人地位寫進了黨章；然而也因為林彪掌握了軍隊的實質控制權，反而令毛澤東難以放心。從 1959 年林彪當上國防部長，不斷公開向毛澤東表態效忠，到文革初期毛澤東仰賴林彪以保證在政治風暴中軍心不至於動搖，林彪與毛澤東的關係至少在中共九大之前是相當穩固的。但是隨著江青集團勢力的擴張，林彪集團內部明顯感受到壓力，擔心毛澤東隨時會過河拆橋，將權力逐漸釋放給江青及其黨羽。

衝突表面化出現在 1970 年 8 月的中共九屆二中全會（第三次廬山會議）。在這次會議召開前，林彪「四大金剛」之一的吳法憲已經為了憲法修改草案如何撰寫，與張春橋發生口角，吳法憲堅持新憲法草案必須加進一段稱頌毛澤東是「天才」的話語，❾❽這段話的關鍵字在於三個副詞，分別是「天才地、創造性地、全面地」，最早出現在 1966 年 5 月 18 日林彪於政治局擴大會議上長篇大論「政變經」的演講中，❾❾之後同年 8 月中共八屆十一中全會公報，將之寫入成為黨的正式文件。四個月後《毛主席語錄》準備再版，林彪寫的「再版前言」繼續沿用這段話。吳法憲

---

❾❽ 這段話全文是：「毛澤東同志天才地、創造性地、全面地繼承、捍衛和發展了馬克思列寧主義，把馬克思主義提高到一個嶄新的階段。」

❾❾ 有關林彪在 1966 年 5 月 18 日中共政治局擴大會議上大談「政變經」的原委，參考本章第一節內容敘述。

之所以如此堅持，因為這是林彪的創造發明，豈可輕言刪除。然而張春橋比吳法憲更清楚毛澤東的心理，毛曾經在一次接見外賓時，表示這幾個副詞是一種諷刺，⑩況且，早幾年在中共九大政治報告和中共黨章起草過程中，毛澤東都曾經動手刪掉這十個字。張春橋堅持新憲法草案不宜放入這些字眼，因此跟吳法憲不歡而散。林彪集團此時尚不清楚毛的心思，以為可以藉此打擊張春橋，於是嘗試指控張春橋「利用毛主席的偉大謙虛來貶低毛澤東思想」，並試著拉攏陳伯達來幫忙打張春橋，因而才有九屆二中全會上陳伯達那篇〈關於稱天才的幾段語錄〉的出爐。

只是沒想到，毛澤東對於陳伯達靠向林彪一夥頗有戒心，更何況林彪集團成員出乎常態力爭必須在新憲法草案中保留國家主席一職，讓毛對於林彪的用心更添疑慮。於是 1970 年 8 月 31 日毛澤東聲討陳伯達的檄文〈我的一點意見〉出爐了。全篇指名道姓批評陳伯達，但是殺雞儆猴意味濃厚，林彪豈會沒感受到毛澤東對他的猜忌和警告？

〈「五七一工程」紀要〉

對於 1971 年 9 月 13 日發生的林彪事件，由於大部分陳述皆來自事後中共官方所查獲的物證和對涉案者的偵訊口供，當事人尤其林彪夫婦和長子林立果皆已身亡，無從得知該造說法。然而可以確認的事實是，當天凌晨零時三十二分，一架載著林彪夫婦及其長子林立果的中國民航編號 256 三叉戟噴射機，從臨近北戴河的山海關機場起飛，往西北朝向蒙古人民共和國飛去，兩個小時後約二時三十分，因油料不足，又無導航指引，遂選擇在距離首都烏蘭巴托僅三百多公里的溫都爾汗附近迫降，機腹著地引發爆炸，機上九人全部罹難。⑩

---

⑩　中共中央文獻研究室編，《周恩來年譜 (1949～1976)》，下卷，頁 385。

⑩　除林彪夫婦及林立果三人外，其他罹難者包括林彪座車司機楊振綱、空軍司令部辦公室副主任劉沛豐，以及飛機駕駛員潘景寅，和其他三名隨機機械師。見熊華源、安建設編，《林彪反革命集團覆滅紀實》（北京：中央文獻出版社，

世紀中國革命

圖 5-9：1971 年林彪在外蒙古墜機

　　同日凌晨三時十五分，空軍司令部辦公室副主任周宇馳、空軍黨委辦公室副處長于新野，和上海空四軍政治部副處長李偉信三人，以執行緊急任務為由，下令北京沙河機場一架軍用直升機朝向烏蘭巴托起飛。直升機駕駛察覺有異，在飛到張家口之後，不動聲色又掉頭飛回北京。此時天已大亮，由毛澤東和周恩來下令起飛攔截的戰鬥機，已經發現直升機蹤影，慢慢逼近。直升機最後降落在北京市北方懷柔縣的沙峪公社（今懷柔區渤海鎮）。周宇馳在直升機降落前開槍射殺了駕駛，三人逃往山區，最後周宇馳、于新野二人舉槍自盡，李偉信被聞訊趕到的民兵逮捕。

　　林彪事件發生後，黃永勝等「四大金剛」，以及林彪集團其他成員一一遭到逮捕，搜出的機密文件中，最具有代表性的是一件所謂〈「五七一工程」紀要〉。「五七一」三個字取其「武裝起義」的諧音，文件中稱呼毛澤東的代號為 "B52"，並十分露骨地對當時中國的政治情勢和毛澤東的窳政劣行進行批評：

　　　B52 好景不長，急不可待地在近幾年內安排後事。對我們不放心。如

1995 年 6 月），頁 151–152。

其束手被擒，不如破釜沉舟。在政治上後發制人，軍事行動上先發制
人。……

他不是一個真正的馬列主義者，而是一個行孔孟之道，借馬列主義之
皮，執秦始皇之法的中國歷史上最大的封建暴君。

有利條件：國內政治矛盾激化，危機四伏，獨裁者越來越不得人心。
統治集團內部很不穩定，爭權奪利，勾心鬥角，幾乎白熱化。軍隊受
壓，中上層幹部不服不滿。……青年知識分子上山下鄉等於變相勞改。
紅衛兵初期受騙被利用，充當砲灰，後期被壓迫變成替罪羔羊。……
利用特種手段，如毒氣、細菌武器、轟炸、「五四三」❿ 、車禍、暗
殺、綁架、城市游擊小分隊。……

從十幾年的歷史看，有那一個人開始被他捧起來，到後來不曾被判處
政治上死刑！有那一股政治力量能與他共事始終？他過去的秘書，自
殺的自殺，關押的關押，他為數不多的親密戰友和身邊親信，也被他
送進大牢，甚至連他的親生兒子也被他逼瘋。他是一個懷疑狂、虐待
狂，他整人哲學，是一不做，二不休。他整每一個人，都要把這個人
置於死地而方休，一旦得罪就得罪到底，而且把全部壞事嫁禍於別人。
戳穿了說，在他手下一個個像走馬燈式垮臺的人物，其實都是他的替
罪羔羊。……

此工程屬特級絕密，不經批准，不准向任何人透露。堅決做到一切行
動聽指揮，發揮江田島精神。❿ 不成功便成仁。❿

---

❿ 當時中共解放軍一種戰術導彈的代號。

❿ 江田島位於日本廣島縣附近瀬戶內海上，為舊日本帝國時代海軍兵學校所在
地，是海軍軍官的養成場所。1945 年日本戰敗後廢校。此處「江田島精神」
意指日本的武士道精神。

❿ 〈「五七一工程」紀要〉全文，見編輯委員會主編，《中共機密文件彙編》（臺
北：國立政治大學國際關係研究中心，1978 年 4 月），頁 122–129。

〈「五七一工程」紀要〉在 1972 年 1 月以中共中央文件下發到省、市、自治區、省軍區的層級，因此流傳甚廣。下發這份文件的目的原本在於「批林」，但是文件內容對於毛澤東的批判十分尖銳露骨，加上政變失敗企圖叛逃出國的，竟是十餘年來「萬歲」不離口的黨中央副主席林彪，因此不免在基層幹部的心理上產生極大震憾，不少人在事件過後，對於毛澤東和中國共產黨的迷信，陡然下降不少。[105]

按照〈「五七一工程」紀要〉發想者林立果原先的估算，要發動軍事政變，剷除毛澤東，手法上可以使用毒氣、轟炸、導彈攻擊、暗殺、綁架等多種辦法，而從 1971 年 8 月 15 日起，毛澤東離開北京到湖北、湖南、江西、浙江、上海等地巡視。同一時間，林立果也緊密與周宇馳、于新野等人布置謀刺毛澤東的可能方案。林彪和林立果何以如此急著動手？原因是毛澤東這次南巡，在武昌、長沙、南昌、杭州，每停留一地都召見當地政軍領導，直接批評林彪集團成員在去年廬山會議「論天才」和堅持保留國家主席的諸多動作，毛澤東還說他很多年沒管軍隊工作了，「現在我要管軍隊的事，我不相信軍隊要造反。」[106]毛澤東的講話自然透過林彪在各地的黨羽傳回北京。9 月 8 日，林彪親筆寫下手令：「盼照立果、宇馳同志傳達的命令辦。林彪，9 月○日」，交給林立果，由林立果開始聯絡集團成員準備行動。[107]林立果的初步構想，是在毛澤東專屬列車從上海返回北京途中，以炸藥炸毀列車，製造第二個皇姑屯事件。再不成，就派空軍的攻擊機轟炸毛的列車。

然而，在林立果等人還弄不清楚毛澤東專車動向，也尚未完成暗殺行動布置前，9 月 11 日中午毛不動聲色離開上海，中間不作任何停留，

---

[105] 出身「老三屆」紅衛兵的徐友漁，對此有相當細膩的分析。見徐友漁，《形形色色的造反──紅衛兵精神素質的形成及演變》，頁 205–210。

[106] 中共中央文獻研究室編，《毛澤東年譜 (1949～1976)》，第六卷，頁 398。關於毛澤東在這次南巡對林彪集團的批評，見同書頁 389–404。

[107] 中共中央文獻研究室編，《毛澤東年譜 (1949～1976)》，第六卷，頁 399。

12 日中午一時十分抵達北京。顯然毛澤東已經獲得情報，知道林彪集團準備動手，於是保密行程，連夜北返，讓林立果失去先機。因此當 12 日下午林彪、林立果獲悉毛澤東已悄然回到北京，暗殺行動既已失敗，只好匆忙設法逃亡。

這起流產政變或稱「九一三事件」，或稱林彪事件。事隔近半個世紀，根據中共官方所公布資料，仍無從得知毛澤東 9 月 11 日停留上海時，究竟透過何種管道，得知林彪集團的暗殺計畫。

王洪文

林彪集團的覆沒，意味著文化大革命來到第六年，江青集團終於在毛澤東助拳下，如願擊潰了頭號競爭對手。政治局一下子少了六名委員，❿此時政治局內除了毛澤東作為黨政最高領導人、周恩來負責政策執行及協調工作外，只剩葉劍英、劉伯承、許世友、陳錫聯、李先念等一批老軍頭，主要幫助毛澤東穩住解放軍。而掌管公安系統的謝富治，以及身為政治局常委的康生，原本就是江青的同路人。至於剩下的朱德和董必武，象徵意義大於實質，此二人向來明哲保身，不介入政爭，也不真正掌權。因此，江青聯手張春橋和姚文元，成了中共政治局內最炙手可熱的當權派，康生和謝富治一文一武，擔任輔佐。

然而毛澤東並未讓江、張、姚三人更上一層樓，而是在 1973 年 8 月召開的中共第十次全國代表大會，拉拔更多老中青三代人進入政治局，稀釋了江青集團的勢力。想當然，毛澤東自始便未將江青視為接班人，至於張春橋及姚文元，亦未獲毛澤東青睞。毛澤東利用這三個人在文革中衝鋒陷陣，卻未打算將最終權力交給他們。在消滅林彪集團後，毛澤東重新尋覓接班人。這個情勢發展，醞釀了 1976 年 9 月毛澤東去世之後，全新政局的展開，同時亦間接造成鄧小平有機會東山再起。

---

❿ 林彪、葉群，加上黃永勝等四大金剛，六人皆是中共九屆一中全會選出的政治局委員。

　　不過在冒出頭的中共第十屆政治局權力新貴中，江青集團也並非一無所獲。一位政壇新星原本就屬於江青集團，在中共十大之後其地位扶搖直上，甚至凌駕張春橋的國務院副總理之上。他是王洪文，1969年中共九大時，他只是一般的中央委員，而當時江青、張春橋、姚文元已經是政治局委員。到了1973年中共十大，王洪文一下子晉升成為政治局常委，而且是中共中央七位副主席之一，與周恩來、康生、葉劍英平起平坐。在文革的最後三年，如日中天的王洪文在江青集團中竄起，與江、張、姚三人合稱「四人幫」。

　　至於張春橋，雖然在中共十大如願成為政治局常委，卻沒能搭上副主席的順風車，反而是鄧小平被毛澤東召回北京，重返政治局，重新擔任常委，而且還成為中央副主席、國務院副總理。鄧小平的回返對江青集團來說是一個高度隱憂。當然，江、張、姚的敵人不止鄧小平而已。在毛澤東死後，迅雷不及掩耳逮捕「四人幫」的並非鄧小平。江青集團權傾一時，卻也四處樹敵。

　　王洪文崛起於上海工人造反派。1966年5月中共中央發出〈五一六通知〉，6月1日《人民日報》刊出陳伯達寫的社論〈橫掃一切牛鬼蛇神〉，隔天全國各主要報紙轉載聶元梓攻擊北京大學領導高層的大字報，文化大革命的浪潮席捲而來。只不過在這個時間點起來造反的以校園學生為主，文化大革命的煙硝尚未波及國營企業。王洪文當時在上海第十七棉紡織廠（簡稱「國棉十七廠」）擔任安全部門科員，當他從報紙上讀到一篇又一篇關於文化大革命的官方宣傳，憑著敏銳的政治嗅覺，王洪文決定率先在自己的工廠「造反」。他仿效聶元梓在北大貼大字報，6月12日也在國棉十七廠貼出批評工廠黨委執行修正主義路線的大字報。上海國營工廠內有工人鬧革命，引起了中共上海市委的注意，於是開始往各工廠派工作隊，美其名必須由黨來領導文化革命，事實上是企圖壓制國營工廠內的造反派。上海市委的這個舉動刺激了不少國營企業裡的激進分子，於是他們串連起來，成立了「上海工人革命造反總司令部」，簡

稱「工總司」，王洪文成了這個造反組織的司令。

北京中央文革小組派了張春橋南下協調上海市委與工總司之間的糾紛，張春橋原本就想打倒上海市委書記陳丕顯與上海市長曹荻秋，於是支持工總司對上海市委的鬥爭。在中央文革與工總司的聯手下，曹荻秋與陳丕顯先後垮臺。1967 年 2 月上海市成立革命委員會，代行原本中共市黨委和市政府的功能，張春橋、姚文元和分別擔任上海市革委會主任和第一副主任職位，王洪文的頭銜則是副主任，成為上海市第三把交椅。張春橋和姚文元是中央文革成員，大多數時間留在北京，王洪文成了文革前五年間，上海實際上的統治者。

1969 年 4 月中共在北京召開第九次全國黨代表大會，王洪文不僅被選上中央委員，而且代表全國工人成為大會主席團成員，坐上人民大會堂主席臺，他的座位在主席團第二排，距離第一排正中央的毛澤東、林彪和周恩來，只有幾公尺之遙。❿⑨

不確定什麼原因，毛澤東看上了這位上海來的年輕人，欽點他作為中國共產黨未來最高領導層重點栽培對象。1972 年 9 月，王洪文被調到北京，入住釣魚臺國賓館。一年後 1973 年 8 月中共第十次全國代表大會召開，王洪文躍升為中共中央副主席，主席團的座位安排在毛澤東身邊，也就是四年前周恩來的位子。這時，王洪文還不滿三十七歲。

然而毛澤東在十大的人事安排非常特別，他除了將王洪文這種在文革中憑造反起家的人送進政治局，同時卻也把曾經在文革中被打倒的老同事召喚回北京，最具代表性的是鄧小平。1973 年 1 月鄧小平接獲通知，要他結束在江西的下放生涯，準備回北京。3 月 9 日，鄧小平恢復國務院副總理職務。⓾同年 8 月十大召開，鄧小平成為政治局常委，以及排名第六的中共中央副主席。毛澤東的這個決定，相當可能肇因於林

---

❿⑨　葉永烈，《王洪文傳》（長春：時代文藝出版社，1993 年 11 月），頁 296-297。

⓾　中共中央文獻研究室編，《鄧小平年譜 (1904～1974)》（北京：中央文獻出版社，2009 年 12 月），下冊，頁 1970-1972。

彪的叛逃事件。文革發動之後，北京政壇原本分為林彪與江青兩大集團，林彪叛變與垮臺，一方面迫使毛澤東必須填補這塊權力空缺，另方面或許也讓他對文革中竄起的人物與勢力有所警惕。他開始將一些在文革中被打倒的黨政高官召回北京，例如八大政治局委員譚震林，在十大選上中央委員；原西南局第一書記李井泉也重新選上中央委員，而鄧小平是這波人事復辟中，職位最高者。

當然，毛澤東主要栽培對象，還是文革中竄起的青壯世代，一是年僅三十多歲的王洪文，一是五十二歲的華國鋒。在中共十屆一中全會上，王洪文與華國鋒雙雙當選中共中央副主席，王洪文的排名僅次於周恩來，是第二順位的副主席，中共第三號人物；華國鋒則排在第七，他的前面除了周恩來、王洪文，還有康生、葉劍英、李德生、鄧小平。❶❶❶

然而王洪文畢竟是張春橋在上海灘一手拉拔起來的造反派，即使在1973 年 8 月登上中共中央副主席寶座，在政治上還是緊緊迫隨著江青和張春橋的指揮棒。正因為這樣，毛澤東在生命最後三年裡，最終放棄了扶植王洪文作為真正接班人，而選擇了華國鋒。而且，毛澤東還三番兩次告誡王洪文不要和江青、張春橋一夥人攪和在一起，結成「上海幫」或「四人幫」。❶❶❷ 等到 1976 年 9 月 9 日毛澤東病死，僅二十七天後華國鋒與葉劍英聯手發動中南海政變，一舉逮捕江青、張春橋、王洪文和姚文元，從此這四個人在歷史上留下「四人幫」的稱號。

---

❶❶❶ 葉劍英是 1955 年中國人民解放軍冊封將領時的十大元帥之一，1971 年林彪死亡後，接替林彪出掌國防部。李德生在 1955 年解放軍授階時為少將，文革中受毛澤東賞識，平步青雲，先後擔任北京軍區和瀋陽軍區司令員，也算是因文革竄起的人物。

❶❶❷ 葉永烈，《王洪文傳》，頁 355–358。

1972年周恩來宴請尼克森

第六章

從鄧小平到習近平

第一節 鄧小平時代登場

「四五」天安門事件

1976 年 9 月 9 日凌晨零時 10 分，毛澤東離開人世，享壽八十三歲。主宰中國近代歷史長達二十七年的毛澤東時代，於焉結束。

強人遽逝，留下來的是詭譎多變的政局，以及千瘡百孔的社會。歷時十年的文化大革命，扶植出一批野心勃勃的政治新貴，這批人無一不嘗試在後毛澤東時代搶佔先機，卻也逐一失敗退場。最先垮臺的是林彪及其黨羽，籌畫政變卻事跡敗露，如此一來文革後期叱咤中南海的，剩下被稱為「四人幫」的江青、張春橋、王洪文和姚文元這一夥人。然而毛澤東並不打算將接班的重責大任交給江青或張春橋，他看上的是外表敦厚穩重的華國鋒，因此在 1976 年 1 月 8 日周恩來病逝之後，毛澤東指定華國鋒接任周恩來所遺下的兩項職務——中共中央第一副主席和國務院總理。

這一年 4 月 30 日，毛澤東在中南海游泳池畔會見紐西蘭總理馬爾登 (Robert Muldoon)，華國鋒作陪。會面結束後，毛澤東當面交待華國鋒：「國際上的事，大局已定，問題不大。國內的事要注意！」隨後毛澤東又交待了一句話，因為年邁口齒不清，華國鋒一下子聽不明白，於是毛澤東特地取了紙寫下來：「慢慢來，不要招急。」 ❶、「照過去方針辦！」、「你辦事，我放心！」❷

---

❶ 毛澤東筆誤，將「著急」寫成「招急」。

❷ 毛澤東晚年看護張玉鳳的證詞，見青野、方雷，《鄧小平在 1976》（瀋陽：春風文藝出版社，1993 年 3 月），上卷，頁 49。亦見中共中央文獻研究室編，

　　除了政局瞬息萬變，文革十年來累積了不少民怨，尤其為時三年的紅衛兵運動，到頭來不僅為數眾多的無知青少年在武鬥中枉送了性命，活過浩劫的年輕人在接下來的上山下鄉運動中離鄉背井，虛擲人生，等到文革末期，這批「老三屆」與「小三屆」們多數不知何去何從，前途茫茫。而整個中國社會經歷了數年疾風驟雨般的革命狂飆，之後又目睹林彪集團垮臺，對於十年文化大革命的虛無感愈來愈強烈，也因此對於成天將革命、鬥爭掛在嘴上的「四人幫」成員愈來愈反感。1976 年 1 月周恩來病逝，全國各大城市普遍掀起一段自發的哀悼風潮，偏偏「四人幫」為了徹底鬥倒在 1973 年復出的鄧小平，懷疑這種對周恩來的哀悼活動，背後是鄧小平及其黨羽的搧動，因此「四人幫」緊急動員其控制下的媒體和宣傳部門，試圖壓抑這種懷念周恩來的集體情緒。依照「四人幫」的政治判斷，紀念周恩來在潛意識上就代表著向文革路線的挑戰，因為文革十年間，周恩來的角色從來就不是激昂的革命者，反而更像不斷為了收拾殘局而勞心勞力的守護者。「四人幫」的這一立場明顯獲得毛澤東支持，毛澤東應該感覺得出來，各大城市裡自動自發的悼念周恩來遊行，背後其實是對十年文化大革命的不滿。

　　1976 年 3 月 25 日上海《文匯報》在第一版刊出一篇醒目的文章〈走資派還在走，我們就要同他鬥〉，文中不時點名影射周恩來和鄧小平是黨內兩大「走資派」：「黨內那個走資派要把被打倒的至今不肯改悔的走資派扶上臺」。前一個走資派影射死去的周恩來，後一個則暗指鄧小平。由張春橋直接指揮的《文匯報》，此時仍試圖沿用 1965 年以來批判《海瑞罷官》的手法，藉著報紙文章醞釀對鄧小平的政治鬥爭。然而這類手法，反而激怒了已經對文革路線日漸生厭的基層民眾。從周恩來病逝的消息傳出，中國一些最主要的大城市，包括北京、上海、武漢、南京、福州、重慶，甚至最南邊的廣州，不約而同都出現以悼念周恩來為名、行批判當政者之實的大字報和標語。四人幫愈是動員官方媒體唱反調，愈是激

《毛澤東年譜 (1949～1976)》，第六卷，頁 648。

起抗議群眾的怒火。

　　3 月 19 日開始，北京天安門廣場正中央人民紀念碑下，出現了第一個悼念周恩來的花圈，❸之後獻花圈的行動蔚為風潮，人民紀念碑周圍不僅擺滿了大大小小的花圈，同時還到處貼滿抒發己見的大字報、詩詞創作，吸引了大批人潮圍觀。據說光是 4 月 4 日當天，到天安門廣場排隊獻花的人民群眾達到兩百萬之多，❹四周張貼的大字報、悼詞，成了群眾抒發情緒、分享意見的作品。不少這類大字報文章，矛頭都對準了江青、張春橋、王洪文、姚文元「四人幫」，而且不只在天安門廣場，北京幾個主要大學也都出現攻擊、批評四人幫的大字報和標語。

　　江青等四人幫成員將這些政治騷動視為對文革路線的挑戰，他們加油添醋將情況彙報給毛澤東，在獲得毛的支持之後，一方面在中共中央政治局會議上全力狠批鄧小平，指責鄧小平是死不悔改的走資派，在 1973 年復出之後仍企圖復辟資本主義路線，預謀為「右傾」翻案，四人幫自稱這一波的批鄧行動為「反擊右傾翻案風」。1976 年 4 月 7 日，毛澤東批准政治局會議決議，撤除鄧小平的中共中央副主席和國務院副總理等多項職務，鄧小平及其妻子卓琳被安排至北京東交民巷一處祕密地點軟禁。❺

　　而真正血腥的鎮壓行動發

圖 6-1：悼念周恩來　周恩來逝世後，北京民眾自發性地在天安門廣場集會悼念周恩來。

---

❸　王年一，《大動亂的年代》（鄭州：河南人民出版社，1988 年 12 月），頁 574。

❹　王年一，《大動亂的年代》，頁 579。

❺　中共中央文獻研究室編，《毛澤東年譜 (1949～1976)》，第六卷，頁 646-647。

圖6-2：四五天安門事件

生在4月5日的天安門廣場上。當天凌晨1時許，北京市政府動用二百
輛大汽車清除廣場上的花圈，當時仍滯留廣場的少數民眾遭到逮捕。消
息傳開，天亮後，數十萬民眾和學生趕赴廣場，試圖闖過封鎖線，以至
於和執行任務的警察、解放軍發生衝突。中午之後，群眾放火燒燬部分
軍警車輛，甚至還縱火焚燒位於廣場東南角的軍警聯合指揮部。晚間9
時35分，上萬名軍人警察帶著木棍包圍天安門廣場，見人就打，有38
人遭到逮捕。當天晚上天安門廣場戒嚴，大批警力進入廣場洗刷地上的
血跡。❻這起事件，被稱為「四五」天安門事件。

曇花一現的華國鋒時代

就在十年文化大革命行將結束前的最後幾個月，挑戰文革路線的示
威群眾遭到逮捕驅離，中南海內部試圖重返務實路線的代表人物鄧小平
遭到罷黜，眼見堅持強硬階級鬥爭路線的「四人幫」大獲全勝，文革局
面似乎仍將紋風不動。然而戲劇性的政治變局即將發生。

1976年7月28日位於天津市東北方的河北省唐山市，發生芮氏規
模七‧八的淺層地震，瞬間全市幾乎夷為平地，造成二十四萬人死傷。
四十三天後，9月9日凌晨零時10分毛澤東去世，北京的政治地震即將
爆發。10月6日晚間8時，距離毛澤東死亡才二十七天，中共中央第一

❻　王年一，《大動亂的年代》，頁580–582。

張春橋　王洪文　姚文元　江青

圖 6-3：四人幫接受審判

副主席華國鋒以召開政治局常委會議為藉口，將政治局成員王洪文、張春橋、姚文元三人邀集到中南海懷仁堂，一舉逮捕，同時派遣中央辦公廳副主任張耀祠帶隊至中南海游泳池畔江青的住所，捉拿毛澤東遺孀江青。毛澤東死後中共最高權力核心的第一場政治較量，以華國鋒成功瓦解「四人幫」落幕。

　　「四人幫」集團的潰敗，實質上象徵延續十年的文化大革命，至此已完全結束。因為 1966 年文革的發動，就是以毛澤東培植林彪和江青兩大集團，打垮劉少奇勢力而揭開序幕的。在整整十年時間裡，林彪集團和「四人幫」先後垮臺，加上毛澤東亦已物故，文革的發動者至此全數步下歷史舞臺。這也是日後文化大革命被稱為「十年文革」的主要原因。然而中共官方此時尚未正式宣告文革結束。必須等到 1977 年 8 月中共召開第十一次全國代表大會，華國鋒在 12 日開幕當天宣讀〈政治報告〉，才明確聲稱：「歷時十一年的我國第一次無產階級文化大革命，就以粉碎『四人幫』為標誌，宣告勝利結束了。」❼ 華國鋒在中共十一大上所定位的文革是「十一年」，而非「十年」；而且還是「勝利結束」，絕非 1979

---

❼　《中國共產黨第十一次全國代表大會文件匯編》（北京：人民出版社，1977 年 8 月），頁 30。

年以後所稱的「十年動亂」。

然而華國鋒並非最後書寫歷史的人，因為很快的，文革初期被打倒的中共元老們馬上就要班師回朝，包括鄧小平、彭真、陳雲等人，替文化大革命蓋棺論定的工作必須留待這些人重新掌權。至於華國鋒，事後證明他僅僅是一位過渡人物，雖然在他手上逮捕了「四人幫」，結束文革，但是從他被毛澤東欽定為接班人，到毛匆匆謝世，也不過短短半年時間，華國鋒還來不及鞏固權力根基，馬上必須面對大批比他資深很多的黨內元老的反撲。因此如果真有所謂「華國鋒時代」，其實也只有短暫的兩年時間，1978 年 12 月中共召開第十一屆中央委員會第三次全體會議（十一屆三中全會），鄧小平、陳雲等元老聯手，結合胡耀邦、趙紫陽等青壯派，順利將華國鋒勢力扳倒。中華人民共和國開始進入鄧小平的時代。

然而根基不穩的華國鋒，究竟何以能在毛澤東死後僅僅二十七天，便猝然發動政變，大膽奇襲「四人幫」? 華國鋒的這一舉措，證明他並非全無憑藉。事實上，圍繞在華國鋒身邊有一群人，他們基本上都是毛澤東長期的追隨者和親信，包括中南海中央警衛團❽團長汪東興、北京軍區司令員陳錫聯、國務院副總理紀登奎，以及在彭真垮臺之後接任北京市長的吳德。這幾個人淵源不盡相同，不屬於林彪集團，亦非「四人幫」黨羽，卻都受到毛澤東高度信賴，也因為文化大革命而獲益，他們可以說是整個文革期間，除了林彪及「四人幫」之外的「第三勢力」。例如汪東興，長期負責中南海警衛安全工作，是毛澤東身邊最信任的人員之一，1966 年文革爆發後，汪東興被拔擢為中央辦公廳主任，取代隨著彭真一起被打倒的楊尚昆。再比如陳錫聯，1955 年解放軍授階時獲頒上將軍銜，1971 年林彪事件發生後，成為毛澤東最信任的高階將領，1973 年出任北京軍區司令員，直接負責京畿地區軍事安全。汪、陳、吳、紀這四

❽ 中央警衛團負責中共最高權力核心中南海的安全工作，事實上等同於中共中央禁衛軍。因為其部隊番號為「八三四一」，故經常被稱為「八三四一部隊」。

個人可以說是毛澤東特地留給華國鋒的護衛隊，他們在毛澤東死後，自然而然圍攏在華國鋒身邊，形成足以和「四人幫」抗衡的一股政治勢力。只不過，毛澤東究竟有沒有料到兩派人馬竟然在他死後不到一個月便徹底攤牌？便不得而知。總之，華國鋒靠著和汪東興、陳錫聯、吳德及紀登奎等人聯手，一舉殲滅「四人幫」，是不爭的事實。而且在過程中，代表元老派勢力的國防部長葉劍英亦積極與華國鋒結盟，確保解放軍不會發生騷動，並在事後繼續效忠以華國鋒為首的新中共中央。

　　只不過逮捕「四人幫」容易，後續要壓制元老派的全面復辟則困難得多。當時駐在北京的匈牙利通訊社記者巴拉奇‧代內什 (Balaqi Daineishi) 就注意到一個怪現象：為什麼從 1976 年 10 月 6 日逮捕「四人幫」，到 1977 年 7 月為止，將近十個月時間中共中央一直無法召開中央委員全體會議？對於政局劇變之後的中國共產黨來說，這是很不正常的現象，顯示華國鋒單靠自己的勢力，仍舊無法真正號令黨中央。沒有元老派合作，尤其沒有鄧小平的協助，華國鋒連一個中央委員會議也開不成。❾ 終於華國鋒妥協了，1977 年 3 月在一場中央工作會議上，華國鋒雖然重申了他的「兩個凡是」主張——凡是毛主席作出的決策，我們都堅決擁護，凡是毛主席的指示，我們都始終不渝地遵循❿——但是華國鋒也放低姿態作出承諾：「在適當的時機讓鄧小平同志出來工作」，「群眾在清明節到天安門去表示自己對周總理的悼念之情，是合乎情理的。」⓫

❾　Balaqi Daineishi 原著，闞思靜、李葉譯，《鄧小平傳》(香港：南粵出版社，1988 年 7 月)，頁 174。

❿　這兩句話出自《人民日報》1977 年 2 月 7 日一版的社論〈學好文件抓住綱〉。華國鋒的這個宣示，顯示他在毛澤東去世之後，並沒有建立自己的政策方針或理論論述，只打算繼續依賴毛澤東的光環，維繫其統治的合法性。也因此華國鋒及汪陳吳紀等人，被鄧小平等挑戰者戲稱為「凡是派」。進一步的分析，可參考李福鐘，《改造一個共和國》(臺北：稻鄉出版社，1993 年 10 月)，頁 4–6。

⓫　鄧小平，《鄧小平文選（第二卷）》，頁 421，註 19。

配合華國鋒的讓步，1977年4月10日鄧小平也寫了一封宣示效忠的信給華國鋒，鄧小平在信中聲稱：「我完全擁護華主席最近在中央工作會議上的講話，完全擁護華主席抓綱治國的方針和對當前各種問題和工作的布置。……我對偉大領袖的導師毛主席對我的批評和教導再一次表示誠懇的接受。」⓬ 就這樣，中共十屆三中全會終於在這一年7月16日召開了，在這次中央委員全體會議上，鄧小平恢復了黨的副主席、中央軍事委員會副主席、國務院副總理，以及解放軍總參謀長等多項職務。這些頭銜，都是1976年4月他在「反擊右傾翻案風」中失去的。隨著「四人幫」垮臺，以及華國鋒的讓步，鄧小平又重回北京政壇，成為地位僅次於黨主席華國鋒的中共第二號人物。⓭

真理標準的辯論

鄧小平當然不會永遠屈居華國鋒之下。1924年鄧小平在法國加入中國共產黨旅歐支部時，⓮ 華國鋒才只是三歲小孩；1955年鄧小平進入政治局，華國鋒不過是湖南省湘潭地區一名市委書記。鄧小平在中國共產黨內的聲望、資歷與人脈，皆非華國鋒所能望其項背。更何況，華國鋒別無選擇只能繼續遵循毛澤東的政策路線，然而鄧小平的盤算則是徹底改革，全面翻轉文革以來中國共產黨的政治路線。因此鄧小平必然要挑戰華國鋒的「兩個凡是」主張，只有否認「兩個凡是」，才有可能改變毛澤東所留下來的意識形態牢籠。

1977年7月21日鄧小平參加中共十屆三中全會，並全面恢復中共中央委員會副主席、中央軍事委員會副主席，以及國務院副總理三項職

⓬ 這封信並沒有收入《鄧小平文選》中，但臺北政治大學國際關係研究中心所出版的《匪情月報》曾加以披露，見該刊第26卷9期，1984年3月。

⓭ 華國鋒當時擁有的職位包括中共黨中央主席、中央軍事委員會主席、國務院總理，就這三項職務來說，鄧小平恰好都是華國鋒的副手。

⓮ 中共中央文獻研究室編，《鄧小平年譜(1904～1974)》，上冊，頁19。

務，他在會議演說中特別提出了：「我們不能夠只從個別詞句來理解毛澤東思想，而必須從毛澤東思想的整個體系去獲得正確的理解。」「我認為，毛澤東同志倡導的作風，群眾路線和實事求是這兩條是最根本的東西。……對我們黨的現狀來說，我個人覺得，群眾路線和實事求是特別重要。」❶❺ 就在同年 2 月 7 日，《人民日報》才以社論呼籲「兩個凡是」，之後華國鋒的宣傳機器天天以此鼓吹，然而鄧小平卻在中央委員全體會議上認為「實事求是」才是「對我們黨的現狀來說……特別重要」；更何況一年前北京市民自發性聚集在天安門廣場悼念周恩來，卻遭到軍警以暴力驅離，鄧小平此時強調「群眾路線」，箭頭直指華國鋒。

　　簡單來說，鄧小平選擇從三個方面展開對華國鋒的輿論攻擊，一是文化大革命的功過，二是「四五」天安門事件的平反，三是對毛澤東思想的重新詮釋。鄧小平的這個攻擊策略，頗類似當年毛澤東以批判《海瑞罷官》掀起文革的手法，只不過，而今攻守之勢易位，輪到鄧小平將砲口對準文革留下來的保皇派。負責幫鄧小平進行理論辯論操盤的，是胡耀邦。胡耀邦在中共領導層屬於第二代，他的年紀比華國鋒稍長，資歷則遠遠勝出。1931 年胡耀邦才十五歲，便離開湖南老家前赴江西中央蘇區參加革命。之後參與長征，中日戰爭期間在延安「中國抗日軍政大學」擔任政治部副主任。1949 年中共建國後胡耀邦長期在共產主義青年團（共青團）工作，1960 年代與擔任中共中央書記處總書記的鄧小平建立了良好關係。文革期間胡耀邦亦被鬥倒，下放勞改，1977 年隨著華國鋒開始讓諸多文革期間被打倒的老幹部恢復職位，胡耀邦在該年 3 月被任命為中央黨校副校長，同年 8 月中共第十一次全國代表大會上當選中央委員。❶❻ 胡耀邦就任中央黨校副校長一職，無異為未來與「凡是派」

---

❶❺　鄧小平，《鄧小平文選（第二卷）》，頁 43、45。

❶❻　有關胡耀邦生平，綜合參考楊中美，《胡耀邦評傳》（香港：奔馬出版社，1989 年 3 月）一書，以及沈寶祥，《真理標準問題討論始末》（北京：中國青年出版社，1997 年 12 月），頁 36。

進行理論攻防佔據了有利位置。反諷的是,當時中央黨校校長是華國鋒,第一副校長是汪東興,但這兩人並未真正過問中央黨校校務,真正管事的是胡耀邦。

中共十一大閉幕之後不久,1977 年 10 月 7 日《人民日報》刊出一篇文章,題為〈把被「四人幫」顛倒了的幹部路線是非糾正過來〉,帶頭要求平反文革期間的冤假錯案。這篇文章是胡耀邦在中央黨校內找人寫的,加上《人民日報》總編輯胡績偉的協助,在「凡是派」仍掌握媒體宣傳大權的情況下被刊登出來,中共中央負責人事行政的中央組織部長郭玉峰,立即公開指責這篇文章是「大毒草」,郭玉峰是華國鋒的人馬,這場爭論後來送到中央政治局常委會討論,葉劍英、鄧小平等元老派成員都主張撤換郭玉峰,由胡耀邦取代,12 月 10 日胡耀邦接管了中央組織部。❶

事態至此已十分明朗,華國鋒和他的盟友其實已經控制不了局面,連在中央政治局內開會都無法主導決議,只能任由元老派予取予求。問題只剩元老派最後要在什麼時間、以什麼藉口,將華國鋒、汪東興等幾個人免職。

掌握了中共黨內人事權力之餘,胡耀邦開始在意識形態及理論層面進攻。1978 年 5 月 4 日華國鋒前往北韓訪問一週,就在這一星期內,胡耀邦控制下的中央黨校理論刊物《理論動態》刊登了一篇文章〈實踐是檢驗真理的唯一標準〉,對於如何真正掌握毛澤東思想提出了不同於「凡是派」的看法:

> 馬列主義、毛澤東思想是我們研究一切問題的指導思想,但不是檢驗真理的標準。……毛主席說:「理論與實踐的統一,是馬克思主義的一個最基本的原則。」堅持實踐是檢驗真理的唯一標準,就是堅持馬克思

---

❶ 程中原、王玉祥、李正華,《1976～1981 年的中國》(北京:中央文獻出版社,1998 年 12 月),頁 125。

主義，堅持辯證唯物主義。❶⑧

　　簡單來說，「凡是派」堅持只要是毛澤東的指示，都始終不渝遵循這種瀰漫文革氣息的死硬派觀點，早已無法在「四人幫」被捕之後的北京政壇上起到說服力，因為從林彪到「四人幫」相繼垮臺，畢竟顯露了毛澤東的諸多錯誤。胡耀邦，或者毋寧說鄧小平，此時只是搬出另一個毛澤東，來攻擊華國鋒所堅持的教條式的毛澤東。

　　趁著華國鋒還沒回國，5月11日《光明日報》刊載了〈實踐是檢驗真理的唯一標準〉這篇文章，然後5月12日《人民日報》、《解放軍報》再加以轉載。這個手法，依然類同於1965年11月上海《文匯報》刊登〈評新編歷史劇《海瑞罷官》〉，最後月底時《人民日報》、《解放軍報》跟進轉載的模式。總之，這種轉載方式既造成全國性矚目效應，同時也證明華國鋒和汪東興無法掌握媒體宣傳陣營。在之後直到1978年年底，中華人民共和國境內各大小官方報紙、期刊，登載關於所謂「真理標準」討論的文章達到650餘篇之多，❶⑨在輿論聲勢上，一面倒地批判「凡是派」那種拿毛澤東講的話當聖旨的教條作風。而鄧小平更是適時地加入戰局，1978年6月2日他在全軍政治工作會議上講話，不點名批判了華國鋒和汪東興等人：

　　　　我們也有一些同志天天講毛澤東思想，卻往往忘記、拋棄甚至反對毛
　　　　澤東同志的實事求是、一切從實際出發、理論與實踐相結合的這樣一
　　　　個馬克思主義的根本觀點，根本方法。不但如此，有的人還認為誰要
　　　　是堅持實事求是，從實際出發，理論和實踐相結合，誰就是犯了彌天

---

❶⑧　該文全文，參見孫長江，《真理的求索》（上海：上海人民出版社，1989年5
　　　月），頁249–257。

❶⑨　王洪模等著，《改革開放的歷程》（鄭州：河南人民出版社，1989年11月），
　　　頁73。

大罪。……如果我們只是把過去的文件逐字逐句照抄一通，那就不能解決任何問題，更談不到正確地解決什麼問題。那麼，即使我們口頭上大講擁護毛澤東思想，實際上也只能是違反毛澤東思想。❷

不止「真理標準」的辯論成為華國鋒陣營在輿論上全面潰敗的突破口，1978 年 9 月初在「四五」天安門事件的平反抗爭上，華國鋒同樣壓不住陣腳。與胡耀邦淵源極深的共青團機關刊物《中國青年》，在這個月復刊第一期中故意刊登了 1976 年天安門事件中的詩詞和文章，試圖為「四五」事件平反。結果中央辦公廳主任汪東興下令扣押這一期的雜誌。共青團的編輯們於是貼出大字報，公開尋求群眾支持。事件擴大到無法控制，最後由華國鋒收回了扣押令。❷ 這起《中國青年》事件，同樣顯示華國鋒的人馬已經無法掌控局面，而原本在政治局內與華國鋒頗有交情的元老派成員像李先念，或者葉劍英，此時也紛紛倒戈。情勢發展至此，華國鋒、汪東興、陳錫聯、吳德、紀登奎等人的下臺，已是遲早的事。

圖 6–4：1978 年 10 月中國共產主義青年團第十次全國代表大會　華國鋒、鄧小平等人都參與了此次會議，後方雖掛有毛澤東與華國鋒的大幅照片，但此時華國鋒的權勢已逐漸消退了。

---

❷　鄧小平，〈在全軍政治工作會議上的講話〉，收入《鄧小平文選（第二卷）》，頁 113–128。

❷　楊中美，《胡耀邦評傳》，頁 190–192。

十一屆三中全會

1978 年 12 月中共召開了十一屆三中全會，成為元老派與「凡是派」勢力消長的分水嶺。「凡是派」大將，同時也是 1949 年之後長期擔任中南海總管的汪東興，被撤換了中共中央辦公廳主任的職位；另一位「凡是派」要角吳德，則在會議前兩個月即失去了北京市委書記兼北京市長的寶座。這兩人的去職，與他們在文革期間的所做所為有關，尤其是在「四五」事件中的責任。「四五」天安門事件發生時，吳德是北京市委書記兼市長，對於鎮壓行動負有直接責任。而且這兩人在文革中就算不是「四人幫」同黨，至少也是毛澤東的幫兇，尤其汪東興。

另一方面，在十一屆三中全會上有四個人補選進入政治局，他們是陳雲、王震、鄧穎超，以及胡耀邦，陳雲並且立即成為政治局常委，及恢復他在 1956 年中共八大的中央委員會副主席職位。至於王震，他在1955 年解放軍授階時獲頒上將軍銜，屬於彭德懷的第一野戰軍系統，他在中共建國之後，長期經營新疆及東北邊境，未涉入複雜的軍中權力鬥爭，也因此在文革中並未受到太大打擊。文革後期，他成為支持鄧小平主政的有力人士，屬於元老派中的保守人物。十一屆三中全會王震和胡耀邦雙雙入選為政治局委員，無異讓鄧小平在政治局中更增添生力軍。最後一位鄧穎超是周恩來的遺孀，安排她進政治局，一方面表達了對周恩來的尊崇，另一方面同樣擴大了鄧小平的實力。

在十一屆三中全會對政治局人事進行大幅調整之後，華國鋒派系的人馬明顯已成為少數，原來還願意和華國鋒合作的委員，這時也都順勢倒向元老派一邊。十一屆三中全會所發布的公報除了正面肯定關於「實踐是檢驗真理的唯一標準」的辯論，同時還正式對文化大革命提出了官方批評：「實際過程中發生的缺點、錯誤，適當的時候作為經驗教訓加以總結，統一全黨和全國人民的認識，是必要的……。」❷❷文化大革命在一

---

❷❷ 〈中國共產黨第十一屆中央委員會第三次全體會議公報〉，收入中共中央文獻

年多前的中共十一大，華國鋒原本聲稱是「勝利結束」的，等到 1978 年年底的十一屆三中全會之後，終於被認為存在缺點和錯誤，必須留待日後加以批判。

在 1979 年以後，中共官方說法皆聲稱十一屆三中全會是一切「撥亂反正」的開始。❷然而事實上，象徵日後改革開放政策的幾個重要面向——包括農村的包產到戶和人民公社的消滅、國營企業經營方式和體制的改革、經濟的對外開放，以及逐步讓私營企業和個體戶合法化，這些重大變革或者早在十一屆三中全會之前已經由華國鋒啟動，要不然就是必須等到 1980 年代以後才逐步展開。嚴格來說，並沒有那一件事是白紙黑字、斬釘截鐵登載在十一屆三中全會公報上的。❷十一屆三中全會真正劃時代的意義，只能說是華國鋒陣營敗下陣來，而由鄧小平主導的北京政局正式登場。換言之，就是中共最高權力結構的重新洗牌。所以若想要真正精準地描述十一屆三中全會的歷史意義，勿寧說短暫的華國鋒時代結束了，接著鄧小平時代取而代之。

不過即使十一屆三中全會標誌著華國鋒不再掌握權力，鄧小平主導下的這一次中央委員會議並未立即撤換華國鋒及其心腹的所有職務。會議閉幕之後三天，政治局會議 12 月 25 日決議免去汪東興中央辦公廳主任一職，❷這是十一屆三中全會在人事上產生的立即效果，但是他的中

研究室編，《十一屆三中全會以來重要文獻選讀》（北京：人民出版社，1987年 5 月），上冊，頁 1–14。

❷ 例如 1981 年 6 月中共十一屆六中全會所通過的〈關於建國以來黨的若干歷史問題的決議〉，在提到十一屆三中全會時，便表示：「從此，黨掌握了撥亂反正的主動權，有步驟地解決了建國以來的許多歷史遺留問題和實際生活中出現的新問題，進行了繁重的建設和改革工作，使我們的國家在經濟上和政治上都出現了很好的形勢。」

❷ 參考李福鐘，《改造一個共和國》，頁 33–34 之討論。

❷ 中共中央黨史研究室，《中國共產黨歷史大事記 (1919.5～1987.12)》（北京：人民出版社，1989 年 6 月），頁 345。

共中央副主席和政治局常委二職，必須等到 1980 年 2 月中共召開十一屆
五中全會，才自己請辭獲准。而在十一屆五中全會上請辭獲准的，同時
還有紀登奎的國務院副總理、吳德的全國人大常委會副委員長、陳錫聯
的北京軍區司令員，以及三人擁有的政治局委員職位。❷⑥

　　至於華國鋒本人，在毛澤東去世後原本身兼中國共產黨和中華人民
共和國最重要的三項職務：中共中央委員會主席、中央軍事委員會主席，
以及國務院總理。他的總理職務最先被拔除，1980 年 9 月第五屆全國人
民代表大會第三次會議在北京舉行，會議「根據中共中央建議，決定華
國鋒不再兼任國務院總理」，總理一職改由趙紫陽接任，表面上的理由是
為了追究 1977 年至 1978 年因為經濟建設採取高指標所造成的一百幾十
億人民幣的財政赤字。❷⑦

　　接下來 1981 年 6 月中共召開十一屆六中全會，這次會議通過了一項
非常具有代表性的關於中共黨史的標準官方論述文件〈關於建國以來黨
的若干歷史問題的決議〉。這個文件不僅全面批判了文化大革命，同時還
對毛澤東的功過給予七三開的評價，七分功勞、三分錯誤。在鄧小平及
一群元老派成員主導下，十一屆六中全會對六十年來的中共黨史作出了
定於一尊的論述，華國鋒在文革結束之後的錯誤也一併受到檢討，於是
華國鋒主動請辭黨主席和中央軍委主席二職，黨主席一職由胡耀邦接任，
軍委主席則由鄧小平接任。不過這次中央全會仍然補選了華國鋒和趙紫
陽擔任副主席。從黨主席降職為副主席，華國鋒在中共黨史上創下空前

❷⑥　綜合參考中共中央黨史研究室，《中國共產黨歷史大事記 (1919.5〜1987.12)》，
　　　頁 353；本書編輯組，《中華人民共和國黨政軍群領導人名錄》(北京：中共黨
　　　史出版社，1990 年 12 月)。

❷⑦　中共中央黨史研究室，《中國共產黨歷史大事記 (1919.5〜1987.12)》，頁 355。
　　　華國鋒在繼承毛澤東大位之後，一度想以擴大政府投資方式，創造經濟快速
　　　成長的績效，然而投資大而不當，明顯的財政赤字成為政敵攻擊的藉口，當
　　　時海外媒體還曾以「洋躍進」來嘲諷華國鋒的經濟政策。參考李福鐘，《改造
　　　一個共和國》，頁 6–12。

絕後的怪異紀錄。

再過一年，1982 年 9 月中共召開第十二次全國代表大會（十二大），會議通過新黨章，明文廢除了中央委員會主席一職。這個自從 1945 年中共七大以來被毛澤東使用超過三十年的尊崇職位，自此走入歷史。鄧小平等元老派成員之所以主導廢除中共黨主席職位，主要在於防杜黨內未來再出現獨裁者的可能性。至於主席一職廢除之後，原本由主席召開政治局會議和常委會議的權力，則由重新恢復的總書記一職負責。❷❸ 既然黨主席頭銜已從黨章中廢除，自然不會再有副主席之設置，因此華國鋒連帶失去了在中共黨內最後一個象徵權力地位的尊銜。不過他在中共十二大上仍當選中央委員，此後直到 1997 年中共召開第十五次全國代表大會，華國鋒持續連任中央委員。

事實上，華國鋒擔任中央委員任期之長創下了紀錄，成為中共建國後連續擔任中央委員屆數最多的一位黨員，從 1969 年中共九大開始，到 2002 年中共十六大召開才卸任，總計七屆之多（九屆至十五屆），任期長達三十三年。在中共十五大上當選中央委員的黨代表，只有華國鋒與當時的中共總書記江澤民年紀超過七十歲。據說華國鋒在中共十二大之後雖不再過問政治，但在黨內仍備受尊崇。這個現象可以說明一件事，即華國鋒雖然在十一屆三中全會之後不斷受到來自鄧小平等元老派的批評攻擊，他的權力職位逐一被拔除，其實並非因為犯下什麼不可原諒的錯誤，而僅僅因為鄧小平的人馬準備復辟。換句話說，華國鋒只是政治鬥爭下的犧牲品，因此即使在下臺後，仍獲得鄧小平等當權者一定程度的尊重，以及黨內多數人的同情。華國鋒 2008 年病逝於北京，享年八十七歲。

---

❷❸ 中共自 1921 年創黨以來，事實上黨章中一直有「總書記」一職，然而文革期間 1969 年召開的九大，修改黨章將總書記一職廢除。直到 1982 年十二大，才又重新恢復。

第二節 「六四」天安門事件

胡耀邦的起落

從 1977 到 1978 年鄧小平與華國鋒的政治較量過程中，胡耀邦曾立下極為關鍵的汗馬功勞，也因此當華國鋒在 1981 年 6 月十一屆六中全會上辭去黨主席之後，鄧小平的安排是讓胡耀邦接任，成為中共黨組織名義上的第一把交椅。❷隔年（1982 年）9 月中共十二大召開，修改黨章廢除黨主席一職，胡耀邦仍以中央書記處總書記一職成為中共黨的最高領導人。至於鄧小平、陳雲、彭真、李先念、楊尚昆、薄一波、王震等陸續回到權力圈的元老派成員，大部分安排進入中共中央顧問委員會，發揮對黨務和政務的監督建言功能；鄧小平自己則出任中央軍委主席，實際掌握解放軍；陳雲先後出任中共中央紀律檢查委員會主任、中央顧問委員會主任，成為鄧小平之外另一位最具影響力的元老。總而言之，表面上看來年輕一輩的胡耀邦名義上已經接下華國鋒下臺之後黨的最高領導權，但實際權力仍由一批分布在各個黨務機關的老人們，以垂簾聽政的方式在幕後指揮。

至於華國鋒在 1980 年 9 月最早讓出來的國務院總理一職，繼任者趙紫陽比胡耀邦小四歲，但比華國鋒大兩歲。從世代的概念來說，胡耀邦、趙紫陽、華國鋒基本上是同一世代的人，在文革結束的 1976 年，他們的年紀在五十五歲至六十一歲之間。而鄧小平在這時已高齡七十二歲，陳

---

❷ 稍早 1980 年 2 月召開的中共十一屆五中全會，已先進行修改黨章，恢復中央書記處，胡耀邦當選為總書記。等到 1981 年 6 月中共十一屆六中全會華國鋒辭去黨主席，胡耀邦同時擔任黨主席和總書記二職。

雲也已七十一歲。因此中共十一屆三中全會後由鄧小平、陳雲等元老所
規劃的中南海政治格局，表面上看來是由辛亥革命之後才出生的世代接
班，但實際上真正權力仍然掌握在一批光緒年間出生的人手裡。

　　胡耀邦其實有自己的抱負和理想。當華國鋒還擔任黨主席的 1977 年
12 月，胡耀邦在鄧小平和陳雲等元老派支持下，擠下文革期間長期控制
中共中央組織部的郭玉峰，出任這個負責黨內人事、職務安排、工作待
遇等重要業務的機關首長。自出掌中組部之後，胡耀邦就積極推動冤假
錯案的平反，同時還努力幫助文革期間失去職位的幹部重回工作崗位。
這讓文革以來一大群遭到罷黜降職、下放勞改，或者長期留滯「五七幹
校」的數十萬黨員幹部，❸無不感同再造。類似這樣的政策，自然一點
一滴累積著鄧小平、陳雲等元老派班師回朝的聲勢和合理性，同時也讓
原本打算繼續堅持文革路線的華國鋒，進退失據，難孚眾望。

　　只不過胡耀邦對於改革的抱負，未必能夠完全獲得鄧小平的支持，
尤其元老派裡頭像陳雲、李先念、王震這類強硬的保守路線堅持者，更
是反對太大幅度的改革。陳雲所能夠接受的改革模式是「摸著石頭過
河」，經濟改革和政治改革一樣，都不能放任自由，而且必須小心翼翼，
進行嚴格控管，唯恐出現任何差錯。❸鄧小平對於政治改革的期待比陳

---

❸　「五七幹校」是 1968 年為響應毛澤東關於讓黨員幹部、知識分子到農村「接
　　受貧下中農再教育」的號召，而於全國偏遠山區、農村設立的強迫勞動部門。
　　雖然美其名為「幹部學校」，事實上都是位於貧困農村的集體農場。參考王年
　　一，《大動亂的年代》，頁 341–342；以及戴煌，《胡耀邦與平反冤假錯案》（北
　　京：中國文聯出版公司、新華出版社，1998 年 5 月），頁 41。

❸　「摸著石頭過河」是 1980 年 12 月 16 日陳雲在中共中央工作會議上的一句名
　　言，見陳雲，《陳雲文選》（北京：人民出版社，1995 年 5 月第二版），第三
　　卷，頁 279。陳雲自 1949 年擔任中共中央財經委員會主任以來，其經濟政策
　　的特點就是穩健、平衡、按照比率原則發展。於是陳雲在 1956 年成為反對毛
　　澤東「冒進」政策的代表人物之一。但是陳雲「摸著石頭過河」的經濟、政
　　治哲學，到了 1980 至 1990 年代，卻也讓他成為阻撓進一步改革開放最具代

雲高一些，但仍然必須經常與陳雲、李先念、王震等人妥協，以至於胡耀邦最後得不到任何元老們的支持，只能放棄原本所抱持的民主改革理想。**㉜**

北京之春

文革結束之後，在中國的年輕世代之間瀰漫著強烈的失落感，以及由此產生對於政治改革的熱切期盼。第一波追求民主自由的青年運動出現在 1978 年 12 月至 1979 年春天的北京，因此這一波運動又被稱作「北京之春」。身為「老三屆」的魏京生率先於北京西單體育場外圍牆張貼手寫大字報〈第五個現代化〉，呼籲除了農業、工業、國防、科學之外，必須有「第五個現代化」，也就是民主改革。另一位運動積極參與者任畹町則以「中國人權同盟」為名，發表〈中國人權宣言十九條〉，包括要求實現思想言論自由、釋放全國言論思想犯，以及在全國實行全面公民投票選舉等。這場運動最後在鄧小平親自下達逮捕令，魏京生、任畹町等人被捕後偃旗息鼓。魏京生稍後被判十五年徒刑，任畹町則被送勞動教養

圖 6-5：北京之春　西單民主牆貼出大字報，要求民主與自由。

表性的保守派大老。

㉜　關於胡耀邦的這一困境，以及不敢挺身而出抗衡元老派壓力的個性，參見阮銘，《歷史轉折點上的胡耀邦》（River Edge, New Jersey：八方文化企業公司，1994 年 8 月），頁 73–79。

四年。

就在魏京生被捕隔日，1979 年 3 月 30 日鄧小平在中共黨內一場理論會議上提出了所謂「堅持四項基本原則」，作為未來實施「四個現代化」的終極防火牆，這四項原則依序是：

第一，必須堅持社會主義道路；

第二，必須堅持無產階級專政；

第三，必須堅持共產黨的領導；

第四，必須堅持馬列主義、毛澤東思想。❸❸

在這四項原則中，自然以「堅持共產黨的領導」最為淺顯易懂，清楚明瞭。

雖然「北京之春」遭到鎮壓，中國境內的民主運動並未立即平息。1979 年 7 月第五屆全國人大第二次會議通過了《地方各級人大和地方政府組織法》以及《全國人大和地方人大選舉法》，❸❹ 將人民直接普選的「人民代表」層級由原本的村、街道一級擴大到了縣級。這項新的普選規定立刻在某些大城市引起騷動，1980 年下半年選舉活動開始後，參選狀況比較熱烈的情形出現在北京、上海、長沙、貴陽幾個城市，一些還在大學就讀的青年學生以及工廠工人，躍躍欲試。然而如此一來勢必面對中共地方黨組織的抵制，最後僅有部分自行參選者有幸選上縣級人民代表，大多數自行報名的參選人依然必須面對地方官員在選區內的干擾和威脅，甚至有人因此被捕判刑。❸❺

---

❸❸ 鄧小平，《鄧小平文選（第二卷）》，頁 164–165。

❸❹ 兩項法律全稱分別為《中華人民共和國地方各級人民代表大會和地方各級人民政府組織法》、《中華人民共和國全國人民代表大會和地方各級人民代表大會選舉法》。

❸❺ 參考李福鐘，《改造一個共和國》，頁 48–50；船夫，《十年學潮紀實 (1979～

1986 年學生運動

1980 年之後，儘管並未立即出現新一波的民主運動浪潮，不過同一時間為了解決文革期間青年人「上山下鄉」所衍生的回鄉和上訪問題，各大城市並不平靜，抗爭此起彼落。總體而言，1980 年代事實上是文革結束後四十年間中華人民共和國言論、思想相對活躍且較為自由的十年，比起 1989 年「六四天安門事件」之後的 1990 年代，以及進入二十一世紀之後由胡錦濤及習近平主政的十餘年，1980 年代胡耀邦和趙紫陽擔任總書記的九年多時間，各種改革的呼聲和活動，以及對中國共產黨的批評，胡、趙兩人原則上採取較為容忍的態度。甚至若干官方出版品及媒體論述，也大力鼓吹更進一步的開放和改革。例如 1988 年夏天在中央電視臺播出的《河殤》電視紀錄片，直接批判中國兩千年來的鎖國文化和政治秩序，同時還批判毛澤東時代共產黨的對外政策。從《河殤》現象，可以看出在 1980 年代，連中共文宣部門的實際負責官員，都敢於在體制內挑戰太過保守的政經和文化政策，無怪乎體制外對於共產黨政權的批判聲浪，更是此起彼落。這其中又以天文物理學家方勵之、《人民日報》記者劉賓雁和作家王若望最為著名。

方、劉、王三人都曾經在 1957 年「反右」運動中被打成右派，在 1980 年代中國年輕人熱切追求思想解放和改革理想的氛圍中，三人經常受邀前往各大學校園演講，往往座無虛席。這其中又以方勵之最為激進，他毫無顧忌地批判馬克思主義、社會主義，甚至批評共產黨的領導。❸❻ 這些反對共產黨的言論，最後終於傳到鄧小平耳裡。鄧小平將這些要求民主自由的聲浪稱為「資產階級自由化」，他在 1986 年 9 月召開的中共十二屆六中全會上擲下狠話：

1989)》（北京：北京出版社，1990 年 12 月），頁 61–80。

❸❻　楊繼繩，《中國改革年代的政治鬥爭》（香港：Excellent Culture Press，2004 年 11 月），頁 304–305。

反對資產階級自由化，我講得最多，而且我最堅持。……自由化是一種什麼東西？實際上就是要把我們中國現行的政策引導到走資本主義道路。……看來，反對自由化，不僅這次要講，還要講十年二十年。這個思潮不頂住，加上開放必然進來許多烏七八糟的東西，一結合起來，是一種不可忽視的、對我們社會主義四個現代化的衝擊。❸❼

1986 年年底，方勵之所任教的安徽省合肥市中國科技大學學生，❸❽為了參選安徽省合肥市人民代表問題，與該校黨委發生衝突，學生指控學校黨委插手干預，學生運動迅速爆發，而且蔓延全國十七座大城市，一百五十所以上的大學，參加抗議的學生人數有數十萬之多。❸❾這場文革結束十年來最大規模的學生運動，最後在警方介入監控、逮捕、禁止遊行等方法多管齊下，於 1987 年 2 月之後暫時平息下來。❹❶不過受到學潮震動的鄧小平、陳雲等元老，還是決定撤換掉胡耀邦。1987 年 1 月 16 日，中共中央政治局舉行擴大會議，決議「接受胡耀邦辭去黨中央總書記職務的請求」，同時推舉趙紫陽代理總書記。至於方勵之、劉賓雁、王若望三人，均遭到開除黨籍處分。

隨著撤換總書記，中共中央透過媒體繼續大力鼓吹「反對資產階級自由化」。鄧小平在學運正酣的 1986 年 12 月 30 日，曾親自召見胡耀邦、趙紫陽、萬里、李鵬等政治局成員，❹❶再三耳提面命：「不能搬用西方的

❸❼ 鄧小平，《鄧小平文選（第三卷）》（北京：人民出版社，1993 年 10 月），頁 181–182。

❸❽ 方勵之當時是該校副校長。

❸❾ 有關發生在 1986 年至 1987 年初的學生運動相關報導，參考陳力生、楊祖泉、甘棠、周祉元、林燕文、金清高、鄧綺華、陳家芳編，《野火春風》（臺北：中國大陸雜誌社，1987 年 5 月），頁 63–132。

❹❶ 相關媒體報導，參考陳力生、楊祖泉、甘棠、周祉元、林燕文、金清高、鄧綺華、陳家芳編，《野火春風》，頁 148–161；曾慧燕，《中國大陸 1986～1987 學潮》（臺北：萬盛出版公司，1989 年 5 月）。

那一套，要搬那一套，非亂不可」。當天鄧小平還一一點名，要將方勵之、劉賓雁、王若望三人開除黨籍：

> 我看了方勵之的講話，根本不像一個共產黨員講的，這樣的人留在黨內幹什麼？……要開除。……上海的王若望猖狂得很，早就說要開除，為什麼一直沒有辦？……前幾年，我們不是對那幾個搞自由化並且觸犯了刑律的人依法處理了嗎？❷難道因此中國的名譽就壞了嗎？中國的形象並沒有因此而變壞，我們的名譽還是一天比一天好起來。
> 我們講民主，不能搬用資產階級的民主，不能搞三權鼎立那一套。……對方勵之、劉賓雁、王若望處理要堅決，他們狂妄到極點，想改變共產黨，他們有什麼資格當共產黨員？❸

鄧小平這一番話，一個星期後以中共中央一號文件於 1987 年 1 月 6 日下發，用意在提醒基層幹部北京中央「反對資產階級自由化」的堅定立場。

趙紫陽

趙紫陽 1919 年出生於河南省北部的滑縣，他在十三歲那年受到小學老師影響，加入中共青年團。1937 年中日戰爭爆發，中共勢力重回河南北部，十九歲的趙紫陽正式成為中共黨員，並隨即成為滑縣的縣委書記。一直到中華人民共和國建立初期，趙紫陽始終在河南省擔任地方幹部。直到 1951 年年初，中共中央調集大批幹部南下廣東負責土改，曾經在河南有豐富土改經驗的趙紫陽亦被調往廣東工作，成為中共華南分局第一書記陶鑄所倚重的幹部，兩人合作時間長達十餘年，直到 1965 年陶鑄被

❹　楊繼繩，《中國改革年代的政治鬥爭》，頁 355。
❷　鄧小平這裡指的是 1979 年「北京之春」事件裡的魏京生、任畹町等人。
❸　鄧小平，《鄧小平文選（第三卷）》，頁 194–196。

調到北京擔任國務院副總理為止。**❹**

　　1965 年 2 月，四十六歲的趙紫陽被任命為廣東省委第一書記，是當時中共黨內最年輕的省委書記。文革開始後，由於陶鑄很快被打倒，在毛澤東號召造反派奪權之下，趙紫陽所領導的廣東省委也跟著垮臺，趙被下放到工廠勞動，直到 1971 年才又獲得啟用，被派任為中共內蒙古黨委副書記。1971 年 9 月林彪事件發生後，毛澤東為了降低林彪集團成員在廣東的影響力，**❺**於是在 1972 年初重新讓趙紫陽回到廣東工作。1975年 10 月，趙紫陽再調四川省委第一書記。1980 年 9 月，在第五屆全國人大第三次會議上，趙紫陽取代華國鋒，成為中華人民共和國第三位總理。**❻**

　　擔任總理的六年多時間，趙紫陽主要施政方向在於實際落實鄧小平所定下的「改革開放」政策，包括如何改變全國農村人民公社的集體耕作模式，重新回歸數千年來中國農民所熟悉的家戶耕作型態，以期增進農業產量；至於集中在城市裡大大小小的國營企業，如何改變其管理模式以及引進新技術，以求增進產值並實現科技現代化；另一項創舉則是選定沿海若干城市，設立所謂「經濟特區」，試驗如何在社會主義的計畫經濟體制下，允許外資企業投資設廠，並對外出口其產品。**❼**

　　總而言之，1980 年代伊始鄧小平選擇胡耀邦和趙紫陽，一擔任總書記、一擔任總理，頗有借助兩人在政治和經濟實務上的才幹，以落實其「改革開放」路線的用意。

---

❹ 有關趙紫陽早年生平，見趙蔚，《趙紫陽傳》（香港：文化教育出版社，1988年 9 月），頁 3-68。

❺ 當時廣州軍區司令員丁盛、廣東省委第一書記劉興元，以及廣州軍區第二政委孔石泉，都是出身第四野戰軍（四野）的林彪老部下。而林彪集團「四大金剛」之一的黃永勝，更曾在廣州軍區擔任司令員長達十三年。

❻ 趙蔚，《趙紫陽傳》，頁 170、181、212。

❼ 關於 1980 年代「改革開放」政策在經濟方面的具體施政，參考李福鐘，《改造一個共和國》，頁 71-127。

圖 6-6：1980 年代經濟對外開放圖　1980 年廣東、福建沿海設立四個經濟特區，帶來顯著經濟效益。1984 年再開放十四個沿海城市。1985 年則將環渤海地區、長江三角洲、閩南三角區、珠江三角洲規劃為「經濟開放區」。1988 年海南島也成為經濟特區。

改革危機與瓶頸

　　只不過，實施已經長達三十年的計畫經濟，要在短短數年間轉換為市場經濟，並非易事，不僅舊有的供需機制必須逐一交由市場需求來調整，而且原本全國固定價格的商品流通體系，也不得不因為引進供需機制，而造成價格劇烈浮動，許多過去靠政府提供補貼以壓低價格的商品，如今大幅調漲，必然造成極大民怨。同時，過去普遍就業的國營企業體系，也因為開始自負盈虧、追求利潤，導致大量裁汰冗員，甚至併廠、關廠。這些計畫經濟時代原本不會出現的問題，一旦導入市場機制之後，

即將演變成嚴重的經濟和社會問題。

　　政治問題同樣棘手。中國共產黨以武力統一中國，一黨專政到 1980 年代已經超過三十年，一切中華人民共和國的政治、經濟、社會、文化、意識形態、思想秩序莫不由中國共產黨總成負責。如今社會經濟狀況驟然改變，中國共產黨同樣必須負起成敗責任，一旦改革造成社會不安，首當其衝的便是中共的政治責任。種種不滿情緒不僅來自於因改革而利益受損的一方，同樣也來自於認為改革不夠徹底、冀求更大規模改革的一群人。1986 年底衝擊全國十七座大城市的學生運動，便是因為青年學生不滿地方選舉不公，中共基層幹部企圖攔阻獨立參選的候選人。中共由於壟斷一切政治權力，因此即便在最基層的縣級人民代表選舉上，也不希望出現所謂獨立候選人分享權力。

　　中共這種壟斷一切政治權力的局面，在整個 1980 年代尤其引起年輕世代的不滿。這些年輕世代學生，有些經歷過文革的激情和幻滅，因此對於共產黨的專制獨裁不再沉默；有些則是在原本的封閉狀態陸續開放之後，見識到西方世界的進步情況，因而對於中共統治下落後保守的中

圖 6-7：深圳市景　深圳成為經濟特區後，經濟迅速起飛，今日已成為中國重要的海陸空交通樞紐，金融、房地產、高科技等產業蓬勃發展，經濟力在中國城市名列前茅。

國極度不滿。前一類膽敢挺身挑戰中共政權的年輕人，以魏京生為代表，下場是被以洩漏國家機密罪逮捕判刑十五年；後者則是被包括鄧小平在內的中共元老視為「精神污染」或「資產階級自由化」而遭到批判。

　　經濟上的改革開放除了造成物價飆漲、國營工廠關廠裁員外，另一項更大民怨來自於中共官員的貪污腐敗。因為1980年代之後開始鬆綁小規模的私營經濟，並逐步讓商品價格隨市場供需狀況浮動，同時還大量引進外資企業，在種種改革開放措施的背後，主管業務審批的各級政府官員掌握極大權力，因此透過政治權力謀取金錢利益的事例亦層出不窮。這種在當時稱為「投機倒把」的收賄行為，自1950年代初期「三反」、「五反」運動以來原本一直為毛澤東所嚴禁。然而文革結束以後，隨著改革開放的推動，開始變本加厲起來。愈來愈多的奢豪消費、炫富行為與大宴小酌，幾乎變成大大小小中共官員的額外福利，尤其不少基層官員內舉不避親，一人得道雞犬升天，親族故舊紛紛位居要津，壟斷權錢，這讓過去習慣於一切講究儉樸平等的社會主義制度的中國人民，一時間無法適應，因此將經濟、社會，甚至政治上的種種不滿，統統歸咎於官員的貪污腐敗，直指其為「官倒」。

八九年民主運動

　　1989年4月15日，胡耀邦因心臟病猝逝，享年七十四歲。胡耀邦去世的消息立即在北京民眾中引起迴響，尤其在北京各大學就讀的學生，更是蜂起雲湧爭相湧入位於北京市中心的天安門廣場，以花圈、輓聯、悼詞，表達他們對於胡耀邦的哀思。胡耀邦之所以獲得青年學生和一般民眾的尊敬與同情，與他形象清廉、平反冤假錯案不遺餘力，以及向來支持政治改革有關。尤其大家都知道他是因為1986年年底蔓延全國的學生運動而被逼下臺，這更與下令壓制學運的鄧小平、陳雲、李先念、王震等元老派人物形成強烈對比。不論在一般民眾或青年學生心目中，鄧小平、陳雲等中共元老被與清國末年垂簾聽政、反對改革的慈禧太后畫

圖 6–8：悼念胡耀邦　1989 年 4 月北京天安門廣場出現悼念胡耀邦活動，引發之後的學潮。

上等號，而胡耀邦則成了同情改革的犧牲者。

　　天安門廣場的哀悼行動很快變成大規模街頭抗議，大字報、標語、各種要求政治改革和控訴社會上不公不義現象的海報，短短幾天便貼滿了天安門廣場四周牆面，尤其位於廣場正中央的人民英雄紀念碑，更是聚集了不願散去的青年學生，才剛在 1987 年 2 月平息下來的學生運動，短短兩年之後隨著胡耀邦的去世，掀起了更大一波浪潮。

　　從 4 月 15 日胡耀邦死訊傳出，短短不到一星期時間，天安門廣場已經自發性地聚集了數十萬學生和社會民眾，北京十餘所大學學生並聯合發起無限期罷課活動，學生走上街頭，以演講、請願、張貼大字報等方式表達他們的政治訴求。4 月 18 日起，開始有學生聚集在中南海南大門，也就是位於北京市長安大街上的新華門門口，以靜坐方式表達對於政治改革的訴求。靜坐學生提出了七項要求：

一、重新正確評價胡耀邦同志一生的功過是非；

二、重新評價 1983 年的反精神污染活動和 1987 年反資產階級自由化運動；

三、反對官倒、貪污腐化，公布黨政機關領導人及其家屬的財產及收入狀況；

四、制止物價上漲，保障人民生活、農民利益；

五、開放報禁，言論自由；

六、增加教育經費，提高知識分子待遇；

七、客觀評價報導此次學生運動。 **48**

　　靜坐持續到 4 月 20 日凌晨，仍有一千多名學生及北京市民圍住新華門門口。大約清晨四、五時，一千多名軍人和警察對抗議群眾進行包圍，在勸離部分抗議群眾之後，軍警開始動手打人、逮人，才算清空新華門門口。 **49**

　　4 月 26 日，《人民日報》刊出社論〈必須旗幟鮮明地反對動亂〉，這是中共官方第一次正式表達對於這場大規模街頭民主運動的態度，直指這是一場「動亂」。社論強硬指出：

> 極少數人不是在進行悼念胡耀邦同志的活動，不是為了在中國推進社會主義民主政治的進程，也不是有些不滿發發牢騷。他們打著民主的旗號破壞民主法制，其目的是要搞散人心，搞亂全國，破壞安定團結的政治局面。這是一場有計畫的陰謀，是一次動亂，其實質是要從根本上否定中國共產黨的領導，否定社會主義制度。這是擺在全黨和全國各族人民面前的一場嚴重的政治鬥爭。

　　《人民日報》這篇措詞強硬的社論，尤其是有關「陰謀」與「動亂」的指控，其實出自鄧小平個人的意思。 **50** 社論刊出時，總書記趙紫陽正

48　〈北大大字報「告北京各界人民書」〉，收入張京育主編，《自由之血民主之花——中國大陸民主的坎坷路》（臺北：國立政治大學國際關係研究中心，1989 年 8 月），頁 93–94。

49　〈北大大字報「告北京各界人民書」〉，頁 94。

50　1989 年 4 月 25 日國務院總理李鵬率領多位人在北京的政治局常委，在元老派成員楊尚昆陪同下，前往鄧小平家中請示對於大規模學生運動的對策，當場

出訪北韓平壤，當他 4 月 30 日回國之後，多次表達對這篇社論不甚贊同的意見。趙紫陽認為應該採取較多彈性、容許互相對話的態度，以爭取抗議學生的認同，同時有利於進一步推動政治制度的改革。不過如此一來，在最高領導層之間便出現兩種截然不同的聲音，一是主張對話，希望事件和平收場；一是堅持共產黨領導不容挑戰，主張動用強硬手段。鴿派代表人物以趙紫陽為首，至於鷹派，主要是國務院總理李鵬、北京市委書記李錫銘、北京市長陳希同等人。其實垂簾聽政的元老們也有不同想法，陳雲、李先念、王震、彭真都主張強硬對付；鄧小平雖然認定事件是「動亂」，但並不想貿然鎮壓，主要擔心影響改革開放的大局。楊尚昆和鄧小平是四川同鄉，兩人私交甚篤，同時他也是政治局委員，扮演趙紫陽和鄧小平之間主要的溝通管道，政治局想要了解鄧小平想法時，都透過楊尚昆傳話。❺❶楊尚昆的態度和鄧小平類似，也希望事件能夠和平解決。

風雨欲來

4 月 15 日開始的學生運動，到了 5 月中旬演變成執政當局和天安門廣場上學生的拉鋸戰。長達近一個月的遊行示威民主運動，經過全球媒體鉅細靡遺報導，一方面擴大了學生和中南海之間的距離，學生們認為中共官方媒體全無誠意，始終不肯正視學生們的訴求；另方面學生多少也產生錯覺，以為在全球媒體見證下，執政當局不敢動手鎮壓。而且事態愈來愈往激化方向發展。幾個最激進的學生團體，自 5 月 13 日起採取絕食方式逼迫中共當局讓步，這個行動，反而讓中南海內部鴿派和鷹派

鄧小平表達如上講話。李鵬於是下令隔天《人民日報》以社論將之刊出。見張良，《中國「六四」真相》（香港：明鏡出版社，2001 年 4 月），上冊，頁 194–198。當時中共總書記趙紫陽正出訪北韓，在他回國之前，由政治局排名第二的李鵬負責召開政治局常委會議。

❺❶ 張良，《中國「六四」真相》，上冊，頁 343–344。

的對立進一步升高。5 月 17 日上午，中共中央政治局常委會議在鄧小平家中召開，五名政治局常委（趙紫陽、李鵬、喬石、胡啟立、姚依林）出席，元老成員則有鄧小平、楊尚昆和薄一波。李鵬在會上砲口直指趙紫陽：「事態發展到現在這樣難以控制的局面，紫陽同志應該負最主要的責任。……趙紫陽同志的這番講話，❷經過《人民日報》等報紙的報導，在廣大幹部、群眾中造成了嚴重的思想混亂，給動亂的組織者和策劃者撐了腰、壯了膽、打了氣。」趙紫陽對此雖有所辯駁，但顯然鄧小平也不甚諒解，鄧小平表示：「紫陽同志，你 5 月 4 日在亞行的那篇講話是一個轉折，從那以後學生就鬧得更兇了。」最後鄧小平決定要派軍隊進城，他說：「考慮來考慮去，要請解放軍出來，要在北京戒嚴，具體一點就是在北京市區實施戒嚴。戒嚴的目的就是為了堅決制止動亂，迅速恢復秩序，這是黨和政府義不容辭的責任。」對於鄧小平決定派軍隊進行戒嚴，趙紫陽第一時間表示他難以執行，但他服從多數意見。❸

隔天（5 月 18 日）下午，趙紫陽寫了一封信給鄧小平，再次提出反對北京戒嚴的決策，他同時希望鄧小平考慮他的意見，改變 4 月 26 日《人民日報》社論對學生運動的官方態度。趙紫陽一再公然違抗鄧小平心意，注定他的總書記一職很快將遭到撤換。5 月 18 日晚上趙紫陽再次出席政治局常委會議，這也是他最後一次參加政治局會議。會上由薄一波代表八名元老派成員，❹重申關於在北京市實施戒嚴的堅決態度。❺

❷ 指趙紫陽 5 月 4 日下午在北京人民大會堂接見亞洲開發銀行 (Asian Development Bank) 代表時發表的講話。該次講話由新華社發出新聞稿，並刊登在 5 月 5 日《人民日報》，報導全文見張京育主編，《自由之血民主之花──中國大陸民主的坎坷路》，頁 204–206。

❸ 有關 5 月 17 日中共中央政治局常委會議發言內容，見張良，《中國「六四」真相》，上冊，頁 441–446。

❹ 這八名元老派成員包括鄧小平、陳雲、李先念、彭真、鄧穎超（周恩來遺孀）、楊尚昆、薄一波、王震。這八個人被坊間冠上「八大老」的稱號，是 1980 年代至 1990 年代中期以前施行「垂簾聽政」的元老派代表。

這一次政治局常委會議結束後，趙紫陽在 19 日凌晨四時許，和李鵬連袂到天安門廣場看望絕食抗議的學生，陪同的還有中共中央辦公廳主任溫家寶，以及國務院祕書長羅幹。趙紫陽即席講了一番情緒激動的話，他說：

圖 6-9：趙紫陽 5 月 19 日在天安門廣場發言

同學們，我們來得太晚了，對不起同學們了。……我這次來不是請你們原諒。我想說的是，現在同學們身體已經非常虛弱，絕食已經到了第七天，不能再這樣下去了。絕食時間長了，對身體會造成難以彌補的損害，這是有生命危險的。……你們還年輕，來日方長，你們應該健康地活著，看到我們中國實現四化的那一天。你們不像我們，我們已經老了，無所謂了。……現在的情況已經非常嚴重，你們都知道，黨和國家非常著急，整個社會都憂心如焚。另外，北京是首都，各方面情況一天天嚴重，這種情況不能再繼續下去了，同學們都是好意，為了我們國家好，但是這種情況發展下去，失去控制，會造成各方面的嚴重影響。總之，我就是這麼一個心意。如果你們停止絕食，政府不會因此把對話的門關起來，絕不會！……最後，我再次懇請同學們冷靜地想一想今後的事。有很多事情總是可以解決的。希望你們早些結束絕食，謝謝同學們。㊱

趙紫陽 5 月 19 日在天安門廣場的這一番發言，其實向抗議學生暗示了情勢十分危急，只有他們停止絕食，才可能避免悲劇。只不過血氣方

㊱　張良，《中國「六四」真相》，上冊，頁 479。

㊱　張良，《中國「六四」真相》，上冊，頁 519–520。

剛的學生們此時完全聽不進趙紫陽的苦口婆心。至於已經準備動手的鄧
小平，則對趙紫陽的這番講話火冒三丈。這天早上鄧小平要楊尚昆到家
裡來一趟，一見面鄧小平就罵起趙紫陽：「你看了吧？你聽他講了些什
麼？哭喪著臉，一副很委屈的樣子。實在太不講組織原則了，太沒有紀
律了。」鄧小平還向楊尚昆抱怨，陳雲、李先念多次打電話給他，向他施
加壓力，要鄧小平趕快「採取措施」。❺❼

　　5 月 20 日凌晨，李鵬依其國務院總理的職權，簽署了在北京市部分
地區實施戒嚴的命令，宣布自該日上午十時起對北京市中心和郊區共八
個區實行戒嚴。總數十八萬的戒嚴部隊早已從河南、河北、天津、山東、
遼寧、山西等省市調集到北京四周郊區，❺❽ 只不過，由於大批民眾和學
生在四周外聯道路架設障礙工事，並持續喊話叫軍隊不要進入市區，部

圖 6–10：六四事件　抗議學生背後為事件中象徵民
主的女神像。

---

❺❼　以上 5 月 19 日鄧小平和楊尚昆的對話，見張良，《中國「六四」真相》，上
　　冊，頁 521–522。

❺❽　根據中共解放軍所出版的資料顯示，「六四」鎮壓前夕一共調集了十八萬野戰
　　軍部隊開赴北京執行戒嚴。見吳仁華，《六四天安門血腥清場內幕》（臺北：
　　允晨文化公司，2014 年 5 月），頁 282。

隊暫時未大批進城。❺❾

自戒嚴日起的兩個星期內，參加運動的學生和北京市民，依舊佔據天安門廣場，並持續在市區大街小巷遊行請願。由北京八所藝術校院❻⓪的五十餘名學生以石膏和保麗龍合作完成的一個七公尺高「民主女神」像，5 月 30 日在廣場上樹立起來，形狀係模仿自美國紐約市港口外的自由女神像，同樣高舉火炬。

6 月 1 日晚間，剛從美國講學回國不久的北京師範大學中文系講師劉曉波，在該校門口發表絕食演講，表示將在隔日（6 月 2 日）與創作歌手侯德健、民間企業界人士周舵，❻❶以及同為北京師範大學講師高新，展開絕食行動。劉、侯、周、高四人於是被冠上「四君子」的封號。

血腥屠城

戒嚴部隊在北京城四周團團包圍，學生和市民則在市中心負嵎頑抗，面對這樣僵持的局勢，實際掌握中共中央權力的八位老人，皆顯得極不耐煩。趙紫陽在 5 月 19 日看望絕食學生之後，已經被軟禁起來，總書記的權力由鄧小平收回手中。另一位負責文化教育和宣傳工作的政治局常委胡啟立，因為和趙紫陽一樣同情學生運動，同樣不再參與常委會議。剩下的三個政治局常委李鵬、喬石、姚依林，無法獲得鄧小平信賴，鄧小平亦不準備從這三個人中挑選未來總書記人選。因此 5 月 19 日之後，中共中央的領導權，事實上回到中央軍委主席鄧小平手中，由鄧小平召開八大老會議作出決策。這一形態，自然違反中共黨章規定，不過此時的鄧小平也顧不得那麼多了。

6 月 2 日上午，鄧小平邀集李先念、彭真、楊尚昆、薄一波、王震，

---

❺❾　張良，《中國「六四」真相》，上冊，頁 550–559。

❻⓪　分別為中央美術學院、中央工藝美術學院、中央戲劇學院、中央音樂學院、北京電影學院、北京舞蹈學院、北京戲曲學院和中國電影音樂學院。

❻❶　周舵當時為北京四通公司公關部副部長。

加上李鵬、喬石和姚依林，九個人討論如何處理北京市內的亂局。會上意見幾乎一面倒，所有人都認為應該立即「清場」。最後鄧小平作成結論：「戒嚴部隊指揮部今天晚上開始實施清場計畫，兩天完成。……實在賴著不走的，後果自負。」❷

　　從 6 月 2 日深夜起，北京西郊戒嚴部隊與市民對峙的木樨地一帶，便不斷有狀況發生，民眾發現不少軍車偽裝成民間車輛，持續滲透市區。於是市民學生奔相走告，眾人合力在各個重要幹道上推倒公車、路面電車，以阻擋軍用大卡車向市區行進。北京市內氣氛肅殺。

　　6 月 3 日晚間，天安門事件中最慘烈的屠殺發生在木樨地，朝市區挺進的三十八集團軍部隊以催淚彈驅散阻路民眾，民眾則敲碎人行道上的水泥磚，以碎石和磚塊朝部隊丟擲，最後士兵開槍掃射，造成數十人死亡。❸

　　至於天安門廣場的清場，6 月 4 日凌晨一時，各個戒嚴部隊已經先後開抵廣場四周，並開始以高音喇叭向廣場上的學生和民眾進行喊話，令其撤離：「凡不聽勸告的，將無法保證其安全，一切後果完全由自己負責。」到了凌晨二時，原本聚集著幾萬人的廣場，此時只剩下數千名學生，圍守住廣場中央的人民英雄紀念碑。剛在兩天前開始絕食行動的周舵、侯德健、高新三人，為了搶救仍在廣場上的學生，決定主動與戒嚴部隊接觸談判。劉曉波原本反對，最終亦被說服。午夜三時四十分周舵與侯德健二人搭乘救護車出發，尋找部隊負責人，最終與軍方達成協議，學生可以從天安門廣場東南方向撤離。侯德健二人立即返回學生聚集地，

---

❷　1989 年 6 月 2 日六位元老和三位政治局常委的會議發言紀錄，見張良，《中國「六四」真相》，下冊，頁 884–892。

❸　根據張良的說法，木樨地附近的復興醫院在 6 月 4 日張貼的死亡名單有四十二人，同樣在附近的鐵路醫院死亡名單二十三人，郵電醫院死亡名單十六人。見張良，《中國「六四」真相》，下冊，頁 926。作者並推估，僅 6 月 3 日晚間，全北京的死亡人數應該在二百人左右。

勸服學生。最後學生們以發聲方式進行表決，「撤離」的聲音大過「留守」，於是學生團體在荷槍實彈的戒嚴部隊和坦克包圍下，開始向廣場東南口撤退，隊伍後面則有軍人和鎮暴警察以棍棒驅趕。沿路學生們手舉校旗，高唱國際歌，並不時對著戒嚴部隊辱罵「打倒法西斯」、「土匪」、「畜生」等言語。❻❹

　　6 月 4 日清晨在天安門廣場的學生隊伍雖然大多撤出，但北京市區的戰鬥和衝突並未停止，在西長安大街一處稱做六部口的地方，軍方坦克竟然追輾剛剛從廣場撤退出來的學生，造成五人當場死亡，多人受傷

圖 6-11：「一人抵擋坦克，世界向你致敬！」這張照片後來成為六四事件反暴力鎮壓的代表圖像。

圖 6-12：六四事件　6 月 4 日凌晨，天安門前廣場的抗議人士遭到軍隊及坦克車的驅離。

---

❻❹　關於 6 月 4 日凌晨天安門廣場撤離過程，綜合參考吳仁華，《六四天安門血腥清場內幕》，頁 360-387、476-489；軼名，〈我見證了這場屠殺〉，原載香港《明報》，1989 年 6 月 22 日，收入張京育主編，《自由之血民主之花──中國大陸民主的坎坷路》，頁 625-639；張良，《中國「六四」真相》，下冊，頁 916-920。

截肢。❻部分市民、學生對於戒嚴部隊胡亂殺人氣憤難平，持續向持槍軍人和軍車挑釁。相當著名的一張新聞照片，一名男子手無寸鐵，直挺挺站在長安大街上擋住一排坦克車，阻止其前進。這個畫面被當時仍留駐北京飯店的多家西方媒體拍下，成為北京「六四」屠城中最著名的照片。據說這位隻身阻擋坦克的年輕人叫做王維林，然而近三十年來，從未有人知道其下落。

　　北京「六四」屠城究竟造成多少人死亡？始終沒有可以確信的數字。根據中共北京市委書記李錫銘在事後半個月所召開的政治局擴大會議上所作報告，一共有 241 人死亡，其中尚包括 23 名戒嚴部隊人員，也就是平民死亡 218 人，含北京各大專校院大學生 36 人，外地人員 15 人，其他一般北京市民 157 人。而且在天安門廣場上，沒有打死任何一個人。受傷的七千多人中，戒嚴部隊軍人便佔五千餘人，一般市民約兩千人。❻這一官方數據，未必能夠取信於所有人。

　　在眾多死難者中，有一位十七歲高中學生，名叫蔣捷連。他是中國人民大學附屬中學高二學生，6 月 3 日深夜在北京西郊木樨地的軍民衝突中，被戒嚴部隊子彈擊中身亡。這名高中生的死亡，讓他的母親丁子霖在「六四」事件後拒絕選擇隱忍，於是發起「天安門母親運動」，除了呼籲平反天安門學生運動，還孜孜不倦尋找並整理其他在「六四」事件中死難者的姓名資料。丁子霖因而成為知名的「天安門的母親」。

---

❻　關於六部口坦克車輾人事件，參考吳仁華，《六四天安門血腥清場內幕》，頁 534–551。吳仁華是這起事件的親眼見證者。

❻　李錫銘在 6 月 19 日至 21 日所召開的政治局擴大會議上所報告的數字，見張良，《中國「六四」真相》，下冊，頁 1025。

第三節　「九○後」的中華人民共和國

江澤民雀屏中選

所謂「九○後」，是二十一世紀才開始在中國社會流行起來的名詞，專門用來指稱 1990 年以後出生的中國新世代年輕人，意指從他們出生起，中國經濟快速成長，社會與文化的變化目不暇給，同時亦造成新世代中國年輕人特殊的次文化、行為模式，以及人格特質。

這樣的概念，用來描述「六四」天安門事件之後中國的政治變化，事實上也頗為貼切。1990 年之後，中共最高領導層進入所謂「第三代領導人」的階段，代表第二代核心的鄧小平等垂簾聽政老人，開始逐一凋零，李先念和鄧穎超先後在 1992 年年中病故，1993 年王震，1995 年陳雲，1997 年鄧小平和彭真相繼去世，隔年（1998 年）楊尚昆也安享天年。「八大老」只有薄一波活到二十一世紀，但已無實質影響力。可以說，在鄧小平、陳雲離世之後，中共的老人政治正式畫上句點。從 1990 年代中期開始，總書記江澤民逐漸掌握實權，「江核心」的說法愈來愈名符其實。

「江核心」一說的源頭，出自鄧小平在「六四」鎮壓前夕的幾次講話。1989 年 4、5 月間北京街頭的民主運動，尤其趙紫陽拒絕服從命令，迫使鄧小平氣急敗壞之餘，決定另尋服從性較高的接班人。當時擔任總理的李鵬，雖然深獲陳雲支持，卻無法取信於鄧小平。鄧小平期待的後繼者，不僅要能夠捍衛共產黨政權，而且還必須堅持經濟上的改革開放路線。李鵬與當時排名第五的政治局常委姚依林在政治和經濟立場上皆過於保守，鄧小平擔心由他們接棒，改革開放局面會無疾而終。最後在

保守派大老陳雲同意之下，由李先念出面推薦，**❻**鄧小平接受由上海市委書記江澤民繼任總書記。於是 1989 年 5 月 27 日晚間，在鄧小平等「八大老」的欽點下，江澤民被安排為新的總書記人選。**❻❽**

江澤民雀屏中選後，鄧小平擔心李鵬、姚依林二人不服，於是特地在 5 月 31 日找兩人作了嚴肅談話。**❻❾**鄧小平當天對中國共產黨半個多世紀以來的最高領導層提出了一個「三個世代」的理論，第一代是「毛劉周朱」領導集體，**❼**第二代是以鄧小平為「領班人」的集體，至於第三代領導集體，鄧小平希望李鵬和姚依林「能夠很好地以江澤民同志為核心，很好地團結」。鄧小平還說：「新的領導班子一經建立了威信，我堅決退出，不干擾你們的事。」**❼❶**

不久 6 月下旬中共十三屆四中全會召開，正式安排「六四」之後新的中共政治局人選，鄧小平特別在 6 月 16 日把江澤民等六名政治局常委集合起來，**❼❷**再次詳細說明了他有關「第三代領導集體」的構想。鄧小

---

❻ 江澤民接任總書記係由陳雲同意，李先念出面推薦，見楊繼繩，《中國改革年代的政治鬥爭》，頁 487。

❻❽ 有關 1989 年 5 月 27 日鄧小平等大老欽點江澤民擔任總書記的經過，見張良，《中國「六四」真相》，下冊，頁 753–757。

❻❾ 當時李鵬、姚依林已經位居政治局常委，而江澤民只是一般政治局委員，一夕之間江澤民超越李、姚之上成為總書記，鄧小平必須對李鵬和姚依林做一些心理上安撫。見張良，《中國「六四」真相》，下冊，頁 826–831。這場「訓話」內容不久向政治局會議作了傳達，還往下傳達到省、市一級，正式的官方文字紀錄，日後收錄於《鄧小平文選（第三卷）》，頁 296–301。至於排名第三的政治局常委喬石何以未被鄧小平叫去聽訓，根據張良的分析，原因是喬石基本上服從於改革開放的大方針，而且謹守分寸，未和李、姚兩人結成小圈子。

❼ 「毛劉周朱」指毛澤東、劉少奇、周恩來、朱德。

❼❶ 鄧小平，《鄧小平文選（第三卷）》，頁 298–301。

❼❷ 「六四」之後重新組建的政治局常委，依序為江澤民、李鵬（留任）、喬石（留任）、姚依林（留任）、宋平、李瑞環六人。

平說:

> 任何一個領導集體都要有一個核心，沒有核心的領導是靠不住的。第
> 一代領導集體的核心是毛主席。因為有毛主席作領導核心，「文化大革
> 命」就沒有把共產黨打倒。第二代實際上我是核心。因為有這個核心，
> 即使發生了兩個領導人的變動，都沒有影響我們黨的領導……。進入
> 第三代的領導集體也必須有一個核心，……要有意識地維護一個核心，
> 也就是現在大家同意的江澤民同志。❼❸

　　儘管鄧小平有關文化大革命的解釋有些令人費解，明明文化大革命
就是毛澤東一手發動的，怎麼會因為他共產黨才沒被文化大革命打倒？
不過鄧小平有關中國共產黨「三代領導集體」的理論，倒是從此成為中
共官方的標準論述。

　　至於江澤民能夠從「六四」的亂局中出線，被「八大老」欽點為第
三代接班人，與他在4月至6月天安門民主運動過程中的表現有關，尤
其是江澤民鎮壓《世界經濟導報》的事件。

　　《世界經濟導報》是一份1980年創刊於上海的週刊型報紙，創辦人
欽本立原本是上海社會科學院的研究員，為了呼應改革開放政策，遂以
經濟消息為宗旨創辦報紙，組織上接受中共上海市委宣傳部領導。1989
年4月在北京民眾哀悼胡耀邦的風潮中，《世界經濟導報》與北京另一份
支持民主改革路線的半月刊《新觀察》合作，在北京舉辦一場座談會，
邀請包括嚴家其、戴晴等支持政治改革的文化界人士參加。欽本立並決
定在4月23日發行的報紙中以二萬餘字篇幅刊登座談會的談話紀錄。然
而在報紙出刊前，中共上海市委副書記曾慶紅要欽本立將清樣送審，並
要欽本立刪掉其中太過挑釁的五百多字內容。欽本立原本不肯，但在江

---

❼❸　鄧小平，〈第三代領導集體的當務之急〉，《鄧小平文選（第三卷）》，頁309–
　　314。

澤民親自施壓後，欽本立口頭
承諾修改，卻未積極阻止印好
的報紙發送到訂戶手上，結果
有一部分當期報紙外流，其中
不少已經寄到北京。而且，
《世界經濟導報》駐北京辦事
處還在 4 月 22 日將上海市委
預備查封該報的消息透露給
國外媒體，於是 4 月 23 日這
一天《世界經濟導報》遭鎮壓
的消息傳遍了全球。

圖 6–13：引發事件的《世界經濟導報》439
期

　　就在 4 月 26 日《人民日
報》刊登社論〈必須旗幟鮮明地反對動亂〉當天上午，中共上海市委召
開會議，撤消欽本立總編輯職務，並派工作小組進駐《世界經濟導報》，
進行整頓。❼❹直到北京「六四」屠城之後，北京《新觀察》和上海《世
界經濟導報》都遭到秋後算帳，先後遭到停刊命運。

鄧小平兩度南巡

　　「六四」事件之後，中共內部保守勢力抬頭，在陳雲、李先念、王
震等大老撐腰下，官方媒體不斷鼓吹「防止和平演變」。而同一時間歐洲
發生了自第二次世界大戰結束以來最天翻地覆的政治變化，首先是柏林
圍牆被推倒，直接促成了德國的統一，東歐共產集團接著在兩年內快速
崩解，最後連蘇聯共黨政權也灰飛煙滅。在這樣的情勢下，中華人民共
和國成為全世界少數倖存共產國家的「最後堡壘」。加上美國與西歐民主
國家在「六四」事件後對中國實施貿易及經濟制裁，中國的改革開放步

❼❹　上述有關《世界經濟導報》事件的經過，參考張良，《中國「六四」真相》，
　　上冊，頁 231–236。

伐在 1989 至 1991 年的兩三年間不是向前推進，反而是步步緊縮。最直接的反應就是經濟成長數字，1989 年的國內生產總值 (GDP) 成長率只有 4.2%，1990 年更下降到 3.9%。相較之下，「六四」事件發生前的 1988 年經濟成長率是 11.2%，而 1987 年更高達 11.7%。 ❼❺

鄧小平雖然反對 1989 年北京學生運動所訴求的民主化，但他依然期待中國經濟的現代化。然而掌控著北京政局的保守勢力卻試圖壓抑市場經濟，在保守派看來，自由市場的擴大、經濟的成長，只會造成資本主義思想的蔓延。此時的北京中南海和東南沿海主要省市領導，在政策方針上逐漸針鋒相對。東南沿海的地方幹部亟於對外招商，擴大投資；然而有著陳雲撐腰的國務院總理李鵬，以及負責文化宣傳的政治局常委姚依林，則一貫堅持傳統的社會主義制度。夾在中間的總書記江澤民權位不穩，選擇依違兩可，只求不得罪任何一方。

看到這種情形，鄧小平覺得再不挺身而出，難保在他死後改革開放路線會被葬送。於是 1991 年 1 月底他選擇到上海過年，停留上海期間，他和上海市委書記朱鎔基數度深入交談，談到 1980 年未將上海浦東列為經濟特區，❼❻感到後悔；鄧小平還特別強調閉關自守不行，「發展經濟，不開放是很難搞起來的」，「要克服一個怕字，要有勇氣……希望上海人民思想更解放一點，膽子更大一點，步子更快一點」。鄧小平尤其不相信社會主義一定要跟計畫經濟畫等號，他說：「不要以為，一說計畫經濟就是社會主義，一說市場經濟就是資本主義，不是那麼回事，兩者都是手段，市場也可以為社會主義服務。」❼❼

---

❼❺ 關於 1987 年至 1990 年之國內生產總值成長率，參考中國國家統計局網站：http://data.stats.gov.cn/easyquery.htm?cn=C01 (瀏覽日期：2017 年 5 月 11 日)。

❼❻ 從 1979 年到 1980 年，中共中央選擇在廣東及福建沿海的深圳、珠海、汕頭、廈門四個城市，圈劃土地設立「經濟特區」，藉租稅優惠以吸引外資、引進技術，並創造就業機會。同時將特區內的工業產品出口以賺取外匯。參考李福鐘，《改造一個共和國》，頁 119–122。

　　為了向北京的中央政府施加壓力，中共上海市委直屬的《解放日報》
在 1991 年 3、4 月間以「皇甫平」❼❽ 的署名分三次發表評論，引述了鄧
小平春節期間在上海的談話內容。然而代表中共中央喉舌的《人民日報》
及《求是》半月刊，❼❾ 仍對「皇甫平」的評論抱持批判與質疑的態度。❽⓿

　　面對中共內部保守派勢力的抵制，鄧小平決定在 1992 年 1 至 2 月間
再次南下上海過年。這次他特地安排繞經武昌、長沙、深圳、珠海，最
後到達上海，其中最重要的幾次講話，分別在深圳、珠海與上海發表，
而廣東省委書記謝非，以及上海市委書記吳邦國❽❶、上海市長黃菊，恰
好都是東南沿海對於吸引外資、發展經濟最積極的地方官員。❽❷ 根據該
年 2 月底由中共中央政治局摘要綜合的講話要點，鄧小平不斷提出要大
膽發展經濟、大膽發展生產力，不要糾纏在「姓『社』或姓『資』」的爭
議上，他說：

　　　　對辦特區，從一開始就有不同意見，擔心是不是搞資本主義。深圳的
　　　　建設成就，明確回答了……特區姓「社」不姓「資」。……有的人認
　　　　為，多一分外資，就多一分資本主義，「三資」企業多了，❽❸ 就是資本

---

❼❼　鄧小平 1991 年 1 月 28 日至 2 月 18 日在上海的談話，見《鄧小平文選（第三
　　卷）》，頁 366–367。

❼❽　「皇甫平」諧音即「黃浦江評論」之意。

❼❾　《求是》半月刊在 1988 年以前舊名《紅旗》，是代表中共中央最重要的雜誌
　　性刊物。1988 年《紅旗》雜誌停刊，中共中央另成立《求是》半月刊，仍作
　　為中共中央最重要的宣傳刊物。

❽⓿　楊繼繩，《中國改革年代的政治鬥爭》，頁 478–479。

❽❶　原上海市委書記朱鎔基在 1991 年 3 月被安排出任國務院副總理，主管經濟事
　　務，原市委副書記吳邦國繼任為書記。

❽❷　關於鄧小平 1992 年 1 月 18 日至 2 月 21 日之間的行程，參考中共中央文獻研
　　究室編，《鄧小平年譜 (1975～1997)》（北京：中央文獻出版社，2004 年 7
　　月），下冊，頁 1334–1341。

圖 6-14: 鄧小平南巡

主義的東西多了，就是發展了資本主義。這些人連基本常識都沒有。
……總之，社會主義要贏得與資本主義相比較的優勢，就必須大膽吸
收和借鑒人類社會創造的一切文明成果，吸收和借鑒當今世界各國包
括資本主義發達國家的一切反映現代社會化生產規律的先進經營方
式、管理方法。

不搞爭論，是我的一個發明。[84] 不爭論，是為了爭取時間幹。一爭論
就複雜了，把時間都爭掉了，什麼也幹不成。不爭論，大膽地試，大
膽地闖，農村改革是如此，城市改革也應如此。

「左」的東西在我們黨的歷史上可怕呀！一個好好的東西，一下子被
他搞掉了。……中國要警惕右，但主要是防止「左」。[85]

面對鄧小平再次高調「南巡」，不僅一路上有各省、市黨政最高領導
陪同，而且不斷針對經濟問題發表政策性講話，保守派掌控的北京媒體

---

[83] 中共官方將「中外合資企業」、「中外合作企業」與「外方獨資企業」合稱為
「三資企業」。

[84] 鄧小平這裡所說的「不搞爭論」，指的應該是他在 1960 年代初期著名的譬喻：
「不管白貓黑貓，能抓老鼠的就是好貓」。

[85] 鄧小平，〈在武昌、深圳、珠海、上海等地的談話要點〉，《鄧小平文選（第三
卷）》，頁 372–375。

一開始仍然充耳不聞。不過這次改革派搶先利用國際媒體造勢，先是透過香港的《大公報》在 1 月 23 日發出報導〈鄧小平和楊尚昆在深圳參觀植物園動手植樹〉；1 月 27 日再刊出〈鄧小平和楊尚昆在珠海見面〉，接著 1 月 28 日更加碼報導〈鄧小平和楊尚昆在珠海參觀電子公司遊市容〉。❽❻這一連串的報導，很快便被理解為是「六四」事件之後鄧小平對於中國經濟發展方向的高分貝喊話，而且係繼一年前「皇甫平」事件之後，再次曝露中共內部保守派與改革派之間的角力，因此立即引發全球媒體爭相議論。

中共十四大

處在這樣狀況下，中共政治局常委的態度變得很關鍵。此時的政治局常委一共六個人，李鵬、姚依林、宋平三人是眾所周知的保守派，是「左」傾路線的捍衛者；江澤民、喬石、李瑞環三人雖稱不上改革派，但立場較為務實，了解沿海地方官員和一般人民對於發展經濟的期待。據曾經幫江澤民出版官方傳記的美國市場顧問專家 Robert Lawrence Kuhn 透露，在 1992 年鄧小平南巡期間，「由於不清楚鄧的南巡將會產生何種影響，所以沒有人想過早地表明自己的立場」，但此時江澤民卻決定公開支持鄧小平。這一年春節期間，江澤民給人在上海過年的鄧小平打了電話拜年，同時在 2 月 5 日黨中央的春節團拜會上，江澤民呼籲要「大膽探索」和「加快改革開放步伐」。❽❼也就是說，江澤民終於下定決心追隨鄧小平，而且他的這個政治決定，據說是找曾慶紅商量後的結果。❽❽

---

❽❻　楊繼繩，《中國改革年代的政治鬥爭》，頁 494。

❽❼　Robert Lawrence Kuhn 原著，談崢、于海江等譯，《他改變了中國：江澤民傳》（上海：上海譯文出版社，2005 年 1 月），頁 180。

❽❽　曾慶紅是江澤民主政上海期間的市委副書記，在江澤民奉召到北京出任總書記之後，曾慶紅也隨江澤民北上，進入中共中央辦公廳任職，之後長期擔任中央辦公廳主任、中央書記處書記，成為江澤民在中南海最重要的心腹和盟

事實上不止江澤民靠到鄧小平這一邊來，身兼中共中央黨校校長、主管意識形態及宣傳機器的政治局常委喬石，也公開支持鄧小平。他在該年 3 月初中央黨校開學典禮上的講話，就呼應鄧小平的南巡講話，強調「左」會有葬送社會主義的危險。❽這時甚至連立場一向保守的李鵬，似乎也被江澤民說服，同意接受鄧小平南巡講話的觀點。❾這批在「後六四」時期漸漸向改革立場靠攏的中共政治局成員，其實在 1989 年之際都是主張鎮壓的幫兇，或至少冷眼旁觀。之所以選擇在 1992 年鄧小平南巡講話後紛紛轉向，或許和 1991 年年底蘇聯解體有關。喬石之所以提出「左」會葬送社會主義，就是認為蘇聯共產黨失敗的原因之一，是生產力過於低落，無法抵抗資本主義國家的和平演變。國務院副總理田紀雲在鄧小平南巡後於 1992 年 4 月前往中央黨校演講，還特別提到：

> 根本問題是把經濟搞上去。蘇聯的垮臺，絕不能把它僅僅視為一兩個人的錯誤造成的，⋯⋯最根本的原因是它那個模式的社會主義沒有創造出比資本主義更高的生產力發展水平，沒有給人民帶來幸福，失去了廣大人民群眾的支持。❾

這樣的論點有相當說服力，讓 1989 年抗拒激進政治改革的中共黨內保守派與騎牆派，到了 1992 年終於接受了發展經濟的重要性。在鄧小平結束南巡之後不久，政治局在 2 月 28 日決議通過將南巡講話整理後發

友。Robert Lawrence Kuhn 在《他改變了中國：江澤民傳》一書中便指出，1992 年 2 月江澤民選擇站到鄧小平這一邊，係「和富有政治頭腦的曾慶紅商談後」的抉擇。見該書，頁 180。

❽ 楊繼繩，《中國改革年代的政治鬥爭》，頁 498。

❾ Robert Lawrence Kuhn，《他改變了中國：江澤民傳》一書頁 180 提到：江澤民在和曾慶紅商量，決定站到鄧小平這一邊之後，也和李鵬「達成一致意見，決定加快改革」。

❾ 引自楊繼繩，《中國改革年代的政治鬥爭》，頁 498。

表，以「中央一九九二年第二號文件」下發到縣級黨委，並要求傳達到所有黨員。❷1993 年《鄧小平文選》第三卷出版時，特別將南巡講話收入作為全書最後一篇文章。

1992 年 10 月召開的中共第十四次全國代表大會（十四大），是所謂「以江澤民為核心的第三代領導集體」真正當家作主的開始。在這次全國黨代表大會上，自 1982 年中共十二大以來主要作為安排元老們垂簾聽政的代表性機構——中央顧問委員會，經修改黨章後廢除。這一變革事實上也是遵從鄧小平的強力要求。此後十年間，中央政治局會議真正成為決策核心，「八大老」干政已成明日黃花。一直要等到 2002 年中共召開第十六次全國代表大會，江澤民雖然辭去總書記一職，卻還依然保留中央軍委主席職務，情況一如 1980 年代胡耀邦和趙紫陽擔任總書記，卻由鄧小平出掌中央軍委主席一樣。江澤民「垂簾聽政」疑慮再起。再過兩年，2004 年 9 月中共十六屆四中全會江澤民雖然辭去中央軍委主席，但政治局內「以江澤民為核心」的上海幫成員依舊勢力龐大，因此 2002 年至 2012 年間擔任總書記的胡錦濤，事實上始終居於江澤民「第三代核心」的陰影下，胡錦濤主政的十年間並未形成所謂「胡核心」。

中共十四大上還有一個特點，就是原有六名政治局常委中最堅持「左」意識形態的死硬派姚依林和宋平，皆不再續任。新政治局常委七人依序是江澤民、李鵬、喬石、李瑞環、朱鎔基、劉華清、胡錦濤。其中新進者有朱鎔基、劉華清、胡錦濤三人。

朱鎔基在 1989 年 6 月之後擔任上海市委書記兼上海市長，素以經濟專長著稱。1991 年調到國務院擔任副總理，負責經濟工作，隔年中共十二大，更一舉成為政治局常委。事後證明，朱鎔基在整個 1990 年代不論是擔任副總理、政治局常委，或最後於 1998 年出任國務院總理，主要功能在於執行經濟決策。從 1992 年起中國國內生產總值 (GDP) 長達二十餘年高速成長，而且未惡化為經濟泡沫，朱鎔基所擘畫制訂的方針，功

---

❷　楊繼繩，《中國改革年代的政治鬥爭》，頁 496。

不可沒。尤其 1992 年到 1995 年連續四年中國經濟成長率皆突破雙位數字，❸一時之間「過熱」隱憂四起，朱鎔基展開鐵腕，強力控管各省市地方的建設項目和投資金額，終於在 1997 年之後實現「軟著陸」(soft landing)，❹使經濟環境未出現失控暴衝或金融泡沫。

至於排名第六的政治局常委劉華清，1938 年 1 月鄧小平出任八路軍一二九師政委時，劉華清已經是師長劉伯承的祕書主任。鄧小平走馬上任，還是透過劉華清護送，由八路軍總部山西省洪洞縣一路到遼縣（今左權縣）一二九師師部。❺日後國共內戰，劉華清屬於劉伯承與鄧小平所領導的第二野戰軍。從這個角度來說，劉華清早在建國前就是鄧小平的嫡系人馬。1981 年鄧小平當上中央軍委主席之後，派劉華清出任海軍司令員，其在任內，積極籌畫建造人民解放軍的航空母艦。1987 年鄧小平更指派劉華清進入中央軍委會擔任副祕書長，鄧小平直言，調劉華清進中央軍委會，「就是抓現代化，抓裝備」。❻1989 年 5 月鄧小平為了鎮壓北京民主運動，和其他元老合謀實施戒嚴，戒嚴部隊總指揮便由劉華清擔任。由此可見，1992 年年初鄧小平展開「南巡」，除了企圖壓制保守勢力、強迫騎牆派向他靠攏外，更重要還在於著眼年底十四大的人事布局。在南巡講話取得輿論壓倒性勝利之後，10 月中共十四大召開，鄧小平人馬才有把握取得中央委員們的支持，大舉進入政治局常委會。朱

❸　1992 年鄧小平發表南巡講話之後，促成全國各地加快投資，該年經濟成長率一下子突破到 14.2%，1993 年經濟成長率仍高達 13.9%，1994 年依舊維持在高檔的 13.0%，1995 年稍稍下降到 11.0%，直到 1996 年才緩降到 9.9%。

❹　所謂經濟的「軟著陸」是一種通俗的講法，係指原本處於高速成長的過熱經濟活動，經過一段「冷卻」過程之後，轉變為緩和及穩定的成長，並在過程中避免了衰退 (recession) 的危機。與「軟著陸」相反的概念是「硬著陸」(hard landing)，指經濟成長下降速度過快、過猛，以致出現經濟衰退、百業蕭條的慘況。

❺　劉華清，《劉華清回憶錄》（北京：解放軍出版社，2004 年 8 月），頁 95–97。

❻　劉華清，《劉華清回憶錄》，頁 526–527。

鎔基、劉華清、胡錦濤當選新科政治局常委，都應該從這樣的布局加以理解。只要鄧系人馬繼續掌握政治局常委會，鄧小平所指望的改革開放路線就不會翻盤。況且，劉華清進入政治局常委會，還可以進一步發揮穩定軍隊的效用。

胡錦濤

　　胡錦濤生於 1942 年，比江澤民小十六歲，更比劉華清小了二十六歲，他 1985 年從共青團第一書記調任中共貴州省委書記時，還不滿四十三歲，是當時中共所有省委書記中最年輕的一位。他在 1980 年代中期的平步青雲，與胡耀邦的不次拔擢有關，胡耀邦在 1981 年接任黨主席，便遵照鄧小平的指示，大力選拔五十五歲以下較年輕世代進入中共領導層。❾❼ 更何況，胡耀邦出身共青團，對於同樣屬於「團派」的小老弟胡錦濤，確實照顧有加。胡錦濤 1965 年畢業於清華大學水利系，屬於文化大革命前夕受過完整正規大學教育的世代，文革十年間大部分時間在基層歷練，當 1980 年代鄧小平大力推動改革開放，這一批四十歲上下學有專精的中堅幹部，正好恭逢其盛。

　　胡錦濤仕途的轉捩點，是 1988 年 12 月被改派為中共西藏自治區區委書記。這月 10 日，西藏發生了喇嘛在拉薩鬧區八廓街的示威行動，中共公安開槍，造成一名喇嘛死亡，十三人受傷。❾❽ 這起事件，直接導致原區委書記伍精華被調離現職，而全國最年輕的省委書記胡錦濤才剛主政貴州三年，就再被調往全國海拔最高的省分磨練。1989 年 1 月 14 日胡錦濤到達拉薩，❾❾ 十四天後西藏宗教領袖第十世班禪突然心肌梗塞去

---

❾❼　1982 年中共十二大所通過的新黨章，第三十四條還特別規定：「要求努力實現幹部隊伍的革命化、年輕化、知識化、專業化」，簡稱為「幹部四化」。

❾❽　馬玲、李銘，《胡錦濤》（香港：明報出版社，2002 年 11 月），頁 163。

❾❾　西藏自治區黨史資料徵集委員會編，《中共西藏黨史大事記》（拉薩：西藏人民出版社，1995 年 7 月），頁 345。

世，這一年又恰逢西藏抗暴事件三十週年，⑩3月5日拉薩發生更大規模示威抗議，十餘名喇嘛尼姑擎著象徵西藏獨立的雪山獅子旗，沿著八廓街遊行，不久聚集成為二千多人的隊伍，憤怒的群眾開始攻擊政府機關，向派出所丟擲石頭和放火。當天暴動造成十一人死亡，一百多人受傷。⑩3月7日國務院總理李鵬宣布拉薩自8日凌晨零時起戒嚴，解放軍進駐拉薩市區實施軍管，這次戒嚴令持續了一年餘，直到1990年5月1日才結束。⑩胡錦濤初掌西藏便必須應付戒嚴的重大任務，尤其同年4至6月間北京發生民主運動，胡錦濤始終堅定立場，支持鄧小平等大老平息「動亂」的立場，胡錦濤的表現讓原本與他素無淵源的鄧小平，愈來愈欣賞這位全國最年輕的省委書記。以至於胡錦濤在短短五年之內，從原本1987年中共十三大的中央委員，一下子連跳兩級，成為1992年十四大之後的政治局常委。這時他才剛滿五十歲，便已註定要在江澤民之後，成為下一個世代中國共產黨的最高領導人。因此在1992年中共十四大閉幕之後，全球媒體經常以「儲君」來形容他。

　　鄧小平在十四大所安排的這種人事布局，似乎顯示他企圖讓中國共產黨的權力接班成為一種制度化的慣例。因此在江澤民權位仍未穩固的十四大上，鄧小平硬是安排了一位「儲君」排在他的後面，意思是時間一到，江澤民就必須把位子讓出來。而且這位「儲君」人選，鄧小平還要自己來挑才放心。當時其他六名政治局常委最年輕的是政協主席李瑞環，也足足比胡錦濤大了八歲。鄧小平從1992年年初「南巡」，到這年10月中共十四大安排胡錦濤進入政治局，在在顯示這位八十八歲的老人，仍在大費周章料理自己的身後事。

---

⑩　爆發於1959年3月10日的西藏抗暴事件，以及達賴喇嘛因此出走印度，可參考王力雄，《天葬：西藏的命運》（香港：明鏡出版社，1998年3月），頁148–192。

⑩　馬玲、李銘，《胡錦濤》，頁178。

⑩　西藏自治區黨史資料徵集委員會編，《中共西藏黨史大事記》，頁349、369。

「江核心」蒸蒸日上

　　儘管鄧小平對十四大的人事費盡心思，但是江澤民並不打算永遠扮演鄧小平的傀儡。江澤民日漸顯露出對於權力的自主性，用不著等到1997年鄧小平去世，江澤民已經在經濟、外交、軍事等重點領域，快速累積個人政績，並且廣泛安插自己的人馬。最為人知的是掌握經濟大權的「上海幫」成員，副總理朱鎔基是江澤民擔任上海市委書記時的上海市長，吳邦國、黃菊兩人則是上海市委副書記。朱鎔基遠在中共十四大召開前便已經被江澤民調到北京出任國務院副總理，主管經濟事務，上海市委書記和市長二職則分別由吳邦國和黃菊出任。到了1994年吳邦國被調到中央書記處，隔年出任國務院副總理，黃菊遂繼任為上海市委書記，並進入政治局。可以說，與江澤民熟識的上海舊部，在江澤民擔任總書記之後，陸續進入北京權力核心，並集體掌握經濟決策大權。

　　在外交工作方面，「六四」屠殺發生後，中國面對美國和西歐國家相當嚴厲的經濟和外交制裁，江澤民重用外交部長錢其琛，使中國政府得以逐步重建在國際上的威信。1995年10月江澤民藉出席聯合國成立五十週年紀念會議的機會，與美國總統柯林頓 (William J. Clinton) 舉行工作會談。❿這是自1985年中華人民共和國主席李先念訪問美國之後，時隔十年中國國家元首再次訪問美國。之後江澤民與柯林頓並在1997年和1998年完成兩國間元首互訪。江澤民趁機向柯林頓提出建立兩國之間「建設性戰略夥伴關係」的提議，並獲得美國方面認可。漸漸的，在1990年代後期出現「大國外交」一詞，用來形容江澤民任內所推動的與全球各主要大國進行元首互訪的外交策略。這種光鮮亮麗的外交活動，不僅讓江澤民大增在國際間的能見度，同時透過中國官方媒體造勢，也讓江澤民在國內的聲望與日俱增。

---

❿　中共中央文獻研究室編，《江澤民思想年編 (1989～2008)》（北京：中央文獻出版社，2010年2月），頁212。

　　然而江澤民真正展現企圖心，更在於大力培植自己在軍中的實力。中國人民解放軍 1965 年 6 月曾一度取消軍銜制度，1988 年才又恢復，並在同年 9 月 14 日一口氣授階了十七名上將，典禮由當時的軍委副主席楊尚昆主持。被授予上將軍銜的將領，包括中央軍委副祕書長劉華清、國防部長秦基偉、總參謀長遲浩田等人。❿1993 年 6 月江澤民以中央軍委主席身分，進行文革結束以來的第二次上將授階儀式，一共有六名上將獲得晉升，其中張萬年更在兩年後被增補為中央軍委副主席。一直到江澤民卸任中央軍委主席前夕的 2002 年 6 月，江澤民在九年間一共主持了七次的上將授階，共有六十四名解放軍或武警上將由江澤民頒發命令狀。❺頻繁而大批的晉升上將，讓中央軍委、各軍種、各大軍區的指揮系統，幾乎全由江澤民所任命的上將所掌控。江澤民終於在軍中鞏固了「江核心」牢不可破的地位。

　　但如果只是往高階將領肩膀上掛星星，還不足以攏絡軍方的向心力，尤其是廣大的軍士官兵。如果能夠在軍事預算上加碼，顯然會更有說服力。根據每年 3 月中國人民代表大會開會期間由中國財政部所公布的年度軍事預算，解放軍軍事預算自 1989 年起，至 2004 年為止，也就是江澤民擔任中央軍委主席的十五年間，每年軍事預算皆以超過 10% 的二位數字成長，其中 1994 年軍事預算成長率更高達 27.32%，而 2001 年與 2002 年也都在 19% 上下。❻也就是說，解放軍的軍事預算成長率，每

---

❿　〈新聞資料：中國十年共有五十六人被授予上將軍銜、警銜〉，新華社北京 1998 年 3 月 27 日電；李殿仁主編，《文圖並說中國人民解放軍大事聚焦》（北京：解放軍出版社，2002 年 7 月），頁 526–528。

❺　〈中央軍委舉行晉升上將軍銜儀式　江澤民頒發命令狀〉，新華網北京 2002 年 6 月 2 日電；亓樂義報導，〈十六大前　江澤民晉升七上將〉，（臺北）《中國時報》，2002 年 6 月 3 日，十三版。

❻　綜合參考中華民國國防部「國防報告書」編纂小組，《中華民國八十七年國防報告書》（臺北：黎明文化事業公司，1998 年 3 月），頁 33；中華民國國防部「國防報告書」編纂委員會，《中華民國 95 年國防報告書》（臺北：國防部，

年絕無例外要比其國內經濟成長數字還高出許多。以江澤民卸任中央軍委主席的 2004 年為例，所編年度國防預算高達 2,172.79 億元人民幣，佔該年全國財政支出的 7.63%，以及佔國內生產總值 (GDP) 的 1.34%。 **⑩⑦**而且事實上中國官方在公布解放軍的軍事預算時，往往有所謂「隱藏性預算」，將軍事預算挪移至其他科技研發或文教項目下，因此中華民國國防部認為，中國人民解放軍實際的軍事預算，應該是所公布的二到三倍之多。 **⑩⑧**

江澤民憑其執政期間高速的經濟發展、外交上營造的全球大國地位，以及軍事上持續在人事和經費方面攏絡軍方將領，令「江核心」蒸蒸日上、水漲船高。江澤民無疑在鄧小平等中共第二代元老逐一凋零後，於 1990 年代後期至 2012 年為止，建立起將近二十年的穩固權力中心。

中共十六大之後

2002 年 11 月，中國共產黨第十六次全國代表大會在北京召開。按照 1990 年代以來中共黨內定下的規矩，江澤民必須在這一次全國黨代表大會後卸下兩項主要職位「中央委員會總書記」和「中央軍事委員會主席」，並移交給已在政治局等待接班十年的胡錦濤。然而出人意料，江澤民僅僅卸任總書記一職，卻仍保留中央軍委主席。因此在中共十六大閉幕後，關於江澤民「垂簾聽政」的謠言乃不脛而走。其實 2002 年 11 月胡錦濤扶正為總書記之後，江澤民持續垂簾聽政確是事實，只不過不像 1980 年代鄧小平逕向胡耀邦或趙紫陽下指導棋，或是在家中召開元老會

2006 年 8 月），頁 50。

⑩⑦ 2004 年中華人民共和國全國財政支出 2 兆 8,486.89 億元人民幣，國內生產總值則為 16 兆 1,840.2 億元人民幣。見中國國家統計局「國家數據」網頁：http://data.stats.gov.cn/easyquery.htm?cn=C01（瀏覽日期：2017 年 5 月 21 日）。

⑩⑧ 中華民國國防部「國防報告書」編纂委員會，《中華民國 95 年國防報告書》，頁 51。

議，凌駕政治局之上。江澤民垂簾聽政的方式是透過在政治局常委會內的「江派」人馬，間接遙控政局。在這樣的情況下，胡錦濤於其十年總書記任內，始終未能主導全局，政治局內勢力龐大的「江派」人馬在決議時擁有實際的決策權。這一群「江派」人馬，以吳邦國、黃菊、曾慶紅三位「上海幫」成員最為醒目，這是「江派」的核心成員。至於像賈慶林、李長春、吳官正，都是長期擔任地方省市委書記的官員，並且分別在江澤民主政的 1997 年中共十五大進入中央政治局，屬於「上海幫」的盟友。至於主管公安、檢察、法院系統的中共中央政法委員會書記羅幹，一般被認為是前總理李鵬的人馬，也被視作「江派」可以合作的對象。最後的國務院總理溫家寶，雖然沒有明顯的派系色彩，但他長期擔任朱鎔基的副總理，和上海幫淵源匪淺。❿如此一來，政治局常委會內幾乎完全沒胡錦濤的盟友，胡錦濤只是一名光桿總書記，負責召集和主持常委會議而已。再加上必須等到 2004 年中共十六屆四中全會，江澤民才將中央軍委主席一職交給胡錦濤，更使胡錦濤沒有太多機會培養與軍方的關係，使胡錦濤不論在黨內或軍內都顯得弱勢。

一直要等到 2007 年召開中共十七大，胡錦濤才有機會提拔同樣出身共青團「團派」的李克強進入政治局常委會，取代病逝的黃菊，成為國務院副總理。同樣在十七大，胡錦濤還試著讓「團派」出身的李源潮和汪洋躋身政治局，成為政治局委員。也許胡錦濤希望李源潮和汪洋在他退休的十八大之後，能夠更上一層樓，進入政治局常委會，這樣政治局常委會內將有三位「團派」出身的常委，不僅有望主導決策，同時還能讓胡錦濤在卸任之後，依然在政治局內擁有影響力。只不過在中共十八大李源潮和汪洋都未能獲選進入政治局常委會，只有李克強晉升總理，成為排名第二的政治局常委。

值得注意的是，習近平在中共十七大進入政治局常委會，取代年屆

---

❿ 中共十六屆中央委員會所選出的政治局常委一共九人，分別是胡錦濤、吳邦國、溫家寶、賈慶林、曾慶紅、黃菊、吳官正、李長春、羅幹。

七十歲退休的曾慶紅。再過五年，2012 年中共十八大召開，習近平一躍
成為總書記，雄心勃勃著手建立「習核心」。

習近平與「習核心」

習近平最為人所知的是他的家世，他的父親是中共元老習仲勛。習
仲勛曾經在 1959 年出任國務院副總理，1962 年遭康生構陷，指他企圖
藉一本名為《劉志丹》的小說為高崗翻案，⑪因而被打為「反黨集團」
成員，曾被下放洛陽勞改，文革期間又被調回北京監禁。文革結束後習
仲勛獲得平反，曾經在 1980 年代出任全國人大副委員長，並獲選為政治
局委員，2002 年 5 月去世。就習近平的家世來說，他是標準的「太子
黨」成員。

究竟是否因為「太子黨」的身分，才讓習近平仕途順遂？很難有進
一步結論，但是 2002 年習近平晉升浙江省委書記時，年方四十九歲，雖
然比不上胡錦濤四十三歲就擔任貴州省委書記，但仍稱得上少年得志。
也就在他升任浙江省委書記這一年，中共十六大召開，習近平當選為中
央委員。

2006 年到 2007 年是習近平仕途的轉捩點。接替黃菊出任上海市委
書記的陳良宇突然因為涉嫌貪污在 2006 年 9 月遭到撤職，「上海幫」聲
勢重挫，隔年（2007 年）3 月習近平調任上海市委書記，就職僅短短七
個月，隨即 10 月中共十七大召開，習近平兩級跳高升為政治局常委，上
海市委書記一職由俞正聲接任。

在陳良宇被撤職查辦之後，究竟是什麼機緣，讓與上海幫並無特別
淵源的習近平接下上海市委書記一職？接著只不過半年多時間，習近平
又被調進北京，直接當選為政治局常委。這個離奇的晉升速度，以及不

---

⑪　習仲勛、高崗、劉志丹都是中共尚未發動「長征」前即已在陝西省北部建立
　　武裝根據地的早期資深黨員。有關 1953 年 12 月高崗事件，以及高崗與劉志
　　丹的關係，請參見本書第三章第一節敘述。

按牌理的人事安排，必須留待未來由知曉內情的人士來說明白。總之，在習近平 2007 年 10 月升任政治局常委，並在隔年（2008 年）3 月出任國家副主席之後，情勢已經明朗，習近平和同樣在十七大進入政治局常委會的李克強，將會是十八大之後中共中央政治局的兩位主角。

2012 年 11 月中共十八大召開，習近平不出意料之外當選總書記，同時接任中央軍委主席，卸下所有職務的胡錦濤被當時媒體戲稱為「裸退」。政治局排名第二的李克強則在隔年接任國務院總理。

由於中共十八大是新舊總書記換屆的重要分界線，2012 年至 2013 年中共內部的權力鬥爭也就顯現出極為戲劇性的發展。首先是重慶市委書記薄熙來獲罪撤職。薄熙來是中共元老薄一波的兒子，年紀比習近平稍長四歲，也和習近平一樣在中共十六大當選為中央委員，可是十七大上習近平一躍成為政治局常委，薄熙來卻只有跨入政治局委員門檻。就同樣身為「太子黨」成員的競賽來說，習近平已經將薄熙來拋諸腦後。而後 2012 年中共十八大召開前夕，薄熙來突然被以貪污和濫用職權罪遭到撤職，經過一年半的調查審訊，2013 年 10 月被判無期徒刑定讞。

待到 2012 年 11 月習近平就任總書記，開始對剛卸任的政治局常委周永康展開調查，2013 年 12 月周永康遭到逮捕，2015 年 5 月以貪污收賄、濫用職權、故意洩露國家祕密等罪被判處無期徒刑。周永康在中共十七屆的政治局常委會中擔任政法委書記，據信也是「江派」人馬，是江澤民安插在政治局中繼續控制公安、司法系統的棋子。另在周永康獲罪被捕後，全球媒體一度盛傳，周永康就是因為與薄熙來關係密切，甚至勾結薄熙來企圖推翻習近平，因此被習近平列為整肅對象。⓫周永康獲罪下獄，創了文革結束近四十年來未曾逮捕並判刑政治局常委的紀錄。上一次案例，發生在 1976 年「四人幫」被捕，當時王洪文與張春橋都是政治局常委。

⓫ 大陸中心綜合報導，〈中共立案審查周永康〉，（臺北）《蘋果日報》，2014 年 7 月 30 日，A6 版。

除了周永康，習近平上臺後開鍘的中共中央高階官員，還有胡錦濤時期的中央辦公廳主任令計劃，⑫以及前中央軍委會副主席郭伯雄和徐才厚。郭伯雄陸軍出身，徐才厚則屬於解放軍政委系統，兩人皆在 1999 年 9 月由江澤民授予上將軍階。2002 年 11 月江澤民提拔郭伯雄晉升中央軍委副主席，兩年後 2004 年 9 月江澤民卸任軍委主席前夕，再提拔徐才厚擔任中央軍委副主席，如此一來新上任的中央軍委主席胡錦濤，勢必受制於兩位由江澤民安排的副主席。這是江澤民卸任之後持續控制解放軍的權力布局。郭、徐二人在 2012 年中共十八大之後均卸任中央軍委副主席，不久習近平開始對二人進行調查，2014 年 6 月徐才厚被開除黨籍並移送法辦，隔年（2015 年）3 月因癌症病逝。徐才厚病死後郭伯雄也遭到調查，2016 年 7 月被以收賄罪判處無期徒刑。

習近平就任總書記之後，以薄熙來案為突破口，短短幾年間多位政治局常委及委員獲罪下獄，其驚心動魄程度，直追 1989 年的「六四」事件及 1976 年「四人幫」被捕。究竟這些重大弊案，純粹只是涉及貪污腐敗的刑事案件，還是習近平藉機整肅中共高層，尤其是江澤民和胡錦濤的人馬？由於真相眾說紛紜，恐怕必須留待未來由歷史學家再行考證。不過可以確定的是，在習近平接二連三對高階官員進行整肅之後，其在中共黨內的權勢已可直追 1990 年代後期的江澤民。2016 年 10 月中共十八屆六中全會召開，會後發布的〈全會公報〉出現了一句話：「以習近平同志為核心的黨中央」，「習核心」正式成為中共官方的標準用語。這在胡錦濤擔任總書記的十年內是不曾出現過的，中共官方描述胡錦濤的標準說法是：「以胡錦濤同志為總書記的黨中央」。這中間的差別，「總書記」只是一個據實描述的職務名稱，「核心」的義涵則遠勝於此。依照鄧小平「三代領導核心」的理論，中共歷史上也只有毛澤東、鄧小平、江澤民三人，能夠臻至「核心」之境界。

---

⑫　中央辦公廳主任一職類似於總書記的祕書長，該職一向由總書記指派親信出任。令計劃出身共青團幹部，這是他獲胡錦濤拔擢的重要原因。

　　2014 年 12 月習近平藉著視察江蘇的機會，特別提出了「全面推進
依法治國、全面從嚴治黨」的施政方針。⑬其中尤其「全面從嚴治黨」
一語，宣告了習近平正藉著打擊貪污腐敗，在中共黨內進行新一波的整
風行動。

　　2017 年 10 月中國共產黨召開第十九次全國代表大會（十九大），一
共選出了二〇四位中央委員，會議閉幕隔日（10 月 25 日）十九屆一中
全會選出了二十五名政治局委員，包含七位常務委員。從新一屆政治局
常委名單來看，栗戰書與趙樂際是明顯的「習派」人馬，兩人分別在
2012 年十八大之後成為習近平的中央辦公廳主任和中央組織部長，這兩
個職位分管黨中央日常行政工作及全黨人事大權，向來由總書記心腹出
任。擔任國務院總理的李克強和副總理汪洋出身共青團（團派），代表共
青團勢力即使在胡錦濤卸任總書記後，仍能在政治局有一定影響力。至
於排名第七的韓正，從江澤民與朱鎔基在上海主政時起，就是上海幫成
員，表示奉江澤民為精神領袖的上海幫，至少還能夠在政治局中佔有一
席之地，只是與十六大（2002 年）之後長達十餘年的不可一世相比，不
復昔日光景。尤其，接替韓正出任上海市委書記的李強（新任政治局委
員），係習近平主政浙江期間（2002 至 2006 年）的省委祕書長，是習近
平的老部屬，更可以看出十九大「習核心」如日中天的形勢下，昔日「江
核心」勢力，已如江河日下，連上海市老地盤都只能棄守。

　　至於政治局常委中排名第五的王滬寧，上海復旦大學教授出身，是
中共高層知名的國際政治理論專家，曾扮演江澤民主政時期外交政策的
核心謀士。嚴格來說，王滬寧與上海幫關係密切，但又不是傳統黨政官

<hr />

⑬　根據中共官方新華社在 2014 年 12 月 16 日的報導，習近平所提出的完整論述
　　是：「協調推進全面建成小康社會、全面深化改革、全面推進依法治國、全面
　　從嚴治黨，推動改革開放和社會主義現代化建設邁上新台階」。這段話被精簡
　　歸納為「四個全面」的口號。參考 http://news.sdinfo.net/gnxw/2388123.shtml
　　（瀏覽日期：2017 年 5 月 22 日）。

僚型的上海幫成員。十九大之後王滬寧晉升政治局常委，有些出人意料之外，但可以看作是習近平和江澤民都能夠接受的人選。

從中共十九大之後的高層人事布局，依然可以看出政治局、尤其是政治局常委，依然是一個黨內各派系之間妥協的結果，只是各派系勢力，明顯互有消長。從這個角度來說，「九〇後」的中國政局，依然呈現為中共內部各派系共治的局面，只不過從「江核心」到「習核心」，換人主政而已。

中國社會主義道路的下一步——代結論

中國共產主義運動開始於 1910 年代後期，以新文化運動將馬克思主義傳入中國為起點。醉心於改造舊社會的青年知識分子，爭相投入宣傳共產主義學說，僅僅三十年時間，竟然衍出一場血腥內戰和翻天覆地的社會革命。歷史的發展，不可不謂怪奇。

發生在 1946 年至 1949 年間的國共內戰，至少造成數百萬軍民死亡。中華人民共和國建立之後，短短兩三年間，連續推動土地改革與鎮壓反革命運動，藉由打倒全國地主階級、肅清民間武裝力量、逮捕取締黑道分子及賭博色情、推行新婚姻法，一時之間中國社會彷彿煥然一新，象徵腐敗邪惡的舊勢力、舊習俗一一遭到祛除，共產黨創造了一個新的中國，其代價則是又五百萬人民遭到屠戮。而土改和鎮反只是新中國的序幕，中國共產黨的建國目標首先是社會主義，接下來更要朝向共產主義邁進。因此在 1952 年之後的短短五年間，城市地區的資本家、企業主，一一受到類似農村土改式的人民公審，不少資本家自殺或外逃，僥倖活存下來者，到了 1956 年被迫必須將產業全數交由政府接管，美其名為公私合營，事實上等於充公。

在中共高層領導人中，最熱衷於推動社會主義改造，並迫不及待想創造中國模式共產主義天堂的，莫過於毛澤東。他在建國初期一連串朝向社會主義邁進的決策中，持續扮演火車頭的角色。包括針對資本家推動「五反」，在全國實施糧食專賣制度（統購統銷），要求加速農村合作化，以及最終嘗試「大躍進」，試圖一舉在中國實現共產主義夢想。毛澤東的壯志鴻圖持續在中共黨內受到務實派官員的質疑和抵制，而毛澤東的回應則是發動政治攻擊，不論是 1955 年批評鄧子恢是小腳女人，或是

1959 年廬山會議捏造「彭黃張周反黨集團」以罷黜彭德懷，毛澤東的強烈意志不容許任何人橫加阻攔。然而他所憧憬的社會主義美景太過空洞抽象，他用來鞭策和審查基層幹部的手段則嚴厲而殘酷，到了 1960 年代初期，在毛澤東親自督促下展開的農村四清運動，不止讓請纓負責的劉少奇窮於應付，同時還讓毛澤東下定決心，務必將黨內不聽使喚的高階幹部除之而後快。這是 1966 年文化大革命發生的大概背景。

奇特的是，毛澤東並不認為他所發動的政治鬥爭，純粹只是政治報復。他似乎相信一切無情整肅的背後，總是為著實踐某個更高遠的社會主義理想而行動。也就是說，他心中所認定的目標，合理化了一切匪夷所思的手段，包括動員全國十幾歲的青少年進行血腥政治鬥爭。他的理由是必須讓年輕世代學習如何實踐革命，文化大革命就是一次大好機會，讓乳臭未乾的年輕孩子熟悉革命的暴力本質。再一次，匪夷所思的集體暴行被某個浪漫而又不負責任的革命理想合理化了。毛澤東因為相信階級鬥爭永遠存在於人類社會，因此即使中國已經邁入社會主義階段，仍要繼續堅持不斷革命的輪迴。

回頭思考 1980 年以前中華人民共和國的歷史，剎那間確實難以想像，在毛澤東死後繼承權力的鄧小平，究竟應該如何著手開展一個新的時代？

1980 年代的中國是一個踟躕不前的過渡期，光是解釋社會主義國家何以必須向西方資本主義世界學習，就是一件大費周章的事情。但是，1980 年代同時也是西方民主自由思想重新登陸中國的時代，這是 1949年之後中國再次向美國和西歐國家開放，對教條式馬克思主義極度疲乏的中國知識菁英，熱烈地擁抱英美自由主義傳統，以及和民主政治制度息息相關的自由市場生產方式。然而以鄧小平為首的中共元老，只打算學習西方的科學技術，引進產業和資金，目的在於創造就業機會，拯救老舊國營企業。至於是否引入自由競爭機制？這在 1980 年代初期中共的決策高層，依然視之為禁忌，認為違反了馬克思主義的基本教義。尤其

思想保守的元老們，更將西方自由主義思潮當作洪水猛獸，稱之為精神汙染，避之唯恐不及。這一態度恰與羨慕西方自由民主體制的年輕世代形成反比，1980年代新舊兩個世代的思想衝突於焉出現，導致1986年和1989年兩次大規模的學生運動，最後以全國性的武力鎮壓收場。

「六四」天安門事件發生後，中國一度緊縮對外開放，尤其同年柏林圍牆倒塌，德國統一，不數年東歐共產集團瓦解，蘇聯解體，中國成為全球少數碩果僅存共產國家中唯一的大國，中共決策高層對於是否繼續維持改革開放路線，態度轉趨戒慎恐懼。不過鄧小平的意志依然堅定，他一方面堅持共產黨領導，另方面則大力鼓吹經濟開放與改革。在政治上壓抑而保守，反覆強調「穩定壓倒一切」；經濟上則力主加快引進外資，大膽發展經濟。這一套政治經濟分家的發展策略，事後證明讓中國共產黨政權安然度過1990年代初期國內和國際局勢的挑戰，並且因為中國地大物博及取之不竭的充足勞動力，自1992年起成功維持近三十年的高速經濟成長，並在2010年國內生產總值(GDP)超越日本，成為全球僅次於美國的第二大經濟體。

然而隱藏在經濟榮景的背後，是各級官員的貪汙腐敗，駭人聽聞事例時有所聞，壟斷絕對政治權力的中國共產黨，賦予全國數以千萬計大大小小官員利用權勢牟取非法利益的可能性。這個問題事實上自1980年以來從未徹底解決過，而且在二十一世紀之後變本加厲。只不過，因為短短不到三十年間，中國的國內生產總值成長超過五十六倍，❶在社會各階級普遍獲利的情況下，官員循私舞弊的問題，基本上被容忍了下來。然而一旦遇到特殊時刻的特殊狀況，例如2012年中共十八大召開前夕，重慶市委書記薄熙來突然遭到調查撤職，並連帶扯出前政法委書記周永

❶　以簡單絕對數值計算，1987年中國國內生產總值為1兆2174.6億元人民幣，2015年則達到68兆9052.1億元人民幣，二十八年間成長56.6倍。見中國國家統計局官方網址：http://data.stats.gov.cn/easyquery.htm?cn=C01（瀏覽日期：2017年7月10日）

康、前中央軍委副主席徐才厚、郭伯雄的貪腐案件，每一起貪汙案所涉及不法金額，動輒以數億甚至數十億人民幣計算。中國官場的貪汙規模，與其亮麗的經濟成長表現，同樣令人咋舌。

中國的政治問題當然不止於貪汙腐敗，與官場歪風相互表裡的是各級政府對於人民權利的侵害，尤其是政治權利。這個現象是中華人民共和國建國迄今始終存在的問題，絕對權力導致絕對腐敗，同樣的絕對權力也導致人民除了服從共產黨領導，沒有其他政治訴求的可能性。1957年儲安平提出「黨天下」的控訴，已經點出關鍵問題之所在。

當然，政治問題或許不是大多數中國人關心的事項，畢竟中國數千年來施行君主專制統治是個既成事實，面對政治的禁忌與壓力，中國人早已練就一套迴避妥協的技巧與哲學。然而三十年的經濟快速發展，就算衍生的政治問題可以視若無睹，但是環境污染問題卻是所有人必須共同承擔。中國近年來環境問題日益嚴重，尤其工業汙染造成的空氣品質惡化，成為東部沿海城市居民健康上的高度隱憂。

中國自 1950 年介入朝鮮半島戰爭，與東歐共產國家結成同盟，對抗美國及西歐的資本主義世界。再二十年後，於全球冷戰高峰的 1971 年，中華人民共和國終於得到聯合國大會承認，成為中國席次的合法代表，躋身安全理事會五個常任理事國之一。儘管同一時間，中國與蘇聯交惡，雙方兵戎相見，然而中國憑藉著靈活的外交策略，聯美制蘇，並逐一與北美、西歐、東亞各重要大國建立邦交，其在國際社會的影響力，從區域性政治軍事大國，逐步擴張成為二十一世紀全球經濟強權。這是 1910 年代剛開始接觸共產主義學說，試圖從馬克思的理論中尋找救國之道的中國年輕知識分子，難以理解和想像的。

倏忽一個世紀的時間過去了，其中大半時候，中國領導人迷信著不間斷的革命與再革命，為此所付出的代價，駭人聽聞亦不堪回首。直到最近的三十年，中國領導人才認真傾全國之力，發展經濟，創造了舉世無匹的經濟奇跡，並自豪為中國特色的社會主義。然而，超英趕美夢想

一旦實現，難道就是一百年歷程的終點？中國從上個世紀帝制崩潰、軍閥割據，最後來到富國強兵，經略遠洋，這一段跨世紀的革命之旅，是否將以稱霸東亞、耀武揚威的強國夢，作為這一齣歷史劇的結局？

或許不妨思考另外一種劇情安排：十三億中國人即將在區域安全、和平共存、環境保護、思想文化，尤其有關二十一世紀人類永續發展的關鍵環節方面，負起更大的責任，並成為亞洲和平穩定的重要基石。然而今日的中國，夠條件符合世人如此的期待嗎？

社會主義制度的原始出發點，除了做為一種更為人道、擁有更高生產力的先進生產方式外，它勢必應該以反省掠奪式資本主義生產型態為出發點，一改兩百年來帝國主義給全人類帶來的剝削與壓迫。然而中國近二十年來的發展模式，恰恰反其道而行，不但師承老派資本主義國家的掠奪式發展手段，爭相競逐並壟斷有限的世界市場和資源，同時還持續以強大武力為後盾，宣稱邊境範圍外的戰略空間之固有主權。中國在二十一世紀伊始的表現，愈來愈像上世紀初所有真誠的馬克思主義者所唾棄的資本主義帝國強權。難道一個世紀以來的中國革命，最終的救贖也就是兵強馬壯和無止境的物質消費？這樣的結局，對於一百年來的社會主義理想，究竟是褻瀆還是背叛？又或者，一切的主義與學說終究只是遮羞布，一百年來中國人所追求的目標，簡單一句話，就是強國夢而已？

中國的社會主義道路，從萌芽到大國崛起，走了整整一個世紀。而它下一步會是什麼？中國準備為二十一世紀的人類留下什麼遺產，以及做出什麼貢獻？全世界都將拭目以待。

中國近代史（增訂七版）　　　　　薛化元／編著

本書根據時序先後，分題論述中國近代歷史發展的脈絡，並評析其歷史意義。在內容取材上，對於歷史重大事件的論述，不以詳備為尚，而取其精義，希望讀者能對事件的歷史意義，也有概念式的理解。並透過最新研究成果的參酌，以及借重科際整合對歷史事實的重新詮釋，盼望讀者立基於歷史事實之上，能有超越傳統歷史論述的認知。

中國近代史（增訂五版）　　　　　李雲漢／著

本書敘事始自滿清建國至民國九十年代，是一部層次分明，文字清暢的中國近三百六十年史。著者將學術專著的精審與大專用書的詳備，合而為一，廣泛引用中外史料與史著。體裁上打破傳統，內容上力求充實新穎。若干關鍵性的重大歷史事件及一般史書未及記述之敏感問題，本書均依據正確可靠史料，予以客觀公正之分析。

中國現代史（增訂五版）
薛化元、李福鐘、潘光哲／編著

本書除詳盡論列中國現代歷史的發展外，並具有與坊間一般論著不同的特點：一、以國民黨的發展為主軸，但在國共關係的演變上，亦著墨甚多；二、除了詳述二次大戰後臺灣的發展之外，對於中國大陸政經演變，也有詳細的說明。全書不落俗套，綱舉目張，使讀者展卷之始，即能掌握脈絡與涵義所在，值得再三省覽。

中國現代史（增訂八版）　　　　　薛化元／編著

本書分題論列中國與臺灣現代歷史的發展脈絡，並評析其歷史涵義。對於這段歷史過程中的重大事件，論述不求其詳備，而取其精義，且與時並進，希望能讓讀者有系統而概念性的理解。關於這段歷史過程中譚莫難明的史事，也參酌最新研究成果，務求確實無訛，盼望亦能讓讀者有超越傳統歷史論述的認知。

中國托派史

張玉法／主編；唐寶林／著

本書以大量祕密保存的檔案資料，詳細敘述了中國近代史上一個特殊政派——中國托派，自1927年誕生至1952年在中國大陸被取締的過程，描繪了一群青年知識分子為了信仰艱苦奮鬥的悲壯圖景。他們以反國民黨、反共產黨的路線，發展出與國民黨、共產黨、蔣經國及蘇聯的微妙關係。

學潮與戰後中國政治（1945～1949）

張玉法／主編；廖風德／著

抗戰結束後，國共兩黨針鋒相對。在國共頡頏中，中共於武裝鬥爭外，另闢第二條戰線，即學潮鬥爭。學潮也的確發揮了關鍵性的作用，餘波所及，亦左右了研究的客觀公正。本書藉由重現戰後學潮史實，並探討其影響。

抗戰初期的遠東國際關係

張玉法／主編；王建朗／著

抗戰初期的遠東國際關係圍繞著中日戰爭而運轉，其頭緒紛雜，過程探索又頗引人入勝。德國、蘇聯、英、美、法等國隨著情勢而改變態度；中國則用時間開展了靈活主動的外交活動。本書盡可能擴大視角，以求對處於中日戰爭初期的國際社會得出一個比較系統的描繪。

從接收到淪陷：戰後平津地區接收工作之檢討

張玉法／主編；林桶法／著

對日戰爭結束後，國民政府如何進行接收與復員，為其當務之急。接收過程出現若干問題，如接收官員的貪污、部分地區未能完成接收工作、學潮不斷、通貨膨脹等，此係環境使然或人謀不臧所致？本書以平津地區的接收為例，分就軍事、經濟、交通、文教等方面加以敘述，並檢討其得失。

中共與莫斯科的關係（1920～1960）

張玉法／主編；楊奎松／著

本書旨在通過具體事例說明：第一，莫斯科影響中共乃至中國革命的具體工作方式究竟是怎樣的；第二，莫斯科對中共的干預能力始終是受到一定條件限制，並且是注定會走向反面的。據此，本書著重描述了莫斯科派駐中國的代表和機構的工作方式，有助於讀者理解近代中、蘇關係的發展與演變。

雅爾達密約與中蘇日蘇關係

張玉法／主編；王永祥／著

二次大戰時期，美國總統羅斯福、英國首相邱吉爾為了誘使蘇聯協助中、美、英三國在亞洲擊敗日本，與史達林簽訂《雅爾達密約》。戰爭結束後，蘇聯盡獲東北利權，並協助中共在東北有發展壯大之機。此中經過，祕辛甚多。作者參考中、美、俄等國外交檔案，旁及其他資料，言人所未言，是關心歷史及國際政治者不可不讀之書。